本书为"教育部高校示范马克思主义学院和优秀教学科研团队建设项目"（项目批准号：16JDSZK011）

马克思主义学院教学与研究系列丛书

马克思主义中国化理论与实践研究

周芳玉 等 编著

南京大学出版社

总　序

习近平总书记在学校思想政治理论课教师座谈会上强调推动思想政治理论课改革创新,要不断增强思政课的思想性、理论性和亲和力、针对性,做到政治性和学理性、价值性和知识性、建设性和批判性、理论性和实践性等八个方面相统一。落实总书记讲话精神,南京大学马克思主义学院以"学科建设为龙头、队伍建设为核心、人才培养为根本",全面深化改革,积极探索马克思主义理论学科建设与人才培养的新路径,以科研提升教学水平,以发挥思政课立德树人的主渠道作用。

在建设世界一流大学与学科的进程中,南京大学思想政治理论课如何能与这一目标相匹配,与南京大学在C9高校中的地位相匹配?这是全体马院老师经常讨论的主题。大家一致认为,改变一个人的思想和观念需要有人格的魅力,这种人格魅力不仅表现为高尚的道德情操、良好的沟通能力和语言表达能力;对双一流高校的学生而言,教师还必须有扎实的理论功底与深厚的学术素养,就这一点而言,它比对专业课教师的要求更高。南京大学的思想政治理论课不能仅是一个信息传播、知识传授的过程,它必须与学生的能力培养结合起来,教给学生明辨是非的能力,教给学生观察社会、认识世界的能力。

实现这一目标,需要有学术的支撑。近年来,学院先后召开马克思主义理论前沿问题、全国首届"中国近现代史基本问题"等多次全国性学术研讨会,讨论思政课改革的重点与难点,努力解决统编教材内容的指导性与"双一流"高校学生需求的特殊性之间的矛盾。所有这一切都是要把马克思主义中国化最新理论成果转化为思政课课堂教学内容,使学生入脑、入心。为切实提高思想政治理论课的质量和水平,马克思主义学院以专题教学为导向,全面深化教学改革:一是要将教材体系转化为教学体系,增强理论对于生活实践的说服力,完成知识传授和价值塑造的任务;二是通过教师集体科研攻关,提升课程理论深度,提高自身理论素养,真正做到理论功底上自信和教学能力上自信。为此,学院结合老师的研究成果,筛选出版了四本辅助本科生教学的研究成果。

《马克思主义基本理论与实践问题研究》一书包括四个单元。从意识、存在、生产、实践等基本概念入手,思考马克思主义哲学研究的范式转换构成了本书的开篇内容。马克思主义是开放的理论体系,介绍德国"新马克思阅读"等西方马克思主义的热点问题是第二单元探讨的内容。纷繁复杂的生活世界构成了马克思主义需要研究的主题,也是要运用马克思主义基本理论回答的问题,由此构成了本书的第三单元。以学术彰显思政课的魅力,本书最后一部分是对马克思主义理论学科与课程建设的研究。

《跨学科视野下的中国近现代史基本问题研究》一书包括政治动员、政治认同、社会记忆、基层政治、两岸关系等五个单元。从政治学的视角来看,中国共产党通过建立战时财政动员体系,塑造劳动英雄,解放妇女运动,有效地动员了广大民众积极投身革命,也实现了政党与社会的良性互动。俄国十月革命后,中国早期先进分子对布尔什维克党的接受与思考,民国时期党治文化下的公民宣誓,新中国成立后知识分子的心路历程,以及改革开放以来党组织的"吐故纳新",反映了不同历史时期人们政治认同的特点。从历史学的视角来看,重要历史人物的社会记忆、符号界定以及各种纪念活动的开展,起到了表达政治理念和增进他者认同的作用。新中国成立初期的首次全国普选、烈属抚恤工作以及农业合作化运动等基层政治的深刻变化,赋予了新生政权以优越性与合法性。从社会学的视角来看,2008年以来,社会组织的兴起促进了两岸之间的相互信任和国家认同,为两岸关系的和平发展开辟了新路径。

《马克思主义中国化理论与实践研究》一书,根据马克思主义中国化的理论成果及建设中国特色社会主义的总体布局来编排。在"中国特色社会主义道路"单元,主要论述了中国道路的目标设计、政策选择、话语权建设以及中国道路的世界历史意义;在"政党与政治建设"单元,主要选取了中国特色政党制度、政府职能和反腐败问题研究方面的文章;在"经济与社会建设"单元,主要选取中国经济增长的特点、收入分配问题以及公共财政政策等社会热点方面的文章;在"文化与生态文明建设"单元,主要选取了中国传统文化、社会主义核心价值观、生态文明理论研究方面的文章。

《思想政治教育前沿问题研究》一书包括四个单元。"社会主义核心价值观研究"单元，主要选取有关社会主义核心价值观的认同与践行方面的研究成果；"中国传统德育思想研究"单元，选取了中华优秀传统文化如何涵养社会主义核心价值观、实现创造性转化和创新性发展的研究成果；"中国当代德育思想研究"单元，注重选取在全球化、网络化时代德育如何实现创新方面的研究成果；"西方德育思想研究"单元，选取了马克思主义正义理论、西方公民培育理论、情感主义、女性主义思潮对中国德育影响方面的研究成果。

最后，鉴于马克思主义理论学科自身的特点，丛书的内容之间很难建立内在的逻辑关系；好在围绕的主题都是一致的，那就是全面贯彻党的教育方针，解决培养什么人、怎样培养人、为谁培养人的问题。相信本套丛书的出版，有利于提升学生发现问题、分析问题、思考问题的能力，有利于提升学生明辨是非的能力。

王建华

2020 年 7 月 12 日

目 录

中国特色社会主义道路

试析毛泽东的现代化目标设计与政策选择 …………… 王明生 / 003
道路自信与中国模式话语权 ………………………………… 沈伯平 / 018
马克思主义中国化进程"中止说"献疑 ………………… 王学荣 / 030
中国道路的世界历史意义解读 ………………… 许　江　王明生 / 040

政党与政治建设

互联网时代的政党与社会沟通 …………………………… 王建华 / 057
中国共产党对民主党派的资源配置研究 ……… 王建华　王云骏 / 067
我国多党合作的民主监督问题研究 …………… 王建华　王云骏 / 079
我国"反腐败"四种模式的变迁及其折射的社会治理理念转向 … 陈　建 / 090
我国反腐败进程中民众的角色、行为及作用的变迁 …… 陈　建 / 098
习近平反腐思想的逻辑体系论纲 ………………………… 陈　建 / 109
政府规制、寻租与政府信用的缺失 ……………………… 孙亚忠 / 121
论我国政府职能界阈和结构的调整及优化 ……………… 孙亚忠 / 131

经济与社会建设

制度建设：中国经济增长的新源泉 ……………………… 沈伯平 / 147
"包容性增长"的正义镜像与中国实践 ………… 葛笑如　孙亚忠 / 161
地方政府改革视野中的政府公债 ………………………… 高　静 / 173
公共财政博弈过程中的利益分配 ………………………… 高　静 / 185

国际货币体系改革背景下的人民币国际化策略研究 ………… 高　静 / 197
国有商业银行社会责任的机理分析 ………… 沈伯平　孙建娥 / 205
当代中国二元结构研究三题：理论源流、鲜明特征及路径选择
　………………………………………………………… 王学荣 / 213
收入差距扩大格局下的社会阶层分化 ………………… 王培暄 / 222
收入差距扩大格局下的社会结构失衡 ………………… 王培暄 / 239
城镇居民内部收入差距的影响因素与应对措施研究 … 王培暄 / 253

文化与生态文明建设

法治：作为社会主义核心价值新构成的形成历程、科学内涵与历史地位
　………………………………………………………… 陈　建 / 267
社会主义核心价值观嵌入日常生活的困境与消解路径 … 吴翠丽 / 278
社会主义"敬业"价值观的培育与践行：现状、困境及路径选择 … 张　伟 / 290
以传统文化助力高校思想政治教育 …………………… 丁　蘖 / 297
建设"创新型国家"战略下我国高等学校继续教育的发展路径 … 王培暄 / 303
20世纪90年代以来我国生态文明理论研究述评 ……… 孙亚忠　张杰华 / 313
建构与反思：生态生产力与当代中国 ………………… 王学荣 / 321
中国传统文化畛域下的"美丽中国"思想元素探源 …… 王学荣 / 330

中国特色社会主义道路

试析毛泽东的现代化目标设计与政策选择*

王明生

摘 要：中华人民共和国成立以后,毛泽东提出了我国现代化的战略目标和实现目标的时间与步骤,但在实现现代化目标的政策选择上,毛泽东注重用阶级斗争、政治运动的方法来推进现代化建设;强调社会主义制度建立后生产关系、上层建筑对生产力发展的反作用,忽视了生产力发展的本身要求;强调人的价值观念、思想意识和意志是建设社会主义的主要因素,而无视在社会主义现代化进程中人们所处的客观经济条件的制约和限制;同时,毛泽东对知识和知识分子、对教育和科学技术在实现现代化战略目标中的地位和作用也缺乏重视,从而延缓了我国社会主义现代化建设的进程。

关键词：毛泽东；现代化目标；政策选择

实现国家现代化与人民的共同富裕是毛泽东的理想。为了实现这个理想,毛泽东在民主革命和社会主义革命与建设时期,对我国现代化的目标和实现现代化的步骤与途径进行了认真思考和探索。由于种种因素的影响,尽管做了很多尝试,并取得了一定的成绩,但毛泽东在生前未能顺利实现自己的理想。本文拟对此作一探讨与考察。

一、毛泽东对我国现代化目标的思考

早在抗战时期,毛泽东就已经对我国现代化的战略目标进行了初步思考。1940年1月,毛泽东在《新民主主义论》中初步勾勒出自己的理想与抱负："我们不但要把一个政治上受压迫、经济上受剥削的中国,变为一个政治上自由和经济上繁荣的中国,而且要把一个被旧文化统治因而愚昧落后的中国,变为一个被新

---

* 基金项目：江苏省哲学社会科学"十五规划"重点项目(B2-005)。

文化统治因而文明先进的中国。"①1944年8月，毛泽东在给秦邦宪的信中提出："民主革命的中心目的就是从侵略者、地主、买办手下解放农民，建立近代工业社会"，"新民主主义社会的基础是工厂（社会生产，公营的与私营的）与合作社（变工队在内），不是分散的个体经济。分散的个体经济——家庭农业与家庭手工业是封建社会的基础，不是民主社会（旧民主、新民主、社会主义，一概在内）的基础，这是马克思主义区别于民粹主义的地方。简言之，新民主主义社会的基础是机器，不是手工"。②在毛泽东看来，乡村与城市决不是地域上的简单划分，它代表了两种不同的生产力——手工与机器，它是两种不同社会——封建社会与民主社会的基础。在中共第七次全国代表大会上，毛泽东从近代中国的历史和抗日战争的实践，阐明了实现工业化与中国独立、自由、民主、统一的辩证关系。他说："没有独立、自由、民主和统一，不可能建设真正大规模的工业。没有工业，便没有巩固的国防，便没有人民的福利，便没有国家的富强。"因此，"在新民主主义的政治条件获得之后，中国人民及其政府必须采取切实的步骤，在若干年内逐步建立重工业和轻工业，使中国由农业国变为工业国"③。40年代末，随着中国革命的节节胜利，党的工作重心由农村转向城市，毛泽东开始系统地研究中国现代化的战略目标问题。1949年3月，在中共七届二中全会上，毛泽东第一次将工业化和社会主义联系在一起，号召全党："在革命胜利以后，迅速地恢复和发展生产，对付国外的帝国主义，使中国稳步地由农业国转变为工业国，把中国建设成一个伟大的社会主义国家。"④这是认识上的一次深化和飞跃。同年6月，毛泽东进一步提出了中国工业化的思路："没有农业社会化，就没有全部的巩固的社会主义。农业社会化的步骤，必须和以国有企业为主体的强大的工业发展相适应。人民民主专政的国家，必须有步骤地解决工业化的问题。"⑤

1949年10月1日，中华人民共和国成立，为毛泽东实现其理想和抱负提供了坚实的政治基础。但毛泽东面对的却是国家饱受战争创伤，经济文化特别是

---

① 《毛泽东选集》第2卷，北京：人民出版社，1991年，第663页。
② 《毛泽东文集》第3卷，北京：人民出版社，1993年，第206页。
③ 《毛泽东选集》第3卷，北京：人民出版社，1991年，第1080页。
④ 《毛泽东选集》第4卷，北京：人民出版社，1991年，第1437页。
⑤ 《毛泽东选集》第4卷，北京：人民出版社，1991年，第1477页。

社会生产力极为落后的现实。对此,他有清醒的认识:"现在我们能造什么?能造桌子椅子,能造茶碗茶壶,能种粮食,还能磨成粉,还能造纸,但是,一辆汽车、一架飞机、一辆坦克、一辆拖拉机都不能造。"①1952年,毛泽东提出了党在过渡时期的总路线,明确提出要在一个相当长的时期内,逐步实现国家的社会主义工业化。1953年12月,在修改中共中央宣传部起草的《关于党在过渡时期总路线的学习和宣传提纲》时,毛泽东增写了一些内容,把我国现代化建设的战略目标由实现工业化进一步发展到实现工业现代化及整个国民经济和社会发展的现代化。在这一提纲中,已经正式形成了"促进农业和交通运输业的现代化"、"建立和巩固现代化的国防"等提法。在毛泽东看来,对农业、手工业和资本主义工商业的社会主义改造,是从新民主主义向社会主义过渡的必由之路,实现社会主义工业化,是中国由传统农业社会向现代化工业社会转变的必要条件。②

1954年9月,毛泽东在第一届全国人大第一次会议的开幕词中向全国人民宣告:"准备在几个五年计划之内,将我们现在这样一个经济上文化上落后的国家,建设成为一个工业化的具有高度现代文化程度的伟大的国家。"③根据毛泽东的设想,周恩来在这次会议上代表中共中央第一次明确提出了实现"四个现代化"的宏伟目标。他说:"我国的经济原来是很落后的。如果我们不建设起强大的现代化的工业、现代化的农业、现代化的交通运输业和现代化的国防,我们就不能摆脱落后和贫困,我们的革命就不能达到目的。"④这是"四个现代化"的最初提出,主要体现了物质文明的要求。1956年4月,毛泽东在《论十大关系》中,要求把一切积极因素调动起来,把一切直接的和间接的力量调动起来,为把我国建设成为一个强大的社会主义国家而奋斗。次年3月,毛泽东在一次讲话中又指出:"我们一定会建设一个具有现代工业、现代农业和现代科学文化的社会主义国家。"⑤在这里,毛泽东提出了建设现代科学文化的问题,体现了国家现代化对精神文明的要求。

---

① 《毛泽东文集》第6卷,北京:人民出版社,1999年,第329页。
② 《建国以来毛泽东文稿》第4册,北京:中央文献出版社,1990年,第403页。
③ 《毛泽东文集》第6卷,北京:人民出版社,1999年,第350页。
④ 《周恩来选集》下卷,北京:人民出版社,1984年,第132页。
⑤ 《毛泽东文集》第7卷,北京:人民出版社,1991年,第268页。

1964年12月,周恩来根据毛泽东的提议,在第三届全国人大第一次会议上作的《政府工作报告》中,提出了建设四个现代化的社会主义强国的战略目标:"今后发展国民经济的主要任务,总的说来,就是要在不太长的历史时期内,把我国建设成为一个具有现代农业、现代工业、现代国防和现代科学技术的社会主义强国,赶上和超过世界先进水平。"①这就是毛泽东所设计的社会主义现代化建设的基本战略目标。这个战略目标既符合中国人民的根本利益,又顺应了当代世界经济发展的必然趋势,是一个正确的战略思想。为了加强全国人民对这个战略思想的认识和理解,毛泽东多次从历史和世界格局变化发展的战略高度,阐述了在我国建立现代化物质基础的紧迫性和重要性。1956年8月30日,毛泽东在党的八大预备会议上,从世界格局变化发展的战略高度深刻地阐述了中国现代化的极端紧迫性和严肃性:"美国建国只有一百八十年,它的钢在六十年前也只有四百万吨,我们比它落后六十年。假如我们再有五十年、六十年,就完全应该赶过它。这是一种责任。你有那么多人,你有那么一块大地方,资源那么丰富,又听说搞了社会主义,据说是有优越性,结果你搞了五六十年还不能超过美国,你像个什么样子呢?那就要从地球上开除你的球籍!所以,超过美国,不仅有可能,而且完全有必要,完全应该。"②1963年9月,毛泽东在修改《关于工业发展问题(初稿)》时写道:"我国从19世纪40年代起,到20世纪40年代中期,共计105年时间,全世界几乎一切大中小帝国主义国家都侵略过我国,都打过我们……如果不在今后几十年内,争取彻底改变我国经济和技术远远落后于帝国主义国家的状态,挨打是不可避免的……我们应当以有可能挨打为出发点来部署我们的工作,力求在一个不太长久的时间内,改变我国社会经济、技术方面的落后状态,否则我们就要犯错误。"③在这段话中,毛泽东从历史教训的角度阐明了建设社会主义现代化强国的极端重要性。

二、毛泽东对实现我国现代化目标的时间与步骤设计

为实现国家现代化和人民幸福,毛泽东不断探索着实现现代化目标的时间、

---

① 《周恩来选集》下卷,北京:人民出版社,1984年,第439页。
② 《毛泽东文集》第7卷,北京:人民出版社,1991年,第88页。
③ 《建国以来毛泽东文稿》第10册,北京:中央文献出版社,1996年,第347页。

步骤和途径。建国初期，曾经有两种类型的工业化道路摆在毛泽东面前，一种是英、美、法等欧美国家的资本主义工业化道路，一种是前苏联等国家的社会主义工业化道路。毛泽东没有选择其中任何一种，而是以理论家的宏大气魄，依据中国的国情提出了经过新民主主义的道路实现工业化的构想。

毛泽东的新民主主义工业化道路的构想，具体地说就是在新民主主义经济和政治制度的条件下，用社会化的大机器生产代替分散的、落后的手工劳动，用广泛发展的商品经济代替封闭的自给自足的自然经济，用现代的科学文化水平改造中国大多数人口尚为文盲、半文盲的落后状态。为了实现上述构想，毛泽东和中共中央于1951年2月提出一个"三年准备，十年建设"的重要战略设想。毛泽东本人对这个战略设想没有展开论述，他曾建议刘少奇向干部讲述这一问题。1951年3月30日，在刘少奇请他审阅的为全国第一次组织工作会议所作的报告稿上，毛泽东写道："三年准备十年建设的思想，请你在会议中讲一下，使他们有所准备。"①三年，指1950年至1952年；十年指1953年至1962年。这十年建设，实质上就是中国工业化的初创，就是要通过十年建设改变新中国的面貌，建立起良好的农业和强大的工业。

1952年8月，在毛泽东的指导下，我国第一个五年计划的草案正式提出。对这个草案毛泽东极为重视，多次主持会议讨论修改，为中国由落后的农业国转变为先进的工业国描绘了宏伟的蓝图，为我国从革命向建设的转变迈出了具有决定性意义的一步。随着"一五"计划的顺利实施，毛泽东又对我国何时建成社会主义现代化强国进行了整体思考和设计。1954年6月，他在向中央人民政府委员会作宪法草案说明时说："我们是一个六亿人口的大国，要实现社会主义工业化，要实现农业的社会主义化、机械化，要建成一个伟大的社会主义国家，究竟需要多少时间？现在不讲死，大概是三个五年计划，即十五年左右，可以打下一个基础。到那时，是不是就很伟大了呢？不一定。我看，我们要建成一个伟大的社会主义国家，大概经过五十年即十个五年计划，就差不多了，就像个样子了。"②1955年3月21日，在中国共产党全国代表会议上，毛泽东告诫全党："在

---

① 《建国以来毛泽东文稿》第2册，北京：中央文献出版社，1988年，第206页。

② 《毛泽东文集》第6卷，北京：人民出版社，1999年，第329页。

我们这样一个大国里面,情况是复杂的,国民经济原来又很落后,要建成社会主义社会,并不是轻而易举的事。我们可能经过三个五年计划建成社会主义,但要建成为一个强大的高度社会主义工业化的国家,就需要有几十年的艰苦努力,比如说,要有五十年的时间,即本世纪的整个下半世纪。"①同年10月11日,毛泽东在中共七届六中全会的讲话中提出"大约在50年到75年的时间内,就是十个五年计划到十五个五年计划的时间内,可能建成一个强大的社会主义国家"②。1957年7月,他在青岛召开的省市委书记会议期间又提出:"在我国建立一个现代化的工业基础和现代化的农业基础,从现在起,还要十年至十五年。""十年至十五年后的任务,则是进一步发展生产力……准备以八个至十个五年计划在经济上赶上并超过美国。"③这些构想表明毛泽东当时对我国社会主义建设的长期性、复杂性、艰巨性是有一定的认识的,然而,1957年1月,毛泽东在率领中国共产党代表团参加莫斯科各国共产党和工人党代表会议期间改变了原先准备以"五至十五个五年计划赶上并超过美国"的设想。这是由于会议期间赫鲁晓夫提出了苏联的工农业在最重要的产品的产量方面用15年赶上和超过美国的口号。11月18日,毛泽东在会上说:"中国从政治上、人口上说是个大国,从经济上说现在还是个小国。他们想努力,他们非常热心工作,要把中国变成一个真正的大国。赫鲁晓夫同志告诉我们,十五年后,苏联可以超过美国。我也可以讲,十五年后我们可能赶上或者超过英国。因为我和波立特·高兰同志谈过两次话,我问过他们国家的情况,他们说现在英国年产两千万吨钢,再过十五年,可能爬到年产三千万吨钢。中国呢?再过十五年可能是四千万吨,岂不是超过了英国吗?那么,在十五年后,在我们阵营中间,苏联超过美国,中国超过英国。"④

随后,《人民日报》发表了题为《乘风破浪》的社论,进一步宣传了15年左右赶超英国的口号。15年赶超英国口号的提出,不仅表明急于求成的思想在党内占主导地位,而且还使这种思想有了具体的发展目标,这就是片面追求钢产量的增长,从而在相当程度上导致了大炼钢铁运动的发动。更为严重的是,在这一口

---

① 《毛泽东文集》第6卷,北京:人民出版社,1999年,第390页。
② 《毛泽东选集》第5卷,北京:人民出版社,1977年,第216页。
③ 《建国以来毛泽东文稿》第6册,北京:中央文献出版社,1992年,第549页。
④ 《建国以来毛泽东文稿》第6册,北京:中央文献出版社,1992年,第635页。

号提出后不久,随着"大跃进"运动的发动,毛泽东将赶超英美的时间一再提前。1958年4月15日,毛泽东批示:"十年可以赶上英国,再有十年可以赶上美国。"①5月18日在八大二次会议上,毛泽东提出7年超过英国,15年赶上美国的口号。"破除迷信,振奋敢想、敢说、敢做的大无畏创造精神,对于我国七年赶上英国,再加八年或者十年赶上美国的任务,必然会有重大的帮助。"②随着"大跃进运动"的发展,毛泽东不顾客观实际和经济建设的规律,将赶超英美的时间一再提前。6月22日,毛泽东在薄一波的一份报告上批示:"超过英国,不是十五年,也不是七年,只需要两年到三年,两年是可能的。这里主要是钢。只要1959年达到2500万吨,我们就在钢的产量上超过英国了。"③9月2日,毛泽东在给刘少奇、周恩来、彭真、邓小平等中央领导的一份文件的批语中又写道:"为五年接近美国、七年超过美国这个目标而奋斗吧!"④9月5日,他在第十五次最高国务会议上的讲话中又强调:"总而言之,明年是基本赶上英国。除了造船、汽车、电力这几项之外,明年都要超过英国。十五年计划,两年基本完成。谁人料到?这是群众干劲的结果。"⑤

1957年毛泽东在莫斯科提出用十五年左右的时间在钢铁和主要工业产品的产量上"超英赶美"的口号,取代了党的八大提出的"建成一个完整的工业体系"作为现代化建设的阶段性目标,这实际上就使当时中国的现代化建设"以钢为纲",严重违反了客观经济规律,最终造成国家现代化建设的重大损失和挫折。遭受挫折之后,毛泽东开始了冷静的思考。1960年6月,毛泽东在《十年总结》中反省道:"我们对于社会主义时期的革命和建设,还有一个很大的盲目性,还有一个很大的未被认识的必然王国。"⑥次年8月23日,毛泽东在中央和各大区负责人的会议上说:"现在遭到了挫折和失败,碰了钉子,但还碰得不够,还要碰。再搞两三年看看能不能搞出一套来。对社会主义,我们现在有些了解,但不甚了

---

① 《建国以来毛泽东文稿》第7册,北京:中央文献出版社,1992年,第179页。
② 《建国以来毛泽东文稿》第7册,北京:中央文献出版社,1992年,第236页。
③ 《建国以来毛泽东文稿》第7册,北京:中央文献出版社,1992年,第278页。
④ 《建国以来毛泽东文稿》第7册,北京:中央文献出版社,1992年,第368页。
⑤ 《建国以来毛泽东文稿》第7册,北京:中央文献出版社,1992年,第381页。
⑥ 《建国以来毛泽东文稿》第9册,北京:中央文献出版社,1996年,第216页。

了。我们搞社会主义是边建设边学习。搞社会主义,才有社会主义经验。""搞社会主义,我们没有一套,没有把握。"①这表明,当时毛泽东尽管对错误的认识还不彻底,但是已经认识到搞社会主义我们没有经验、没有把握,怎样建设社会主义还需要在实践中不断探索。

正是在上述思考和吸取"大跃进"运动深刻教训的基础上,毛泽东对中国实现社会主义现代化战略目标的长期性进行了新的思考和设计。1962年1月,毛泽东在七千人大会上向与会代表反复指出:"对于社会主义建设,我们还缺乏经验。"②"在社会主义建设上,我们还有很大的盲目性。社会主义经济,对于我们来说,还有许多未被认识的必然王国。拿我来说,经济建设工作中间的许多问题,还不懂得。"③"社会主义建设,从我们全党来说,知识都非常不够。我们应当在今后一段时间内,积累经验,努力学习,在实践中间逐步地加深对它的认识,弄清楚它的规律。"④在此同时,他提出:"建设强大的社会主义经济,在中国,五十年不行,会要一百年,或者更多的时间。"⑤他还强调指出:"社会主义和资本主义比较,有许多优越性,我们国家经济的发展,会比资本主义国家快得多。可是,中国的人口多、底子薄,经济落后,要使生产力很大地发展起来,要赶上和超过世界上最先进的资本主义,没有一百多年的时间,我看是不行的。"⑥根据毛泽东的设想,在1964年12月召开的第三届全国人大第一次会议上,周恩来提出了建设四个现代化的战略目标,同时又明确地提出实现这个战略目标的两步设想,即"从第三个五年计划开始,我国的国民经济发展,可以按两步来考虑:第一步,建立一个独立的比较完整的工业体系和国民经济体系;第二步,全面实现农业、工业、国防和科学技术的现代化,使我国经济走在世界的前列"⑦。

综上所述,我们可以看出毛泽东对我国现代化战略目标实现的时间、步骤进行了艰难探索,然而,由于受历史条件和主观认识的制约,毛泽东设计的实现中

---

① 薄一波:《若干重大决策与事件的回顾》下卷,北京:中共中央党校出版社,1993年,第30页。
② 《建国以来毛泽东文稿》第10册,北京:中央文献出版社,1996年,第30页。
③ 《建国以来毛泽东文稿》第10册,北京:中央文献出版社,1996年,第32页。
④ 《建国以来毛泽东文稿》第10册,北京:中央文献出版社,1996年,第33页。
⑤ 《建国以来毛泽东文稿》第10册,北京:中央文献出版社,1996年,第31页。
⑥ 《建国以来毛泽东文稿》第10册,北京:中央文献出版社,1996年,第31页。
⑦ 《周恩来选集》下卷,北京:人民出版社,1984年,第439页。

国现代化战略目标的步骤还存在着明显的局限和缺点:一是毛泽东尽管提出了建设四个现代化的社会主义强国的构想,但还缺乏系统的、周密的、全面的阐述,其中有些方面还存在着认识和实践的局限性;二是从1957年开始,我们党的主要错误是"左","文化大革命"是极"左"。中国社会从1958年到1978年这20年间,实际上处于停滞和徘徊状态,国家的经济和人民生活没有得到多大发展和改善。

三、毛泽东对实现我国现代化目标的政策选择

1. 强调不能照搬外国经验,要从中国实际出发,走出一条适合中国国情的工业化道路。首先,毛泽东认为,旧中国的经济十分落后,现代工业只占国民经济的10%左右,而分散的个体的农业和手工业却占国民经济的90%左右。因此,中国工业化不能学苏联片面发展重工业,忽视农业和轻工业,必须以农业所能提供的劳动力、资金、粮食、市场为前提。"全党一定要重视农业。农业关系国计民生极大。要注意,不抓粮食很危险。不抓粮食,总有一天要天下大乱。"①他还结合中国社会主义现代化建设的实际,从六个方面论证了农业在国民经济中的重要性,并强调"在一定意义上可以说,农业就是工业"②。"农业和轻工业发展了,重工业有了市场,有了资金,它就会更快地发展。这样,看起来工业化的速度似乎慢一些,但是实际上不会慢,或者反而可能快一些。"③其次,毛泽东提出在优先发展重工业的条件下,发展工业和发展农业同时并举,发展重工业和发展轻工业同时并举,坚持独立自主、自力更生为主,争取外援为辅的方针,按照农轻重的次序安排国民经济工作,正确处理农、轻、重三者比例关系,早日建成完整的工业化体系,走出一条适合中国国情的工业化道路。毛泽东认为,中国的工业化道路问题"主要是指重工业、轻工业和农业的发展关系问题。我国的经济建设是以重工业为中心,这一点必须肯定。但是必须充分注意发展农业和轻工业","发展工业必须和发展农业同时并举"。④

---

① 《毛泽东文集》第7卷,北京:人民出版社,1991年,第199页。
② 《毛泽东文集》第7卷,北京:人民出版社,1991年,第200页。
③ 《周恩来选集》下卷,北京:人民出版社,1984年,第241页。
④ 《毛泽东文集》第7卷,北京:人民出版社,1991年,第240页。

2. 主张通过生产关系的变革来促进社会生产力的发展。生产关系和社会制度的变革,通常有两种形式:一是突变,通过政治革命彻底推翻阻碍生产力发展的旧的生产关系和社会制度;二是渐变,通过自我改革调整生产关系和社会制度中某些与生产力发展不相适应的环节。这两种变革虽然性质不同,但都必须从生产力发展的实际需要和水平出发。正如《关于建国以来党的若干历史问题决议》所指出的:"社会主义生产关系的发展并不存在一套固定的模式,我们的任务是根据我国生产力发展的要求,在每一阶段上创造出与之相适应的和便于继续前进的生产关系的具体形式。"①遗憾的是,建国以后毛泽东始终将生产关系的变革作为解放和发展生产力、实现现代化战略目标的重要手段和途径。1956年1月,毛泽东在最高国务会议第六次会议上强调,"社会主义革命的目的是为了解放生产力。农业和手工业由个体所有制变为社会主义的集体所有制,私营工商业由资本主义所有制变为社会主义所有制,必然使生产力大大地获得解放。这样就为大大地发展工业和农业的生产创造了社会条件"②。基于这样的构想,毛泽东认为高级社比初级社、人民公社比农业合作社、人民公社的大集体比生产队的小集体、全民所有制比人民公社集体所有制、全面的全民所有制比两种公有制并存、共产主义的全民所有制比社会主义的全民所有制更大更公,因而更先进,更有利于生产力的发展。这些观点在1958年12月10日党的八届六中全会通过的《关于人民公社若干问题的决议》中得到体现,该决议强调,"因为全民所有制企业的生产资料和产品,可以直接由代表全体人民的国家按照整个国民经济的需要作一合理的分配,而集体所有制的企业,包括目前的农村人民公社,却不能作到这一点",在条件成熟的时候,"如果不及时地发展和完成这种转变,老是维持集体所有制的现状,让公社社员的眼光只是局限在较小范围的集体利益的圈子里,那就将妨碍社会生产力的继续发展和人民群众觉悟的继续提高,因而是不适当的"③。后来,毛泽东在关于苏联《政治经济学教科书》的谈话中强调:"首先制造舆论,夺取政权,然后解决所有制问题,再大大发展生产力,这是一般规律","先把上层建筑改变了,生产关系搞好了,上了轨道了,才为生产力的大发

---

① 中共中央文献研究室:《三中全会以来重要文献选编》下册,北京:人民出版社,1982年,第787页。
② 《毛泽东文集》第7卷,北京:人民出版社,1991年,第1页。
③ 《建国以来重要文献选编》第11册,北京:中央文献出版社,1995年,第603页。

展开辟道路"。① 由此可见，毛泽东在认识和处理生产关系和生产力的问题上，更强调生产关系对生产力的反作用，更重视生产关系的变革问题。他后来实行的"人民公社化"运动等一系列做法，对于制约生产力发展的诸多因素都未作充分考虑，片面地认为公有制的载体规模越大，公有化程度越高、越纯，就越能促进生产力发展。1962年1月，毛泽东曾坦率地说："我注意得较多的是制度方面的问题，生产关系方面的问题。至于生产力方面，我的知识很少。"② 毛泽东不顾生产力发展的实际需要和水平，不停地去变革生产关系，以实现他的现代化战略目标，其结果必然是受到生产力发展规律的惩罚。对此，邓小平在1980年5月曾作了如下评价："有人说，过去搞社会主义改造，速度太快了。我看这个意见不能说一点道理也没有。比如农业合作化，一两年一个高潮，一种组织形式还没有来得及巩固，很快又变了。从初级合作化到普遍办高级社就是如此。如果稳步前进，巩固一段时间再发展，就可能搞得更好一些。1958年大跃进时，高级社还不巩固，又普遍搞人民公社，结果60年代初期不得不退回去，退到以生产队为基本核算单位。"③ 十一届三中全会以后，又再次退到坚持土地等生产资料公有的前提下的家庭分户经营。这就有力地说明，生产关系的变革不能脱离生产力发展的客观要求和实际水平。

3. 主张通过群众运动和政治挂帅的方法促进现代化战略目标的实现。中国共产党以"小米加步枪"打败国民党800万军队，靠的就是人民群众的力量。社会主义改造的提前完成，基本上也是采取群众运动的方式。1957年冬，我国广大农村兴起的群众性农田水利建设热潮，在短时间里取得成效，这也确实说明在我国工业基础薄弱、机械设备不足、国家资金紧张而人力资源又相对富裕的情况下，在社会主义建设的某些领域中，采用群众动员的形式，发扬战争年代的革命精神，通过短期突击完成某些特定的建设项目，是必要的，也是可行的。1958年4月毛泽东在《介绍一个合作社》中充满激情地写道："共产主义精神在全国蓬勃发展。广大群众的政治觉悟迅速提高。群众中的落后阶层奋发起来努力赶上

---

① 《毛泽东文集》第8卷，北京：人民出版社，1999年，第131页。
② 《建国以来毛泽东文稿》第10册，北京：中央文献出版社，1996年，第33页。
③ 《邓小平文选》第2卷，北京：人民出版社，1994年，第316页。

先进阶层,这个事实标志着我国社会主义的经济革命(生产关系方面尚未完成改造的部分)、政治革命、思想革命、技术革命、文化革命正在向前奋进。由此看来,我国在工农业生产方面赶上资本主义大国,可能不需要从前所想的那样长的时间了。"①可见毛泽东对人民群众的生产热情和革命精神高度重视。与此同时,毛泽东还十分强调政治对于经济的作用。1958年1月,他在《工作方法六十条(草案)》中,论述了政治与经济的关系,指出:"政治和经济的统一,政治和技术的统一,这是毫无疑义的……不注意思想和政治,成天忙于事务,那会成为迷失方向的经济家和技术家,很危险。思想工作和政治工作是完成经济和技术工作的保证,它们是为经济基础服务的。思想和政治是统帅,是灵魂。只要我们的思想工作和政治工作稍为一放松,经济工作和技术工作就一定会走到邪路上去。"②同年11月,毛泽东在一份摘录斯大林论述过渡到共产主义三个基本条件的材料上作了如下批注:"没有政治挂帅,没有群众运动,没有全党全民办工业、办农业、办文化教育,没有几个同时并举,没有整风运动和逐步破除资产阶级法权的斗争,斯大林过渡到共产主义的三个基本条件是不易达到的。有了这些,加上人民公社的组织形式,过渡条件的问题就比较容易解决了。"③60年代初,毛泽东为《鞍钢宪法》确定了五项基本原则:坚持政治挂帅,加强党的领导,大搞群众运动,实行两参一改三结合,开展技术革命。④ 其中,第一条就是"坚持政治挂帅"。"我们调动广大人民群众的积极性不是靠工资、工分以外的物质奖励,而是靠毛泽东思想,靠政治挂帅,靠多快好省地建设社会的总路线,总之是靠人们的政治觉悟的不断提高。"⑤建国以后毛泽东一直将群众运动和政治挂帅放在实现现代化战略目标的中心位置,正是在这一思想的指导下,他一次又一次地发起各种规模的政治运动和群众运动,提出了"以阶级斗争为纲"、"阶级斗争一抓就灵"、"抓革命,促生产"等一系列带有"政治挂帅"色彩的口号,来推动社会发展,其结果必然是受到经济规律的惩罚,不可能达到预期的目的。

---

① 《建国以来毛泽东文稿》第7册,北京:中央文献出版社,1992年,第177页。
② 《建国以来毛泽东文稿》第7册,北京:中央文献出版社,1992年,第52页。
③ 《建国以来毛泽东文稿》第7册,北京:中央文献出版社,1992年,第596页。
④ 《建国以来毛泽东文稿》第9册,北京:中央文献出版社,1996年,第89页。
⑤ 《建国以来毛泽东文稿》第12册,北京:中央文献出版社,1998年,第17页。

4. 把自力更生、勤俭建国作为实现现代化战略目标的基本方针。中华人民共和国建立后,毛泽东提出,要继承和发扬自力更生、勤俭建国的光荣传统并把它作为实现我国现代化战略目标的基本方针。"要使全体干部和全体人民经常想到我国是一个社会主义的大国,但又是一个经济落后的穷国,这是一个很大的矛盾。要使我国富强起来,需要几十年艰苦奋斗的时间,其中包括执行厉行节约、反对浪费这样一个勤俭建国的方针。"①"要提倡勤俭建国。要使全体青年们懂得,我们的国家现在还是一个很穷的国家,并且不可能在短时间内根本改变这种状态,全靠青年和全体人民在几十年时间内,团结奋斗,用自己的双手创造出一个富强的国家。社会主义制度的建立给我们开辟了一条达到理想境界的道路,而理想境界的实现还要靠我们的辛勤劳动。"②在《勤俭办社》一文的按语中,毛泽东强调:"勤俭经营应当是全国一切农业生产合作社的方针,不,应当是一切经济事业的方针。勤俭办工厂,勤俭办商店,勤俭办一切国营事业和合作事业,勤俭办一切其他事业,什么事情都应当执行勤俭的原则。"③毛泽东提出要把自力更生、勤俭建国作为实现现代化战略目标的基本方针,这无疑是正确的,但是,毛泽东所提倡的勤俭建国主要是强调在生活与生产中要厉行节约,反对浪费,而不是将着眼点放在降低各种产品的生产成本、提高劳动生产率和资金的使用效率、生产大量满足社会需求的产品上。

5. 主张通过"技术革命"和"破除迷信"来实现现代化的目标。鉴于我国工农业不发达、科学技术落后这一国情,毛泽东指出,"中国经济落后,物质基础薄弱,使我们至今还处在一种被动状态,精神上感到还是受束缚",因此要来一个技术革命,"学科学,学技术",把党的工作重点放到技术革命上去,"以便在十五年或者更多一点时间内赶上或超过英国"④,实现国家的现代化。尽管毛泽东提出"学科学,学技术"的重要性,但他对知识和知识分子,对教育和科学技术在实现战略目标中的重要地位和作用缺乏重视,提出了诸如"卑贱者最聪明,高贵者最

---

① 《毛泽东文集》第7卷,北京:人民出版社,1991年,第240页。
② 《毛泽东文集》第7卷,北京:人民出版社,1991年,第226页。
③ 《建国以来毛泽东文稿》第5册,北京:中央文献出版社,1991年,第491页。
④ 《建国以来重要文献选编》第11册,北京:中央文献出版社,1995年,第717页。

愚蠢"、"过去那些学校学的没有多少用"、"真正的本事不是在学校学的"①等不利于教育科学文化发展的错误口号和措施,导致在一段时间内形成了"读书无用论"的社会思潮,对我国科学文化和教育的发展带来了很大的负面影响。与此同时,为了迅速改变我国"一穷二白"的面貌,吸取建国后照搬苏联模式的教训,毛泽东主张破除迷信,解放思想,加快社会主义现代化建设。他告诫全党:"中国人也好,外国人也好,死人也好,活人也好,对的就是对的,不对的就是不对的,不然就叫迷信。要破除迷信。"②"破除迷信,去掉压力,解放思想,完全必要","要使我们的同志认识到,老祖宗也有缺点,要加以分析,不要那样迷信"。③ 他反复强调:"现在迷信多得很,怕教授,怕马克思","马列是指导,不是教条,教条论是最无出息的,最可丑的"。④ 这里,毛泽东提出要破除迷信、解放思想,目的是鼓励全党和全国人民加快社会主义现代化建设,尽快把我国建设成为社会主义强国。但他当时提出的破除迷信、解放思想不是建立在科学的基础上,不是以实事求是为前提,结果给我国的社会主义现代化建设带来了重大损失。

6. 主张用共产主义理想和艰苦奋斗的精神使人们超越对物质利益的追求,为实现现代化服务。毛泽东认为:"国家建设也好,革命也好,要有一部分先进分子、积极分子。""要培养共产主义风格,不计报酬,为建设事业而奋斗。"⑤"我们要提倡艰苦奋斗,艰苦奋斗是我们的政治本色。"⑥当时,毛泽东在动员人民群众进行社会主义现代化建设时,比较夸大精神的作用,而忽视人民群众的物质利益,因此难以调动人们工作和劳动的积极性,也不可能促进社会生产力的发展。正如邓小平所说的:"不重视物质利益,对少数先进分子可以,对广大群众不行,一段时间可以,长期不行。革命精神是非常宝贵的,没有革命精神就没有革命行动。但是,革命是在物质利益的基础上产生的,如果只讲牺牲精神,不讲物质利益,那就是唯心论。"⑦

---

① 《建国以来毛泽东文稿》第13册,北京:中央文献出版社,1998年,第488页。
② 《毛泽东文集》第6卷,北京:人民出版社,1999年,第330页。
③ 《毛泽东文集》第7卷,北京:人民出版社,1991年,第370页。
④ 《建国以来毛泽东文稿》第7册,北京:中央文献出版社,1992年,第206页。
⑤ 李锐:《庐山会议实录(增订本)》,郑州:河南人民出版社,1995年,第59页。
⑥ 《毛泽东文集》第7卷,北京:人民出版社,1991年,第162页。
⑦ 《邓小平文选》第2卷,北京:人民出版社,1994年,第146页。

毛泽东在提出以上实现国家现代化途径时,还提出了诸如自力更生为主、争取外援为辅,正确处理十大关系,重视向外国学习,对经济管理体制进行改革,发展商品生产,按照价值规律办事等政策和措施,但由于思想路线的错误,结果均没有取得明显的成效。总之,从我国国情出发,加快建设,实现现代化的战略目标,是毛泽东的战略指导思想。建国以后,毛泽东经过艰难探索,提出了我国现代化的宏伟目标和实现目标的时间与步骤,但在实现国家现代化目标的政策选择上,毛泽东注重用阶级斗争以及政治运动和群众运动的方法来推进现代化建设;过分强调社会主义制度建立后生产关系、上层建筑对生产力发展的反作用,忽视了生产力发展的本身要求;过分强调人的价值观念、思想意识和意志是建设社会主义的主要因素,而无视在建设社会主义现代化的进程中人们所处的客观经济条件的制约。在对外经济关系问题上,毛泽东尽管也曾提出过向外国学习的思想,但由于种种条件的限制,建国以后我国现代化建设长期处于一种相对封闭的状态,这客观上是由于西方资本主义国家对我国进行经济封锁,主观上则是毛泽东本人对对外开放的重要性认识不足。此外,对知识和知识分子,对教育和科学技术在实现现代化战略目标中的重要地位和作用,毛泽东也缺乏重视。这些都对我国现代化目标的实现带来了不利影响,延缓了我国社会主义现代化建设的进程。改革开放以后,邓小平就是在认真反思和吸取我国社会主义现代化建设的深刻教训的基础上,创造性地发展了毛泽东现代化思想中的合理成分,纠正了他的一些脱离实际和国情的"左"的思想,实现了历史性的飞跃。

道路自信与中国模式话语权*

沈伯平

摘 要：中国的大转型无疑为社会科学工作者提供了观察和研究中国模式这一问题的硕大无比的天然实验室,但对于中国模式这一问题的探索,其话语权更多地掌握在外国学者手中。十八大报告提出的道路自信、理论自信和制度自信为我们争夺中国模式话语权提供了理论依据和行动纲领。不能因为中国渐进转型过程中存在这样或者那样的问题或者以中国发展模式还未定型为由而不敢轻言"中国模式";同样,在"树未大已招风"的条件下,"中国威胁论"、"中国国际责任论"不可能因为我们不提"中国模式"而自动趋于消失。国内学者应该增强学术研究的自觉和自信,勇于争夺中国模式的国际话语权,这既是中国国家文化软实力的重要组成部分,同样也是中国学者不可推卸的职责。

关键词：道路自信；中国模式；话语权；构建；发展与完善

近年来随着中国经济的崛起,国内外学者对于中国模式问题的关注程度日益提高。2008年国际金融危机的爆发宣告了"华盛顿共识"的终结,宣告了以美国为代表的西方自由放任市场经济模式的破产[①],欧洲主权债务危机的蔓延也宣示了欧洲福利国家模式的寿终正寝。在欧美日世界三大经济体深陷衰退之际,中国经济依然能够保持"一枝独秀",中国模式的价值和魅力进一步显现。但对是否存在"中国模式",现在能否提及"中国模式"这一概念,国内学者依然仁者见仁,智者见智,争论得不可开交。党的十八大报告指出全党要坚定对中国特色社会主义的道路自信、理论自信、制度自信! 2012年11月29日习近平同志在参观《复兴之路》展览时提出"中国梦",进一步凸显了新一代中央领导集体对中

---

* 本文为国家社科基金重大招标项目"改革开放30年的基本经验研究"的阶段性成果(项目批准号：08&ZD005)。

① 吴易风:《当前金融危机和经济危机背景下西方经济思潮新动向》,北京:中国经济出版社,2010年。

国特色社会主义的道路自信。这一切都为我们研究和探讨中国模式问题提供了理论依据和行动纲领。本文在对国内外学者关于中国模式这一问题的已有研究进行文献综述的基础上认为,不能因为中国渐进转型存在这样或者那样的问题或者以中国发展模式尚未定型为由而不敢轻言"中国模式";同样,在"树未大已招风"的条件下,"中国威胁论"、"中国国际责任论"不会因为我们不提"中国模式"而自动趋于消失。国内学者应该增强学术研究的自觉和自信,勇于争夺中国模式的国际话语权,这既是中国国家文化软实力的重要组成部分,同样也是中国学者不可推卸的职责。

一、道路自信与中国模式话语权建构

所谓"中国模式"是指中国作为一个发展中国家在全球化背景下实现社会现代化的一种战略选择,它是中国在改革开放过程中逐渐发展起来的一整套应对全球化挑战的发展战略和治理模式①。对于中国模式的起讫点,新加坡学者郑永年认为,中国模式的范畴应该涵盖从中华人民共和国成立到现在的60多年。② 为了研究的方便,本文采取前一种观点,认为中国模式是指自改革开放以来我国所开创的一条适合本国国情的现代化发展道路。

关于是否存在中国模式这一问题,学者的观点主要有两类:一类学者认为存在所谓的"中国模式",正是在这一模式的指引下成功铸就了中国改革开放30多年以来的辉煌,甚至认为中国模式完全可以与"华盛顿共识"或者所谓的"西方模式"分庭抗礼,是西方世界"三百年来未有之挑战";另一部分学者则认为目前应慎提"中国模式"。因为中国改革开放到今天,我们的体制还没有完全定型,还在继续探索。讲"模式",有定型之嫌。这既不符合事实,也很危险。

林毅夫、蔡昉、李周的《中国的奇迹:发展战略与经济改革》以及邹至庄(2002)的《中国经济转型》是较早并且较为系统地研究中国经济转型理论及其实践的著作。热若尔·罗兰则以制度—演进学派的视角,分别从改革的总和不确定性、改革的互补性以及改革的政治约束(包括事前的政治约束和事后的政治约

---

① 俞可平、黄平、谢曙光等主编《中国模式与"北京共识"——超越"华盛顿共识"》,北京:社会科学文献出版社,2006年。

② [新]郑永年:《中国模式:经验与困局》,杭州:浙江人民出版社,2010年。

束)三个方面对中国的渐进改革给出了一个政治经济学的新解释。①"北京共识"的主要倡导者乔舒亚·雷默认为,中国正成为吸引其他国家的模式,向其他国家提供其自身发展的观念,这可称为中国特色的全球化。②亚诺什·科尔奈提出了经济制度转型的两种模式:代价低廉的制度改革(中国模式)和代价高昂的制度改革(俄罗斯模式),并对中国和东北欧八个入盟国家在转型的经济绩效等方面进行了系统的比较。③奈斯比特夫妇则将中国模式诠释为支撑中国新的社会经济体制基础的八大支柱,并且指出,"对于第三世界的许多国家来说,中国已经开始展示一种与西方不同的、诱人的发展模式。假以时日,它很有可能成为对西方民主治理方式的一种真正挑战"。④程伟礼认为,从中国特色社会主义改革的体制目标看,"中国道路"向"中国模式"演进有十大理由,理论创新不应当回避"中国模式"问题,在国际学术界研究"中国模式"已成热潮的条件下,在这一问题上的"集体失语",就意味着失去中国的明天。

但也有学者对此表达了不同的观点。杨小凯引用沃森的"后发劣势"概念来分析中国的经济转型。他认为,由于发展中国家可以便捷地通过对发达国家进行技术模仿而获得快速的经济增长,因而缺乏动力在根本性制度变革上做有利于长远发展的改革,结果就牺牲了长久繁荣的机会,从而使后发优势变成了后发劣势。⑤钱颖一分析了完善的制度建设对中国经济转型最终走向成功的重要性。他指出:"在谈论中国的时候,以下几个问题总是不可回避的。首先,从积极的角度来看,我们需要弥合中国27年来经济的高速增长与漏洞百出的制度体系之间的冲突。其次,从规范的角度来看,我们需要就中国的制度改革提出令人满意的,同时又具有现实可操作性的政策建议。"⑥陈志武认为,中国经济成就至少

---

① [比]热若尔·罗兰:《转轨与经济学——政治、市场和企业》,《比较》第3期,北京:中信出版社,2002年。
② [英]乔舒亚·雷默:《由华盛顿共识到北京共识》,《金融时报》2004年5月7日。
③ [匈]亚诺什·科尔奈:《大转型》,《比较》第17期,北京:中信出版社,2005年。
④ [美]约翰·奈斯比特、[德]多丽丝·奈斯比特:《中国大趋势:新社会的八大支柱》,魏平译,长春:吉林出版集团、中华工商联合出版社,2009年。
⑤ 杨小凯:《后发劣势》,参见 http://www.unirule.org.cn/symposium/c181.html。
⑥ 这是钱颖一教授2005年11月4日在清华大学经管学院、世界银行、美国加州大学伯克利分校经济系和伦敦经济学院经济系共同召开的"中国经济发展国际研讨会"上的发言。转引自李剑阁:《我们到底想学什么?》,《比较》第22期,北京:中信出版社,2006年。

包括两个主因：已成熟的工业技术和有利于自由贸易的世界秩序；甚至得出结论认为，过去30年的发展与其说是中国的奇迹，还不如说是世界带来的奇迹，并由此说明在中国进行民主宪政制度改革以避免"后发劣势"的必要性。① 诚然，成熟的工业技术和有利于自由贸易的世界秩序是中国经济成功转型的必要条件，但为什么同样面对如此优越国际环境的其他发展中国家包括转型国家并没有因此实现跨越式发展而中国却做到了？这一观点显然有失偏颇。国内学者李君如、施雪华、邱耕田和赵启正认为当下应慎提"中国模式"，应将关注点放在科学发展上。② 余逊达的研究认为，我国的社会转型和现代化建设均处于发展过程之中，因而还没有充分理由说我们已经具有了真正经得起历史考验的中国模式，中国模式尚待建构，其中最重要的一项工作就是建立起完善的政治体制。③ 德国学者托马斯·海贝勒也表达了同样的观点。日本学者岩井克人则认为，中国30年高速经济增长整体上走的是一条产业资本主义的路径，并不值得大惊小怪。因为无论是昔日的欧洲还是后来的日本，都是遵循这条路径走完产业资本主义过程的。他认为所谓产业资本主义，是指"通过雇佣大量劳动力在机械工厂进行大批量生产的方式来谋取利润的资本主义"。这里的关键因素是农村必须拥有大量廉价劳动力。④ 高尚全认为，不能把中国政府在应对金融危机中的救急措施概括为政府行政主导、受控市场的"中国模式"而加以固化，从而否定市场经济体制改革的基本方向。因为强调"中国模式"，容易理解为中国改革已经到位了，定型了，不需要再进一步深化改革了。⑤

这里谈谈中国共产党自身对这一问题的认识。

1956年，在我国社会主义改造基本完成、开始全面建设社会主义的时候，毛泽东就向全党提出，要探索马克思主义同中国实际的"第二次结合"，走适合中国特点的社会主义建设道路。1978年以来，对于中国改革开放和现代化建设取得

---

① 陈志武：《"北京共识"的现在与未来——专访耶鲁大学金融学教授陈志武》，《南风窗》2008年第14期。
② 参见《学习时报》2009年12月7日系列文章。李君如：《慎提"中国模式"》；施雪华：《提"中国模式"为时尚早》；邱耕田：《当务之急是科学发展》；赵启正：《中国无意输出"模式"》。
③ 余逊达：《关于中国模式讨论的几点思考》，《经济社会体制比较》2010年第6期。
④ [日]岩井克人：《自由放任才是资本主义敌人》，《参考消息》2011年11月22日。
⑤ 高尚全：《社会主义市场经济的过去、现在和未来》，《财经》2012年第30期。

成就的经验,中国共产党分别在党的十四大、建党 80 周年、十六大、十七大以及改革开放 30 周年等场合做过不同角度的研究和概括。胡锦涛同志在庆祝建党 90 周年大会上的讲话中指出,"经过 90 年的奋斗、创造、积累,党和人民必须倍加珍惜、长期坚持、不断发展的成就是:开辟了中国特色社会主义道路,形成了中国特色社会主义理论体系,确立了中国特色社会主义制度"①。党的十八大报告则指出,中国特色社会主义道路是实现途径,中国特色社会主义理论体系是行动指南,中国特色社会主义制度是根本保障,三者统一于中国特色社会主义伟大实践。全党要坚定这样的道路自信、理论自信、制度自信! 在三个自信中,最根本的就是要树立对中国特色社会主义的道路自信,因为中国特色社会主义理论体系为道路提供理论指导和行动指南,而中国特色社会主义制度则为道路提供根本保障和制度基础。早在 1980 年 5 月邓小平就强调:"中国革命就没有按照俄国十月革命的模式去进行","既然中国革命靠的是马列主义普遍原理与本国具体实践相结合,我们就不应该要求其他发展中国家都按照中国的模式去进行革命,更不应该要求发达的资本主义国家也采取中国模式。当然也不能要求这些国家都采取俄国的模式"。② 这是邓小平首次提出"中国模式"概念。中国模式实际上是邓小平社会主义本质论和全面改革开放理论在当代中国的实现和具体体现,中国模式的成功就是中国特色社会主义道路的成功,这两者从本质上是一致的。中国特色社会主义道路、理论体系和制度是一种政治话语体系;而中国模式的提法,有利于淡化意识形态色彩,更具学术性,便于国内外不同学者之间的对话和交流。正如程伟礼所指出的那样,理论创新不应当回避"中国模式"问题,如果把"中国道路"看成马克思主义中国化的产物,那么,"中国模式"则是中国马克思主义国际化的成果。③ 中国学者应该增强自身的学术自觉和学术自信,加强与世界范围内马克思主义者的互动与交流,充分体现中国化马克思主义的中国气派、中国风格。

---

① 胡锦涛:《在庆祝中国共产党成立 90 周年大会上的讲话》,新华社,2011 年 7 月 1 日。
② 《邓小平文选》第 2 卷,北京:人民出版社,1994 年,第 318 页。
③ 程伟礼:《理论创新不应当回避"中国模式"问题》,《马克思主义研究》2012 年第 11 期。

二、道路自信与中国模式的发展与完善

有些学者认为,伴随着中国改革开放所取得的巨大成就,我国在经济社会转型过程中还存在很多的问题,比如环境污染严重、收入分配不公、政治体制改革相对滞后等等,此时提"中国模式"还为时尚早。其实,人类社会发展的历史表明,并不存在一个十全十美、放之于四海而皆准的模式。2007年以来爆发的金融危机在相当程度上暴露了西方所倡导的新自由主义理论以及欧洲福利主义模式所固有的局限性,而中国政府应对金融危机的有效举措则从另一个侧面证实了中国模式在应对重大外部冲击方面的优越性。任何模式都包含两个方面,有正面,也有反面;有其积极的一面,也有其消极的一面。此外,世界上并不存在变动不居、固定不变的发展模式,任何发展模式都是因时代发展和外部环境变化而不断进行调整和变革的过程。针对此次金融危机所暴露出来的西方新自由主义发展模式的弊端,西方各国无一例外都加大了政府对市场的干预,进一步强化了对金融市场和金融机构规制和监管的力度;同样,针对以往过于强调经济增长速度的粗放型经济发展方式所带来的资源环境压力以及收入分配不公等问题,中国政府在"十二五"规划中提出要以科学发展为主题,以转变经济发展方式为主线,建设社会主义生态文明等新举措。针对政府在应对国际金融危机进程中过度干预经济所带来的一系列问题,十八大报告明确提出,经济体制改革的核心问题是处理好政府和市场的关系,必须更加尊重市场规律,更好发挥政府作用,从而进一步坚定了我国市场化取向改革的决心。正如胡锦涛同志在纪念党的十一届三中全会召开30周年讲话中所说的那样,"实践永无止境,探索和创新也永无止境。世界上没有放之四海而皆准的发展道路和发展模式,也没有一成不变的发展道路和发展模式,我们既不能把书本上的个别论断当作束缚自己思想和手脚的教条,也不能把实践中已见成效的东西看成完美无缺的模式"[①]。2013年1月5日,习近平同志在新进中央委员会的委员、候补委员学习贯彻党的十八大精神研讨班开班仪式的讲话中也指出,全党同志必须清醒认识世情、党情、国情的变和不变,永远要有逢山开路、遇河架桥的精神,锐意进取、大胆探索,敢于和善于分析

---

① 胡锦涛:《在纪念党的十一届三中全会召开30周年大会上的讲话》,新华社,2008年12月18日。

回答现实生活中和群众思想上迫切需要解决的问题,不断深化改革开放,不断有所发现、有所创造、有所前进,不断推进理论创新、实践创新、制度创新。① 因而,从学术研究的角度看,我们首先要承认中国模式的客观存在,然后正视该模式所存在的优势和劣势,并且采取切实有效的措施去进一步发展和完善这一模式的话语体系。

也有些国内学者认为,"模式"含有示范样本的涵义。宣扬中国模式,则有输出模式和示范的嫌疑,难免会"树大招风",为西方国家遏制中国发展提供口实,为此采用"中国特色"、"中国经验"、"中国道路"等提法比较符合实际。实际上,中国模式的话语体系,始终一贯地反复强调要尊重世界各国人民对于发展道路和发展模式的自主选择权,"我们既反对人家对我们发号施令,我们也决不能对人家发号施令"②。我们既不能将自己的意志强加于人,也不能对别国的事情指手划脚、颐指气使。"己所不欲,勿施于人",中国政府向来无意于输出中国模式,这也正是中国和平发展战略的重要内容。在对外援助和对外交往中,中国政府始终秉持尊重各国政治和经济发展模式多样性的原则,除了要求受援国承认"一个中国"原则以及受援国满足我国的经济或战略利益之外,几乎不附带其他任何政治条件。这与西方动辄以华盛顿共识作为"普世价值"进行强制性推销的"胡萝卜加大棒"的援助政策形成了鲜明的对比。世界各国发展的历史经验表明,由于各国的社会制度、历史背景、面临的现实问题和最紧迫的制约因素的巨大差异,即使是在同一个国家的内部,在不同的历史时期和经济发展的不同阶段,也会产生不同的制度需求,因而没有也不可能存在放之四海而皆准的发展模式。西方模式是如此,中国模式亦是如此。正如斯蒂格利茨认为的那样,如果当今世界真有一个关于哪种模式最可能推进贫困国家发展的共识的话,那就是:除了华盛顿共识没有提供对这个问题的回答之外,不再有任何共识了。如果中国模式对世界其他国家和地区发展有什么启示的话,那就是实事求是,必须根据本国国情自主选择适合本国国情的现代化发展道路。

还有一部分学者认为,在中国国力还处于有限崛起状态的条件下,动辄提及中国模式,会引起西方对中国发展的高度警觉和围堵,会导致"中国威胁论"、"中

---

① 习近平:《毫不动摇坚持和发展中国特色社会主义,在实践中不断有所发现有所创造有所前进》,《光明日报》2013年1月6日。

② 《邓小平文选》第2卷,北京:人民出版社,1994年,第319页。

国国际责任论"等论调的进一步泛滥,因而我们要继续秉承"韬光养晦,善于守拙,永不当头,有所作为"的外交战略,要慎提中国模式。然而,中国在国际经济舞台上的迅速崛起是客观存在的事实,这必然会对西方模式占据主导地位的现行国际体系和世界秩序提出现实而又严峻的挑战,也必然会引起西方政治家和学者的高度关注和警觉。在"树未大已招风"的条件下,"中国威胁论"等论调不可能因为我们不提"中国模式"、采取韬光养晦的战略而自动趋于消失。只要中国的崛起对现行世界政治经济格局产生影响,只要中国与主要经济体之间存在这样或者那样的竞争关系,这种论调就会以这样或者那样的方式沉渣泛起。而且,中国正处于崛起的关键时期,在相当长时间内,尤其是在新的世界经济和政治格局尚未稳固建立起来之前,西方国家一定会盘算如何平衡中国力量,设法消减中国崛起所可能引起的"负面"影响,甚至试图遏制中国。各种"捧杀"或者"棒杀"中国的努力一定会在中国崛起的进程中如影随形,对于这种"成长中的烦恼",我们应该有足够的心理准备。美国智库甚至认为,"当然,一次成功的转型,尤其是中国共产党所领导的成功的转型,极有可能导致一个更加自信的中国,以及一个不仅要求坐在桌边而且要求得到高层席位的中国"。① 事实上,包括美欧日在内的现任大国都在设法将日益强大的中国纳入其长期以来已经建立和维护并代表其自身利益的全球政治与经济秩序。正如美国国家情报委员会2008年出台的一份分析报告预测的那样,2025年的世界将是"一个在全球事务中由多国同时发挥突出作用的世界,而美国只是其中的一个"。如果我们放弃中国模式的话语权,甚至自觉不自觉地以西方模式作为标准对中国模式现存问题进行拷问,正是其所求之不得的。在西方学者从各个角度、怀揣着各种目的解读"中国模式"已成气候的条件下,面对一个13亿人口的大国在党的领导下历经30多年所创造的波澜壮阔的经济转型奇迹,我们竟然连是否提"中国模式"这一概念都感到犹豫,确实让人感觉到有些匪夷所思。

三、增强道路自信,勇于争夺中国模式话语权

中国的大转型无疑为社会科学研究者提供了一个硕大无比的、绝好的天然

---

① [美]战略与国际研究中心、彼特森国际经济研究所:《美国智库眼中的中国崛起》,曹洪洋译,北京:中国发展出版社,2011年。

实验室，但无论是国内学者，还是国外学者对于中国模式这一问题的认识，往往仁者见仁智者见智，很难找到共同的话语权。至少从目前来看，对于中国模式这一问题的探索，从总体而言，其话语权更多地掌握在外国学者或者游学海外具有中国成长背景的华裔学者手中，而且关于中国发展模式这一问题的系统学术论著也大多出自西方学者之手。也正是西方学者（乔舒亚·雷默）对西方新自由主义中国式替代的极为独特的确认，才在实际上开启了中国模式话语的议程，而国内学者对这一问题的关注只是最近两三年的事情。这些游学海外具有中国背景的学者已经成为当代西方中国研究的不可分割的重要组成部分，他们的研究正在潜移默化地改变着西方的当代中国研究。当然，由于文化和历史的隔膜，尤其是各方所秉持的意识形态的差异，他们可能无法完全理解作为研究镜像的中国的经验与境遇；他们在分析相关问题时所持的预设和得出的结论也不一定适用于特定的中国社会。另一方面，他们或多或少潜移默化地秉持着对所谓"西方模式"或者"华盛顿共识"的优越感，甚至以此作为"普世价值"来衡量中国模式所存在的问题和矛盾，进而为"中国威胁论"、"中国崩溃论"或者"中国国际责任论"提供理论依据。而对于国内学者而言，尽管作为历史的见证者有着无可匹敌的现场面对研究对象的优势以及资料获取上的便利性，能切身感受到中国转型所带来的变化的点滴细节和活生生的现实，但改革亲历者的身份也可能导致研究者被自身情感所左右，为自身利益所束缚，为所处时代的"迷雾"所蒙蔽，"习惯成自然"，以致不能跳出一时一地的障碍，发现问题并理性地把握事物发展的内在规律性。所谓"当局者迷，旁观者清"，"不识庐山真面目，只缘身在此山中"就是这个道理。中国模式这一问题研究所呈现出的"墙内开花墙外香"的现象也印证了国内部分学者缺乏学术研究的自觉和自信，片面地以中国渐进转型过程中存在这样或者那样的问题或者借口中国发展模式还未定型、还处于变化之中而不敢轻言"中国模式"；他们一方面在批判"西方模式"和"华盛顿共识"，另一方面又自觉不自觉地以"西方模式"为范本，认为由于中国模式缺乏西方模式所固有的"政治民主化"而提出要慎言"中国模式"。秦晓甚至认为，"'中国模式论'所宣扬的是政府主导的、民族主义支撑的经济发展路径、国家权力结构和社会治理方式，它的本质是对普世价值的拒绝，这一指向是对中国以现代性社会为目标的转型过程的偏离和倒退"。

表1 中国与美国在世界经济中的地位：1700—2015

	1700	1820	1900	1950	2001	2015
GDP(10亿,1990年国际元)						
中国	83	229	218	240	4570	11463
美国	0.5	13	312	1456	7966	11426
世界	371	696	1973	5326	37148	57947
中国占世界比重(%)	22	33	11	5	12	20
人均GDP(1990年国际元)						
中国	600	600	545	439	3583	8265
美国	527	1257	4091	9561	27948	35420
世界	615	668	1262	2110	6041	7154
中国/世界(世界=1)	0.98	0.90	0.43	0.21	0.59	1.16

资料来源：1700—2001年的数据来自 The World Economy: Historical Statistics, OECD, 2003; 2001—2015年的数据来自 Development is back, OECD, 2002。
转引自安格斯·麦迪森：《世界经济千年史》，北京大学出版社2010年6月版中文版前言。

在欧美日三大经济体深陷重大经济和金融危机而无法自拔的背景下，还有人在不遗余力地推销西方已经病入膏肓的政治经济模式，不能不让人重新思考改革开放之初曾经常提出的问题：检验不同理论真理性的标准到底是实践还是理论本身？这种对于中国特色社会主义的道路自信、理论自信和制度自信来自于哪里？对于中国模式话语权争夺的自信来自哪里？来自改革开放以来我国辉煌发展成就的底气，来自党和国家事业发展前景的朝气，也来自我们面对现实存在问题所展示的逢山开路、遇河架桥的勇气。事实上，改革开放30多年以来，我国GDP总量从1978年的5689亿跃升至2012年的519322亿元，增长了91.29倍；人均GDP从1978年的236美元增加到2012年的6075美元，增长了25.74倍。① 再从横向比较来看（见表1），根据麦迪森的研究，按照1990年国际元计算的GDP总量和人均占有量，无论是相对于美国还是世界整体而言，1820年之前的中国都具有较大的优势，但自1820年尤其是1840年鸦片战争以后的一百多

---

① 国家统计局：1978年和2012年国民经济和社会发展统计公报。人民币与美元的汇率均按照当年的年平均汇率折算。

年里(至1950年),我国GDP占世界的比重从1820年的33%降低至5%;而人均GDP则从世界的90%降至21%,即仅相当于世界人均GDP的五分之一。中华民族100多年积贫积弱的历史由此可见一斑。而自1949年中华人民共和国成立之后,我国GDP占世界的比重从1950年的5%跃升至2001年的12%,至2015年则达到20%之多。人均占有量则从1950年的21%提高至2001年的59%,到2015年则达到世界平均水平的1.16倍。再从中美两国的纵向比较而言,美国的GDP从1950年14560亿国际元升至2015年的114260亿国际元,增长了7.85倍;中国则从2400亿国际元升至114630亿国际元,增长了47.76倍,是美国同期的6倍;再从人均GDP来看,美国仅仅增长了3.7倍,而中国增长了18.83倍,是美国同期的5倍。中华民族伟大复兴的百年梦想指日可待。从这一国际比较中,我们同样可以自信地得出结论:只有社会主义才能救中国,只有中国特色社会主义才能发展中国。从这一国际比较中,我们也确实可以得出这样的结论:今天的中国处于1840年以来最好的时期,今天的中国有1840年以来最好的制度,今天的中国是全球各主要国家中发展最好的国家(宋鲁郑,2013)。这三个事实判断,就构成了"道路自信、理论自信、制度自信"的坚实基础。当然,我们还必须看到,尽管2015年中国经济总量有望超过美国(笔者对此过于乐观的推断存疑),但从人均占有量来看,中国人均GDP仍不到美国的四分之一。这进一步说明,我国仍处于并将长期处于社会主义初级阶段的基本国情没有变,人民日益增长的物质文化需要同落后的社会生产之间的矛盾这一社会主要矛盾没有变,我国是世界最大发展中国家的国际地位没有变。

正如英国学者肖恩·布雷斯林所指出的那样:"关于中国例外和不同的话语绝不只具有语义学上的重要性,不仅进入到对中国在世界上的地位的认知中,而且具有重要的国内用途和后果。这种话语解释了中国为什么不必走上其他某种道路。确认是否存在中国模式不仅仅是一个学术兴趣的问题,而且还是一个可能对十几亿中国人未来生活产生重大影响的问题。"从这一意义上而言,争夺在中国模式这一问题研究上的国际话语权,完善中国模式的话语体系,增强国内学者的学术自觉和学术自信,为中国模式寻求更多的合法性理论支撑,不仅可以建构起与西方模式共同的话语平台,让世界更多地了解和理解中国,扩大中国模式的国际影响力,还可以消除西方对于中国的误解和误读,为争取更多的国际生存空间创造必要的舆论氛围,进而凝聚国内各界的共识,进一步提升各族人民在党的领导下坚定不移走中国特色社会主义道路的决心和信心。这既是中国国家文化软实力的重要组成部分,同样也是中国学者不可推卸的职责。

马克思主义中国化进程"中止说"献疑
——兼与学界两种代表性观点商榷

王学荣

摘 要:马克思主义中国化的历史进程,学术界代表性的观点有"20世纪50年代中止说"和"60年代中止说"。事实上,这两种观点都是不能成立的。马克思主义中国化是一个不间断的持续的过程,在20世纪50年代没有中止,在六七十年代同样没有中止。期间我们的事业尽管遭受了巨大的挫折,但仍然在继续。"三大改造"基本完成以后,我党领导全国人民开始转入全面的大规模的社会主义建设。"文革"前的十年中(1956—1966),社会主义建设的探索虽然遭受过严重挫折,但以毛泽东为主要代表的中国共产党人相继提出了一系列重要的思想观点,并取得了很大的成绩。即使是在"文革"十年间(1966—1976),毛泽东依然提出了许多正确的思想,为马克思主义的理论宝库增添了新的内容。这是马克思主义中国化继续进行的重要体现。可见,马克思主义中国化历史进程"中止说"是立不住的。

关键词:马克思主义中国化;历史进程;中止

"20世纪50年代中止说"和"60年代中止说"是学术界关于马克思主义中国化历史进程的两种具有代表性的观点。在20世纪50年代以及六七十年代(1966—1976),中国共产党在社会主义建设的探索中尽管出现了这样或者那样的失误,但马克思主义中国化的历史进程仍然在继续。这是学术界非常重要的理论问题,只有正确认识和评价这一段历史,才能够深刻领会习近平总书记关于新中国改革开放前后两个30年一致性的思想。因此笔者不揣浅陋,与"20世纪50年代中止说"和"60年代中止说"这两种代表性观点进行商榷,并就教于学界同仁。

一

关于马克思主义中国化的历史进程问题,学术界的讨论很多,可谓众说纷纭、见仁见智。"20世纪50年代中止说"和"60年代中止说"是理论界两种流行的观点,这两种说法笔者都不赞成,于是本文对这两种观点提出质疑。

"50年代中止说"认为,"自上世纪50年代末之后的20年来,由于毛泽东的晚年错误,使'左'的教条主义重新笼罩了中国大地,马克思主义中国化的进程也因此而中断"①,另有学者在其著作中这样写道:"历史教训了人们。中止于50年代的马克思主义中国化的进程,在70年代末终于又开始了。"②如果笔者没有理解错的话,该观点想要表达的意思是:马克思主义中国化的历史进程曾在20世纪50年代中止了,直到70年代末才得以恢复。这显然也是"50年代中止说"的代表。

而"60年代中止说"则认为,"从新中国成立到1957年,马克思主义中国化的历史进程延续了新民主主义革命时期的良好发展势头,并得到了延伸和发展。在此之后,马克思主义中国化进入了曲折发展的历史时期,但并没有中止。于1966年爆发的'文化大革命'标志着马克思主义中国化暂时中止"③。另有学者写道:"(在"文化大革命"时期——笔者注)党在总体上,在指导思想上,在马克思主义中国化的道路上,受到严重挫折,中断了马克思主义中国化进程。"④亦有学者说:"指导'文化大革命'的理论,不是毛泽东思想,当然也就不是中国化马克思主义,它脱离了马克思主义,又脱离了中国实际。十年的时间在人类历史长河中可以不计较,但在马克思主义中国化的历史进程中就不算短了。尽管在这十年中,也有一些次要论点并没有违背毛泽东思想,而占主体的指导思想却不是毛泽东思想,这就意味着马克思主义中国化历史进程中断了十年。"⑤

对于这样两种观点,笔者均不赞成。笔者认为,马克思主义中国化是一个不间断的持续的过程,在20世纪50年代没有中止,在六七十年代(1966—1976)同样没有中止,马克思主义中国化的历史进程仍然在继续(尽管期间社会主义建设

---

① 张焕金:《马克思主义中国化的历史进程与经验启示》,《中央社会主义学院学报》2003年第6期。
② 杨奎松:《马克思主义中国化的历史进程》,郑州:河南人民出版社,1994年,第423页。
③ 祝猛昌:《马克思主义中国化曾中止于20世纪50年代吗?——与杨奎松教授商榷》,《江西师范大学学报(哲学社会科学版)》2010年第3期。
④ 沈传宝:《马克思主义中国化在"文化大革命"中的曲折命运和经验教训》,《中共党史研究》2008年第2期。
⑤ 张静如:《关于马克思主义中国化问题的几点想法》,《党史研究与教学》2008年第3期。

的探索遭受了巨大的挫折)。而"20世纪50年代中止说"也好,"60年代中止说"也好,共同点都是认为马克思主义中国化的历史进程曾经"中止"过,这与历史事实是不相符的。下文笔者来具体分析之。

二

不管是"20世纪50年代中止说"也好,"60年代中止说"也罢,都认为马克思主义中国化的历史进程"中止过"。所谓"中止",就是说在这个时期马克思主义中国化完全停止了,既然如此,也就意味着这一时期马克思主义中国化没有任何进展,没有取得任何成果。事实真的是如此吗?马克思主义中国化的历史进程真的于20世纪50年代或60年代中止了吗?没有!因为马克思主义的中国化仍然在曲折当中继续着!

早在1952年,毛泽东就开始酝酿"过渡时期总路线"了。1953年12月,过渡时期总路线的完整表述最终得以形成。它具体体现了"社会主义工业化"和"社会主义改造"的紧密结合,也深刻体现了"变革生产关系"与"发展生产力"的有机统一,丰富和发展了马克思主义的科学社会主义学说,是马克思主义中国化的鲜活体现。1949—1956年马克思主义中国化历史进程仍然在继续,这是学者们所公认的,即便是持"50年代中止说"的学者也并不否认马克思主义中国化的历史进程在1949—1956年仍然在继续。那为什么还会提出"马克思主义中国化的历史进程中止于20世纪50年代"的观点呢?这当然与1957年下半年以后出现的情况有关。那就让我们来看看1956年下半年至1966年这一段历史吧。

1957年下半年以后,国内国际确实出现了一系列复杂的情况。加上我国当时还刚刚进入社会主义社会(1956年三大改造的基本完成标志着中国进入社会主义社会),对如何建设社会主义还缺乏足够的经验,对社会主义建设规律和发展规律尚未形成清醒的认识,等等。在如此众多因素的"历史合力"作用下,中国共产党在指导思想上逐渐发生了"左"的偏差,由于在"左"的思想的指导下,社会主义建设的探索逐渐偏离了正确的轨道,相继出现了不少曲折甚至失误。这是历史事实,不承认这一点当然不是马克思主义的态度。可是笔者不禁要问,难道这就是这段历史的"全部"吗?当然不是!道理很简单,因为尽管中国共产党在这段历史时期出现了这样那样的失误,却从来没有停止过对社会主义建设规律的艰辛探索。看不到这一点,同样不是马克思主义的态度。20世纪50年代末60年代初,毛泽东认真地总结了"大跃进"以来社会主义建设的经验教训,并在此基础上创造性地提出了一系列重要的思想观点。这些观点即使用今天的眼光来看也是难能可贵的。例如:毛泽东坚决反驳了当时有人提出的"要消灭商品、取消货币"的错误观点,强调指出,"必须有计划地大力发展商品生产"。他甚至还主张"可以消灭了资本主义,又搞资本主义"①,这就是毛泽东的"新经济政策"(笔者将其称为"哲学的经济"抑或是"经济哲学")。又比如:针对"一平二调"的共产风,毛泽东通过反思社会主义条件下商品生产和价值规律的作用,严厉批评了当时轻视商品经济的错误倾向,并将"价值法则"(或者叫"价值规律")形象地称作"一个伟大的学校"。可见,毛泽东在这段历史时期是一再强调商品生产和价值规律的作用的。这难道还不是对马克思主义经典作家关于社会主义建设思想的创造性发展吗?

从另一个层面讲,马克思主义中国化作为中国共产党集体智慧的结晶,许多其他中国共产党人也都在探索适合中国国情的社会主义建设道路问题上,提出过一系列富有创见的思想。例如,刘少奇提出"必须立足国情,允许多种经济成分并存"的思想;周恩来提出了"我国知识分子绝大多数已经是劳动人民的知识分子"等观点;陈云提出了著名的"三个主体,三个补充"的思想;邓小平提出了"关于整顿工业企业"等观点;朱德提出了"要注意发展手工业和农业多种经营"的观点;邓子恢等提出了"农业中要实行生产承包责任制"的观点等。所有这些都是中国共产党重要领导人在20世纪五六十年代提出的创造性思想观点,这些创造性思想为党的十一届三中全会以后中国特色社会主义现代化建设提供了有益的启示和借鉴。这正是马克思主义中国化在继续推进的又一印证!怎么能说马克思主义中国化的历史进程在20世纪50年代中止了呢?正如有论者所指出的那样,"八大前后以毛泽东为核心的党的第一代领导集体对社会主义建设的探索,是邓小平开创的中国特色社会主义的源头活水"②。

让我们来看看著名史学家胡绳是怎样评价这段历史的吧。胡绳在其史学著

---

① 《毛泽东文集》第7卷,北京:人民出版社,1999年,第170页。
② 陈文旭、孙宇:《试析〈论十大关系〉对中国社会主义建设的探索》,《长白学刊》2014年第6期。

作《中国共产党的七十年》一书中提出了"两个发展趋向"的观点,胡绳认为,在"十年探索"中(即1956—1966),存在着"两个发展趋向":一个发展趋向是"形成了一些正确的和比较正确的理论观点和方针政策","积累了一些正确的和比较正确的实践经验";另一个发展趋向则是"形成了一些错误的理论观点和政策思想"。① 应该说,胡绳对这段历史的评价是比较客观公允的。而"20世纪50年代中止说"关于马克思主义中国化历史进程中止于20世纪50年代的说法显然是有失公允的,因而也是站不住脚的。因为在这段历史时期,以毛泽东为代表的中国共产党人建立了独立的工业体系和国民经济体系,对中国社会主义建设作出了艰辛的探索,尽管在探索的实践中出现了这样那样的失误,但这些失误与其为实现中国工业化所作出的贡献相比,贡献无疑是主要的、第一位的,而失误毕竟是次要的、第二位的。马克思主义理论研究和建设工程重点教材《中国近现代史纲要》认为,中国自"一五"时期到1976年的二十多年中,"是中国社会主义现代化事业打基础的重要时期"。该书写道:"尽管经历了'大跃进'和'文化大革命'的严重挫折,这个时期中国经济的发展速度仍然是比较快的。"这一时期"最大的建设成就",是"基本建立了独立的、比较完整的工业体系和国民经济体系","从根本上解决了工业化中'从无到有'的问题"。② 应该说,该书对这段历史的评价也是比较客观的。但遗憾的是,"50年代中止说"只看到了这些探索中的"失误",却忽视了处于主要地位的、第一位的"成绩"和"贡献",笔者认为这就是"50年代中止说"之所以得出"马克思主义中国化的历史进程在20世纪50年代中止了"这一结论的原因,也恰恰是该观点在这一问题上"失误"的根本所在。

三

我们再来具体考察一下20世纪六七十年代这一段历史,看是不是真的像某些人所说的那样,马克思主义中国化的历史进程在这个时期完全"中止"了。不可否认,毛泽东于1966年发动了"文化大革命",这无疑是一个严重错误。可笔者不禁要问:这难道就是这段历史的全部了吗?答案当然是否定的。这至少可

---

① 胡绳:《中国共产党的七十年》,北京:中共党史出版社,1991年,第451—452页。
② 马克思主义理论研究与建设工程编写组:《中国近现代史纲要》,北京:高等教育出版社,2007年,第195页。

以从以下几个角度来加以说明：

第一，既要看到毛泽东在1966—1976年这段历史时期的确犯了发动"文化大革命"的严重错误，但也要看到他在这一时期同样也提出了一些比较正确的思想观点，这些思想即便是用我们今天的眼光来看也是富有创造性的。例如，毛泽东提出"党际关系不应影响国家关系"的思想，这是毛泽东晚年对党和国家的关系所作出的新思考，这一思想有着深远的意义，为我们后来处理党和国家的关系提供了有益的启示。毛泽东在这一历史时期还提出了"中国永远不称霸"的观点，这是毛泽东晚年关于国际战略和外交战略的重要思想。改革开放以后，邓小平也一再强调要反对霸权主义，以维护世界和平，为我国社会主义现代化建设争取一个较长时期的国际和平环境。江泽民也提出要反对霸权主义和强权政治，进一步巩固和发展有利于我国的和平国际环境，特别是和平的周边环境，为我国的改革开放和社会主义现代化建设服务，为祖国的统一大业服务。党的十六大以后，胡锦涛又提出"建设和谐世界"的著名论断。所有这些，无一例外都从毛泽东这一时期提出的"中国永远不称霸"思想中吸取了丰富的营养，难道还有谁会否认毛泽东这一时期的"中国永远不称霸"观点是符合马克思主义的正确思想吗？我想任何一个负责任的学者恐怕都是不会否认的。毛泽东在这一时期还提出了发展国防尖端科技的思想，这实际上为邓小平后来提出"科学技术是第一生产力"的论断奠定了基础，也可以说，邓小平的这一思想在一定程度上是对毛泽东关于发展国防尖端科技思想的继承和创造性发展。但非常遗憾，现在人们只是熟知邓小平关于"科学技术是第一生产力"的论断，而恰恰忘掉了毛泽东在这一时期提出的关于发展国防尖端科技的思想。此外，著名的"三个世界划分"的战略构想也是毛泽东在这一时期提出来的。1974年，毛泽东会见来访的赞比亚总统卡翁达时这样说过："美国、苏联是第一世界。中间派，日本、欧洲、澳大利亚、加拿大，是第二世界。咱们是第三世界。"[①]他还指出，第三世界人口很多，"亚洲除了日本，都是第三世界。整个非洲都是第三世界，拉丁美洲也是第三世界"[②]。"三个世界划分"的战略构想当然不是毛泽东的"突发奇想"，而是他对战

---

① 《毛泽东文集》第8卷，北京：人民出版社，1999年，第441页。
② 《毛泽东文集》第8卷，北京：人民出版社，1999年，第442页。

后世界战略局势的变化发展进行长时期观察和思考的结果,这一战略构想充分体现了事物一分为二的哲学思想,是矛盾辩证法的创造性运用,难道还不属于马克思主义的观点吗?试想,倘若马克思主义中国化在20世纪六七十年代真的"中止"了,倘若这个时期毛泽东真的放弃了马克思主义的世界观,又怎么能够提出像"三个世界"划分这样充满辩证色彩的战略思想呢?

第二,马克思主义中国化作为一个历史进程,是中国共产党的集体智慧,绝不仅仅是毛泽东一个人的事情,不能因为毛泽东在"文化大革命"期间犯下了严重错误就全盘否认其他共产党人在这段历史时期提出的正确观点。实际上,其他领导同志在这个时期的确相继提出了许多重要的思想观点,这些思想观点都是属于毛泽东思想体系的,或者说是毛泽东思想的重要组成部分。例如邓小平全面整顿的思想,事实上,邓小平关于改革开放的很多重要思想都是在这个时期酝酿和思考出来的。周恩来也提出了"四个现代化"的思想,陈毅、叶剑英等其他中国共产党人也都提出了很多有价值的符合马克思主义的思想。所有这些都是马克思主义中国化在继续的表现。倘若真的像某些学者所说的那样,马克思主义中国化的历史进程在20世纪六七十年代"中止"了,那显然就意味着马克思主义中国化在这段历史时期没有任何进展,毛泽东没有提出任何马克思主义的正确观点,其他中国共产党人也都没有提出任何正确思想,马克思主义中国化彻底停滞了,而这与历史史实是不符合的。所以"60年代中止说"认为马克思主义中国化历史进程中止于20世纪60年代的观点是不能成立的。

第三,"文化大革命"与"文化大革命时期"是两个不同的概念,不能将二者混为一谈。"文化大革命时期"是指1966—1976年这一段特定的历史时期,而"文化大革命"只是这段历史时期的一个历史史实。"文化大革命"固然是错误的,然而我们应当认识到,"文革"的全局性错误仅仅是从"党的战略方针"角度而言,但党没有变质,国家并没有变质,社会主义性质并没有改变,整个马克思主义中国化的探索进程也并没有停止。"文化大革命"并不等于"文化大革命时期",因为"文化大革命"并非"文化大革命时期"的全部。"文化大革命时期"并不是像有些人所说的那样经济完全停滞了,中共十一届六中全会通过的《关于建国以来党的若干历史问题的决议》这样指出:"("文革"时期——笔者注)我国国民经济虽然遭到巨大损失,仍然取得了进展。"薄一波同志也曾经谈道,"纵观1966至1970

年这五年乃至1966至1975年这10年的情况,经济还是有所发展的"①。

笔者认为,我们应该将"文化大革命"与"文化大革命时期"这两个概念区分开来,不能因为"文化大革命"的错误而否定"文化大革命时期"这一整段历史。但遗憾的是,"60年代中止说"却把"文化大革命"与"文化大革命时期"这两个不同的概念混为一谈了。退一步讲,即便单就"文化大革命"而言,"60年代中止说"的看法也是片面的,因为该观点只看到"文化大革命"的"错误",却没能把改革开放前后两段历史贯通起来理解,没有看到"文化大革命"同样为改革开放后中国特色社会主义现代化建设提供了反面经验。事实上,中国特色社会主义乃是在总结正反两方面历史经验的基础上探索出来的,正面经验与反面经验都对改革开放后中国特色社会主义的探索起到了借鉴意义,"文化大革命"恰恰就为社会主义现代化建设提供了反面经验,邓小平说:"没有'文化大革命'的教训,就不可能制定十一届三中全会以来的思想、政治、组织路线和一系列政策。……'文化大革命'变成了我们的财富。"②应该说,邓小平对这段历史的评价是比较客观全面的。可是,"60年代中止说"却将这段历史完全否定了,根源在于将"文化大革命"与"文化大革命时期"这两个不同的概念混为一谈了,这当然是不对的。即便单就"文化大革命"这一史实而言,"60年代中止说"只看到"文化大革命"的"错误",却没能把改革开放前后两段历史贯通起来理解,没有看到"文化大革命"同样为改革开放后中国特色社会主义现代化建设提供了反面经验,这当然也是不辩证的。笔者认为,把"文化大革命"与"文化大革命时期"这两个不同的概念混为一谈以及对"文化大革命"这一史实的片面理解正是"60年代中止说"得出"马克思主义中国化的历史进程在20世纪六七十年代中止了"这一结论的原因,也恰恰是该观点在这个问题上"失误"的根本所在。

胡绳先生在评价"十年探索"(即1956—1966年)这段历史时提出了党的指导思想有"两个发展趋向"的观点,这是在历史评价中坚持"两分法"的光辉典范,为我们正确评价历史提供了优秀的范例。笔者主张,我们在评价1966—1976年这段历史(即"文化大革命时期")时,同样也应该借鉴胡绳先生的做法,坚持全面

---

① 薄一波:《若干重大决策与事件的回顾》(下卷),北京:中共中央党校出版社,1993年,第1213页。
② 《邓小平文选》第3卷,北京:人民出版社,1993年,第272页。

的辩证的思维方式客观公正地进行评价。不能因为中国共产党在这段历史时期遭受了严重挫折就全盘否定这段历史,也不能因为毛泽东在这段时期犯下了"文化大革命"的严重错误就否认毛泽东和其他中国共产党人在这段时期提出的正确思想。

四

通过上述分析可以得出如下结论:在20世纪50年代(确切地说是从1957年下半年开始),中国共产党在指导思想上逐渐发生了"左"的偏差,对社会主义建设道路的探索逐渐偏离了正确的轨道方向,出现了很多曲折。特别是1966—1976年发生了"文化大革命"的严重错误。然而中国共产党并没有停止对中国社会主义建设规律的艰辛探索,在这段历史时期,毛泽东和中国其他共产党人相继提出了很多马克思主义的思想观点,为改革开放后中国特色社会主义现代化建设提供了有益的启示。事实上,改革开放后的很多重要思想都是在这段历史时期酝酿的。可见,马克思主义中国化的历史进程并没有中止,而是在曲折中继续。笔者的一个基本判断是,马克思主义中国化是一个不中断的持续的过程,所谓的"20世纪50年代中止说"抑或是"60年代中止说",都是不成立的。还是让我们来看看伟大的马克思主义者邓小平对新中国成立至改革开放这30年历史的评价吧,邓小平说:"(这段时期——笔者注)我们做了很多的事情,成绩不少,虽然也犯了一些错误,但不是一片漆黑。"①"我们取得的成就还是主要的。"②

笔者主张,我们在评价这段历史时,理应坚持辩证的态度。既要看到这段时期出现的曲折和错误,同时也应注意到毛泽东和其他领导同志在这一时期的确提出了很多正确思想,这些思想观点是符合马克思主义的。不能因为中国共产党在这段时期对社会主义建设道路的探索中遭受了严重挫折就全盘否定这段历史,也不能因为毛泽东在这段时期(特别是"文化大革命"期间)犯下了严重错误,就否认毛泽东和其他中国共产党人在这段时期提出的正确观点。要正确评价这段历史,一个很重要的问题就是要深入研究毛泽东的晚年思想,毛泽东晚年思想

---

① 《邓小平年谱(1975—1997)》(下册),北京:中央文献出版社,2004年,第707页。
② 《三中全会以来重要文献选编》(下册),北京:人民出版社,1982年,第798页。

是一个很复杂的问题,绝不像某些学者所说的那么简单,即毛泽东晚年放弃了马克思主义。如果毛泽东晚年真的放弃了马克思主义,还能提出那么富有辩证色彩的战略思想吗?有论者这样指出:"关于马克思主义中国化研究进程中存在的问题及对策,值得我们进一步的思考和完善。"①而毛泽东的晚年思想至今仍然是学术界研究的"薄弱之点",尤其值得进一步思考。要研究马克思主义中国化的历史进程,是无论如何也绕不过毛泽东晚年思想的。倘若对毛泽东晚年思想的研究有实质性的突破,马克思主义中国化研究将会大有进展。这就是笔者强调毛泽东晚年思想研究的原因之所在。

---

① 张多来、薛玉成:《主体视角下马克思主义中国化研究存在的问题及对策》,《南华大学学报(社会科学版)》2013年第3期。

中国道路的世界历史意义解读

许 江 王明生

摘 要：中国道路是人类文明发展成果的重要组成部分，具有世界意义。中国道路的成功，打破了西方现代化发展模式主导世界发展道路的格局，使世界各国的现代化发展道路更加丰富、更具多样性。中国道路以和平发展为重要特征，摆脱了西方"国强必霸"的传统大国崛起模式的窠臼，是一种人类追求文明进步的新模式。中国道路是属于第三世界国家的中国率先探索的成功发展之路，能为广大发展中国家提供有益的参考和借鉴。中国道路创造性地实践了马克思关于跨越"卡夫丁峡谷"的设想，解决了世界社会主义运动关于如何巩固、建设和发展社会主义的时代难题，为世界社会主义运动注入了新的活力，是世界社会主义运动走出低谷的新希望所在。

关键词：中国道路；中国经验；中国模式；社会主义运动；现代化模式；文明发展

中国道路是中国特色社会主义道路的简称，它是中国共产党团结带领全党和全国人民在革命、建设和改革等不同历史时期，为实现国家富强、民族振兴和人民幸福而探索的具有社会主义属性的发展方式、路径以及经验的总结，尤其是对改革开放和社会主义现代化建设新时期以来，中国通过渐进式改革而成功开辟的一条覆盖经济、政治、社会、文化和生态等领域发展道路和发展模式的总称。中国道路的成功开辟使中国取得了举世瞩目的成就，它不仅洗刷了中国近代以来的民族屈辱，改变了中国贫穷落后的面貌，而且提高了中国的国际地位，扩大了中国的国际话语权，重塑了中国的世界形象，使中国以崭新的姿态屹立于世界民族之林。中国道路的成功开辟不仅"凝结着实现中华民族伟大复兴这个近代以来中华民族最根本的梦想，也体现着近代以来人类对社会主义的美好憧憬和不懈探索"[①]，是

---

① 中共中央文献研究室编：《习近平关于实现中华民族伟大复兴的中国梦论述摘编》，北京：中央文献出版社，2013年，第25页。

人类文明发展成果的重要组成部分。"民族的就是世界的",中国道路不仅是中国的,也是世界的,因而具有世界历史的意义,本文拟对此进行解读。

一、中国道路的成功使世界各国的现代化发展道路更具多样性

在开放环境下,一个国家发展模式的建构必然与各国特定的文化传统和基本国情密切相关,没有必要追求与其他国家完全一致,因此在社会发展道路的选择上应该尊重多样性、尊重选择权。党的十五大提出:"当今世界是丰富多彩的。各国都有权选择符合本国国情的社会制度、发展战略和生活方式",要"尊重世界的多样性"。① 党的十六大首次提出了"维护世界多样性"的具体原则和方式,即"在竞争比较中取长补短,在求同存异中共同发展"。② 党的十八大再次强调:"要尊重世界文明多样性、发展道路多样化,尊重和维护各国人民自主选择社会制度和发展道路的权利,相互借鉴,取长补短,推动人类文明进步。"③ 党的十八大以后,习近平总书记多次强调要尊重、维护世界文明多样性。2014年6月28日,习近平在和平共处五项原则发表60周年纪念大会上的讲话中指出:"文明多样性是人类社会的基本特征。……'万物并育而不相害,道并行而不相悖。'我们要尊重文明多样性,……倡导交流互鉴,注重汲取不同国家、不同民族创造的优秀文明成果,取长补短,兼收并蓄,共同绘就人类文明美好画卷","企图建立单一文明的一统天下,只是一种不切实际的幻想"。④ 2014年9月24日,在纪念孔子诞辰2565周年国际学术研讨会暨国际儒学联合会第五届会员大会开幕会上的讲话中,习近平又指出:"'物之不齐,物之情也。'和而不同是一切事物发生发展的规律","我们应该维护各国各民族文明多样性","这样世界文明之园才能万紫千红、生机盎然",而"任何想用强制手段来解决文明差异的做法都不会成功,反而会给世界文明带来灾难"。⑤ 2015年10月22日,习近平在伦敦金融城市长晚

---

① 《十五大以来重要文献选编》(上),北京:中央文献出版社,2011年,第37页。
② 《十六大以来重要文献选编》(上),北京:中央文献出版社,2011年,第37页。
③ 《十八大以来重要文献选编》(上),北京:中央文献出版社,2014年,第37页。
④ 习近平:《弘扬和平共处五项原则 建设合作共赢美好世界——在和平共处五项原则发表60周年纪念大会的讲话》,《人民日报》2014年6月29日。
⑤ 习近平:《在纪念孔子诞辰2565周年国际学术研讨会国际儒学联合会第五届会员大会开幕会上的讲话》,《人民日报》2014年9月25日。

宴上的演讲中再次强调:国家之间要坚持开放包容的形态,视彼此发展为自身机遇,灵活务实推进双方合作,深化各领域合作,加强人文交流,共促东西方文明对话,共同维护开放型世界经济和促进世界文明多样化。①

从现代化演进历程来看,西方国家的现代化是自然演进的结果,属于早发内生型现代化,而广大发展中国家的现代化则属于后发外生型现代化。马克思曾指出,西方现代化的发展"正像它使农村从属于城市一样,它使未开化和半开化的国家从属于文明的国家,使农民的民族从属于资产阶级的民族,使东方从属于西方"②。在早发现代化进程中,西方国家通过殖民扩张建立了世界市场,"把全球各国人民,尤其是各文明国家的人民,彼此紧紧地联系起来,以致每一国家的人民都受到另一国家发生的事情的影响"③,广大发展中国家在西方殖民主义的裹挟下被迫卷入了现代化进程。第二次世界大战结束后,尽管许多亚非拉国家摆脱了殖民枷锁,获得独立,但西方国家通过"西方中心论"等话语霸权的建构,利用不公正、不合理的国际政治经济秩序,把广大发展中国家纳入西方的世界体系中。随着东欧剧变和苏联解体,世界格局出现了新变化,西方国家似乎不战而胜,这不仅巩固了西方国家的强势地位,而且也将西方的意识形态话语霸权推至顶峰,福山甚至据此提出了"历史终结论",将西方自由民主制度预言为"人类意识形态发展的终点"和"人类最后一种统治形式"。正如后殖民主义批评学者阿里夫·德里克所察觉到的:"全球化本身在许多方面正是美国的经济和文化霸权的另一种表达方式,因而实际上充当了向全世界输出美国的经济、政治和文化实践的借口。甚至多元文化主义也以与此相一致的方式扼制了文化上的差异。"④

中国的现代化进程与广大发展中国家一样,属于后发外生型现代化,因此存在着被西方现代化发展模式裹挟前行的可能性;而令人欣慰的是,中国共产党自成立以来就坚持独立自主地进行革命和建设,认为中国社会主义的命运归根到

---

① 习近平:《共倡开放包容 共促和平发展——在伦敦金融城市长晚宴上的演讲》,《人民日报》2015年10月23日。
② 《马克思恩格斯选集》第1卷,北京:人民出版社,1995年,第277页。
③ 《马克思恩格斯选集》第1卷,北京:人民出版社,1995年,第241页。
④ 阿里夫·德里克:《反历史的文化?寻找东亚认同的"西方"》,《文艺研究》2000年第2期。

底取决于我们自己,取决于党的理论和路线,取决于党同人民的团结奋斗,①从而取得了举世瞩目的伟大成就。中国道路的成功实践,使我国国民经济以及基础设施、对外经济、人民生活水平、社会发展等各个方面发生了翻天覆地的变化,改革开放30多年来"中国经济年均增速近10%,成为全球第二大经济体,6亿多人口摆脱贫困,人均国内生产总值超过7000美元。中国用几十年时间走完了发达国家几百年走过的发展历程"②,实现了从一穷二白到现代工业体系和国民经济体系的跨越,实现了从物资极度匮乏、产业百废待兴到发展成为世界经济发展引擎、全球制造基地的跨越,实现了从贫穷落后到阔步走向繁荣富强的跨越,"历史以超出人们想象的大跨越和大进步,对中国共产党领导人民走出的中国道路作出了最生动的诠释"③。

中国道路所取得的成就在世界范围内引起了巨大反响。美国著名中国问题专家乔舒亚·库拍·雷默甚至将中国发展道路和发展模式称为"北京共识",以区别于拉美国家和东欧转轨国家所采用的以西方新自由主义理论为指导的经济发展模式即"华盛顿共识"。虽然"从改革开放开始,特别是苏联解体、东欧剧变以后,唱衰中国的舆论在国际上不绝于耳,各式各样的'中国崩溃论'从来没有中断过。但是,中国非但没有崩溃,反而综合国力与日俱增,人民生活水平不断提高,'风景这边独好'"④;而那些拉美、非洲和东欧国家在"华盛顿共识"、新自由主义的"经济结构调整"和"休克疗法"的指导和牵引下,不仅没有实现西方国家所描绘的美好图景,反而纷纷跌入了"拉美陷阱"和"中等收入陷阱",经济几近崩溃。美国学者亨廷顿在冷静观察世界发展现实后感慨道:"苏联共产主义的垮台意味着历史的终结和自由民主制在全世界的普遍胜利。这一论点的谬见是认为只存在唯一的选择。它建立在冷战的视角之上……然而,显然存在着许多形式的……民族主义、社团主义和市场共产主义(如在中国),它们在当今世界存活得

---

① 《十四大以来重要文献选编》(上),北京:中央文献出版社,2011年,第9页。
② 习近平:《共倡开放包容 共促和平发展——在伦敦金融城市长晚宴上的演讲》,《人民日报》2015年10月23日。
③ 刘奇葆:《我们走在正确的道路上——关于中国特色社会主义道路的几点认识》,《求是》2014年第20期。
④ 《十八大以来重要文献选编》(上),北京:中央文献出版社,2014年,第110页。

很好。"中国道路的成功意味着西方"中国崩溃论"的崩溃和福山"历史终结论"的终结,说明"现代化并不一定意味着西方化"。① 中国道路之所以能取得巨大成就并引起巨大反响,归根结底在于中国能够坚持党的正确领导,坚定社会主义方向不动摇,同时不否认世界多样性、各国多样化发展的基本前提与现实,从而走出了一条具有中国特色的现代化发展模式。

二、中国道路探索出了一条人类追求文明进步的新模式

和平发展是中国道路的重要特征。作为世界上最大的发展中国家,中国坚持独立自主的和平外交政策,坚持走和平发展道路,坚持互利共赢的开放战略。② 在实现内部良性有序健康发展的同时,中国还以身作则,积极践行正确的义利观,始终不渝地践行不争霸、不称霸、不结盟、不扩张、永不谋势力范围的庄严承诺,倡导"构建以合作共赢为核心的新型国际关系,坚定推进全球安全治理,维护和平稳定的国际环境";倡导"开展和而不同、兼收并蓄的文明交流"③,尊重世界其他国家所选择的自主发展模式,与其他发展中国家分享中国改革与发展的成功经验,促进各国普遍发展繁荣。这些都与西方大国通过建立殖民体系、争夺势力范围、对外武力扩张而崛起的老路子完全不同。

在西方资本主义大国崛起的历史上,"暴力"是其主旋律。新航路的开辟开启了西方大国的崛起之门,同时也打开了殖民扩张的潘多拉魔盒。为了完成资本的原始积累,英法等资本主义国家通过武力手段强行打开了世界市场的大门,并通过军事侵略大肆掠夺了亚、非、拉等地区的财富。工业革命尤其是第二次工业革命后,资本主义国家生产力空前提高,商品经济发展势头高涨,帝国主义国家掀起了瓜分世界市场的狂潮。而为解决新旧殖民主义的矛盾,瓜分世界市场和获取霸权地位,帝国主义国家之间相互对抗,爆发了惨绝人寰的世界大战。20世纪末,随着东欧剧变和苏联解体,世界政治格局发生重大变化。西方发达国家

---

① 亨廷顿:《文明的冲突与世界秩序的重建》,北京:新华出版社,1998年,第56、71页。
② 习近平:《共同谱写中拉全面合作伙伴关系新篇章——在中国-拉共体论坛首届部长级会议开幕式上的致辞》,《人民日报》2015年1月9日。
③ 习近平:《加强国际核安全体系推进全球核安全治理——在华盛顿核安全峰会上的讲话》,《人民日报》2016年4月3日。

虽然不能再用赤裸裸的方式进行殖民掠夺,但霸权主义和强权政治仍然存在,不公正、不合理的国际经济政治秩序仍然存在,国际"游戏规则"仍然主要是由少数西方发达国家制定。美国等西方发达国家经常打着"自由"、"民主"、"人权"等"普世主义"旗号,输出西方价值理念。亨廷顿曾直截了当地指出:"普世文明的概念是西方文明的独特产物。19世纪,'白人的责任'的思想有助于为西方扩大对非西方社会的政治经济统治作辩护。20世纪末,普世文明的概念有助于为西方对其他社会的文化统治和那些社会模仿西方的实践和体制的需要作辩护。普世主义是西方对付非西方社会的意识形态。"①西方发达国家不仅输出价值观,而且还对他国进行军事侵略,如对阿富汗、伊拉克和利比亚等国的入侵。这些被入侵的国家都陷入了政局动荡、暴力频发、民不聊生的悲惨境地。军事侵略无外乎是为了自身利益,如美国对中东的战争是要达到控制石油资源的目的,是美国惯常推行的石油外交和军事辅助政策的体现。"西方正在、并将继续试图通过将自己的利益确定为'世界共同体'的利益来保持其主导地位和维护自己的利益。"②

  西方漫长的穷兵黩武式的发展道路给世界人民带来了挥之不去的阴影,久而久之便形成了一种"国强必霸"的"自然"意识。因此,美国著名国际关系学者吉尔平指出,长久以来人们占主导地位的思想是认为"国际体系的历史就是这样一些帝国和居支配地位的国家的兴衰史","一场霸权战争的结束是另一次成长、扩张、直至最终衰落周期的开端。不平衡发展规律继续重新分配权力,从而破坏着上一次霸权争斗建立起来的现状"。如果继续走西式发展道路,除非人类"毁灭自己",否则是跳不出"霸权冲突"周期律的,但如果人类"学会开辟一种有效的和平变革机制",那么亦可跳出这一周期律。③

  从这一角度看,中国道路就是一条吉尔平所期望的能够跳出西方霸权冲突周期律的发展之路。这是因为,和平发展思想是中华文化的内在基因,和平发展是中国道路的内在属性和本质特征。然而,面对中国的繁荣富强,有些人认为中国发展起来了必然是一种"威胁",提出了"中国威胁论"。对此,习近平总书记作

---

① 亨廷顿:《文明的冲突与世界秩序的重建》,北京:新华出版社,1998年,第55—56页。
② 亨廷顿:《文明的冲突与世界秩序的重建》,北京:新华出版社,1998年,第200页。
③ 罗伯特·吉尔平:《世界政治中的战争与变革》,上海:上海人民出版社,2007年,第49、213页。

出了强有力的回应:"中国繁荣昌盛是趋势所在,但国强必霸不是历史定律。"①中国走和平发展道路,"既通过维护世界和平发展自己,又通过自身发展维护世界和平。走和平发展道路,是中国对国际社会关注中国发展走向的回应,更是中国人民对实现自身发展目标的自信和自觉。这种自信和自觉,来源于中华文明的深厚渊源,来源于对实现中国发展目标条件的认知,来源于对世界发展大势的把握。中国走和平发展道路,不是权宜之计,更不是外交辞令,而是从历史、现实、未来的客观判断中得出的结论,是思想自信和实践自觉的有机统一"②。

中华文化始终崇尚和平,追求和平、和睦、和谐,"以和为贵"、"和而不同"、"化干戈为玉帛"、"国泰民安"、"睦邻友邦"、"天下太平"、"天下大同"等理念世代相传,深深植根于中华民族的精神世界之中。③ 在五千多年的文明发展中,中华民族创造了博大精深的中华文化,"中国'和'文化源远流长,蕴涵着天人合一的宇宙观、协和万邦的国际观、和而不同的社会观、人心和善的道德观"④。丝绸之路的开辟、郑和下西洋等都是推动东西方国家平等交流、传播文明、互利合作的典范,这与西方新航路开辟后英美等国海外征服、掠夺、殖民贸易形成了鲜明的对比。这在意大利传教士利玛窦的观察中得到印证:"把他们(中国人)与欧洲人不同的一些别的事物也记录下来,似乎是十分值得的……虽然他们有装备精良的陆军和海军,很容易征服邻近的国家,但他们的皇上和人民却从未想过要发动侵略战争。他们很满足于自己已有的东西,没有征服的野心。在这方面,他们和欧洲人很不相同。欧洲人常常不满意自己的政府,并贪求别人所享有的东西。……他们(欧洲人)断言中国人不仅征服了邻国而且把势力扩张到远及印度。我仔细研究了中国长达四千多年的历史,我不得不承认我从未见到有这类征服的记载,也没听说过他们扩张国界。"⑤从中国文化的传统和行为逻辑来看,"中华民族的血液中没有侵略他人、称霸世界的基因,中国人民不接受'国强必

---

① 习近平:《深化合作伙伴关系 共建亚洲美好家园——在新加坡国立大学的演讲》,《人民日报》2015年11月8日。
② 习近平:《在德国科尔伯基金会的演讲》,《人民日报》2014年3月30日。
③ 习近平:《在德国科尔伯基金会的演讲》,《人民日报》2014年3月30日。
④ 习近平:《在中国国际友好大会暨中国人民对外友好协会成立60周年纪念活动上的讲话》,《人民日报》2014年5月16日。
⑤ 利玛窦、金尼阁:《利玛窦中国札记》,北京:中华书局,2010年,第58—59页。

霸'的逻辑,愿意同世界各国人民和睦相处、和谐发展,共谋和平、共护和平、共享和平"①。中国人历来讲求"己所不欲,勿施于人"。在中国共产党领导下,中国人民经过几十年艰苦卓绝的斗争粉碎了殖民者奴役中国的图谋,实现了人民解放和民族独立。经历战争创伤的中国人民更加懂得珍惜来之不易的和平,因此中国"永远不会把自身曾经经历过的悲惨遭遇强加给其他民族"②,而是强调和平共处。

新中国成立初期,和平共处五项原则在中国、印度、缅甸等国的共同倡导下应运而生,并首先在这些国家得到实践。和平共处五项原则"摒弃了弱肉强食的丛林法则,壮大了反帝反殖力量,加速了殖民体系崩溃瓦解",尤其是"在东西方冷战对峙的大背景下,所谓'大家庭'、'集团政治'、'势力范围'等方式都没有处理好国与国关系,反而带来了矛盾、激化了局势。与之形成鲜明对照的是,和平共处五项原则为和平解决国家间历史遗留问题及国际争端开辟了崭新道路"。和平共处五项原则也得到了国际社会的广泛赞同,被诸多国际组织所采纳,成为国际关系基本准则和国际法基本原则,为维护广大发展中国家的权益和推动建立更加公正合理的国际政治经济秩序发挥了积极作用。新中国成立至今,中国始终不渝地坚持和平共处五项原则,坚持走和平发展之路。当前,面对错综复杂的国际环境和艰巨繁重的国内改革发展稳定任务,习近平总书记强调,在新形势下,"和平共处五项原则的精神不是过时了,而是历久弥新;和平共处五项原则的意义不是淡化了,而是历久弥深;和平共处五项原则的作用不是削弱了,而是历久弥坚","中国将继续做弘扬和平共处五项原则的表率,推动建设持久和平、共同繁荣的和谐世界"。③

美国学者费正清曾说道:"1789 年法国大革命使民族国家发扬光大,并用暴力扩展了法兰西国家势力。与此相对比,1949 年中国革命以后,虽然外界预料

---

① 习近平:《在中国国际友好大会暨中国人民对外友好协会成立 60 周年纪念活动上的讲话》,《人民日报》2014 年 5 月 16 日。
② 习近平:《在纪念中国人民抗日战争暨世界反法西斯战争胜利 70 周年大会上的讲话》,《人民日报》2015 年 9 月 4 日。
③ 习近平:《弘扬和平共处五项原则 建设合作共赢美好世界——在和平共处五项原则发表 60 周年纪念大会上的讲话》,《人民日报》2014 年 6 月 29 日。

它会对外侵略扩张,它却出人意料地没有这样做。"①这是因为,中国选择和坚持走和平发展之路,以和平的方式将中国改革和发展的成果惠及其他发展中国家,并与广大发展中国家分享改革和发展的成功经验,走出了传统"国强必霸"的大国崛起模式的窠臼,是一种人类追求文明进步的新模式。这与西方大国以军事侵略、政治控制、经济掠夺和文化渗透的方式发展自己形成了鲜明的对比。

三、中国道路为广大发展中国家提供了有益的借鉴

20世纪中后期,包括中国在内的广大发展中国家通过自身的努力,陆续摆脱了殖民统治,获得了人民解放和民族独立。随后,现代化建设又成为发展中国家亟须面对的共同课题。但众所周知,现代化建设首先要解决的是发展道路问题。而道路的选择无非有两种:一种复制移植,照搬照抄;一种是独立探索,合理借鉴。在亟须发展但又苦于寻找发展道路之时,西方发达国家已成功的发展模式首先吸引了一些国家的目光,并被纷纷效仿。然而,随着时间的推移,西方道路给这些忽略了本国国情的国家带来了经济畸形发展、社会矛盾凸显、政局动荡不安等诸多灾难性的后果。正如亨廷顿所分析的:"在欧洲和北美,现代化进程已经持续了几个世纪,在一个时期内一般只解决一个问题或应付一项危机。然而,在非西方国家的现代化进程中,中央集权化、国家整合、社会动员、经济发展、政治参与以及社会福利等诸项问题不是依次,而是同时出现在这些国家面前。早期现代化国家对晚期现代化国家的'示范作用'先是提高了人们的期望,尔后又加剧了人们的挫折感。"②

实际上,关于后发国家的发展道路问题,马克思和恩格斯早就有类似的警醒:"如果俄国继续走它在1861年所开始走的道路,那它将会失去当时历史所能提供给一个民族的最好的机会,而遭受资本主义制度所带来的一切灾难性的波折。"③与其他发展中国家不同的是,在马克思主义理论的指导下,中国共产党和中国人民坚持探索适合中国国情的现代化道路,并合理借鉴人类文明发展的有

---

① 费正清:《伟大的中国革命》,北京:世界知识出版社,2000年,第46—47页。
② 亨廷顿:《变革社会中的政治秩序》,北京:华夏出版社,1988年,第47页。
③ 《马克思恩格斯选集》第3卷,北京:人民出版社,1995年,第340页。

益成果,成功地开辟了中国道路。胡鞍钢认为,中国道路是中国最大的创新,它包含了不断增加的现代化因素、社会主义因素和中国文化因素。如果说现代化因素与美国基本相同的话,那么社会主义因素和中国文化因素正是中国现代化道路与美国道路最大的不同之处。这也就彰显了中国道路的独特优势,即后发优势、社会主义优势和中国文化优势。[①] 中国道路所具有的这些优势和潜能在中国现代化发展的实践中结出了累累硕果,同时也使中国跨越了后发现代化国家普遍面临的种种发展困境。

因此,中国道路的成功开辟,不仅对中国现代化的发展进程具有重要的历史意义,而且也对世界现代化和人类文明的发展进程产生了深远的影响,尤其是为广大第三世界发展中国家的现代化发展提供了有益的借鉴。中国道路使"中国的社会生产力、综合国力实现了历史性跨越,人民生活实现了从贫困到温饱再到总体小康的历史性跨越。这不仅使中国彻底抛掉了'东亚病夫'的帽子,而且为人类战胜贫困、为发展中国家寻找发展道路提供了成功的实例"[②]。

中国和其他发展中国家虽然站在相同的历史起点上,但由于选择了不同的发展道路,结果是,中国道路使中国成就辉煌,而西方道路使广大发展中国家深陷泥沼。尤其是拉美新自由主义政策的破产、亚洲金融危机和美国金融危机后,中国发展不仅经受住了各种危机和发展困难的考验,而且还为地区乃至全球经济的复苏和发展作出了中国贡献,提供了中国经验,中国道路因此受到全世界的关注。广大发展中国家尤其是那些经济落后、社会紊乱、政局动荡的发展中国家逐渐认识到西方发展模式的弊端,看到了中国道路所具有的优势和潜力,体会到了中国经验的宝贵价值,因此也更加注重借鉴中国的发展经验,更加注重探索符合自身国情的发展模式。

为此,广大发展中国家以及发达国家政要和学者对中国道路和中国经验展开了热议。比如,保加利亚科学院院士尼·波波夫认为:"改革的大忌是在途径、次序和做法上发生偏差",保加利亚"同美国、西欧结盟实现不了我们民族的目标。因为我们同它们差异太大,我们的经济落后。保加利亚在许多方面更接近

---

① 胡鞍钢:《"中国道路"将对人类作出重大贡献》,《环球时报》2014年11月25日。
② 习近平:《在庆祝中华人民共和国成立65周年招待会上的讲话》,《人民日报》2014年10月1日。

中国,主要是指经济水平。我们可以同中国一道走进世界市场",因此,"中国是保加利亚人民的希望所在"。① 美国哈佛大学教授约瑟夫·奈指出:"中国的经济增长不仅让发展中国家获益巨大,中国特殊的发展模式和道路也被一些国家视为可效仿的榜样……更重要的是将来,中国倡导的政治价值观、社会发展模式和对外政策做法,会进一步在世界公众中产生共鸣和影响力。"俄罗斯经济学院教授弗拉基米尔·波波夫则认为:"中国的发展模式,或者说东亚的发展模式,对所有发展中国家具有无法抗拒的诱惑力,因为这种模式引发了世界经济史上前所未有的一轮增长……这种模式与美国开出的新自由主义经济处方可谓背道而驰。"塞内加尔前总统阿卜杜拉耶·瓦德说:"虽然西方国家抱怨中国推进民主改革方面步履缓慢,却无法掩盖中国人比批评者更具竞争力、更有效率、更能适应非洲商业环境的事实……不仅是非洲需要向中国学习,西方也有很多需要向中国学习的地方。"②

从发展中国家的现代化历史进程来看,中国和广大第三世界国家都属于后发外生型现代化的国家,"都面临着加快发展、改善民生的共同使命",在发展目标上,"中国梦同亚非人民及其他各国人民的美好梦想息息相通"③,都是要实现国家富强、民族振兴、人民幸福与社会和谐。虽然中国的发展有自身特殊的国情,但这些特殊的国情在广大发展中国家亦具有普遍性。因此,中国所开辟的中国道路以及所积累的中国经验无疑值得广大发展中国家参考和借鉴。因此邓小平同志满怀信心地指出:"我们的改革不仅在中国,而且在国际范围内也是一种实验,我们相信会成功。如果成功了,可以对世界上的社会主义事业和不发达国家的发展提供某些经验。"④

纵观中国改革和现代化发展历程,虽然中国的发展也面临不少挑战,但"中国是世界上唯一没有经历过金融危机、债务危机和经济危机的大国,而且大多数

---

① 刘洪朝等主编《外国要人名人看中国(1989—1992)》,北京:中共中央党校出版社,1993年,第165页。
② 《西方与非西方国家热议"中国模式"及其启示》,参见人民网,2008年3月27日,http://world.people.com.cn/GB/57506/7053501.html。
③ 习近平:《弘扬万隆精神 推进合作共赢——在亚非领导人会议上的讲话》,《人民日报》2015年4月23日。
④ 《邓小平文选》第3卷,北京:人民出版社,1993年,第135页。

人民的生活水平得到了空前提高"①。相反,西方发展道路不仅使广大发展中国家陷入发展困境,而且更耐人寻味的是也将西方发达国家自身拖入了结构性发展危机之中。中西方发展道路形成了鲜明的对比。正如福山在《为何民主表现得如此差劲》一文中所指出的:"最成功的民主国家(如美国和欧盟成员国)以及新兴民主国家(巴西、土耳其和印度等)的差劲表现有目共睹。相反,中国和新加坡在世界各地的声望不断提高。"②对于广大发展中国家而言,中国道路和中国经验值得参考和借鉴的一个重要方面在于,中国道路比其他发展道路将"更加平衡、更少阵痛、更多和谐"③。

概言之,中国"给占世界总人口四分之三的第三世界走出了一条路"④,即中国道路。中国道路的成功"使中国从地域性存在走向世界历史性存在,在世界历史的历时态与共时态的统一中发展,从而在广阔的时空展示其本质和能力"⑤,因此它能为具有相似国情、共同命运和共同使命的广大发展中国家提供有益的参考和借鉴。

四、中国道路是世界社会主义运动走出低谷的新希望

社会主义革命首先在列宁领导的相对落后的俄国取得了胜利,这意味着相对落后的东方国家是可以成功地跨域"卡夫丁峡谷"而建立社会主义制度的。但社会主义制度确立后,如何巩固、建设和发展社会主义就成为广大社会主义国家必须解决的时代性难题。抚今追昔,前苏联和东欧社会主义国家正是由于没有解决好这一时代性难题,才造成了社会主义政权的相继垮台,甚至国家也陷入分崩离析的境地,与此同时,也使世界社会主义运动陷入了低谷期。而中国道路之于世界社会主义运动的意义就在于:中国道路的成功开辟在很大程度上是对这一时代性难题的有效解答。从这个意义上说,中国道路是复兴世界社会主义运

---

① 张维为:《从中美比较看中国道路的意义》,《求是》2015年第15期。
② 福山:《为何民主表现得如此差劲》,中国社会科学网,2015年3月28日,http://www.cssn.cn/hqxx/yw/201503/t201503281564944.shtml。
③ 陈学明、金瑶梅:《中国特色社会主义道路的世界意义》,《中国社会科学报》2012年2月8日。
④ 《邓小平文选》第3卷,人民出版社,1993年,第225页。
⑤ 陈学明、金瑶梅:《中国特色社会主义道路的世界意义》,《中国社会科学报》2012年2月8日。

动的新起点,是世界社会主义运动走出低谷的新希望。

20世纪80年代末90年代初,随着苏联解体和东欧剧变,社会主义国家由15国骤减至5国,面积由占世界24%缩减至7%,人口由占世界总人口的32%缩减至25%,共产党的数量由180多个减至130多个,党员人数减少三分之一。① 面对遭受重大挫折而陷入低谷的世界社会主义运动,邓小平同志坚定地指出:"一些国家出现严重曲折,社会主义好像被削弱了,但是人民经受锻炼,从中吸收教训,将促使社会主义向着更加健康的方向发展。因此,不要惊慌失措,不要认为马克思主义就消失了,没用了,失败了。哪有这回事!""中国的社会主义是变不了的。中国肯定要沿着自己选择的社会主义道路走到底。谁也压不垮我们。只要中国不垮,世界上就有五分之一的人口在坚持社会主义。我们对社会主义的前途充满信心。"② 在充满信心的同时,我们也应当注意到一个不容忽视的客观实情,那就是在当今世界资本主义国家占多数,而社会主义国家占少数;与此同时,在经济全球化的推动下,世界经济一体化进程加速,国与国之间的联系日益密切。因此,如何正确处理好社会主义与资本主义的关系,成为社会主义国家现代化进程中必须面对的重要问题。

在这个问题上,前苏联显然是中国的前车之鉴。斯大林教条式地运用马克思主义,简单粗暴地理解了社会主义与资本主义的关系,"对内,社会主义因素不可能在资本主义内部产生,它必须在'空地上'创造出新的经济形式;对外,社会主义与资本主义之间的矛盾与斗争是不可调和的,其经济结果,就是统一的无所不包的世界市场瓦解,以及两个平行的也是相互对立的世界市场的出现"③。苏联从斯大林时期开始,便没有沿着列宁所制定的新经济政策思路继续前行,转而走斯大林模式的社会主义发展之路,而后继者赫鲁晓夫更是将教条式的马克思主义发挥至极。随着时间的推移,这种社会主义发展模式逐渐陷入困境,东欧剧变和苏联解体不期而至,使世界社会主义运动随之遭受到沉重打击,陷入了低

---

① 陈宝:《中国特色社会主义道路在世界社会主义运动中的地位论析》,《学习与实践》2011年第4期。
② 《邓小平文选》第3卷,北京:人民出版社,1993年,第382—383、320—321页。
③ 陈学明、陈悦:《论中国道路对世界社会主义运动的意义》,《毛泽东邓小平理论研究》2014年第1期。

谷。邓小平对此总结道:"社会主义究竟是什么样子,苏联搞了很多年,也并没有完全搞清楚。可能列宁的思路比较好,搞了个新经济政策。但是后来苏联的模式僵化了。"①

恩格斯曾指出:"所谓'社会主义社会'不是一种一成不变的东西,而应当和任何其他社会制度一样,把它看成是经常变化和变革的社会。"②因此,邓小平不仅提出了社会主义初级阶段理论,而且与时俱进地指出,"计划多一点还是市场多一点,不是社会主义与资本主义的本质区别。计划经济不等于社会主义,资本主义也有计划;市场经济不等于资本主义,社会主义也有市场"。"社会主义要赢得与资本主义相比较的优势,就必须大胆吸收和借鉴人类社会创造的一切文明成果,吸收和借鉴当今世界各国包括资本主义发达国家的一切反映现代社会生产规律的先进经营方式、管理方法。"③"这是社会主义利用这种方法来发展社会生产力。把这当作方法,不会影响整个社会主义,不会重新回到资本主义。"④随后,中国将社会主义制度与市场经济机制有机地结合在一起,创造了社会主义市场经济体制,使"看不见的手"与"看得见的手"形成了发展合力。社会主义市场经济体制的确立,有效地解放和发展了社会生产力,改善了人民生活水平,提高了综合国力,充分发挥了社会主义制度的优越性。在经济体制改革的同时,政治、社会、文化等诸多领域的改革也全面展开。

正如习近平所言:"中华民族历来注重变革创新。中国社会主义不是教科书里的教条,不是刻板僵化的戒律,而是在实践中不断发展变化的生命体。"⑤中国以和而不同、兼收并蓄、博采众长的开放意识,既注重历史传承,又注重创新变革,走出了一条既符合中国国情又有富有中国特色,既不搞"全盘西化"又不采取"自我封闭"的发展之路,而这条路"就是要建设社会主义市场经济、民主政治、先进文化、和谐社会、生态文明,促进人的全面发展,促进社会公平正义,逐步实现

---

① 《邓小平文选》第3卷,北京:人民出版社,1993年,第139页。
② 《马克思恩格斯全集》第37卷,北京:人民出版社,1971年,第448页。
③ 《邓小平文选》第3卷,北京:人民出版社,1993年,第373页。
④ 《邓小平文选》第2卷,北京:人民出版社,1994年,第236页。
⑤ 习近平:《共倡开放包容 共促和平发展——在伦敦金融城市长晚宴上的演讲》,《人民日报》2015年10月23日。

全体人民共同富裕"①。保加利亚科学院院士尼·波波夫认为:"中国目前的选择并实践的模式,是唯一可以挽救和建设社会主义的模式,是唯一正确的充满希望之路。"②

总之,中国共产党领导中国人民所探索的中国道路灵活地运用了马克思主义,正确处理了社会主义和资本主义的关系,避开了姓"社"姓"资"的抽象争论,建立了社会主义市场经济体制,有效地解放和发展了生产力,充分释放了社会主义制度的优越性,破解了国际共产主义运动关于相对落后的国家跨越"卡夫丁峡谷"建立社会主义制度后如何巩固、建设和发展社会主义这一时代性难题,增强了社会主义国家的道路自信、理论自信和制度自信,为世界社会主义运动注入了新的活力,是世界社会主义运动走出低谷的新希望。

---

① 习近平:《共倡开放包容　共促和平发展——在伦敦金融城市长晚宴上的演讲》,《人民日报》2015年10月23日。
② 刘洪朝等主编《外国要人名人看中国(1989—1992)》,北京:中共中央党校出版社,1993年,第154页。

政党与政治建设

互联网时代的政党与社会沟通*
——基于中国情境的现实观察与理论思考

王建华

摘　要：感受互联网对物化世界的重塑,不能忽视其对政治制度带来的挑战。就政党与社会沟通而言,政党沟通的行政化,使得有效行政与技术在场,并不能改变社会对基层政权低度信任,政党与社会缺位沟通的现实。其中,虽有互联网对制度缺陷的放大效应,但主要还是政党与政府沟通同质性带来的制度困境。理顺政党与社会沟通的关系,需要破解政府沟通等于政党沟通的认识误区,建构以政党为主体的多层次的社会沟通机制。

关键词：社会沟通；政府沟通；政党沟通

人类社会信息传递技术的革命,颠覆了传统社会的诸多行为方式,使得现代国家治理也在经历一次划时代的技术与制度革命。当然,各国政治制度的多样性,决定了面临问题的差异性。西方民主国家一些由市场解决的问题,在中国特色的政治制度下,就需要由国家干预来完成。其中,重塑政党(中国共产党)与社会沟通的形式与路径,成为创新国家治理体系的一部分。

一、政党与社会沟通的现状

迎接互联网挑战,十八大后,中国共产党积极探索多媒体、全媒体传播,运用微博、微信、二维码、新闻客户端等技术,让静态的信息动起来,实现立体、交互传播。[①] 可以说,信息技术的先进成果已全面运用于国家与社会治理的各领域。但必须看到,在制度层面,互联网并没改变国家的基本制度规范。就政党与社会沟通而言,技术的进步改变的是沟通的手段,而不是沟通的主体与路径。

---

* 基金项目"教育部新世纪优秀人才计划"(NCET-12-0270)的阶段性成果。
① 钟欣文:《党的十八大以来新闻宣传工作的创新发展》,《人民日报》2014年2月20日。

1. 政党沟通的行政化

源自革命的动员型体制造就了政党型社会的组织架构,而党的领导的民主形式又使得政党与社会的沟通,多以行政命令的方式,通过政府来实现。① 政党沟通的行政化,使得行为主体角色模糊,在社会沟通中难以发挥各自的主体作用。检讨政党与社会沟通存在的问题,以社区为载体的基层党组织首先成为问责的对象。对于以为人民服务为执政理念的政党而言,基层党组织理应承担服务社会的职能。遗憾的是,考察基层党组织发展现状,普遍存在角色定位模糊,组织力量弱化,活动能力下降等问题;部分基层党组织几无与社会沟通的能力,所谓支部的"战斗堡垒作用"无从体现。

政党社会沟通能力的弱化,是否是因为有了其他组织的替代性补位? 结论是否定的。随着基层政权的事务下移,中国的社区委员会与村民委员会无暇行使自治的权力,行政色彩越来越浓,俨然成为一级地方政府。民众对基层政权的不满直接投射于基层自治组织,对自治组织的认同度不高成为城乡居民自治面临的共同问题。

中国共产党夺取政权后,群众组织统称为人民团体,政党由革命到执政的角色转换,使得人民团体同样存在角色定位模糊的问题。一方面,人民团体与国家政权具有同质性,其工作人员的工资待遇都是参照公务员序列执行,在公众视野里,人民团体就是国家政权的一部分;另一方面,没有动员任务的人民团体职能开始弱化。

2. 有效行政与低度信任

2013年8月,中共中央宣传工作会议的召开,标志着中国政府应对互联网挑战跨入一个新的阶段,即从不争论转为主动出击,主动运用互联网的武器,争夺舆论主阵地。同年10月,国务院办公厅下发《关于进一步加强政府信息公开回应社会关切提升政府公信力的意见》,目的在于建立一套完备的应对互联网挑战的制度体系。稍后,中央网络安全和信息化领导小组宣告成立,习近平亲任组长,目的在于理顺和整合网络治理体制,提升新媒体的应用水平和治理

---

① 王建华:《中国共产党局部执政时期制度建设的逻辑分析——以陕甘宁边区为中心》,《江苏社会科学》2011年第2期。

能力。

较之西方政治制度,动员型体制的最大制度优势就是行政的高效率。为贯彻中央精神,各级政府开始加强互联网平台建设,完善政府新闻发言人制度,提升新闻发言人的履职能力,建立重要政府信息及热点问题定期发布机制。同时,发挥政府网站在信息公开中的平台作用,在网络领域传播主流声音,通过领导信箱、公众问答、网上调查等方式,征求公众意见建议,接受建言献策。客观地说,各级党委与政府在利用互联网技术加强信息传播上的努力成效显著,全国县级以上城市均建立了相应的互联网平台,可谓有效行政的又一体现。

检讨有效行政对民众政治认同的影响,虽然学界的研究结果有乐观与悲观之别,但一个不争的共识是,当代中国公众对于中央政府的信任要高于对地方政府的信任。[1] 究其原因,实则是地方党委与政府尤其是基层政权与个体的利益关切度更高,基层政权的不作为,或者是乱作为降低了公众对基层政权的信任。相对中央政府,基层政权与社区居民的沟通更为频繁,相互更为熟悉。公众的低度信任表明,有效沟通,或者说深度沟通并不一定带来政治信任。事实上,缺乏基本信任的沟通,只能加深分歧的鸿沟。

3. 技术在场与缺位沟通

浏览互联网上的政务网站,各地党委与政府都在利用互联网技术加强与社会的沟通,截至 2013 年底,中央和地方已有 24 万家政务微博,共同构筑了强大的"微博国家队"。[2] 同时,政务信箱、网上调查、网上举报、网上建言已成为官方网页上的固定栏目。以中共南京市委员会的网页为例,除书记信箱、书记在线外,有纪委信箱、组织部信箱、农工委咨询信箱、机关党风廉政举报信箱、总工会信箱、统战部信箱、社建工委信箱、机关作风投诉、共青团信箱与网上信访,另有妇女维权服务,网络问政等栏目。可以说,在中国政治生活中,处处体现着互联网技术的在场。

相对政治生活中无处不在的互联网技术,社会公众要想通过网络平台与官

---

[1] 李艳霞:《何种信任与为何信任?——当代中国公众政治信任现状与来源的实证分析》,《公共管理学报》2014 年第 2 期。

[2] 祝华新:《全面深化改革年代的互联网》,《中国改革》2014 年第 4 期。

方进行沟通并不是一件容易的事情。以具备上网条件的个体为例,面对书记信箱与部门分类信箱,发信人首先要实名注册,在网络畅通的前提下,完成这一过程后,还需等待回信的煎熬。同时,根据信访条例中"属地管理、分级负责"的原则,个体反映的问题又回到了属地与直接领导的手上。对寻求沟通者而言,网络沟通转而成为网络旅行,再次回到问题的原点。

考察互联网沟通现状,缺位沟通是不争的事实,主要表现为网络沟通中领导的缺位。即便是一些开通电话热线与在线咨询的地方党委网站,并不是领导亲临接访与受理问题,以致领导亲自接听电话成为新闻报道的热点。同时,在地方党委互联网平台上,显著位置都是领导讲话、工作动态、干部任免以及相关文件的展示;而有关互联网沟通的相关信箱与在线咨询,多遮蔽在网页一角,且需经过多个页面才能打开,以致部分网民对网络沟通认同度不高,不愿通过网络问政,一定意义上说,部分地方党委或各级党务部门又在自我制造民众的缺位沟通。

二、互联网对制度缺陷的放大效应

2014年1月16日,中国互联网络信息中心(CNNIC)发布第33次《中国互联网络发展状况统计报告》,截至2013年12月,中国网民规模达6.18亿,互联网普及率为45.8%。在互联网空间里,自由人的自由联合,使得民意的聚集就像核聚变。在草根时代,"民意"一旦形成,就代表了社会的主流价值取向。对于一个因反对专制强权而壮大的政党而言,"民意"更是社会公平正义的代名词。近年来,"民意"非理性表达引发的群体性事件日益挑战着中国政治制度的合法性。

以PX(对二甲苯)项目引发的群体性事件为例:2007年6月,厦门市民因此项目游行,其后,地方政府决定顺从民意,将该项目迁往福建省漳州市漳浦县的古雷半岛兴建。2011年8月,大连市出现反对PX项目的市民游行,该事件促使中共大连市委和市政府于当天做出将PX项目立即停产并搬迁的决定。2013年5月,面对昆明市民的抗议行动,市长李文荣承诺:"大多数群众说不上,市人民政府就决定不上。"①及至2014年3月31日,广东省茂名市政府新闻发言人称,

---

① 《昆明市政府昨日召开新闻发布会就中石油云南炼油项目回应公众,中石油云南石化公司、云南云天化石化公司、昆明市政府负责人回答记者提问》,《云南日报》2013年5月11日。

PX项目仍处于普及知识阶段,上马与否需听取民意才决策。①

PX化工项目是反映一个国家化工水平的标志性产品。从福建厦门到辽宁大连,从云南昆明到广东茂名,因化工项目建设引起的群体性事件屡屡发生,最终几乎都以民众的胜利而告一段落。为此,诸多媒体把其作为地方政府不听取民意,不做相关调查,只能导致政府公信力下降的典型案例。事实上,个体的邻避情结,使得任何调研、沟通都不可能获得百分之百的社会认同。其中,"民意"绑架政府的痕迹更为明显,而互联网时代的到来,无疑放大了这一危机。

诱发群体性事件的原因是多方面的。其中,既有多数民意的真实表达,也有少数人的利益诉求,甚至有互联网放大的一己私利。市场经济使得个体的利益诉求开始觉醒,面对转型期中国制度缺失的负面影响,在非法致富者的示范与刺激下,部分群众滋生了一夜暴富的心态。2014年《法治蓝皮书》主要撰写人之一、中国社科院副主任吕艳滨表示,群体性事件上升趋势受诸多原因影响,不能总是归咎于政府或官员。社会利益的多元化,使得"一些人也想从政府获得不正当利益"②。

消解不当利益诉求,需要法治的力量,更需要舆论的引导。与此同时,多元社会强调差异、分歧存在的合理性与正当性。现代民主的要义就在于对少数人或弱势群体的尊重,基于民主的国家治理,不仅要表达多数人的呼声,更要反映少数人的意见。也就是说,多元利益主体决定了利益诉求的差异性,即便有效沟通也不可能在每一个问题上达成共识。而互联网对"民意"的放大效应,使得解决这一难题面临两大困境。听任民众宣泄对社会的不满情绪,将极大地增加社会治理成本,带来执政党国家治理的危机;管控互联网的"民意"诉求,则会引来妨碍言论自由的制度伤害,同样影响着政党执政的合法性。

群体性事件是多元社会的必然产物,世界各国皆不能幸免。譬如,英国的伦敦骚乱,美国的"占领华尔街"运动。处置此类事件,英美政府既有制度空间内的疏导,又有对示威者超越制度的强制措施。值得关注的是,考察事件的整个过

---

① 《茂名官方:PX事件中没人死亡并称如绝大多数群众反对,政府不会违背民意》,《南方都市报》2014年4月1日。

② 《2014〈法治蓝皮书〉揭示群体性事件诱因》,中国日报中文网,2014年4月16日,http://language.chinadaily.com.cn/article-211716-1.html。

程,民众的不满指向政府,而非政党。究其原因,西方政治制度的弹性空间在政府,政权的更迭会带来公众对新政府的期望,而期望的衰退将再次带来政权的更迭,如此消解民意的不满情绪,保证了社会的相对稳定,展示了制度的弹性空间。

面对挑战,中共中央强调:"必须增强主动性、掌握主动权、打好主动仗,帮助干部群众划清是非界限、澄清模糊认识。"①毋庸置疑,中共各级党委与政府的积极应对,使得各种网络暴力与群体性事件得到了一定程度的遏制。

三、政党沟通与政府沟通

制度变革的前提是思想观念的变革,建构政党与社会沟通的中国路径,必须破除沟通命题上的认识误区与思维定势。

适应现代革命的民主诉求,即便在局部执政时期,中国共产党就特别强调党的领导的民主形式,强调党的领导要通过非党组织中的党团来实现,表现为在一切政府机构与人民团体中都有党团的组织。② 由此出发,全面执政后,政党与社会的沟通,主要是依托政府与人民团体来完成。政党、政府与人民团体成为沟通社会的国家一极,在政治生活中,呈现出组织结构的同质性。

就沟通路径而言,中国共产党的社会沟通原本是嵌入式的,群众是被动的受众。为动员群众,共产党人及聚集在其周围的小布尔乔亚们纷纷穿上了土布服装,走进乡村,深入群众。对中国共产党而言,群众是启蒙、教育的对象,同时也是帮助、依靠的对象。问题是,伴随市民社会的到来,群众主体意识增强,对社会生活中的问题,多有自己的见解与主张。在互联网集聚效应下,当个人诉求无法得到满足时,不是政党走进乡村,而是群众走进政党,走上街头,表达利益诉求,形成社会压力,这是动员型政党始料不及的。由此引发的群体性事件,成为社会矛盾的焦点。为防范类似事件的发生,拒绝越级上访,维护社会稳定成为地方党委与政府日常工作的主要内容。

伴随信息技术的进步,互联网成为各级党政机关与人民团体沟通社会的技术手段。然而,缺少制度变革支撑的互联网平台,同样存在着政党、政府与人民

---

① 《习近平:意识形态工作是党的一项极端重要的工作》,新华网,2013年8月20日,http://news.xinhuanet.com/2013-08/20/c_117021464.htm。
② 洛甫:《略谈党与非党员群众的关系》,《共产党人》第2期,1939年11月25日。

团体的同质性,表现为多数地方政府门户网站,同时也是地方党委与人民团体的网络平台。目前,已有部分地方党委与政府网页开始分立;但多数地方政府开通的"12345"政府服务呼叫中心,还是地方党委、政府共同建立的电话综合服务平台。可见,中国政治生活中,社会沟通同质性问题还没真正引起人们的关注。

走出政党沟通的困境,需要破解政府沟通等于政党沟通的认识误区。作为国家治理的行政主体,政府执行政党意志治理国家成为政治共识,同时,也是思维定势。问题是,在社会领域,特别是社会沟通领域,以政代党同样会影响政党执政的合法性。这是因为一个基本的事实——政府在国家治理中一定会出现矛盾冲突。某种意义上说,所谓"服务型政府"就是干群关系紧张的产物。消解这一冲突需要第三方力量的介入,显然,能够平衡国家与社会关系的主体只能是政党,政党原本就是连接国家与社会的桥梁,政党沟通理应是政党、国家与社会的三方沟通,其中,政党的主体地位不容忽视。

检讨政党与社会关系,还需厘清中国共产党与群众团体,也就是人民团体的关系。民主革命时期,中国共产党之所以以群众团体的面目动员民众,原因有二:一是秘密革命的性质,使得中国共产党不能以公开身份动员与组织民众,群众团体的外衣给了政党合法的行动空间;二是通过群众团体动员民众,可以把政党自上而下的动员方式,转化为民众自下而上的自愿行动,彰显中国共产党广泛的民意支持,以及革命动员的民主路径。[①] 夺取政权后,政党社会身份的合法性,使得第一条理由已不存在;而国家由动员到治理的任务转换,也决定了中国共产党无须以群众团体的面目去动员民众。同时,国家治理强调对个体利益的保护,在多元社会沟通中,政党的在场无疑还会因其贴近群众而赢得社会的认同。当然,中国社会生活的复杂性,决定了政党与社会关系还需灵活掌握、区别对待。譬如,在非公有制经济中,政党与社会沟通最好通过工会来完成,因为非公企业中,工会的合法身份不仅为沟通提供了便利的渠道,也使得沟通更符合市场经济的通行法则。

追问政党沟通的实现形式与责任所在,中国特色的政治制度使得人们多有着先入为主的党国决定论。客观地说,执政党的身份使得政府的问题政党难脱

---

① 王建华:《群众路线:民主的中国路径——以陕甘宁边区为个案》,《人文杂志》2008年第6期。

干系,但中国共产党没有必要主动承担责任,它应该站在社会的立场上检讨政府,站在国家的立场上疏通民意。面对日益紧张的干群关系,自2012年以来,中国共产党就在全国范围内开展群众路线教育实践活动。密切联系群众是革命年代党的三大优良作风之一,以此教育党员干部是在挖掘与利用政党的传统合法性资源。勿庸置疑,群众路线教育对改善干群关系确实发挥了积极作用;但运动式整党与改善干群关系,不是政党建设与国家治理的常态。政党如何以自己的方式与社会沟通,是中国共产党必须面对的新课题。

互联网时代的到来,使得政党与社会沟通的观念变革更为紧迫。原因是,随着信息技术带来的世界一体化,西方价值观对国人的渗透与潜移默化的影响成为日常生活的一部分。当西方各国政党沟通社会的政治技巧通过互联网传到中国后,西方民主的剧场效应,无疑会放大中外政党社会角色的差异性特征。值得反思的是,作为政治技术的社会沟通手段,原本就不具有国家差异,对人类政治文明不加辨析的一概拒斥,只能有损政党乃至政权的生存与发展空间。同时,政党植根社会原本是中国共产党领导革命的看家本领,执政党角色的社会回归就是继承传统政治资源。当然,不同于传统的是,执政党要时刻提醒自己,必须以政党的面目与社会沟通。

四、以政党为主体的社会沟通

科学有效的国家治理,需要政党实现组织功能的深层变革,承担起引导、表达、沟通与协商的功能,也就是说,执政党必须履行好引领国家、组织政府、服务社会与党派协商的职能。其中,政党服务社会,表现为表达不同社会群体,尤其是弱势群体的利益诉求,为国家与社会间的沟通提供一个稳定的组织化的渠道。

1. 政党、人民团体在社会沟通中的角色

当政党沟通与政府沟通有了明晰界限后,厘清政党与人民团体的关系就成为建构以政党为主体的社会沟通绕不开的主题。毋庸置疑,政党角色的社会回归,使得政党、人民团体在社会沟通中具有内容上的同质性。但就角色定位与功能而言,仍属于不同主体与社会的沟通。为此,需要厘清政党与人民团体在政治与社会生活中的角色定位,明晰角色分工,同时,要让民众了解上述组织在国家治理与社会沟通中角色的差异,形成不同的角色期待与目标诉求。

就角色分工而言,与社会沟通的主体只能是政党而非人民团体,因为共产党的执政地位决定了其与社会沟通的法理正当性,与政府沟通的行政有效性。在与社会沟通的过程中,政党要更多地充当连接政府与社会的桥梁,它既是民意表达的通道,又是疏导民意的通道。一旦矛盾激化,政党可以通过人大问责政府,以消解民意中的不满情绪;因为中国特色的政治制度的弹性也只能在政府。

人民团体作为社会力量的聚集点,应真正成为社会组织的一部分,汇集民意,明辨是非,为政党沟通社会提供理性空间与组织平台,也就是说,人民团体既要及时表达民众的理性诉求,又要尽可能地消解民意中的非理性宣泄。基于此,如何增加多元主体的组织认同就成为人民团体的工作重心与努力方向。同时,为培养社会的自组织能力,人民团体与政党应适当保持一定的距离,以强化人民团体的社会角色。

2. 建构以表达为导向的政党沟通机制

当政党成为国家机器的一部分时,政党开始与社会疏离,由此带来政党服务社会功能的弱化,也就是表达、沟通功能的缺位。计划经济时代,社会资源的供给制,使得国家权力全面扩张,国家包办社会事务,社会被镶嵌于国家机器中,国家与社会的矛盾因国家的强力而没有暴露出来。随着市场经济的展开,国家与社会分离,社会独立于国家而存在。社会力量的成长使得其对国家有了更多的要求与期待,此时,让不同群体的利益诉求通过制度化的渠道传递给政府,需要政党与政府保持一定的距离,以政党的角色出现在社会公众面前,表达民意而又疏导民意。

建构以表达为导向的政党沟通,需要变革现有社会沟通的制度平台,以政党为主体建构与社会、政府沟通的互动机制。同时,就政党自身建设而言,建构满足群众利益表达需要的组织系统,是弥补政党组织功能缺位的中心环节,也是化解社会冲突的有效途径。当政党与社会之间有了基本的政治信任后,消解民意中的非理性表达就成为政党的工作之一,如此,中国特色的政党制度也就有了应对民意挑战的弹性空间。

制度变革,不仅在于增设新的机构,更重要的在于对现有组织机构进行功能转换。随着现代社会的发展,组织需要应对的挑战可谓千变万化,简单的组织扩张只会事倍功半,进而影响政党沟通社会的效力。中国共产党现有组织体系还是革命动员型组织架构,有着强大的宣传与组织系统,有着动员与组织民众的历史经验,如能实现功能与角色的转换,传统组织无疑会焕发新的活力。

3.政党角色的社会回归

政党角色的社会回归是一个复杂的系统工程,既需要组织的制度化跟进,把社会沟通作为工作的中心,又需要重塑政党形象,让政党与政府保持一定的距离。这种距离是制度意义上的,也是物理空间上的。以建筑符号为例,与代表公权力的政府不同,政党的建筑应植根社区,并融入其中,成为居民区的一部分,以拉近政党与公众的心理距离。

在草根时代,受众更愿意在一个平等的场域接收信息。目前,各地方党委与政府把互联网作为宣传党的方针政策的主要平台,政党成为高于社会的国家在场。当互联网成为自由人的自由联合时,高于社会的政党自然与社会有了隔阂。基于此,必须改造政党的互联网形象,以政党与社会沟通为主体重构各级党组织的互联网平台,使社情民意成为网络平台上的主要内容;建立相关领导与民众网上在线沟通的规范化、制度化平台,把实时沟通与定期沟通结合起来。同时,充分利用现代信息技术,建立大数据分析中心,对社会多元利益诉求及时做出针对性的政策调整,使政党成为群众利益在网络空间与现实社会的"形象代言人",达此目标无疑是巩固政党执政地位的有效路径。

五、结语

科学技术的进步永远都是一把双刃剑。就国家治理而言,现代信息技术为社会沟通提供便利的同时,也带来了应对瞬间集聚的民意,即群体性事件的挑战。推而言之,网络资讯的透明与跨国界传播,也使得各国国家治理体系面临着挑战。中国特色的政治制度成长于中国革命的历史逻辑,政治生活主题的转换决定了它已滞后于现代国家的治理要求。面对信息技术的进步,这一制度缺陷无疑被快速放大。迎接信息技术的挑战,执政党一方面要紧跟技术革命,把握互联网技术进步的脉搏,让技术的进步及时服务于政党沟通社会的需要。另一方面,应对互联网挑战需从制度变革入手,在政治领域,应力行党政分工;在社会领域,则应以政党角色的回归赢得社会的认同。唯如此,才能增进社会对政党的信任,而信任又是政党与社会有效沟通的前提。

中国共产党对民主党派的资源配置研究*
——基于国家治理的考察视角

王建华　王云骏

摘　要：探讨中国共产党对民主党派的资源配置是否合理，关键是看多党合作的制度建构与价值诉求是否匹配。由此出发可以看出，当前，对民主党派的资源配置还处在"量"的扩张阶段，民主监督还没走出参政议政的制度范畴，已不能适应国家治理的需要。解决上述问题，核心是超越资源配置的革命逻辑，回归国家治理的制度建构。为此，需要创新党派干部选用机制，建构党派监督的制度平台。同时，拓宽渠道，让民主党派参与社会管理。

关键词：民主党派；资源配置；国家治理

随着社会主义市场经济体制改革的逐步深入，现行政治体制改革滞后的矛盾日益突显。与此同时，伴随网络时代的到来，西方社会价值观正全面影响后发国家的政治进程，执政的中国共产党面临着前所未有的挑战。就多党合作制度而言，在制度供给与运行机制等方面，需要进一步适应时代发展的需要。而解决这一问题的着力点和突破口无疑是中共对民主党派政治资源的合理配置问题，即中国共产党如何在多党合作的制度框架下，把相关政治资源合理配置给民主党派，以最大程度发挥民主党派参政议政与民主监督的作用。

一、多党合作的价值诉求与制度建构

政治资源就是个人或组织所拥有的能够直接或间接影响他人行为的物质性资源与非物质性资源。当民主革命让位于国家治理时，探讨中国共产党对民主党派的资源配置是否合理，实则就是看现有的制度建构是否还能满足多党合作的价值诉求。具体而言：

---

* 本课题为江苏省委统战部委托项目"民主党派政治资源的合理配置问题研究"（0107H013）、南京大学985三期重大招标项目"中国政治选举研究"（NJU985JD09）的阶段性成果。

1. 价值诉求

辛亥革命后,政党成为中国现代国家建设的主体。在中国君主制度崩溃之后,整个社会高度分散化,分散化的社会中产生了多个政党。此后,竞争性政党制度的失败,催生了国民党一党建国的政治主张,遗憾的是,单一政党无法应对国家建设的挑战。现代国家建设的重任推动着政党的成长,多党合作随之成为现代国家建设过程中政治发展的必然逻辑。与此同时,作为先进生产力的代表,中国共产党在中国革命与建设的过程中,以实际表现确立了在多党合作过程中的领导地位,由此形成了共产党领导的多党合作制度。因此,多党合作与共产党的领导是中国政治发展的必然选择,也是价值诉求与制度建构的逻辑起点。

汲取历史与现实的经验教训,为保证多党合作与党的领导的顺利实施,1956年,中共提出了"长期共存,互相监督"的党派合作方针。鉴于民主党派已经参与了国家政权,这一方针的实质就是要处理好"合作"与"监督"的关系。一方面,要摈弃竞争性政党制度恶性竞争、漠视国家与人民利益的一面,强调各政党应坦诚相待,团结协作,这也是1982年中央提出"肝胆相照,荣辱与共"的价值所在;另一方面,又要借鉴竞争性政党制度中的积极因素,即相互监督的一面,因为没有监督必然产生腐败,任何政党都必须接受监督,中国共产党也不例外。由此可见,多党合作的价值诉求就是试图通过党派间的合作与监督,实现对西方竞争性政党制度的超越。

2. 制度建构

梳理中国共产党对民主党派政治资源配置的制度建构,必须立足革命的历史逻辑,在革命情境下,政治资源配置必须满足社会动员与社会控制的需要。一方面,革命的过程就是社会动员的过程,表现在制度建构上,就是强调政治参与的广泛性,以彰显政权的民主性;另一方面,随着社会动员的不断深入,革命政党的社会控制能力不断增强,表现在制度建构上,就是强调革命政权的阶级性质,以巩固新生政权。具体而言:

其一,民主需要广泛的政治参与。民主就是非个人独裁,就是多数人的统治。启蒙运动后,现代革命无不高举民主革命的大旗,为此,中国共产党提出了各革命阶级联合执政的政治主张。基于此,1940年3月6日,毛泽东在《抗日根据地的政权问题》的指示中,明确了"三三制"的政权组织原则。①"三三制"可谓中共对民主党派资源配置的最早设想。新中国成立后,人民民主专政的国家政权性质,决定了新政权必须体现工人、农民、小资产阶级与民族资产阶级的利益。同时,让民族资产阶级参政议政,还可以通过参与的广泛性来展示民主政权的真实性。为此,中央在加大国务院部、委中非党员构成比例的同时,强调各省、市厅、局长正职和副职中,非党员的比例一般以1/4左右或1/5左右为适宜。② 需要指出的是,基于对西方三权分立制度设计的摈弃,除政治协商会议外,新政权没有为党派监督提供更多的制度平台,由此也决定了参政议政与民主监督没有明确的边界。

其二,革命性质决定民主制度的实现形式。新民主主义革命的性质决定了新政权是几个革命阶级的联合执政,但几个革命阶级在政治生活中的地位是不同的。工人与农民是革命的基本依靠力量,它决定了政权的根本性质,因此,保证党对基层政权的绝对领导成为中共在民主革命过程中一直坚守的底线。在革命根据地,"三三制"原则也主要在县级以上政权表现出来,所谓"中间分子在县级政权机关中占取三分之一,乃至更多一点的位置,对于争取边区和全国的中间势力有重大作用"③。由此出发,中共强调,在乡(市)参议会和乡(市)政府委员会中,共产党员和进步分子占三分之二以上,中间阶层的开明分子占一小部分,这在形式上与"三三制"有出入,但其基本精神则是"三三制"的。④ 新中国成立后,随着土地改革的不断深入,乡村中地主与富农渐被改造,以中间分子为阶级基础的民主党派在乡村基本消亡。改革开放后,民主党派在组织上有了较大发展,但地域分布状况没有大的改变,中国共产党对民主党派的资源配置更多的是基于历史的传承,并一直延续到今天。

3. 一致与冲突

基于革命逻辑的制度建构适应了特定时期社会发展的需要,同时,党派资源

---

① 《毛泽东选集》第2卷,北京:人民出版社,1991年,第742页。
② 中共中央组织部、中共中央党史研究室、中央档案馆编《中国共产党组织史资料》第九卷(文献选编,下),北京:中共党史出版社,2000年,第263—264页。
③ 中共中央文献研究室编《林伯渠文集》,北京:华艺出版社,1996年,第376—377页。
④ 中央档案馆、陕西省档案馆编《中共中央西北局文件汇集(1944年)》甲5,1994年,第225页。

的特点决定了多党合作的制度安排基本上适应了特定时期政治发展的需要。具体而言,作为社会中上层的民主党派人士,掌握科学知识与专业技术,让他们在中央与省市政府中任职,既可以解决中国共产党人才短缺的困境,又增强了中国共产党的执政合法性与政治影响力。

从革命到执政的目标转换,决定了执政党由社会动员的主体转变为服务社会的主体,这也是服务性政府的本质含义,由此决定制度建构要以国家治理与服务社会为目标。因此,检讨党派资源配置的历史逻辑,相对多党合作价值诉求与制度安排的一致性,其内在冲突更为突出。建国初期,民主党派虽然在中央政府中占有较多的职位,但其配置的理论基础与价值诉求间出现了逻辑的悖论。根据中国革命"两步走"的理论,中华人民共和国的成立,既标志着新民主主义革命的胜利,又标志着社会主义革命的开始。在土地改革完成后,中国社会的主要矛盾就是无产阶级与资产阶级的矛盾,也就是说,作为民主党派社会基础的资产阶级已经变成革命的对象。因此,这一时期,虽然中央主要领导人就促进民主党派的生存与发展问题有过诸多讲话与指示,但民主党派生存基础的理论悖论是无法消解的,这也是1956年之后,中国共产党对民主党派政策出现偏差的根本原因。

回到合作与监督的制度设计,基于革命的民主政权建设,决定了其制度建构是以国家权力的高效运转为前提的,因此,在新政权中对权力监督的制度建构普遍缺失。同时,梳理这一时期中国共产党对民主党派的资源配置,以参与的广泛性,来彰显执政的民主性,更多的是执政党的一种斗争策略,目的是孤立敌人,壮大自己。① 也就是说,多党合作还没有真正上升到制度层面去认识与把握。因此,多党合作还缺少科学与规范的制度安排,主要表现为参政议政与民主监督还没有明确的界限,民主监督还缺少制度的支撑。改革开放以来,面对新形势,中国共产党在对民主党派政治资源配置问题上,进行了诸多探索,扩大了省市机关民主党派的任职范围,参政议政与民主监督也有了新的实现形式;但历史的惯性,使它始终没能超越革命的历史逻辑。

---

① 中共中央统战部研究室编《历次全国统战工作会议概况和文献》,北京:档案出版社,1988年,第68页。

随着社会主义市场经济与民主法治建设的逐步推进,个体价值取向与利益诉求的多元化成为不可逆转的潮流,由此决定了社会矛盾产生的必然性。消解矛盾的目标诉求,使得执政党的组织理念必须实现从社会动员向国家治理转换。在国家治理的过程中,执政党的首要任务就是为人们在"一个观点多元和利益多元的社会里有秩序地、和平地表达自我创造条件"①。为此,执政党必须超越对党派资源配置的革命逻辑,从民主党派参政议政与民主监督的客观需要出发,进行政治资源的合理配置,以维护人民权益与社会公平正义,推进中国特色政党制度的自我完善和发展。

二、民主党派政治资源配置的现状与存在问题

1989年,《中共中央关于坚持和完善中国共产党领导的多党合作和政治协商制度的意见》(简称14号文件),第一次把民主党派定位为"参政党",明确了中国共产党与民主党派合作协商的政治准则与具体形式,确立了民主党派参政议政与民主监督的总原则。以此为指导,中央与地方统战部门积极探索民主党派资源配置的新路径。由于中共党员在资源总量上已远远超过了各民主党派,较之建国初期,民主党派在中央政府中的职位相对减少;同时,随着民主党派绝对人数的增长,在省、市地方政权中,民主党派的职位有了增加。但是,中国共产党对民主党派资源配置的总体格局并没有改变。

1. 资源配置还处在"量"的扩张阶段

落实2005年《中共中央关于进一步加强中国共产党领导的多党合作和政治协商制度建设的意见》(简称5号文件)精神,各省、市、自治区党委先后出台了相应的实施意见。以江苏为例,中共江苏省委通过了《关于进一步加强中国共产党领导的多党合作和政治协商制度建设的实施意见》(简称18号文件),加大选拔民主党派成员和无党派人士在政府和司法机关中担任领导职务的力度。具体包括:县及县级以上人民政府,要选配民主党派成员或无党派人士担任领导职务。省、市政府要有三分之一以上的工作部门选配民主党派成员、无党派人士担任领导职务,其中,政府组成部门的选配比例要逐步达到二分之一。教育、科技、监察

---

① 荣敬本、高新军主编《政党比较研究资料》,北京:中央编译出版社,2002年,第46页。

等11个政府职能部门,必须选配民主党派成员或无党派代表人士担任领导职务。

梳理民主党派政治资源配置的现状,各地均处在"量"的扩张阶段。一方面,"量"的扩张还没有达到预期目标。仍以江苏为例,截至2011年6月,现有民主党派成员中,在政府或司法机关担任县处级以上实职干部的有320名,与18号文件的精神还有一定的距离。受职位所限,民主党派参政议政的积极性还没有充分发挥出来,譬如,部分民主党派主委无法担任省市政协副主席,就直接影响了多党合作的效能。具体而言,各党派为了争取政治安排,对地方党委更多的是依赖而非监督,据民主党派相关负责人反映,基于党派间的资源竞争,部分民主党派对地方党委与政府工作的意见与建议不能充分表达,民主党派"肝胆相照"的诤友作用不能充分发挥。

另一方面,政治资源还缺乏优化配置。部分缺少专业技术与领导能力的民主党派人士任职专业或综合部门,以致难以胜任受聘岗位。可以想象的是,随着公民社会的到来,国家治理与社会服务工作日益繁杂,仅仅基于"量"的扩张的资源配置,既忽视了党派与个体的差异,也难以应对复杂的社会诉求。由此产生的后果是,一方面,民主党派的参政议政与民主监督流于形式,作为参政党的价值无法体现。另一方面,由于资源配置的主体是中国共产党,社会公众自然对中共资源配置的真实目的产生怀疑,进而影响到中共执政的合法性。

2.民主监督还没走出参政议政的制度范畴

目前,民主监督的形式包括:在政治协商中提出意见;在深入调查研究的基础上,向党委及其职能部门提出书面意见;人大及其常委会和各专门委员会在组织有关问题的调查研究时,可邀请民主党派成员和无党派人士参加;通过在政协大会发言和提出提案、在视察调研中提出意见或其他形式提出批评和建议;参加有关方面组织的重大问题调查和专项考察等活动;应邀担任司法机关和政府部门的特约人员等。由此可见,民主监督还没走出参政议政的制度范畴,或者说,民主监督与参政议政的界限还没有厘清。

梳理党派民主监督现状,各民主党派与政府部门虽建立了对口联系制度,但由于缺乏监督机制,相关单位表现不积极。据民主党派相关负责人反映,党派联系制度发展不均,有的单位采取敷衍态度,每年开一两次情况通报会即算了事;

还有的联系单位甚至不知道联系的党派。即便对党派重视的单位,由于民主党派通过正常提案程序反映联系单位的问题,而问题同样无法解决,以致联系单位对联系党派失去信任。与此同时,在行风评议员、特约监督员的聘任过程中,由于选聘机制不健全,选聘人员的权力掌握在被监督单位手里,被监督单位根据自己的喜好,随意选聘,以致民主监督多是有名无实。

检讨党派监督的深层问题,主要表现为,监督只是在党的方针政策方面得到原则的体现,民主监督缺少必要的制度平台;在具体操作程序上,没有真正建立起一整套从知情、沟通到反馈的工作程序,党派监督的互动机制没有建立起来。据全国政协提案委员会副主任毛林坤在"全国副省级城市政协提案工作研讨会"第十次会议上介绍,全国政协每年提案6000多件,真正落实的,仅1000多件,主要问题是"政协不推动,政府怕增加工作量"。① 深层原因,还是民主党派掌握的政治资源有限,难以对相关单位与部门形成制度约束。

3. 资源配置已不能适应国家治理的需要

社会发展推动着制度的变革,改革开放以来,随着政治经济体制改革的深入推进,体制转型带来的诸多社会矛盾时有激化。从房屋拆迁到土地转让,从升学就业到弱势群体的社会保障,可以说,转型期的矛盾冲突成为国家治理的难点。遗憾的是,由于民主党派资源配置的上层化,带来基层政权中民主党派资源的稀缺,以致解决社会矛盾成为执政党的"专利"。由此带来的问题是,执政党承担着所有的执政风险。由于缺少民主党派的"减震装置",群众把很多转型期带来的改革阵痛完全归之于执政党的执政能力,进而影响社会的稳定与中共执政的合法性。

政治资源的上层配置源于民主党派组织发展的路径选择。建国初期,中央强调民主党派要在社会"中上层"发展。② 及至1986年,中央统战部提出,民主党派在发展组织上,应坚持以大中城市为主,坚持以中上层人士为主,即发展有

---

① 《全国政协官员称政协每年6000提案,仅1000落实》,http://politics.caijing.com.cn/2011-09-07/110843718.html。

② 中共中央统战部研究室编《历次全国统战工作会议概况和文献》,北京:档案出版社,1988年,第56页。

一定代表性和影响力的人士。① 进入新世纪后,面对党派发展的新形势,2005年,中央5号文件把民主党派组织发展进一步概括为"三个为主",即以协商确定的范围和对象为主,以大中城市为主,以有代表性的人士为主。由此出发,民主党派组织发展主要在省市一级大中城市,即便在经济发达的江苏省,在105个县市区中,也仅有22个有民主党派地方组织。②

需要指出的是,建国初期,组织发展的"中上层"是一个社会层级观念,而非地域概念。在计划经济时代,社会中上层人士多居住在大中城市,因此,它与地域又紧密地联系在一起。由此出发,民主党派发展与乡镇就割裂开来,当然,这是适应特定时期组织发展需要的。在社会主义市场经济条件下,社会资源的市场化配置,使得人力资源的流动是全球性的。与此同时,信息化时代的到来,使得传统意义上的地域概念愈加模糊,并颠覆了传统意义上的居住概念。在沿海发达地区,乡村中的跨国公司与世界500强企业比比皆是,高层次人才即社会"中上层"与地域之间的界限被彻底打破,民主党派在乡镇社会精英中发展党员,成为组织发展的必然选择。遗憾的是,根据2004年《关于进一步做好民主党派组织发展工作座谈会纪要》的基本要求,民主党派在县级新建立组织要从严掌握,原则上暂不建立新的县级组织,一般不在没有本党派县级组织的县(市)发展成员。县级民主党派能否发展,怎么发展等问题,已经成为民主党派资源配置必须解决的难题。

三、政治资源配置的基本原则

政党基于合作与监督的制度建构较之竞争性政党制度更为复杂。竞争性政党制度是要解决监督与竞争的关系,这个简单,因为监督就是竞争。就制度建构而言,国家只需为参与竞争的各政党提供一个基于宪政的制度边界,其组织发展与政治参与均属政治资源的自然配置。中国共产党与民主党派间执政与参政的关系以及组织体量的差异,决定了国家在制度建构过程中,不仅要提供基于宪政

---

① 杜青林主编《中共十一届三中全会以来多党合作理论、政策和实践的创新与发展》,北京:华文出版社,2008年,第243页。

② 根据江苏省委统战部党派处统计。

的制度框架,同时还需为民主党派组织发展、政治参与提供制度保障。

1. 协商政治的制度安排

中国共产党与各民主党派间团结协作的共生关系,决定了双方是平等协商的主体,应本着相互尊重的态度,进行制度设计。在这一过程中,首先要处理好共产党的领导与平等协商的关系。相对制度建构而言,中国共产党的领导是政治方向、政治原则的领导,集中体现在党的路线、方针、政策方面,也就是说,平等协商的制度设计并不妨碍党的政治领导。作为平等协商的主体,各民主党派在宪法许可的范围内,应享有充分的话语表达权利,在制度建构的过程中,要保证民主党派能够充分表达自己的政治诉求。

平等协商的难点是处理好8000多万中共党员与80多万民主党派成员的关系。组织"体量"的差异,决定了一般意义上基于平等的制度设计是难以发挥效力的。为此,在制度设计过程中,必须坚持"党派主体"的原则,即每个民主党派都是政治生活中平等的参与主体。在政治资源的配置过程中,应充分尊重民主党派的权益,为民主党派提供参与政权的便利。在涉及民主党派的资源配置上,必须打破制度建构的一般原则,淡化党派间的层级界限,强化党派间的主体差异,为民主党派参政议政搭建新的制度平台。

2. 民主监督的互动机制

所谓监督,就是话语表达的一种权利。在竞争性政党制度下,基于表达自由的党派监督,往往会衍生以诋毁、攻击为目标的消极党争,这是竞争性政党制度的天性与顽疾。为规避西方政党制度的消极因素,中国共产党确立了处理党派关系的十六字方针,实则确立了党派监督的基本原则。2006年7月,胡锦涛同志在全国统战工作会议上强调,要畅通知情、沟通、反馈等渠道,加强制度和机制建设,特别是要在接受民主党派和无党派人士监督的制度建设上多做努力,使民主监督机制更加健全、程序更加规范、成效更加显著。民主党派监督是中国共产党领导的多党合作和政治协商制度政治功能的重要组成部分,是民主党派政党价值和政治生命的重要体现,它具有独特的政治优势,发挥着其他监督形式无法替代的作用。

发挥民主监督的效能,需要厘清民主监督与参政议政的制度边界,建构民主监督的制度平台。鉴于中共强大的组织力量与执政地位,民主党派对中共的监督,必须建立一套有效的监督—反馈—评价的激励机制,这一机制的核心是执政党对民主党派的监督能及时回应,从而形成良性的互动,以保证把民主党派话语表达的权利转化为有效的政治影响力。事实上,随着网络时代的到来,公民政治参与的积极性高涨,应对体制外无序监督的最有效方式就是实现体制内突破。因此,如何发挥民主党派民主监督的制度优势,也是适应社会民主化进程的必然选择。

3."荣辱与共"的责任担当

在民主革命时期,为了建设一个民主、独立的新中国,中国共产党和各民主党派在长期合作中,逐渐形成了坦诚相待、相互信任、风雨同舟、生死与共的关系。改革开放后,民主党派发展成为社会主义劳动者、建设者和爱国者的政治联盟。面对新形势,邓小平指出,"民主党派不仅是统一战线工作的对象,更重要的是开展统战工作、促进祖国统一、进行四化建设的一支重要依靠力量"①。历史与现实的利益契合,决定了中国共产党与民主党派"肝胆相照、荣辱与共"的关系。由此出发,民主党派参政议政的同时,理应分担中国共产党的执政风险。

从制度建构的一般原则出发,任何个体与组织在拥有权利的同时,必须承担相应的义务。马克思对权利与义务的同一关系作了最好的概括:"没有无义务的权利,也没有无权利的义务。"②与此同时,各政治主体所承受的权利(力)、义务和职责必须相一致,也就是权责相当;在主体违反义务时,必然引起法律和制度给予对等的否定性评价。在权责关系中,不应当有脱节、错位、不平衡等现象的存在。③ 基于"肝胆相照"的合作关系,执政的中国共产党给了民主党派参政党的地位,以共同分享政治资源。在分享权利的同时,它自然要求各民主党派承担相应的义务,也就是共同承担执政风险,这应是"荣辱与共"的时代内涵。

中国特色的国家治理是一项崭新的事业,同时,在前进道路上,挫折与风险不可避免,但当下的制度安排,使得中共"所有重担都自己扛",由此出发,任何社会矛盾的激化都与中共执政党的合法性联系到了一起。对此,参政的各民主党

---

① 中共中央统一战线工作部、中共中央文献研究室编《新时期统一战线文献选编(续编)》,北京:中共中央党校出版社,1997年,第35—36页。
② 中共中央编译局编《马克思恩格斯选集》第2卷,北京:人民出版社,1972年,第137页。
③ 史际春、邓峰:《经济法总论》,北京:法律出版社,1998年,第169—171页。

派却因现有的制度安排,可以回避国家治理过程中的一切风险。因此,如何使民主党派切实履行参政议政与民主监督的职责,共同承担执政风险,成为制度设计必须解决的问题。

四、对策与建议

中国共产党对民主党派的资源配置是基于中国革命的历史逻辑建立起来的,其改革与完善的目标就是满足现代国家治理的需要。基于资源配置的基本原则,改进对民主党派的资源配置,需做到以下几点:

1. 创新党派干部选用机制。第一,在党派干部的推荐使用过程中,注重党派干部培养,为党派成员提供从事行政与实职锻炼的机会。同时,在党外干部安排过程中,尽可能向民主党派成员倾斜。第二,在人大、政协职位安排上,坚持党派平等原则。八个民主党派既然是平等协商的主体,而人民政协又是各民主党派参政议政的制度平台,在这一组织中,各党派理应一律平等。因此,应保证各民主党派中央与地方主委中,有一人担任同级人大常委副主任,或政协副主席的职位。第三,民主党派机关干部和人大、政府、政协干部交流的渠道要打通,以锻炼与提高党派干部的行政能力。

2. 建构党派监督的制度平台,完善民主监督机制。民主制度的建构不仅要保证个体与组织拥有话语表达的权利,而且要保证这种权利真正转化为维护自身利益的有效方式。为此,必须建构民主党派话语表达的平台。第一,建立党派评议政府制度。主要是,建立党派对各级政府执行人大提案情况的评议制度。由各级政协或统战部门牵头,每年组织民主党派对上一年度政府执行人大提案情况,做出民主评议,并提交同级人大与上级党委备案。第二,完善特约人员制度。特约人员的聘用应由受聘单位向统战部门提出申请,统战部根据职能要求联系相关民主党派,由统战部协同候选人所在党派向受聘单位推荐。同时,由统战部牵头,定期对特约人员进行业务培训,建立特约人员工作流程。把特约人员对受聘单位的监督纳入单位年度目标考核体系。

3. 拓宽渠道,让民主党派参与社会管理。民主党派参与社会管理,对共同承担执政风险具有重要意义。以社会突发事件的处置为例,一方面可以通过民主党派的党派属性,为公众提供利益表达的新渠道,缓解激化的社会矛盾;另一方面可以激发民主党派参政议政的积极性,实现参政党的政治价值。① 与此同时,建立民主党派接待日,为化解社会矛盾提供新的渠道。在人民调解员制度,价格听证制度,公务员考试制度等社会热点问题中,可以让民主党派更多介入,从而把民主党派从社会治理的评论员转变成宣传员、调解员与消防员,以共同承担执政的压力。最后,从满足民主党派履行职能的需要出发,发达地区民主党派的发展,应适当打破地域界限,条件成熟的县(市),统战部门应帮助民主党派建立地方组织。

---

① 目前,一些省份已经开始进行探索性试验。譬如,在 2010 年 7 月苏州市通安镇爆发的动迁户群体性事件中,中共苏州市委就邀请了各民主党派负责人参与事件的处理,各党派负责人在与冲突群众的沟通中,真正感受到政治生活的复杂性与执政任务的艰巨性。同时,也真正感受到"荣辱与共"的价值所在。

我国多党合作的民主监督问题研究*
——基于比较政党制度的视角

王建华　王云骏

摘　要：从建构政党制度的功能与效用入手，党派监督有替代性监督与合作性监督两种类型。考查中国特色的合作性监督，主要存在民主监督的内涵与定位模糊，民主监督缺少制度平台，党派监督的主体意识不强等问题。借鉴竞争性政党制度下替代性监督的工具效用，发挥多党合作制度下的党派监督功能，需要厘清民主监督的精神内涵，建构民主党派联系群众的制度化平台、多党合作的党际监督平台以及参政党民主监督的责任机制。

关键词：参政党；民主监督；替代性监督；合作性监督

当人民主权这一制度建构的逻辑起点确立后，中西政治文明的对话就应从制度建构的功能与效用入手。就政党制度而言，各国政党制度虽有诸多差异，但党派监督无疑是其重要功能。在竞争性政党制度下，党派监督在维护国家权力的良性运转与惩治腐败中，发挥了重要作用。政治制度不能照搬，但政治技术是互通的，如何借鉴西方政党政治的监督技术，建构中国特色的党派监督体系，成为中国政党发展乃至政治体制改革的重要一环。

一、替代性监督与合作性监督

探讨党际监督，首先要对政党监督的类型进行分类。在竞争性政党制度下，党际监督的目的是取而代之，可以说，它是一种替代性监督。回到中国语境，民主党派参政党的地位，决定其对执政党的监督是为了巩固现有的政治制度，可以说是一种合作性监督。

与竞争性政党制度相伴而生的替代性监督，对权力的监督与制衡发挥了重

---

* 本课题为江苏省委统战部委托项目"我国多党合作的民主监督问题研究"（0117151036）、南京大学985三期重大招标项目"中国政治选举研究"（NJU985JD09）的阶段性成果。

要作用。但必须看到,替代性监督下的政党,从赢取选票与执政地位出发,对执政党的监督与批判具有鲜明的攻讦性。为引起舆论的关注,在野党喜欢夸大或放大问题的边界,或者说,把简单问题复杂化,把个人问题党派化,以图取而代之。探究政党间的矛盾,恩格斯在《国内危机》一文中明确指出:"在英国,至少在正在争统治权的政党中间,在辉格党和托利党中间,是从来没有过原则斗争的;他们中间只有物质利益的冲突。"①

进入 21 世纪,曾任职摩根士丹利(Morgan Stanley)的投资银行家 Paul B. Farrell 指出,在美国,一个由超级富豪保守派组成的精英团体,以实现"一党专政"为目标,对总统职位、参众两院拥有绝对控制权,并最终控制美联储的印钞机、最高法院、征税权以及所有监管机构的人事任免权,无论谁当选总统,情况都不会改变。② 政党对政治权力的追逐扭曲了制度设计的最初目的。

正是鉴于西方竞争性政党制度存在的诸多问题,邓小平指出,发展社会主义民主,搞西方那一套不行,如果我们现在十亿人搞多党竞选,一定会出现"文化大革命"中那样"全面内战"的混乱局面。③

从中国革命与建设的实际出发,中国共产党建构了多党合作的党派关系。其中,长期共存、互相监督的方针,决定了党派监督在制度设计过程中的重要地位;而中共的长期执政地位,决定了所谓党际监督主要是参政党对执政党的监督。

民主党派参政议政的地位,决定了党际监督的目的是巩固执政党的领导地位,是一种补充性监督。从参政党的性质出发,合作性监督属于过程监督,它可以把很多问题消灭在政策制定的过程中,在此意义上说,中国参政党的监督具有超越一般监督的积极意义,它可以弥补执政党执政能力不足的缺憾。同时,远离党派攻讦的合作性监督,便于政治资源的优化配置,降低执政成本,提高政府执行力。因此,执政党理应虚心接受监督,为民主党派的监督提供制度平台。

检讨合作性监督的制度建构,参政党民主监督是以提意见、做批评为表现形

---

① 《马克思恩格斯全集》第 1 卷,北京:人民出版社,1956 年,第 547 页。
② Paul B. Farrell:《中国新资本主义打败美国自由资本主义》,《华尔街日报(中文网)》2012 年 8 月 16 日。
③ 《邓小平文选》第 3 卷,北京:人民出版社,1993 年,第 285 页。

式的"非权力性"的柔性监督,它不同于权力监督所具有的强制执行力和法律约束力,因此,如何强化柔性监督的韧性是合作性监督必须突破的制度困境。中国特色的民主政治建设没有可供借鉴的成熟经验,同时,制度建构远比理论预设要复杂得多,中国的民主发展只能是"摸着石头过河",表现在合作性监督上,就是制度建构落后于互相监督的目标诉求。

二、合作性监督的现状与问题

1989年,《中共中央关于坚持和完善中国共产党领导的多党合作和政治协商制度的意见》(简称14号文件)第一次把民主党派定位为"参政党",明确了共产党与民主党派合作协商的政治准则与具体形式,确立了民主党派参政议政与民主监督的总原则。

以此为指导,中央与各地统战部门对民主监督问题进行了诸多探索,取得了一定成绩。相对党派监督取得的成绩,存在的问题更为突出。多年来,民主党派的工作更多的是参政议政、民主协商,弱化或者说忽视了民主监督这种参政方式。主要表现为民主监督的内涵与定位模糊,民主监督缺少制度平台以及党派监督的主体意识不强等问题。

1. 民主监督的内涵与定位模糊

考察各省市民主党派负责人对民主监督的认知。有的认为,现有的方针政策,还没有明确界定参政议政与民主监督的界限。政治协商、参政议政有平台,民主监督没有平台。有的认为,监督原本是政党之间的监督,中国共产党对民主党派的监督有,民主党派对中国共产党监督没有抓手。有的认为,民主党派对政府以及各部门有监督,对中国共产党没有监督。有的认为,参政议政与民主监督是统一的,在执行过程中,参政议政与民主监督是分不开的,目前存在的问题是对政策执行过程的监督不够。有的认为,民主监督的内涵在2005年《中共中央关于进一步加强中国共产党领导的多党合作和政治协商制度建设的意见》(简称5号文件)中已经明确。

根据5号文件,民主监督的形式包括:在政治协商中提出意见;在深入调查研究的基础上,向党委及其职能部门提出书面意见;人大及其常委会和各专门委员会在组织有关问题的调查研究时,可邀请民主党派成员和无党派人士参加;通过在政协大会发言和提出提案、在视察调研中提出意见或其他形式提出批评和建议;参加有关方面组织的重大问题调查和专项考察等活动;应邀担任司法机关和政府部门的特约人员等。从上述制度安排可以看出,民主监督与参政议政没有明确的边界,这是各民主党派负责人在民主监督问题上产生认识差异的最直接原因。

中国特色的政党制度虽决定了民主监督与参政议政的共同目标,即巩固中国共产党的长期执政地位;但目标诉求的同一性不等于制度建构的"二合一"。参政议政与民主监督在制度建构上的同质性,必然带来国家权力运行过程中,权责不分,责任主体不明,或者说分不清监督主体与客体。根本原因是对监督内涵的认知模糊,没有真正理解民主监督的内涵与精神实质。与概念内涵模糊不清紧密相连的是定位模糊。由于相关政策与制度的缺失,有的党派负责人认为民主监督应比参政议政地位高,民主党派的监督是更高层面的监督,民主监督应是对党和政府重大决策进行监督。有的认为民主监督的重点应放在党派监督,民主党派监督的关键是共产党。有的认为不能把民主监督等同于反腐倡廉,如把民主监督定位为科学执政,成果就很丰富。有的认为民主监督的重心就是特约人员制度。

2. 民主监督缺少制度平台

目前,民主党派监督主要是通过协商、提案进行监督,通过信息报送、社情民意、特约人员等进行监督。检讨党派监督现状,监督只是在党的方针政策和有关文件方面得到原则的体现,而在制度层面和具体操作程序上却存在着严重滞后的情况,没有真正建立起一整套从知情、沟通到反馈的工作程序,党派监督的互动机制还没有建立起来。因此,民主党派提交政协的提案,呈现大提交量、高答复率、低采纳率的特点。

缺少制度支撑的民主监督,在工作中表现为,民主党派对政治生活中的重大问题缺少充分的知情渠道。地方党政部门对民主党派更多的是通报情况,民主党派对被监督方的深层情况不了解,民主监督多是无的放矢。就特约人员而言,由于缺失明确的制度规范,被监督方有选择地聘任,部分特约人员实则成了粉饰民主监督的花瓶。

失去韧性的柔性监督呈现出鲜明的人治色彩。就参政党而言,民主监督的好坏,取决于党派负责人个人的能力与社会、政治地位。民主党派的作用更多体现在负责人的人格魅力上,以致很多党派工作者怀念建国初期民主党派负责人的声望、地位与参政能力。就执政党而言,党派监督效力依赖执政党一把手的重视程度。同时,民主监督的好坏还与统战部部长是否是中共地方党委常委有关。一般而言,通过分管统战工作的党委常委,民主党派可以获取更多的政治资源,更好地实施民主监督。

3. 党派监督的主体意识不强

缺乏制度约束的民主监督,直接影响了民主党派的监督热情,监督过程中更多地表现为形式主义走过场,普遍存在不敢讲、不能讲、不想讲、不会讲等问题。具体而言,参政党在履行民主监督时,必然会对地方党委与政府的工作提出批评、建议,而中国共产党的执政地位,决定了民主党派对执政党的监督多有顾虑,担心得罪人。

在党派负责人看来,很多关涉中共地方党委的问题不能讲、不敢讲。实践中,部分领导干部对民主党派的意见采取敷衍态度,表现为"虚心听取,坚决不改",或者说"写在纸上,挂在嘴上",由此导致部分党派负责人不想讲。缺乏监督历练的党派成员,在机会到来时,必然表现为不会讲。

党派监督主体意识的缺失,实则与中国共产党对民主党派的资源配置不足有关。譬如,受职位所限,部分省市民主党派主委无法担任同级人大、政府或政协的领导职务,就直接影响了党派监督的积极性。据党派负责人反映,为了给本党争得一个政协副主席的职位,对民主监督充满顾忌,生怕出言不慎,引起地方党委的反感。在实践中就表现为缺乏民主监督的勇气,对地方党委与政府工作的意见与建议不能充分表达,民主党派"肝胆相照"的诤友作用不能充分发挥。检讨党派监督现状,各民主党派对中共地方党委更多的是依赖,而非监督。

三、替代性监督的工具效用

在人类政治文明发展过程中,以和平方式实现政权更替的竞争性政党制度,无疑具有里程碑式的进步意义。因此,虽然在价值层面,竞争性政党制度带来的是美国式的"一党制",掩盖了利益集团的本质目的;但在工具层面,由替代性监督而生成的制度平台,在运转过程中已显示了巨大的制度效用。

1. 与社会公众的紧密联系

在竞争性政党制度下,政党是联系国家与社会的桥梁与纽带,由于组织生存的核心问题是政党与选民,或者说权力与选票的关系,因此,如何赢得选民的支持成为各党行动纲领的中心内容。近年来,虽然公众舆论对于政党的信任度有所衰减,但谋求公众的政治认同,无疑是政党一以贯之的目标诉求。多年来,这些国家的政党在长期竞争的过程中积累了一整套处理党群关系的方法和经验,形成了成熟的制度与组织网络。

在美国,政党最基层的组织叫"投票区委员会",又称"草根组织"。全美大约有14万个投票区,民主党和共和党在每一投票区都设有投票区委员会,设男委员和女委员各一人。凡是政党竞选的一切社交活动和服务工作,他们不但必须参加,而且要采取主动和积极的态度从中引导。[1] 在英国,工党和保守党都在全国各地设有俱乐部,提供书报阅览、电视欣赏或其他娱乐服务。在俄罗斯,统一俄罗斯党在基层党组织内部设立了"公众接待部",专门负责接待选民和群众的来访。

随着现代信息技术特别是网络技术的发展,政党的运行环境发生了巨大变化,出现了虚拟的网络空间。为了顺应这一发展趋势,西方政党普遍利用信息技术推行扁平化的组织结构,即减少政党的中间管理层次,压平组织机构,加强领袖、候选人与选民直接的沟通与联系。与此同时,政党利用网络平台,创新民意调查和民意检测的手段,精确地了解群众需求的变化,对群众的利益诉求及时做出回应。

2. 制度化的监督机制

替代性监督下,反对党对执政党的监督体现在政治与法律两个层面。前者主要是监督执政党实现对选民的承诺情况,执行其所提之施政方针与施政计划情况,以纠正政府施政上的缺失。后者主要是阻止执政党的违法行为。[2] 替代性监督得以有效运转的制度保障是竞争性政党制度的合法反对原则,即对反对的认同,有组织的反对以及以和平方式实现政权更替的充分自由。[3] 由此出发

---

[1] 陈步友主编《基层党组织服务功能研究》,北京:生活·读书·新知三联书店,2009年,第7页。
[2] 陈淑芳:《民主与法治:公法论文集》,台北:元照出版有限公司,2004年,第299页。
[3] 王建华:《试析西方政党合法反对的原则》,《南京社会科学》2004年第5期。

的制度建构保证了反对党拥有充分的监督权力。

在美国,参议院的传统角色之一就是保障少数权益。参议院中少数用以抵制多数意见的最极端手段就是"阻挠议事"(filibuster),也被称为"无限制辩论"。具体而言,只要议员乐意,可以无限制地在院会中延长或持续其辩论,任何中断发言的提议必须由演说者本人同意。①(为了限制无休止的辩论,1979年,众议院通过了"辩论上限"条款[debate cap],规定一旦某项法案被确定不再辩论后,在100个小时辩论时间内必须就此法案投票,此后,这个时间又被缩短到30个小时。)在众议院,少数党可以在议案讨论的最后阶段使用"再付委动议"(motion to recommit)的权利,迫使已经获得多数党通过的议案返回委员会重新讨论。②

在英国,多数党领导立法和行政,反对党则实施监督,成为对政府的批评意见的负责任的喉舌。下议院全院大会是反对党的主要阵地,为保障反对党的意见和主张得以充分陈述,英国下议院特设了"反对党日",每次下议院年会共指定17天作为反对党日,由领衔反对党提出辩论题目,与政府及多数党党团进行辩论。③ 同时,按照惯例无论哪个党派执政,三个最为关键的监督委员会——国家账目委员会、议会行政监察专员委员会和行政法规委员会皆由领衔反对党人担任。

3. 基于竞争的监督动力

替代性监督是竞争性政党制度的伴生物。从议题构造与选举动员出发,在野党对执政党的政策进行可行性调研,对政策执行情况进行评估,对政府首脑的道德修养进行监督,可以说,党派监督是政党政治的重要内容。在野党对执政党,或曰对政府的监督,具有主动性,只要存在竞争性选举,在野党一定以监督政府为己任,党派间锲而不舍的监督动力源于取而代之的执政热情。实践中,替代性监督呈现诸多特点。

在美国,国会中的多数党与少数党并不构成执政党和反对党的关系,占多数席位的政党并不一定是总统所属的执政党。如果政党在总统大选中失去了执政

---

① Alan Grant:《美国政府与政治》,台北:五南图书出版公司,1996年,第44—45页。
② Keith Krehbiel and Adam Meirowitz: "Minority Rights and Majority Power: Theoretical Consequences of the Motion to Recommit", *Legislative Studies Quarterly*, Vol. 27, No. 2 (May, 2002), pp. 193-194.
③ 王宗文:《权力制约与监督研究》,沈阳:辽宁人民出版社,2005年,第145页。

的机会而成为在野党,那么对参众两院的控制具有更加重要的意义,因为总统缔结条约、提出法案和任命官员,须经过议会的批准才能生效。为表达本党主张,激烈的院内辩论不可避免。1957年,南卡罗来纳州参议员赛蒙德(Strong Thurmond)为了反对某项民权法案,连续演说了24小时18分钟。1964年,南方民主党议员,为了反对"公民权利法案"的通过,他们接力赛式的演说持续了83天。①据统计,2009—2010年,美国众议院通过的数百项法案都在参议院搁浅。

在英国,反对党更多以党派名义对执政党展开监督,以赢得选民对本党的政治认同。基于议会民主的运作逻辑,反对党必须采取一种负责任的态度,在议会的角斗场中表明本党有治理国家的能力。这是因为,它不仅是女王陛下的反动派,而且也是女王陛下的另一届政府。在每年财政预算案辩论中,反对党的凌厉攻势,使得财政大臣在议会辩论中承受巨大压力。为了缓解压力,法律规定财政大臣拥有饮酒壮胆的特权。与此同时,在处理错综复杂的国内外事务中,反对党与首相在议会内的攻辩,更是英国政治生活的常态。

四、明确民主监督的精神内涵,建构监督体系

替代性监督是不存在模糊监督内涵的,因为竞争性政党制度天生就培育党派的监督精神。唯有合作性监督在参政议政与民主监督间,容易出现理论模糊与制度缺失。解决这一问题,需从厘清民主监督的精神内涵入手,在借鉴替代性监督工具效用的基础上,建构中国特色的党派监督体系。

1. 民主监督的精神内涵与角色定位

所谓监督,一定是两个不同主体间,基于权责差异而生成的一种制约关系,也就是说,监督方对被监督方应具有一定的约束力。由此出发,在建构监督关系时,必须明确监督方的主体地位,并给予必要的权利;规定被监督方应履行的义务,并建立必要的约束机制。同时,作为民主监督,还必须保证监督主体拥有充分的自主性。可以说,自主性、约束力是建构民主监督的两个必要条件。

理解了民主监督的精神内涵后,还需建构多层次的民主监督内容。根据中央5号文件,党派监督主要包括政治与法律两个层面。就政治上而言,主要是国

---

① Alan Grant:《美国政府与政治》,台北:五南图书出版公司,1996年,第44—45页。

家宪法和法律法规的实施情况,中国共产党和政府重要方针政策的制定和贯彻执行情况,国家中长期发展规划的实施情况等。就法律上而言,主要是党委依法执政,党员领导干部履行职责、为政清廉等方面的情况。显然,这仅是基本的原则规定,民主监督还要落实到具体的工作中去。同时,针对各级民主党派参政议政内容的差异,不同层级的民主监督应有不同的角色定位。

各民主党派中央的民主监督应放在政治监督上,主要是对宪法与中央方针政策落实情况的监督。省市民主党派的监督应是法律层面的,主要是各级党委依法执政情况。目前,中国共产党的执政能力同新形势、新任务还不完全适应,对关涉改革、发展、稳定的一些重大问题调查研究不够,面临劳动就业、社会保障、收入分配、教育卫生、居民住房、安全生产、司法和社会治安等关系群众切身利益问题的困扰。解决上述问题需要加大民主监督的力度,而这恰是基层民主党派努力的方向。

2. 建构民主党派联系群众的制度化平台

人民民主专政的国家政权,决定了人民代表大会是我国的根本政治制度,而议行合一的组织原则,决定了人民意志在国家政治生活中至高无上的话语权。由此出发,当"民意"成为评判一切社会行为的基本价值取向时,"民意"绑架政府就成为舆情发展的必然逻辑。截至 2012 年 11 月,中国网民总数已经达到 5.05 亿,普及率达到 37.7%,超过 30%的世界平均普及率。随着网络时代的到来,在虚拟空间里,民众的非理性宣泄,在"网络推手"的操纵下,大量虚假言论遮蔽真实民意,侵害公众应有的话语权,对其指向的目标形成舆论压力,进一步强化了民主可能带来的暴政。此时,在政府与民众之间需要有一个缓冲地带,以化解,或者说稀释"民意"中的非理性情绪。

就执政党与群众关系而言,群众路线是民主革命时期中国共产党处理与群众关系的最宝贵经验,也是中国共产党一直倡导的工作路线、组织路线与政治路线。当中国共产党成为执政党后,决定了政党与国家、社会的关系有了根本性的变化。在公众视域里,中国共产党的长期执政地位,决定了它与国家政权的同一性,也就是说,人们很难再把执政党看作连接国家与社会的桥梁,认为其承担社会利益表达的功能。面对社会利益表达的诉求,执政党是矛盾斗争的焦点,而非减压阀或缓冲带。

除执政党外,一个可能的选择是群众团体。民主革命时期,群众团体是中国共产党社会动员的组织载体,以群众团体的面貌获取社会资源,赋予了社会动员以合法性。作为党的外围组织,各群众团体内均有党组织的存在,可以说,它是中国共产党联系群众的中介与桥梁。中国共产党夺取政权后,群众团体成了党的代言人。在公众视域里,群众团体已经成为执政党的一部分,也就是说,它已无法成为普通民众利益表达的渠道。

当群众团体出现功能性缺失时,民主党派无疑就是最佳选择。中国的民主党派具有现代政党的所有特征,同时,又是中共"肝胆相照、荣辱与共"的盟友;由它们承担联系国家与社会的桥梁功能,具有重要的现实意义。为此,建构民主党派联系群众的制度化平台,成为加强民主党派监督的核心环节。通过这一平台,民主党派可以了解社情民意,群众可以反映地方政府社会治理过程中的问题,化解或者说稀释社会矛盾。同时,参政党民主监督也有了坚实的社会基础。

3. 建构多党合作的党际监督平台

在宪政民主视域下,制度建构的困境是对权力监督的缺失,正是基于对权力监督的考量,西方国家以三权分立原则建构基本制度框架。回到中国语境,虽则三权分立不适用于中国,但任何权力均需要监督,且一定要有制度性的约束力。就制度设计而言,人大代表要接受群众的监督,否则就失去了任职资格;政府要接受人大的监督,否则政府可能被解散。唯有中国共产党作为执政党,缺少制度监督的组织平台。如能加强民主党派对中国共产党地方党委的监督,就使得制度建构有了一个缜密的逻辑。

发挥多党合作的党际监督效力,需要搭建多个监督平台。首先,整合现有党派监督资源,成立由中共各级纪律检查委员会牵头,各民主党派同级监督委员会参与的党际监督委员会。定期对地方党委科学执政、民主执政、依法执政的情况进行评议,审查地方党委在决策程序、决策过程等方面,是否有违法、违规行为,使党派监督真正落到实处。其次,在中国共产党党内巡视制度中,让民主党派参与其中,使民主党派对中国共产党的监督内置于党内监督体系中。第三,把民主党派与政府各部门的对口联系制度,改造成为民主党派对联系单位的巡视制度,使被监督方从忽视监督向主动要求监督转变。

4. 建构参政党民主监督责任机制

相对竞争性政党制度而言,民主党派稳定与固化的参政地位与"肝胆相照"的党际关系,决定了其监督动能的不足。因此,当民主党派监督执政党的制度化平台确立后,如何发挥监督主体的积极性,成为完善监督制度的重要一环。提高民主党派监督的主体意识,一方面需要扩大宣传,使党派成员真正认识到民主监督的重要性与紧迫性;另一方面,就是建构参政党民主监督责任制,发挥每个党派成员的积极性与主动性。

首先,建构党派监督评价机制。从制度建构的一般原则出发,任何个体与组织在行使监督权的同时,必须接受基于监督的制度考核。建构党派监督评价机制,就是由统战部门牵头,各民主党派参与,按照绩效考核的一般原则建立考评机制。其次,建构党派监督倒逼机制。目前,民主党派与政府各部门多建立了对口联系制度,但由于缺乏监督机制,一方面,相关单位表现不积极,采取敷衍态度,每年开一两次情况通报会即算了事;另一方面,民主党派对对口联系的重要性认识不足,缺少监督的勇气与动力。建立党派监督倒逼机制后,对联系单位出现的问题,要检查相关民主党派是否履行监督之责,使各民主党派从要我监督向我要监督转变。

五、结语

一个民族不能随意选择自己的制度,就像它不能随意选择自己的头发和眼睛的颜色一样。① 中国特色的政党制度是基于民族成长与社会进步的历史选择,不能简单地以优劣高下加以评判。人民主权的逻辑起点,决定了各种现代制度文明对话的可能性与必要性。人类制度的进步就在于相互借鉴基础上的涅槃与共生。检讨政党监督制度建构的内在逻辑,替代性监督下的政党,虽也存在诸多问题,但其在技术层面的工具效用对中国特色的政党制度无疑具有借鉴意义。由此出发,建构中国特色的党派监督体系,发挥党派监督在政党政治中的应有作用,成为现代政党发展的必然逻辑。

---

① [法]古斯塔夫·勒庞:《乌合之众——大众心理研究》,北京:中央编译出版社,2005年,第67—68页。

我国"反腐败"四种模式的变迁及其折射的社会治理理念转向

陈 建

摘 要：中华人民共和国成立以来，我国反腐败运动经历了四种不同的模式：权力反腐模式、规制反腐模式、综合反腐模式、预防与惩治模式，不同模式之间有交叉、重合，但主旨及重心大相迥异，不同模式之间的转换不仅是历史情境的需要，也折射出社会治理理念的转向。权力反腐模式的核心是以权力压制权力，其反映的是浓郁的人治色彩。规制反腐模式是依赖法律法规和制度来反腐败的模式，该模式反映的是从人治向法治的转变，但这一转变并不彻底。综合反腐模式是针对权力寻租普遍，腐败逐渐隐蔽、巨大等特点而采取的一种国家、社会、个人相结合的反腐模式，其主要特征是广大民众在反腐败中作用得到大幅提升。预防与惩治模式严格来说不是一种独立的模式，强调惩治的同时更注重预防，立足于反腐败的同时更强调廉政建设，这一模式要求对权力深度限制与监督。

关键词：反腐败；模式；社会治理；理念

中华人民共和国成立以来，我国反腐败运动大体经历了四种模式的转变，这种转变也折射出社会治理理念的发展与变迁。从更进一步的逻辑来看，反腐模式转变与社会治理理念之间的关系充满交互的影响，一方面腐败特点的变化必然引起反腐败方式的变化，而反腐方式的变化则必然会引发社会治理理念的转变；另一方面，治理理念的不断变化也在某种程度上型构了反腐模式的特征，为更具效率的反腐败提供了可能性。

一、权力反腐模式高效背后的缺陷

腐败是人类社会的毒瘤，任何社会都难以完全避免，社会主义国家也不例外。新中国成立后的腐败分为以下几种情况：一是一些党员干部封建思想严重，以为已经打下了江山，自己是革命的功臣，应该享受了，进而放松了世界观的改造,逐渐腐化、堕落,刘青山、张子善就是这种类型的代表;二是敌对阶级"糖衣炮弹"的进攻,他们为了达到自己的目的,通过请客送礼、行贿等手段,引诱党员干部及国家工作人员腐化、堕落,从而引发腐败;三是部分旧社会留用人员恶习不改,把一些腐朽的生活方式和作风延续下来,在新政权中利用职权进行贪污等犯罪活动;四是一些新党员、新干部素质良莠不齐引发贪污腐化。总的来说,这一时期腐败的形式为贪污、受贿,即腐化分子利用手中的权力,直接或间接地占有金钱、物质生活资料用于个人及亲属的享乐。

针对不断涌现的腐败形势,党和国家果断采取措施进行反腐,这些措施基本分为两种:一是通过上级机关进行调查、证实后给予严厉的惩罚,如对于刘青山、张子善的腐败行为,尽管有很多人包括一些高级干部都为他们说情,强调他们对革命的贡献,希望能免除死刑,但最后毛泽东同志直接过问此案,最终判处二人死刑。二是通过政治运动来预防、发现、惩治腐败,如1951年在全国范围内开展的以"反贪污、反浪费、反官僚主义"为主要内容的"三反"运动,1953年在全国范围内开展的以"反官僚主义、反命令主义、反违法乱纪"为主要内容的"新三反"运动,1962年在农村开展以"清理账目、清理仓库、清理财务、清理工分"为主要内容的"四清"运动,1963年在城市开展的以"反对贪污盗窃、反对投机倒把、反对铺张浪费、反对分散主义、反对官僚主义"为主要内容的"五反"运动,等等。从效果来看,这些措施非常得力,腐败现象得到了有效的遏制,这种反腐败的模式可以称之为权力反腐模式[1](也有人称之为运动反腐模式)。具体来说,这一模式实际是通过自上而下的权力运行方式来惩治权力运行过程中的腐败和渎职行为。

当时采用权力反腐模式既是当时形势发展的需要,尤其是革命刚刚胜利,制度还不完善,只能采用那种方式,但也体现了浓郁的人治色彩。人治社会的优缺点都非常鲜明,在反腐败问题上同样有鲜明的体现,以权力压制权力对于反腐来说短期或者局部肯定高效,但其缺陷在于不可持续和不可复制,当权力结构的顶层或者单位的"一把手"出问题的时候难以解决,另外大规模的群众运动成本过高,破坏性太强,只能是特定历史阶段特有的方法。

---

[1] 刘杰:《中国廉政:道路与模式》,上海:学林出版社,2010年,第81页。

二、规制反腐模式投射出人治到法治的转向

"文革"以后,我国转向以经济建设为中心,经济运行方式由原来的单一计划经济转变为市场和计划并存的格局,改革开放程度不断扩大。在这样的历史条件下,腐败现象呈现出新特点:一是干部"特殊化"突出,特别是一些"复出"干部出于"补偿"自己或者家人的心态,利用职权追求享受、安置子女、多占住房,甚至侵占群众利益,造成了明显不正之风。二是"官倒"现象严重。随着经济体制改革推进,"经商热"流行,许多党政机关和领导干部开始办公司、办企业,这些公司政企不分,官商特征非常明显,利用转型时期计划经济和市场价格之间的巨大差异,利用职权转手倒卖谋取巨额利益,造成了非常恶劣的影响。据统计,1987年至1988年间,"官倒公司"多达40万家,①它们的腐败行为带坏了社会风气,引起人民群众的强烈不满,甚至引发社会动荡。三是走私行为严重,这些走私行为具有明显的官商勾结的特征,甚至有的国家机关直接从事走私行为,造成了严重的腐败现象,为人民所不满。客观地说,此时的腐败与"文革"以前党员干部腐败不同,不再是个别现象,而是一种普遍现象,形成了一个腐败高发期。如1979年全国检察机关立案侦查的贪污贿赂案件为702件,1980年增长为8181件,1989年则猛增为58926件。② 面对这样的腐败形势,权力反腐模式已经难以有效地制止与遏制腐败,因为很多公权力部门都牵扯其中,再想通过大规模的"政治运动"来反腐也不太现实。

在这种情况下,法律法规与制度成为反腐败的主要方式。一是建立健全法律法规来支撑反腐败,"应该集中力量制定刑法、民法、诉讼法和其他各种必要的法律……并且加强检察机关和司法机关,做到有法可依,有法必依,执法必严,违法必究"③。有关部门相继制定了《全国人民代表大会和地方各级人民代表大会选举法》《地方各级人民代表大会和地方各级人民政府组织法》《人民法院组织法》《人民检察院组织法》《中华人民共和国刑法》《中华人民共和国刑事诉讼法》《中外合资经营企业法》等一系列法律,使得反腐败有了最有力的武器。如1979

---

① 黄宝玖:《新中国反腐倡廉建设历程》,北京:世界知识出版社,2011年,第113页。
② 刘杰:《中国廉政:道路与模式》,上海:学林出版社,2010年,第11页。
③ 《邓小平文选》(第2卷),北京:人民出版社,1994年,第146页。

年制定的《中华人民共和国刑法》对国家机关工作人员贪污、挪用、贿赂等犯罪行为的定罪量刑问题做出了具体的规定,为反腐败提供了锐利的法律武器,非常有力地遏制、打击了腐败的势头。二是通过一系列的制度来约束权力进而预防和惩治腐败。如针对高级干部"特殊化"问题,中央和国务院于1971年11月联合发布《关于高级干部生活待遇的若干规定》,对高级干部的生活待遇做出明确规定,严禁超过标准,违反者要受到党纪政纪,甚至法律的处罚;如针对"官倒"现象,中办和国办于1984年7月联合发出《关于党政机关在职干部不要与群众合办企业的通知》,中央和国务院于1984年12月发出《关于严禁党政机关和党政干部经商、办企业的决定》、于1985年5月做出《关于禁止领导干部的子女、配偶经商的决定》、于1985年7月发出《关于党政机关干部不兼任经济实体职务的补充通知》、于1986年2月做出《关于进一步制止党政机关和党政干部经商、办企业的规定》等一系列规定,从源头上杜绝了党政机关和党员干部利用自己特殊身份经商的可能性,也因此杜绝了腐败的可能性;对于走私行为,也通过法律和制度来打击,如1982年8月国务院相继发布《关于加强对广东、福建两省进口商品管理和制止私货内流的暂行规定》《关于加强东南沿海三省海上缉私队伍建设的通知》等相关规定,依托这些规定,相关部门很快就有效地打击了走私现象,基本遏制了违法犯罪的势头。三是恢复与重建专门的反腐败机构,使得反腐败主体明确化,除了重建司法机关作为反腐败的主力军,同时加强纪律检查机构的建设,作为反腐败的另一重要主体。如在十一届三中全会成立了中央纪律检查委员会,此后县以上各级党的委员会都成立了纪律检查委员会;如党的十二大规定党的中央纪律检查委员会根据工作需要,可以向中央一级党和国家机关派驻党的纪律检查工作组或纪律检查员,地方各级纪委的机构建设也得到进一步加强,据统计,到1987年底,纪律检查机构总数已达9万多个,专职干部总数达25万余人。①

从上述变化可以看出,我国反腐败已经从权力反腐模式转向规制反腐模式,即以特定的反腐败机构依照法律法规和各项制度来预防和惩治腐败。与权力反腐模式比较,规制反腐模式的优势非常明显:可操作性强、效率高、具有持久性和

---

① 黄宝玖:《新中国反腐倡廉建设历程》,北京:世界知识出版社,2011年,第189页。

稳定性、与国际反腐败模式相接轨,且具有明显的预防腐败的功能。这种转变一方面是当时反腐败形势的需要,新的腐败特点需要更有效的反腐败模式,而新的反腐败模式必然会推进执政理念的转向,即开始通过规章制度来限制和监督权力;另一方面则是我国执政理念从人治向法治的转变也型构了反腐败的新模式,人治与法治的最大区别就是主观性与客观性的区分,规制反腐与权力反腐的区别正是这一区别的现实表现。事实上,这是二者相互影响的过程,也不存在清晰的时间上的先后关系。

需要指出的是,当时无论是从权力模式向规制模式的转变,还是从人治转向法治,都还处于转变的进程中,并不彻底。对于前者来说,当时多次采用"严打"这种类似于政治运动的方式来反腐败,就具有明显的权力反腐的特征。对于后者来说,我国社会的人治痕迹还非常明显,也不可能使得反腐败完全摆脱人治的色彩。

三、综合反腐模式中民众力量的崛起

90年代以来,随着我国社会主义市场经济经济体制的建立与经济社会的高速发展,腐败又经历了一次高发期,集中在体制改革或转型比较深入的领域,如国企、医药、金融证券、建筑、海关等行业。据统计,从1992年10月到1997年6月,全国纪检监察机关共立案731000多件,给予党纪政纪处分669300多人,其中开除党籍12150多人,被开除党籍又受到刑事处分的37494人,在受处分的党员干部中,县处级干部20295人,厅局级干部1673人,省部级干部78人,①腐败之严重,可见一斑。从总体上来说,这一波腐败呈现出鲜明的权力寻租特征,即不同于以往党员干部或其亲属运用权力直接获利,而是要运用手中权力和他人手中权益进行交换。具体来说,有以下一些特点:一是腐败涉及官员级别高、金额巨大、影响深远,如北京市委书记陈希同、全国人大常委会副委员长成克杰等。二是窝案较多,如沈阳的"慕马案""厦门远华走私大案",都牵扯非常多的党员干部。三是腐败形式翻新,向多领域蔓延,除了传统的行贿受贿和权钱交易外,腐败向司法、组织人事等领域蔓延,在银行证券等领域,腐败呈现出虚拟化特征。

---

① 黄宝玖:《新中国反腐倡廉建设历程》,北京:世界知识出版社,2011年,第175页。

四是期权化,具有隐蔽性。"权力期权化"交易的是一种"权力",其不直接涉及钱物,因而形式和过程隐蔽,相互兑现往往是间接而不是直接的,如高薪任职、分给股权、优厚待遇等。面对这样的腐败特点和反腐败压力,规制反腐模式的一些缺陷和不足开始显现出来:如制度的滞后性,使得不能及时对各种新涌现的腐败给予遏制和惩罚;如制度执行力的缺乏,虽然制定了很多规章制度,却形同虚设,难以有效执行;效力太低,尤其是在腐败行为更加复杂、更加隐蔽的情况下,单纯依靠固定的反腐机构难以高效反腐;如高级干部腐败的时候,制度受制于自身的边界,无法执行,等等。

在这样历史条件下,我国反腐败出现了新的变化:从反腐败主体角度来看,除了既有的司法机关、纪律检查机关、权力机关外,越来越多的民众加入了反腐败的行列。准确地说,人民群众一直都是反腐败的主体,但近年来所起的作用更加明显、更加突出。究其原因,一是体现了人民当家做主的社会主义本质,人民是国家的主人,有义务也有责任反对腐败,以维护国家的利益;二是伴随着公民社会建设的不断成熟,人民的权利意识深度苏醒,反腐败不仅是人民参与国家和社会治理的表现,也是人民行使权利的合理要求;三是人民痛恨腐败分子通过非法手段占有社会财富,认为这是对社会、自身及他人财富的非法占有,甚至是一种剥夺、剥削,民众参与反腐则是对利益分配不公的抗争。客观地说,民众积极参与反腐,发挥了难以想象的作用,有效地破解了当前的反腐败难题,使得腐败行为无处遁形,腐败分子如临深渊。如最高检认为群众举报或通过群众举报深挖出来的职务犯罪案件占立案总数职务犯罪七成以上,而更有甚者,"我个人认为,严格地讲,腐败案件100%都是群众举报的"。"有人将纪委移送的案件、侦查机关自己深挖的案件,不算作是群众举报,其实,追根溯源,也是源于举报。百分比的出现是统计口径不一样。"不可否认,群众举报成反腐败主渠道,民众成为新时期反腐败的生力军。

从反腐败的方式来看,网络反腐成为一种全新的、重要的反腐败方式。随着计算机和互联网在社会中的普及,借助网络高科技技术的便捷、传播范围宽阔、覆盖面极大和成本较低的特点进行反腐败,已成为民众参与廉政建设的一种途径。山东省济宁市副市长李信案、深圳海事局党组书记林嘉祥案、江苏省南京市江宁区房产局局长周久耕案、陕西安监局局长杨达才案都是通过网络酝酿、发酵,形成舆论规模,引起相关机构关注、介入,最终被查处的典型案件。网络反腐依然是民众参与反腐的现实表现,没有广大民众的参与,就没有网络反腐。究其本质,网络反腐就是民众借助网络这一有效工具参与反腐、参与社会与国家治理。

无论是民众广泛、积极地参与反腐败,还是网络成为反腐败的主要途径,都说明我国反腐败模式出现了新变化,逐渐从原来的规制反腐模式转向综合反腐模式,形成了国家、社会、个人相结合的反腐模式。综合反腐模式与规制反腐模式并不存在根本上的差异,二者重合的部分非常多,都需要以法律法规和制度作为反腐败的基本保障,最终也都需要国家机关参与来定性、处理、处罚。但二者又有明显的不同,其中最显著的差别就是民众参与的程度和作用的大小。对于制度反腐模式来说,国家机关是绝对主体,民众只起到辅助的作用,而对于综合反腐来说,民众不仅起到提供线索、酝酿发酵案情等重要作用,甚至还会影响结果。在当下,如果一件反腐败案件被曝光,不仅无法再进行遮掩,甚至处罚如果与事实相差太大也会引发民众的不满,甚至引起更大范围和程度的反应,甚至会引发集体事件,这些都对原来绝对的反腐主体——国家机关有明显的制约和影响。从现实来看,国家各级反腐败机关越来越重视民众在反腐败中的作用,已经开始建构制度性的措施来保障民众参与反腐。党的喉舌《人民日报》明确指出:"针对当前严峻的腐败形势,更需要通过顶层设计,将网络反腐纳入法治化、制度化轨道。"

从规制反腐模式到综合反腐模式也折射出我国社会治理理念的巨大变化,民众参与反腐败实际是民众参与国家治理的一部分,现在国家机关不仅乐于接受而且主动将其纳入反腐败体系之中,这不仅体现了人民当家做主,而且是社会主义民主建设的巨大进步。

四、惩治与预防模式落脚于廉政制度的建构

权力反腐模式、规制反腐模式、综合反腐模式都有一个共同点,立足于事后的查处与惩治,着眼于腐败行为发生后采取相应的措施,这并非善治应有之义。对于反腐败来说,最理想的局面应该是通过有效的措施预防腐败,当腐败出现后能够标本兼治进而杜绝腐败。现实的顺序则是因为腐败行为的存在,人们开始

反腐败而联想到预防腐败,对于我国社会治理来说也是如此。2002年以来,我国基本确立了惩防并举、注重预防的反腐廉政建设方略,其中标本兼治、综合治理是我国以前反腐败工作的重心,但惩防并举、注重预防则是一种新思路。这意味着我国反腐败有了新的目标和要求,即从单一的惩治转为预防与惩治相结合,工作重心从惩治腐败转为惩治与预防并重,重心落在预防上,也可以理解为我国反腐败模式从原来的"治病型"向"强身健体型"转变,落脚于建构高效的廉政制度。需要指出,这种新思路并不是对以往的否定,预防与惩治不是对立关系,而是互为补充,只有准确、及时的惩治才能更有效地预防腐败,而有效的预防是为了减少惩治。

很显然,新模式的重心在于限制和监督权力,这也是建立廉政制度的前提。理论和实践都表明,没有限制和监督的权力是一切腐败的根源,"权力必定导致腐败,绝对的权力导致绝对的腐败"①。"一切有权力的人都容易滥用权力,这是万古不易的一条经验。有权力的人们使用权力一直到遇有界限的地方才休止。"②2007年我国预防腐败局作为新的国家机构建立,此后全国各级预防腐败局相继成立,拉开了预防腐败的序幕。此后围绕限制和监督权力,我国采取了一系列的措施:如在立法方面,相继制定了《行政许可法》《公务员法》《中国共产党党内监督条例(试行)》《中国共产党纪律处分条例》等;如在改革创新机制方面,深入推进行政审批制度改革,行政服务中心、审批服务大厅、行政投诉中心等"一站式""一条龙"机构普遍建立,不仅提高了效率,而且避免了腐败的可能性;如在党内监督方面,建立和完善巡视制度,由中央派出巡视组对地方尤其是"一把手"进行监督检查,等等。从综合反腐模式到惩治与预防相结合,从单一的反腐败到寻求建立廉政制度,同样折射出社会治理理念的转变,即必须深度限制和监督权力,否则难以实现目标。

---

① [英]阿克顿:《自由与权力》,侯健、范亚峰译,北京:商务印书馆,2001年,第286页。
② [法]孟德斯鸠:《论法的精神(上册)》,张雁深译,北京:商务印书馆,2006年,第154页。

我国反腐败进程中民众的角色、行为及作用的变迁*

陈 建

摘 要：民众是反腐的主要力量，但在不同的反腐模式中其角色、行为方式及实际作用各不相同，在某种意义上也可以说，正是这种差别和变化导致了反腐模式的转换。在运动反腐模式中，民众作为被组织的主力军，发挥了重要作用，但其被动性一目了然，而在制度反腐模式中，民众推动了制度的建构，但其作用的局限性难以解决。在新媒体时代，民众运用网络等科技手段，不仅跃升为反腐的主力，而且作为一种新权力型构了新型的反腐模式。从时间进程来看，民众在反腐中的角色和作用都发生了巨大转变，倘若加以进一步的完善和引导，必将对于破解反腐这一世界难题具有根本性的意义。

关键词：民众；反腐；变迁；网络

人民群众是反腐败的主力，但在不同时代尤其在不同反腐模式①下，民众的角色、行为方式及作用各不相同，甚至存在巨大差异。对这些差异及其变迁之路进行深入的历史考察，科学、准确认识和把握民众与反腐的内在关系，不仅能够提供认识我国反腐之路的新视角，更可以为从根本意义上破解反腐难题、实现善治提炼出新思路。

---

* 基金项目：教育部社会科学规划项目"马克思主义法律思想中国化的历史和现实逻辑"（12JD710076）。

① 关于建国以来我国反腐模式的划分，学界已经形成一定的共识，多数人认同运动反腐模式与制度反腐模式的客观存在，当然也有一些苛刻的学者认为制度反腐并不存在，另当别论。除此之外一些学者认为还存在其他一些反腐模式，如李永忠认为二者之间还有一个权力反腐模式，杜志洲认为二者之后的模式称之为和谐反腐模式，刘杰则认为二者之后是体系反腐模式，不一而足。必须指出，就我国反腐实际而言，不同反腐模式的划分只具有相对性，强调总体特征，而不同模式之间交叉、重合的情况比比皆是，如"文革"前的反腐并不能说没有制度要素，十八大以来的反腐也具有运动式的痕迹。笔者以为，以时间为线索，前两种模式之后的模式可称之为综合反腐，其最重要的特征就是反腐博弈过程中主体的变化，尤其是民众的深度介入及其身份的转变促成了综合反腐模式的出现。

一、"运动反腐"中民众的角色、作用及其局限

新中国成立后我国采取的主要反腐败方式被形象称为"运动反腐",其核心就是发动群众进行反腐败,如"三反""新三反""四清""五反"等。就运动反腐来说,一般人会误认为民众是绝对的主体,扮演举足轻重的角色,其实不然。

1. "主人翁"的反腐逻辑——民众与政府的统一体关系

新中国成立后,人民当家做了主人,对于腐败有一种天然的愤慨与仇视。一方面,民众把贪腐等同于资产阶级生活方式,认为贪腐是资本主义社会制度的象征,也是社会主义制度的对立面,当然应该反对。另一方面,民众从过往的痛苦经历认识到贪腐是统治者剥夺自身利益的方式之一,也是自己饱受苦难的根源所在,现在自己成了国家和社会的主人,当然不会允许自身利益再次被剥夺,因此必然要反对腐败。如何反腐败呢?民众认为党和政府完全代表自己的利益,自己只要跟随党和政府、响应号召、积极参与就可以实现铲除腐败的目标。因此,新中国成立之初民众强烈的反腐意愿以及民众与党和政府高度一致的统一体关系是运动反腐的现实基础。

2. 民众并非反腐的主体而是被组织的主力军

从表象上看,民众是运动反腐的主力军,但反腐败的实际发起者、组织者,乃至于整个进程的控制者并不是民众,而是党和政府,甚至是党和国家的领导人。如1951年的"三反"运动,起因是当时揭发出来的大量贪污、浪费现象和官僚主义问题,引起了党中央和毛泽东同志的严重关注而发起的群众运动,实际总指挥是毛泽东,而之所以选择大规模的群众运动来反腐实际是党和政府在历史进程中积累的成功经验的自然延续和体现,"应把反贪污、反浪费、反官僚主义的斗争看作如同镇压反革命一样的重要,一样的发动广大群众包括民主党派及社会各界人士去进行"[①]。

从运动反腐实际进程来看,民众毫无疑问发挥了重要的作用:

一是群众规模浩大、遍及各个层面,没有死角。在运动反腐中,各级群众被广泛发动起来组成各种反腐组织,各个可能产生贪腐的领域都被群众反复筛查,

---

① 薄一波:《若干重大决策与事件的回顾》(上),北京:中共中央党校出版社,1991年,第141—142页。

腐败没有空间,腐败分子无处藏身。如"三反"运动中,中央1952年1月4日发出《关于立即限期发动群众开展"三反"斗争的指示》的文件,各单位立即限期发动群众开展狂风暴雨式的反腐斗争,在很短时间内就出现了一股全国性的检查和揭发高潮,据统计,全国县以上党政机关参加"三反"运动的总人数为383万多①。在党中央和毛泽东同志的有力领导下,全国各地被迅速发动起来,动作慢的被点名批评,到1952年4月仅仅三个月,反腐已经进入定案核实阶段,由此可见运动反腐的规模之大和效率之高。

二是群众反腐深入、彻底,效果明显。运动反腐沿用革命年代的动员和组织方式,采用批评与自我批评、互相揭发、坦白检举大会、公审大会等形式,人人参与,人人过关,不仅深入而且彻底,不但在客观层面挖掘事实,甚至在主观层面触及灵魂深处,非但腐败事实无法隐瞒,甚至连贪腐的念头都要受到批判。由于民众的广泛参与,腐败行为和腐败分子被彻底曝光,如在"三反"运动中,在很短时间内就发现贪污1000万元(旧币)以上的共10万余人,贪污的总金额达6万亿元。这些贪腐分子受到了严厉惩处,在"三反"期间判处有期徒刑的9942人,判处无期徒刑的67人,判处死刑的42人,判处死缓的9人,其中最有影响的要数原中共石家庄市委副书记刘青山和原中共天津地委书记张子善被判处死刑。②

仅从反腐效果来说,民众所起的作用有目共睹,但这一作用也具有明显的限制。运动反腐大致分为发动群众阶段、"打虎"阶段、定案阶段和处理阶段四个阶段,民众一般只参与前两个阶段。虽然定案阶段和处理阶段这两个关键阶段是以前两个阶段为基础,但民众对此影响力有限,如刘青山案、张子善案,杀不杀二人实际由高层领导人最后决定,普通民众只能起间接影响。

此外,运动反腐的破坏性客观存在,导致其难以长久:一是影响经济发展,整个社会自觉或不自觉地把主要精力集中在反腐上,生产效率必然会受到影响;二是模糊性,很多民众一旦被发动起来,其行为就不仅围绕反腐这一目标展开,各种矛盾和问题必然会间杂其间,破坏性非常强,很难控制;三是行为方式不当,一

---

① 薄一波:《若干重大决策与事件的回顾》(上),北京:中共中央党校出版社,1991年,第144页。
② 薄一波:《若干重大决策与事件的回顾》(上),北京:中共中央党校出版社,1991年,第144页。

些违反法律法规和不人道的方式被大量采用,造成了一些冤假错案,不仅有失公允,甚至引发社会恐慌,也给此后的"文革"错误埋下了种子;四是社会成本高,群众反腐不仅要付出大量的经济成本,而且要付出社会成本,尤其是群众运动造成的社会各阶层之间的分裂和对立,负面影响深远,修补起来十分困难。

总体来看,在运动反腐中,民众发挥了突出作用,起到了良好的效果,不仅在当时有积极意义,更由此奠定了民众作为反腐主力的长久性和必然性。但此一阶段的反腐具有明显的人治特征,发起和结束都由党和政府决定,在此意义上,民众并非反腐的主体,充其量是被组织起来的主力军。究其原因,此时民众和党及政府相互信任、相互依存,是生死与共的鱼水关系,民众无条件参与运动反腐的理由在于民众认为这符合自身的利益,但很显然,运动反腐不能持久,民众虽然彰显了自身的反腐价值但也有明显的局限。

二、"制度反腐"中民众的推力、抱怨及分野

改革开放后,中国的腐败出现了新特点,民众通过自身独特的方式有力推进了从运动反腐转向了制度反腐模式的转变,民众参与反腐败的角色、地位及其作用都发生了明显的变化,甚至出现了政府与民众相互影响甚至互为行为参照标准的新情形。

1. 民众推动制度反腐模式的建构

改革开放后,社会的分配方式出现了较大变化,不同人群的收入出现了较大差距,引发了社会焦虑和不公感,反腐败成为民众情绪的发泄途径。此时贪腐的主要形式为干部特殊化、官倒、走私,且有愈演愈烈之势,民众对此强烈不满。当时民众参与反腐有两条途径,一条是民众继续通过常规途径进行反腐,如举报、信访、提供证据、配合调查等,另一条则是部分民众通过集会、游行、示威的方式表达对腐败的不满,这一方式给社会带来了很大的压力,产生了一些负面影响,但从积极意义上看,也促进了一种新型反腐模式,即制度反腐模式的建立。

从政府角度来看,基于民众对于腐败不满的情绪日益强烈,政府必须正视并选择有效方式应对。运动反腐模式虽然还在一定范围和程度内存在,但显然已经不能作为主要选项,在此情形下制度反腐则成为新的选择,正如邓小平指出的

那样,"还是要靠法制,搞法制靠得住些"①。从实际进程来看,民众对于从哪些方面着手,建立什么样的制度来反腐起到了关键的促进作用。从最终结果来看,80年代中期制定的一系列反腐制度,如《关于高级干部生活待遇的若干规定》《关于严禁党政机关和党政干部经商、办企业的决定》《关于禁止领导干部的子女、配偶经商的决定》《关于党政机关干部不兼任经济实体职务的补充通知》《关于加强东南沿海三省海上缉私队伍建设的通知》等,都毫不例外地指向当时民众反映强烈的腐败领域,而这些制度的建立迅即发挥了积极的作用,干部特殊化、官倒、走私等腐败现象的快速消失就是明证。在此意义上,制度反腐模式的出现和建构与民众的参与息息相关。

2. 制度反腐模式中民众与政府的角色分野

与运动反腐模式相比,制度反腐模式中民众和政府的关系有了较大的发展和变化。面对不断增多的腐败现象,民众开始不满和抱怨,认为政府没有能够完全治理好腐败从而维护自己的利益,尤其是相比于以前干部的清廉,这种情绪更加激烈。客观地说,历史积聚的旧问题与改革带来的新问题交织在一起,使得民众对于党和政府由原来的绝对认同和支持渐变为整体认同但在特定事情上的诉苦和抱怨。当腐败问题日益严重时,民众对政府的这种负面情绪更加突出,认为党和政府没有很好地治理腐败,应当承担一定的责任。

3. 制度反腐中民众作用的局限性:影响力不够与互动性不足

民众在制度反腐中的作用具有一定的局限性,具体表现为对于制度制订与执行的影响力不够和反腐具体过程中的互动性不足。

制度的制定与执行是制度反腐的基础和关键,从实际来看,民众的影响力不够。具体来说,有的制度建立过程中没有民众的有效参与,从而无法保证制度的廉洁性。比如一把手负责制原意是强调领导干部的责任,但该制度的出台更多是传统文化因素使然,且该制度中民众如何监督一把手的理性设计不够,这就造成该制度无形中赋予领导干部更多的权力,从而成为腐败的根源。再如有的制度由于其自身的特殊性,一般民众难以介入,也就无法充分表达自身意志,无法保证其廉洁性。民众影响力的欠缺尤其体现在制度执行过程中缺少民众的有效

---

① 《邓小平文选》第3卷,北京:人民出版社,1993年,第379页。

监督,以至于制度不能很好执行,甚至不执行、错误执行,这也是造成腐败的根源所在。

民众作用的局限性还表现在对反腐过程影响较弱。实践已经证明,反腐具有系统性,单纯依靠纪委、司法系统等专职队伍的力量很难实现目标,而制度反腐模式中民众与专职反腐体系互动不足则是反腐效果不佳的一个主要因素。

三、"综合反腐"中民众的强大力量及一种新权力的生成

自 90 年代后期以来,社会腐败明显呈现扩大化趋势,以专职反腐力量为主旨的制度反腐模式开始向综合反腐模式嬗变①。在这一新模式下,网络反腐与普通民众深度介入反腐败是最鲜明的特征,网络反腐从某种意义上也可以理解为民众反腐。

1. 民众反腐意愿的发展与成熟

伴随中国社会不断发展与进步,民众的自我意识与权利意识逐渐成熟,反腐意愿较之以往也有了明显的变化,更具主动性、更具热情。

事实上,从民众与政府的关系来看,当前中国社会民众对于政府的批评与影响超过以往任何历史时期,其中既有政府主动寻求监督的因素,也有民众自身成长与成熟的原因。随着民众与政府关系在认识上的变化,民主自然而然会滋生出强烈的反腐意愿,无论是庙堂之上,还是街头巷尾,反腐都是一个热门话题。

2. 网络反腐的兴起与民众力量的凸显——一种新权力的生成

在新的历史条件下,民众与日俱增的反腐意愿与自媒体时代便利的科学技术互相发酵,使得我国反腐败的大环境有了明显变化。近年来,网络反腐成为一个热词,江宁周久耕案、徐州董锋案、躲猫猫事件、河北王亚丽案、广西韩峰日记门事件、郭美美与红会事件、陕西微笑局长等都是典型的网络引发的反腐败事件。大致来说,网络反腐一般分为网络酝酿发酵、社会广泛聚焦、反腐机构介入、效果评价与消散四个阶段,如果网民对处理结果不满意,还可能出现新一轮的重复。从网络反腐的机理来看,它把以前只是由反腐机构与当事人掌握的不对称的信息发酵为公共信息,从而实现了反腐机构、当事人和社会公众间的信息相对

---

① 陈建:《我国反腐败模式的变迁及其折射的社会治理理念转向》,《廉政文化研究》2013 年第 4 期。

对称,其基本性质就是它借助非制度化途径,通过强大的舆论压力和社会效应,让政府进行反腐查处且跟踪评估处理结果,从而进一步实现体制内反腐的理性化和制度化。

网络反腐是网络技术的发展与民众反腐意愿有机结合的产物,也更加凸显了民众力量对于反腐的重大影响。首先,民众积极探寻参与反腐的途径和方式,网络一出现迅即成为最优选择,在网络空间里,最具有吸引力的话题就是反腐败。中国互联网信息中心发布的互联网统计报告表明,从2008年到2013年,反腐倡廉一直占据中国网民最关注的热点问题之首,民众的热情成为反腐败的坚实基础。其次,网络反腐声势浩大,具有极强的冲击力。基于网络数据全面、快速、互动的特点,民众对于腐败的讨论形成了巨大的声势,产生了巨大的社会影响,如2011年郭美美事件网络发帖总数达到了7344309个,如果再合计各种评论、链接,则可达几千万,加之难以计数的潜水人群,网络热点对社会的影响可见一斑。因此当网络反腐热点形成后,无论腐败事实是否存在,专职反腐机构都必须介入调查,否则就会面临各种难以承受的指责,这是我国反腐的新特点。此外,专职反腐机构查处腐败的过程及结果也会受到民众的影响,这体现在查处的时限、结论与惩处的力度与民众的预期是否存在较大落差,如果落差过大且没有合理的解释,民众同样会通过网络来表达自己的不满,甚至会引发新一轮的网络热炒。

在某种意义上,民众借助网络参与反腐改变了既有格局——专职反腐机构和腐败分子互相博弈的局面,从而形成了一种专职反腐机构、腐败分子、民众三方并存的格局,民众在通过反腐机构惩处腐败分子以实现自己诉求的同时,也对反腐机构施加了诸多方面的压力和要求。

3. 民众与政府反腐败良性互动的现实与趋势

综合反腐模式与运动反腐模式、制度反腐模式最大的差别在于民众在反腐中角色及作用的变化。在运动反腐模式中,民众基本处于被动和盲目地位,虽然发挥了较大作用但破坏性也很明显,而在制度反腐模式中,民众受制于各种因素,虽然能够发挥一定的作用,但这种作用是有限的。在综合反腐模式中,基于公民社会的成长、权利意识自身的成长成熟和现代科学技术的运用,民众不仅扮演了极其重要的角色,也发挥了无可替代的作用,尤其是在和政府不断互动的过程中,其反腐身份和反腐地位都达到了前所未有的新高度。

在自媒体时代,民众借助网络的便利,通过论坛、博客、微博、微信等各种方式反对腐败,无论是直接效果还是间接影响,都超越了以往反腐模式,进一步凸显了民众的地位和作用。

首先,民众直接参与反腐败,充当揭露曝光腐败分子和腐败行为的主力军。最高人民检察院控告监察厅副厅长孙立泉指出:"严格地讲,腐败案件100%都是群众举报的。"事实上,不仅一般民众发挥了重要作用,甚至一些特殊人群也以各自独特的方式参与了反腐,如"二奶反腐""小三反腐""小偷反腐"等现象并不少见。对此,王岐山同志在中纪委全会上多次鲜明指出:"把人民群众作为力量源泉,充分发挥群众支持和参与作用。""没有人民群众的支持参与,纠正'四风'就很难取得今天的成效。要释放群众和媒体监督正能量,让'四风'无处藏身。"[①]可见,无论出于什么目的,腐败可耻或者腐败害怕曝光的观念已经成为民众的普遍认识,民众用自身的行为构造了反腐的良好环境,只要依靠民众,反腐就能够取得根本胜利。

其次,也是更重要的变化是民众在反腐问题上与政府形成了良性互动。从民众对政府的影响来看,民众不仅为政府提供反腐的信息及线索,积极配合专职机关反腐,而且通过众多舆论平台给政府施加压力,包括要求政府积极介入调查腐败线索、评估政府调查结果及结论、要求政府采取措施预防腐败等。从政府角度来看,近年来,政府机构及政府工作人员明显地感受到自媒体时代民众的反腐压力,大都充分考虑民众的意见及诉求。一旦民众舆论聚焦某一腐败事件,他们通常立即介入开展具体的调查。在一定程度上可以说,民众通过反腐监督、制约了政府及其工作人员。

再有,民众通过反腐影响了制度的改革与建构。在网络反腐的强烈影响下,我国一些不合理或者效率不高的廉政制度也得以变革,比较突出的如纪检监察体制的独立性变革、纪检内部机构的调整与增强、巡视制度的扩大与落实等,这些制度变化的原因是多方面的,但毫无疑问民众的积极影响无法忽视。

综上可见,在综合反腐模式中,民众的作用与地位都取得了前所未有的突破

---

① 参见中国共产党第十八届中央纪律检查委员会第三次、第五次全体会议工作报告。

和提升,民众以自身的力量实现了一种历史性的超越,成为当之无愧的反腐主力军,已经且继续会对反腐起到巨大作用,产生深远影响。在更深刻的层次上看,腐败是社会毒瘤,治理腐败是世界性的难题,全社会反腐正在成为趋势和潮流,我国反腐历史进程的复杂性与曲折性表明彻底消除腐败将是中国特色社会主义实践最艰巨的挑战和难题,而民众的积极参与及发挥有效作用则是最终破解腐败难题的可能途径和最优选择。换一个角度来看,没有民众的真正参与,反腐败不可能取得真正的成功。

四、民众参与反腐的制度化与非制度化路径

反腐最后的终结是专职的反腐机关以法律法规、党纪政纪为依据对腐败分子做出定性和处理,这意味着民众参与反腐具有间接性,需要一定的环境和制度来保障。在新的历史条件下,民众参与反腐的意愿和行动都较以往更加强烈,全社会参与反腐的时代已经到来,为了保障民众在反腐过程中发挥更大作用,也为了从根本上清除腐败,我们需要从制度和非制度两个层面来建构民众反腐的有效路径。

1. 建构民众有效参与反腐败的制度体系

从宏观上看,民众可以通过党和政府、人大、政协、司法系统等各种渠道以各种方式参与反腐,这要求各个方面都需进一步完善相关制度,从而形成制度体系来保证民众有效参与监督权力的运行,使得权力运行公开、公正、公平。而在更具体的层面来说,实名举报制度和网络反腐官方平台制度的完善和建构可以在当下使得民众参与反腐更便利、更具效率。

实名举报制度。实名举报是民众反腐最直接、最有力的渠道,但现实中民众出于种种考虑,一般不敢实名举报,这说明现有的实名举报制度存在瑕疵,不利于民众参与反腐。从操作层面来说,对实名举报制度的完善应当包括以下一些配套制度和内容:凡是民众实名举报的腐败案件必须对当事人有反馈、有回应、有处理意见;严格对实名举报者实行保护,凡是透露举报人信息的和对举报人打击报复的必须有明确的规定进行法律和行政处罚。

网络反腐官方平台制度。从民众参与反腐的现实途径来看,网络反腐迅速跃升为首要选择,建构完备、高效的网络反腐官方平台制度成为发挥民众力量、

引导民众有序反腐的重中之重。网络反腐官方平台有别于一般网络平台,以实名和实事求是作为基本原则,基本方式包括各级纪检机关建立专门举报网站和各级纪检机关与各大门户网站合作建立专门的反腐通道,后者一样具有官方性质。该制度包含以下相关内容:专门的机构和队伍、实名举报、保护举报者信息和举报内容的相关规定、对举报内容的核实与处理及回馈等流程、对属实举报的奖励制度与不实举报的惩罚制度、举报趋势的分析与应对制度等。

2. 民众参与反腐的非制度化路径

除了通过制度平台参与反腐,民众还可以通过非制度化路径参与反腐,即通过一些特定场所交流经验、分享信息、聚合线索、探讨理论,从而形成一种全社会反对腐败的强大氛围,不仅可以震慑腐败,而且可以促进反腐机关治理腐败,但显然,这些非制度化的平台不是也不能是一种自发的产物,而必须是在法律和政策许可的范围内有意识、有目的地构建和引导的结果。具体来说,以下一些途径值得尝试。

专职反腐机构网站的论坛。各级纪检机关在自己主办的反腐网站建构论坛,吸纳民众自发参与讨论、发表意见,也可以有意识举办专题活动进行深入探讨,论坛参与者可实名也可匿名,但除了遵守一般的法律法规之外,还需为自己的观点提供有力的佐证。该论坛可以发挥以下诸多功效:搜集整理腐败的信息和线索,以利于迅速查处腐败案件;感知民众对于反腐的情绪、意见和态度,尤其是把握当前腐败的最新动态和趋势;整合各方资源,对我国反腐的道路、模式和制度进行探索;使得反腐从秘密走向公开,将反腐由专职机构的任务变为全民、全社会的任务,有效形成体系反腐的新格局。

门户网站的反腐论坛。门户网站的反腐论坛的功能、作用及运行方式大致与专职反腐机构网站的论坛相似,但该平台更加开放,民众参与的门槛更低。论坛参与者除了遵守法律法规外,可以就某一问题发表自己的看法或理解,也可以就某些未经证实或暂时没有确凿证据的腐败信息发表意见或看法,甚至可以就反腐败的体制、制度、经验(国外和历史等多角度)所有问题进行讨论。

微博和微信平台。微博和微信是当前信息快速传播的重要平台,一些腐败的线索和信息往往通过这种方式披露、传播、酝酿和发酵,最终引起公众的关注从而导致查处,但微博和微信圈中也会有一些不良信息和情绪以同样的方式传播,往往造成负面影响。这就要求相关部门加强对微博和微信的引导和管理,形成一种良性的运行机制,既能让民众通过这一平台参与反腐,又不至于对社会产生负面影响。

学术机构和社团组织举办反腐论坛。这一机制的优势在于与网络反腐互相呼应,由非官方的民间机构组织社会各界参与对反腐的协商,通过面对面的交流和探讨,就反腐的一些热点与难点问题进行深入研究,形成共识。与以往一些学术会议相比,这一机制的参与者可以扩大范围,让更多的民众参与进来,使反腐研究走出象牙塔的限制,不仅可以对学术研究成果进行检视,也可以提供更多具有针对性和实效的建议。

开展针对性的廉政主题教育。这一途径就是采用一些人民群众喜闻乐见、易于接受的方式,如市民广场的文艺演出、座谈会等,把多数人民群众积极调动起来,积极参与反腐,形成一种腐败分子如过街之鼠人人喊打、惶惶不可终日的社会局面,使其不愿腐败、不敢腐败。

习近平反腐思想的逻辑体系论纲*

陈 建

摘 要：就习近平总书记提出的"四个全面"战略思想体系而言，"全面从严治党"思想令人印象深刻，是该理论体系的"领头雁"。一般人认为得出这一结论似乎只是基于十八大以来声势浩大、效果明显的反腐实践，但这只是其一，更重要的原因在于，习近平同志关于"全面从严治党"的思想已经发展为一个成熟的、完备的理论体系，或者说，正因为习近平反腐思想日臻成熟，反腐实践才有可能取得如此重大的成果。从形式上看，习近平反腐思想散见于不同讲话和文件之中，没有专门的主题著作，但就深层内涵来说，其逻辑框架合理、逻辑起点和逻辑主线清晰、内容丰富、重点突出，总体理论特征鲜明，具备一个成熟理论体系所应有的各种要素。

关键词：习近平；反腐思想；逻辑；权力；人民

近年来，权力腐败凸显为社会焦点和主要矛盾之一，成为影响中国特色社会主义事业成败的关键因素，十八大以后，以习近平同志为核心的党中央采取了声势浩大的"强力反腐"行动，取得了国内外交相赞誉的成绩。在此过程中，习近平反腐思想逐渐发展、形成为一个完备的理论体系，成为中国共产党党风建设的集大成者和标志性成果。

习近平反腐思想作为一个理论体系，其基本逻辑框架如下图所示，具体包括以下几方面内容：

---

* 基金项目：教育部人文社科研究规划项目"我国经济发达地区权力腐败的类型学研究"（15YJA810001）。

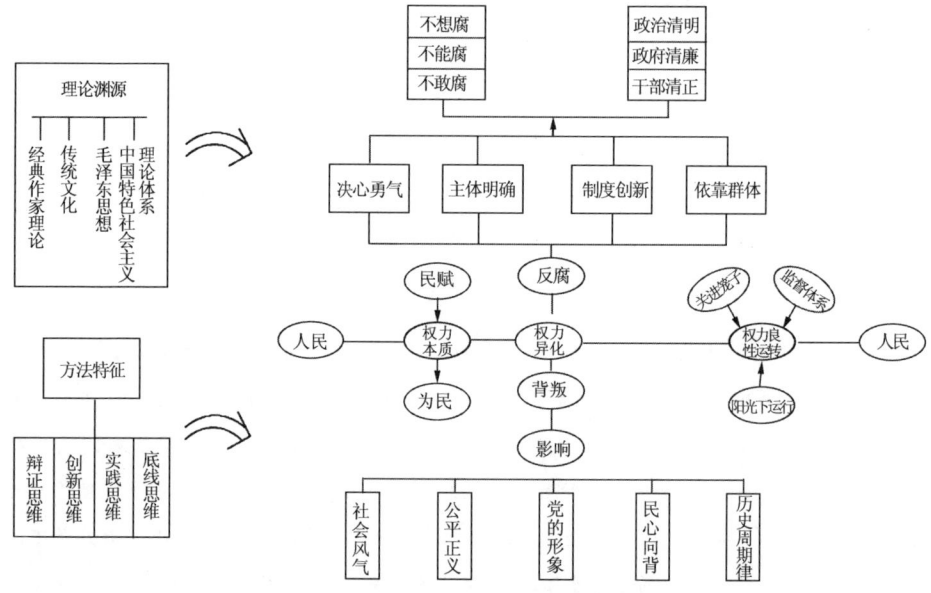

一、习近平反腐思想体系的逻辑元点——人民

一个理论体系的逻辑元点决定了其基本性质和原则,习近平反腐思想的逻辑元点(包含起点和落脚点)是人民。

1. 人民是一切权力的源头,腐败是对人民的背叛。

关于权力来源有各种各样的解释模式,如洛克的社会契约论、韦伯的权力支配论、布劳的社会关系交换理论等,马克思主义指出人民是一切权力的源泉,社会主义制度的本质是人民当家做主。也就是说,国家公职人员拥有的权力并不是私人之物,与个人天赋、能力、职业、勤勉等因素也没有必然关联,其真正的来源是人民赋予,这就决定了权力为人民所用的基本性质。对此,习近平明确指出,"大家要牢记,权力是人民赋予的,要为人民用好权"①。而腐败的实质就是权力滥用、以权谋私,就是对人民的背叛,必然招致人民的不满与愤怒。

2. 人民满意与否是权力运行的最终标准,也是反腐败的最终标准,根除腐败才能得到人民的支持,才不会政息人亡,才能跳出"历史周期律"。

---

① 《在河北调研指导党的群众路线教育实践活动时的讲话》(2013年7月11日)。

腐败是权力的异化,不仅是对人民的背叛,也会给党风和社会风气带来恶劣的负面影响,从而影响党的领导和政权的稳定。就历史经验来看,一个强大政权的覆亡多数是由自身的僵化和腐败造成的,即失败主要来自内因,外因只起辅助和次要作用。"如果管党不力、治党不严,人民群众反映强烈的党内突出问题得不到解决,那我们党迟早会失去执政资格,不可避免被历史淘汰。"①客观来说,"历史周期律"虽然是对历史的误读,但也反映了一定的规律,即一个政权如果不能有效解决自身的治理和腐败问题,就难免出现政息人亡、"霸王别姬"的悲剧。对此,习近平同志有清醒的认识,认为反腐败就是为了避免历史悲剧的重演,是中国共产党跳出"历史周期律"的不二选择,"一个政党,一个政权,其前途和命运最终取决于民心向背"②。唯有如此,我们才能跳出历史周期律,才能实现中国社会持续稳定的发展,真正实现中华民族的伟大复兴。

放眼古今中外,反腐并不是新鲜事,但十八大以后的中国反腐之所以得到世界范围内的高度赞扬和好评,根本在于人民的满意和赞同。可以说,人民满意是中国反腐的终极标准。

二、习近平反腐思想体系的逻辑主线——权力

权力是习近平反腐思想的基本范畴和逻辑主线,也是理解该思想体系的关键点,该理论认为权力有三种状态:

1. 权力的应然状态。如前所述,习近平认为权力本质上源自人民,人民将权力交给自己或直接间接选出来的代表进行国家和公共事务的管理,这就决定了权力应该为人民所用、为人民的利益服务,这是权力的本来面目。

2. 权力的异化状态,即腐败。权力的异化就是权力背离了自身应有的逻辑,即来自民众、服务民众,而是被一些人作为为自己谋取私利的工具和手段。

权力异化或腐败的原因主要在于以下几个方面:从客观原因来看,世情、国情、党情的深刻变化,尤其在改革开放过程中,计划经济体制向市场经济体制的转变催生了腐败的发生;从主观原因来看,党内脱离群众的现象确实客观存在,

---

① 《十八大以来重要文献选编》(上),北京:中央文献出版社,2014年,第349—350页。
② 《在十八届中央政治局第五次集体学习时的讲话》(2013年4月19日)。

集中表现在形式主义、官僚主义、享乐主义和奢靡之风这"四风"上,这些不良风气引发了许多腐败;从制度设计来看,一些不合理、不完善的制度设计也为腐败现象的出现提供了便利,比如"一把手"权力过大、过于集中,一些监督制度、惩处制度的缺位和空白使得腐败成本偏低等等。

权力异化或腐败会带来严重的负面影响。习近平多次指出,当前反腐败形势非常严峻,呈现出家族化、集团化、智能化、官员级别高、数额巨大、情节恶劣等新特征,"已经到了非抓不可的时候,不抓不行了"[①]。不仅如此,腐败还会导致公平正义受损、经济发展停滞、社会风气败坏、党的形象玷损,甚至会引发严重的社会动乱,最终导致政权丧失,"中国历史上因为统治集团严重腐败导致人亡政息的例子比比皆是,当今世界上由于执政党腐化堕落、严重脱离群众导致失去政权的例子也不胜枚举啊!"[②]为此,权力异化的状态必须予以纠正,腐败必须得到治理。

3. 权力的良性状态,即通过各种保障措施使得权力回归理想状态和内在逻辑,给权力运转加上约束和控制,在递次经过不敢腐、不能腐、不想腐的历史阶段后,实现干部清正、政府清廉、政治清明的最终目标。

权力的应然状态并不能自然而然实现,这是由权力特性决定的,"权力导致腐败,绝对权力导致绝对腐败"[③]。要想权力实现一种理想状态,就需要付出艰苦的努力,采取各种各样的办法和措施来保障权力良性运转。为此,习近平反腐思想从宏观上提出应从三方面来采取措施促使权力向理想目标前进:首先要让权力在阳光下运行,"权力运行不见阳光,或有选择地见阳光,公信力就无法树立"。"要坚持以公开促公正、以透明保廉洁。"[1][P720]其次要加强对权力的监督,"要健全权力运行制约和监督体系,让人民监督权力"[1][P136]。最后是以有效制度来约束权力,把权力关进制度的笼子,"权力没有关进制度的笼子里,腐败现象就控制不住"[④]。

---

① 《在十八届中央政治局第十六次集体学习时的讲话》(2014年6月30日)。
② 《在十八届中央纪律检查委员会第二次全体会议上的讲话》(2013年1月22日)。
③ [英]阿克顿著,侯健、范亚峰译:《自由与权力》,北京:商务印书馆,2001年,第286页。
④ 《在河北调研指导党的群众路线教育实践活动时的讲话》(2013年7月11、12日)。

三、习近平反腐思想的理论渊源

习近平反腐思想理论来源非常多元,大量吸收了前人的心血智慧、理论创新与实践经验。

1. 对经典作家关于公共权力本质、监督与制约论述的继承与发展

马克思认为公共权力具有公共性,来自人民,其运行过程必须接受人民的监督与制约。在《法兰西内战》一文中,根据巴黎公社公共权力运转的实际情况,马克思指出公社就是一种新的组织形式——人民群众把国家政权从压迫者手中收回,重新选举一些人来行使公共权力为自身服务,"彻底清除了国家等级制,以随时可以罢免的勤务员来代替骑在人民头上作威作福的老爷们,以真正的责任制来代替虚伪的责任制",不仅如此,这些勤务员"总是在公众监督之下进行工作的"①。恩格斯强调指出,为了防止公共权力异化,"公共权力必须由选举出来的人行使,选举者随时有权撤换被选举者,不允许这些人由此获得高收入"②。经典作家的这些思想无疑是习近平反腐思想的前提和底色。

2. 我国历史传统中治理腐败经验的启示

习近平指出:"我国古代很早就有监察、御史、弹劾、谏官等方面的制度。这些制度有不少在历代反腐倡廉中发挥了重要的作用,对我们推进反腐倡廉制度建设具有重要意义。"③实际上,习近平不仅认识到中国传统廉政经验有益于当代反腐,一些具体实践就是直接来源于传统经验。如在法律运用上,我国古代"不别亲疏,不殊贵贱,一断于法"④,"君臣上下贵贱皆从法"⑤,"刑过不避大臣,赏善不遗匹夫"⑥,"王子犯法,与民同罪"等思想和实践非常普遍。习近平则形象地提出"坚持'老虎'、'苍蝇'一起打,既要坚决查处大案要案……又要着力解决发生在群众身边的腐败问题"⑦,这种"苍蝇老虎一起打"的通俗提法与历史传

---

① 《马克思恩格斯选集》第3卷,北京:人民出版社,1995年,第96页。
② 《马克思恩格斯选集》第3卷,北京:人民出版社,1995年,第13页。
③ 《在十八届中央政治局第五次集体学习时的讲话》(2013年4月19日)。
④ 参见《史记·太史公自序》,北京:中华书局,1959年,第3251页。
⑤ 参见赵守正:《管子注译》,南宁:广西人民出版社,1982年,第55页。
⑥ 参见《韩非子》,陈秉才译注,北京:中华书局,2007年,第17页。
⑦ 《在十八届中央政治局第五次集体学习时的讲话》(2013年4月19日)。

统的契合度非常高,也更容易得到民众认可。

3. 毛泽东思想对习近平反腐思想的影响

毛泽东思想中关于反腐倡廉的思想极为丰富,尤其是关于从严治党的思想为习近平反腐思想体系提供了有益的借鉴。如面对新中国成立后最有影响的刘青山、张子善腐败案件,有人因为他们革命有功为之说情,毛泽东同志义正词严地指出:"如果我们党的干部一个个都寡廉鲜耻、贪污无度、胡作非为,而我们的国家还没有办法治理他们,那么天下一定大乱。……杀他们两个,就是救了两百个、两千个、两万个啊!""应把反贪污、反浪费、反官僚主义的斗争看作如同镇压反革命的斗争一样重要……才能解决问题。"①对此,习近平同志领会得非常透彻:"党内决不允许有不受党纪国法约束、甚至凌驾于党章和党组织之上的特殊党员。"②"如果管党不力、治党不严,纪律松弛、组织涣散,正气上不来、邪气压不住,人民群众反映强烈的党内突出问题得不到及时有效解决,那么我们党迟早会出大问题。"③

4. 中国特色社会主义理论体系与习近平反腐思想的继承与创新

改革开放以来,我国在党风廉政建设和反腐败斗争中积累了丰富的经验,深化了认识,这些都成为习近平反腐思想的重要理论渊源。如邓小平在如何反对腐败时明确指出,"还是要靠法制,搞法制靠得住些"④。在此基础上,习近平同志不仅继承了这一思想,而且进一步围绕制度反腐提出了很多新思想、新观点。比如针对如何制订制度,他指出"制度不在多,而在于精,在于务实管用,突出针对性和指导性"⑤,他直接提出要针对"一把手"进行制度建设,"要加强对一把手的制度监督,认真执行民主集中制,健全施政行为公开制度"⑥。他还担心制度不能有效执行,"我们的制度不少,可以说基本形成,但不要让它们形同虚设,成为'稻草人',形成'破窗效应'"⑦,而制度反腐最终要走向依法反腐,"加强国家

---

① 《毛泽东文选》第5卷,北京:人民出版社,1977年,第54页。
② 《十八大以来重要文献选编》(上),北京:中央文献出版社,2014年,第133页。
③ 《在十八届中央政治局第七次集体学习时的讲话》(2013年6月25日)。
④ 《邓小平文选》第3卷,北京:人民出版社,1993年,第379页。
⑤ 《在党的群众路线教育实践活动总结大会上的讲话》(2014年10月8日)。
⑥ 《十八大以来重要文献选编》(上),北京:中央文献出版社,2014年,第136页。
⑦ 《在十八届中央纪律检查委员会第三次全体会议上的讲话》(2014年1月14日)。

反腐败立法,加强反腐倡廉党内法规制度建设"①。

四、习近平反腐思想体系的主要内容

习近平反腐思想提出了很多新认识、新观点和新判断,大致可以分为以下几个方面:

1. 关于反腐形势和意义的新认识和新观点

(1) 反腐败是政治要求,关系党的形象和健康发展,关乎民心向背和党的执政地位,"大量事实告诉我们,腐败问题越演越烈,最终必然会亡党亡国!"②"坚决反对腐败,防止党在长期执政条件下腐化本质,是我们必须抓好的重大政治任务"③,"也是巩固党的执政基础和执政地位的必然要求"④,这些论述实际把反腐败置于一个前所未有的高度和地位,为后来的反腐实践定了舆论基调。(2) 腐败形势复杂严峻,"一些腐败分子贪腐胃口之大、数据之巨、时间之长、情节之恶劣,令人触目惊心!有的地方出现了'塌方式腐败'!"⑤这些判断振聋发聩。(3) 从严治党,彰显马克思主义政党的鲜明本色。"我们党是靠革命理想和铁的组织纪律组织起来的马克思主义政党,纪律严明是党的光荣传统和独特优势。"⑥"组织观念、组织程序、组织纪律都要严起来。不严起来,就是一盘散沙。"⑦如果党员干部不遵守纪律,就有可能犯错误,有可能贪污腐化,"木受绳则直,金就砺则利","党的规矩,党组织和党员、干部必须遵照执行,不能搞特殊、有例外。各级党组织要敢抓敢管,使纪律真正成为带电的高压线"⑧。

2. 关于腐败治理的关键因素的认识及实践创新

(1) 态度坚决,勇敢无畏,对腐败零容忍,常抓不懈。习近平指出当前党的作风问题和腐败问题严重,"已经到了非抓不可的地步了,不抓不行了"。而抓腐

---

① 《十八大以来重要文献选编》(上),北京:中央文献出版社,2014 年,第 136 页。
② 《十八大以来重要文献选编》(上),北京:中央文献出版社,2014 年,第 81 页。
③ 《在第十八届中央纪律检查委员会第三次全体会议上的讲话》(2014 年 1 月 14 日)。
④ 《在第十八届中央纪律检查委员会第三次全体会议上的讲话》(2014 年 1 月 14 日)。
⑤ 《在中共十八届四中全会第二次全体会议上的讲话》(2014 年 10 月 23 日)。
⑥ 《十八大以来重要文献选编》(上),北京:中央文献出版社,2014 年,第 131 页。
⑦ 《十八大以来重要文献选编》(上),北京:中央文献出版社,2014 年,第 765 页。
⑧ 《十八大以来重要文献选编》(上),北京:中央文献出版社,2014 年,第 770 页。

败也存在决心和程度的问题,必须下定决心,排除困难,开弓没有回头箭,"抓和不抓不一样。小抓大抓也大不一样,只有动真格打硬仗,才能扫除顽瘴痼疾,取得人民满意的实效"①,"坚决查处,这是兑现我们向全党全国人民的承诺"②。

(2)责任清晰,党委负主体责任,纪委负监督责任,改革纪检制度和司法制度,建构立体反腐体系。"目前的主要问题是,反腐机构职能分散、形不成合力,有的案件难以坚决查办,腐败案件频发却责任追求不够。"③因此必须明确反腐的责任,构建"党委的主体责任和纪委的监督责任"这一基本反腐制度。哪里出问题,哪里的党委和纪委就要负责任,绝不允许做太平官、扮老好人,"你在消极腐败面前当好人,在党和人民面前就当不成好人,二者不可兼得"④。从实际举措来看,以习近平同志为核心的中央推进了纪委工作体制的重大改革,构建纪委双重领导体制具体化,明确纪委和副书记由上级组织为主决定,腐败案件的查处由上级纪委为主,使得纪委的独立性和权威性得到空前加强,为强力反腐奠定了制度基础。

(3)以制度创新盘活反腐困境。在习近平反腐思想体系中,创新层出不穷,尤其是制度创新让人印象深刻。有的制度创新是根据时代需要,无中生有,具有原创性,如八项规定的制订和施行,起到了前所未有的作用;有的则是依据现实情况,归纳整合原有的一些制度,聚焦矛盾和问题,如反四风制度,其具体做法在党的历史上都有提及,但将它们整合起来鲜明提出,作为党员干部的行为准则和要求,则让人耳目一新;有的在原有基础上完善和改进,推陈出新,赋予全新时代内涵和重要使命,如巡视制度的完善和使用,充分体现了老瓶新酒分外香的功效。

(4)依赖人民、依靠人民,建立快速、便捷的监督举报平台。"要拓宽人民监督权力的渠道,公民对于任何国家机关和国家机关工作人员有提出批评和建议的权利,对于任何国家机关和国家机关工作人员的违法失职行为有向有关国家

---

① 《在十八届中央政治局第十六次集体学习时的讲话》(2014年6月30日)。
② 《在中央政治局常委会听取中央巡视工作领导小组关于二零一四年中央巡视组第二轮巡视情况汇报时的讲话》(2014年10月16日)。
③ 《十八大以来重要文献选编》(上),北京:中央文献出版社,2014年,第505页。
④ 《在第十八届中央纪律检查委员会第三次全体会议上的讲话》(2014年1月14日)。

机关提出申诉、控告或者检举的权利"①,只有"让人民监督权力,让权力在阳光下运行"②,我们才能真正取得反腐的胜利。离开了人民群众,就将失去根基、失去血脉、失去力量,我们就会一事无成。

(5)加强思想道德工作,强化理想信念教育,从主观世界预防腐败,"没有理想信念,理想信念不坚定,精神上就会'缺钙',就会得'软骨病',现实生活中,一些党员、干部出这样那样的问题,说到底是信仰迷茫、精神迷失"③。而"一个人能否廉洁自律,最大的诱惑是自己,最难战胜的敌人也是自己"④。因此,必须加强对党员和干部的思想道德教育,加强党性教育,提升自我,坚定信念。

3. 摆脱运动反腐模式,运用法治思维,建章立制,最终走向制度反腐新常态

从历史经验来看,中国传统社会的反腐模式以人治为最终落脚点,无法取得根本意义上的成功,新中国成立后的反腐以运动反腐作为主要方式,其内在的逻辑是通过权力压制来反对腐败,本质上依然属于人治反腐模式,也难以从根本上消除腐败。改革开放以后,我国的反腐模式逐渐由运动反腐模式向制度反腐模式,乃至于综合反腐模式转变⑤,取得了一定的效果,但远没有达到完善的地步。习近平在此基础上,明确提出反腐最终要依赖法治,"扬汤止沸,不如釜底抽薪","要善于用法治思维和法治方式反对腐败……让法律制度刚性运行"[1][P136]。这一观点,不仅与世界反腐主流模式一致,而且对准腐败的症结所在开出了根本性的药方。

五、习近平反腐思想体系的思维特征

习近平反腐思想作为一个完备的理论体系,它不是纯粹的思维创造之物,而是以习近平为总书记的中国共产党人在解决当下中国特色社会主义实践问题的过程中逐渐成熟发展起来的理论,具有自身鲜明的思维特征。

---

① 《在庆祝全国人民代表大会成立六十周年大会上的讲话》(2014年9月5日)。
② 《在庆祝全国人民代表大会成立六十周年大会上的讲话》(2014年9月5日)。
③ 《十八大以来重要文献选编》(上),北京:中央文献出版社,2014年,第81页。
④ 《在同中央办公厅各单位班子成员和干部职工代表座谈时的讲话》(2014年8月5日)。
⑤ 陈建:《反腐进程中民众参与的制度建构》,《江西社会科学》2015年第3期,第199页。

1. 坚持唯物史观，具有鲜明的辩证思维

唯物史观是马克思主义的哲学基础和科学方法，也是习近平反腐思想的基础和方法，也可以说，习近平反腐思想中到处都有辩证法的体现。如对于为什么要加强党的建设、大力反腐，习近平认为，"我们党始终把思想建设放在党的建设第一位，强调'革命理想高于天'，就是精神变物质、物质变精神的辩证法"。他进而指出，反腐败乃至全面从严治党，是"当前党和国家事业发展中必须解决好的主要矛盾"。"我们既要注重总体谋划，又要注重牵住'牛鼻子'。在任何工作中，我们既要讲两点论，又要讲重点论，没有主次，不加区别，眉毛胡子一把抓，是做不好工作的。"①这些论述，既是对唯物史观的坚持，更是积极的运用。

2. 不拘一格，强调突破与创新思维

突破与创新实质就是打破固有的、僵化的思维方式，是解决现实问题的根本所在。很显然，任何时代、任何地方的问题与矛盾都不可能完全一样，其解决的办法也就不可能完全一样，尤其对于一些沉疴痼疾，不突破、不创新就无法解决。在习近平反腐思想中，突破与创新成为一道亮丽的风景，给人民群众和社会留下了深刻的印象。如对于腐败官员的惩处问题，总有人强调一定的惯例，认为官员只要达到一定的级别就会另眼相看，如中央政治局委员不会重处，中央政治局常委甚至不会立案，但随着对周永康、徐才厚、令计划、苏荣等高级别官员的惩处，这种所谓的惯例立即烟消云散，用事实证明在法律面前人人平等，而这种突破与创新也使得人民对于反腐的信心更加坚定。

3. 立足实际，不尚空谈，追求效果的实践思维

习近平反腐思想有效处理了"说"与"做"的关系：说了就一定认真做，有的不说也要做。如在"八项规定"制定之初，有人认为这恐怕也是做做表面文章，过一段时间就会弱化、难以真正执行，随后也就会慢慢被人淡忘。但此后党和政府相继出台了一系列制度与措施，如《关于严禁元旦春节期间公款购买赠送烟花爆竹等年货节礼的通知》《关于严禁公款购买印制寄送贺年卡等物品的通知》《关于落实中央八项规定精神坚决刹住中秋国庆期间公款送礼等不正之风的通知》等一系列非常具体的配套文件，从一点一滴的小事做起，坚决查处违反规定人员，铁

---

① 《在中共中央政治局第二十次集体学习时的讲话》(2015年1月23日)。

面无私落实"八项规定"。仅 2014 年一年,相关部门就查处 5.3 万起违规案件,在全国范围内迅速刹住了以往最为广大人民群众诟病的吃喝风、送礼风等不正之风,使得社会风清气正,彻底变了个样。

4. 立场鲜明,维护人民群众切身利益的底线思维

人民是习近平反腐思想的出发点和落脚点,人民利益成为不可逾越的底线,这也成为习近平反腐思想体系的鲜明特征。从习近平同志的系列重要讲话中,我们可以清晰地感受他对于人民利益的重视,他多次指出党和政府一定要聚焦人民谋利益,更多地为人民排忧解难,确保人民在上学、就业、看病、养老等方面无后顾之忧。与之相反,对群众反映强烈的突出问题,要毫不犹豫地通过明确责任、完善制度、落实到人等方式,迅捷、高效地加以解决,对损害群众权益的失职渎职和违纪违法行为,必须坚决查处,毫不姑息。可以说。在习近平反腐思想中,一个最鲜明的表达就是一切围绕人民,一切服务于人民。

六、习近平反腐思想的理论价值与历史地位

从中华民族发展的历史进程来看,当独立、富强两大目标基本实现后,国家与社会治理现代化悄然成为新的目标和追求,其中反腐败与党风廉政建设无疑是核心主题,习近平反腐思想恰是对这一新的历史目标的理论回应。或许有人认为反腐只是当下社会实践中诸多问题之一,不足以成为统领社会发展的主旋律,但必须指出,腐败高发已经成为近二十年来最引人注目的焦点问题,不解决腐败问题、不建立一支高效廉洁的党员干部队伍,中国特色社会主义不仅难以继续深入发展,还有倒退甚至失败的可能,习近平反腐思想正是历史发展到紧要关头的必然产物,无疑具有重要的历史价值和历史地位。

1. 马克思主义理论的当代运用

习近平反腐思想以人民利益作为基本出发点,运用辩证思维,直面中国社会的腐败问题,以大无畏的勇气和决心,不断进行理论创新和实践创新,紧紧扭住制度建设的牛鼻子,以法治反腐作为最终指向,不仅一举解决了人民群众反映强烈的腐败问题,回应了社会的关切,而且为此后国家与社会治理现代化奠定了良好的社会风气基础、制度基础、干部队伍基础。在此意义上,完全可以说,习近平反腐思想正是马克思主义理论的鲜活运用与中国范围内的深刻实践。

2. 中国特色社会主义理论体系的有机组成部分，马克思主义中国化的最新成果

理论的发展创新从来不是人们头脑中自动推演的产物，重大理论成果的诞生更具有深刻的实践基础和现实要求，习近平反腐思想也不例外。无论从中国共产党自身建设和党的执政地位稳固、中国特色社会主义实践的前途和命运的角度，还是从中国社会治理现代化、中华民族的伟大复兴、中国梦的实现等角度来看，以习近平同志为核心的党中央发起的这场声势浩大的"反腐"运动都必将留下浓墨重彩的历史痕迹，与此相伴逐步发展成熟的习近平反腐思想乃至其升级版——"四个全面"战略思想无疑都是马克思主义中国化的最新理论成果，是中国特色社会主义社会主义理论体系的有机构成和组成部分，这一点不仅无须怀疑，而且也必将为历史所证明。

政府规制、寻租与政府信用的缺失

孙亚忠

摘　要：为了纠正市场失灵,实现公共利益,政府必须在自然垄断、人为垄断、存在外部性等领域实施规制政策。但是,在实际经济生活中,基于各种特殊利益的政府规制,会引起众多社会交易成本极高的负和博弈——寻租,源于各种特殊利益的政府规制,是政府寻租、创租、抽租的内生性基础。而政府寻租、创租、抽租所导致公共权力的扭曲和公共权力委托代理运行机制的失灵,极大地增加了社会交易成本,最终将导致政府信用的缺失。

关键词：政府规制;特殊利益;租金;公共权力;政府信用

传统的西方经济学认为,为了纠正市场失灵,实现公共利益,政府在自然垄断、人为垄断以及存在外部性的领域实施规制政策。从20世纪70年代开始,西方一些经济学家如施蒂格勒、佩尔特兹曼认为,政府规制是部门利益或特殊利益集团的需要。笔者认为,西方国家的政府规制,有时是为了公共利益,有时是为了特殊利益集团和产业集团的利益,有时是为了政府自身的特殊利益,或者上述三方面兼而有之。而源于各种特殊利益的政府规制,成为政府寻租的内生性基础,并最终导致公共权力的异化和政府的失信。

一、政府规制与特殊利益

西方正统的经济学把政府规制与市场失灵联系起来。他们认为,如果对市场放任自流,就会产生低效率、不公正等市场失灵现象,而市场失灵会导致资源的误配置;政府规制是对市场失灵的回应,是为了防止发生无效率的资源配置和确保社会公平,是政府在市场失灵领域的直接干预行为。也就是说,政府规制是从保障公共利益出发的,是以纠正市场失灵、维护社会秩序和社会稳定为目的的。政府规制是政府对公共需要的反应,政府完全可以代表公众对市场做一种理性的计算,使政府规制过程符合帕累托最优原则。因此,政府规制是针对微观经济主体的行为而制定和实施公共政策的过程,是从公共利益出发制定和实施规制的过程,目的是限制被规制者滥用权力、垄断价格等行为。政府制定和实施规制政策的领域主要有:自然垄断领域、人为垄断领域、存在外部性的领域等。

  从20世纪70年代初开始,施蒂格勒、政府管制俘虏理论、公共选择理论等,对政府管制公共利益理论提出了挑战。他们认为,从政府规制的实际情况看,各种利益集团都会对政府规制产生或多或少的影响。尽管政府规制机构的权限和制度安排等约束机制,会影响各种利益集团对政府规制的作用方式,但是,政府规制机构的权限实际上是相当模糊的,规制者有相当大的自由裁定权,这就为各种利益集团的游说活动提供了机会。一般来说,某一个利益集团的组织性越强,与政府规制者的联系越密切,政府规制者越容易接受其意见。政府规制者在制定规制政策时,对不同利益集团有不同的权重,政府规制者一般偏袒组织性较强的利益集团,让他们通过优惠的规制政策取得额外的利益,以获取他们政治上的支持和某些物质利益。此外,政府规制者常常牺牲对规制政策反应较弱的大利益集团的利益,偏袒那些对优惠的规制政策具有敏锐反应的小利益集团的利益。这是由于某个成员为本利益集团的利益所做的努力会使利益集团内所有成员得益,而成本则由个人来承担,这种"搭便车效应"所产生的成本与收益不对称状况,会抑制大利益集团成员为利益集团的利益去努力。而在小利益集团中,每个成员的努力对整个利益集团的影响较大,而其成本与收益的不对称性较小,从而"搭便车效应"较小。因此,在政府规制中,小的利益集团反而处于强势地位。[①]施蒂格勒认为,政府规制作为一种制度,是产业所需并为其利益服务而设计和实施的。也就是说,政府规制通常是产业自己争取来的,政府规制的设计和实施主要是为受规制产业的利益服务的。政府规制作为一种特殊的商品,是经济系统的一个内生变量,是供(政府)求(工商企业或消费者)双方相互作用的结果,可以从观察政府规制供求条件的变化中了解到规制政策究竟是为谁服务的,谁是政府规制的受益者或受害者,政府规制采取什么形式以及政府规制对资源分配的影响。既然政府规制是一种特殊的商品,就不能免费获得。一般来说,紧密的利

---

① 王俊豪、鲁桐、王永利:《西方国家的政府规制俘虏理论及其评价》,《世界经济》1998年第4期。

益集团最有可能成为对政府规制的成功的"出价人"。对于工商企业或消费者来说,他们"出价购买"政府规制,实际上是试图谋求政府的强制力。① 施蒂格勒提出,一个利益集团或一个产业试图谋取的国家强制力有:(1)政府对特定产业的直接的货币补贴和税收优惠;(2)政府通过颁发经营许可证、控制许可证数量、保护关税等手段限制潜在竞争对手的进入;(3)政府对那些能够影响它的互补商品和替代商品生产的控制;(4)政府对价格的规制。那些有能力购买政府规制的人,就把政府的上述强制力作为一种资源来使用,政府规制从而成为特定利益集团的一种利润来源。

在决定政府规制的过程中,特殊利益集团有着极其强烈的利益动机和较低的需求显示成本,社会公众谋求政府规制的利益动机较弱而需求显示的成本很高。所以,为特殊利益集团服务的政府规制,比为公共利益服务的政府规制更容易被生产出来。特殊利益集团既有谋求国家强制力的强烈需求,同时利益又是一致的,能在决定政府规制的政治过程中采取协调一致的联合行动,所以其对政府规制需求的显示成本是低的。但是,社会公众能从政府规制政策分享到的社会福利增长,是微乎其微的;同时,众多的、分散的个人要在促成政府实施为公众服务的规制政策中采取联合行动是极其困难的,即使能采取联合行动,其成本会大大高于特殊利益集团的行动成本,甚至其成本会远远超过能从政府规制中获得的收益。这样,公众就会倾向于个别地、分散地参与到寻求政府规制的过程中,以至于他们的共同偏好不能得到集中的表达。②

政府规制作为一种特殊的公共产品,是由政府供给的,它主要取决于政府对规制供给的认识和条件。政府对规制供给的认识,有可能来源于长期的积累,也可能由某一重大的突发事件引起的,更为一般的是来源于政府对规制供给的理性认识和分析,如对自然垄断的经济学分析。当政府对规制供给的认识达到一定的深度后,才会产生供给规制的内在动力。但政府最后能否提供某种已被认知的规制供给,还要取决于政府供给这种规制的条件。政府管制俘虏理论认为,政府供给规制也有其作为经济人的动机,政府作为经济人也会追求私利。具体

---

① 施蒂格勒:《产业组织与政府管制》,上海:三联书店、上海人民出版社,1962年,第12—15页。
② 华民:《西方混合经济体制研究》,上海:复旦大学出版社,1995年,第265—266页。

地说,政府规制者追求的直接目标是收入或效用最大化,政府能理性地选择可使其效用最大化的行动;政府规制者追求的间接目标是利用其基本资源——权力来获取金钱和非金钱的利益。政府规制者会运用多种手段,与被规制者或特殊利益集团分享垄断利润或收益。政府规制者既然成为垄断利润或收益的受益者,就会被被管制者或特殊利益集团所"俘虏",反过来为被管制者或特殊利益集团的利益服务。①

综上所述,政府规制作为一种特殊的商品,是具有不同供求条件和背景的利益集团博弈的结果。西方国家的政府规制有时是为了公共利益,有时是为了特殊利益集团和产业集团的利益,有时是为了政府自身的特殊利益,或者上述三方面兼而有之。源于各种特殊利益的政府规制,成为政府寻租的内生性基础。

二、政府规制与寻租、创租、抽租

政府规制与寻租之间存在内在的、密切的联系。第一,两者的根源相似。政府规制与寻租都源于政府对社会经济的干预,没有政府的干预就不可能有规制和寻租。第二,政府规制过程与寻租过程往往是相互交织在一起的。从某种角度上讲,政府规制的过程就是寻租的过程。第三,政府规制的结果与寻租的结果相似。尽管政府规制能在一定程度上防止发生无效率的资源配置和确保社会公平,但许多政府规制是低效或是无效的,某些政府规制的目的是减少市场失灵,结果却加剧了市场失灵。寻租人可以从寻租过程中获取一定的经济利益,但寻租的最终结果不是社会剩余的增加而是社会资源的浪费。第四,一个社会政府规制的范围越广,寻租的空间就越大。②

分析政府规制与寻租的关系一般是从传统的垄断理论开始的。丹尼斯·C.缪勒认为,政府规制的传统经济学原理把被规制产业看作一种长期平均成本下降的自然垄断产业。经典的桥梁例子是自然垄断的一个极致案例。假定某条河上只需要一座桥,而且这座桥一旦建好以后,允许更多的车辆通过的边际成本为零(拥挤的情况除外),但是,如果一家私人企业经营这座桥,它会把价格定在使

---

① 王俊豪:《政府规制经济学导论》,北京:商务印书馆,2001年,第12—14、61—63页。
② 卢现祥:《寻租经济学导论》,北京:中国财政经济出版社,2000年,第58—59、138—139页。

收益最大化的水平上,结果这座桥没有得到充分利用,因而对社会而言是无效率的。只有在只需一家企业就可以提供一个产业的全部产量的意义上,长期平均成本不断下降的产业才是自然垄断产业。这种产业之所以需要政府规制,就是为了防止某家企业利用它的垄断地位谋取垄断利润,帮助消费者获得更多的消费者剩余。① 在政府规制下,市场竞争已失去了作用,谁获得了特许经营权,谁就能获得垄断地位并取得稳定的、丰厚的利润;政府规制者确定的价格越高,归企业的垄断租金就越大。这样企业就会把大量的精力和财力用在争取获得垄断地位和制定垄断价格上,因而政府实施规制的过程就是寻租产生的过程,是消费者剩余转变为生产者剩余的过程。

政府规制的最大受害者是消费者,当消费者对规制带来的高价低质服务等负效用忍无可忍的时候,政府不得不取消或减少规制,此时,寻租也随之衰减,从而会引起既得利益集团的抵制,因此政府取消或减少规制的最大障碍是被规制企业或产业。这里需要指出的是,政府并不是无偿提供规制保护的。西方国家执政党在筹集维护自身运行、组织发展和竞选连任的费用时,最容易的办法是支持财力雄厚的利益集团成为其代言人,从而分享由规制产生的租金。总之,政府规制过程往往伴随着政府和被规制企业的寻租活动。政府对经济的规制程度与租金的多少,进而与寻租活动的活跃程度及规模之间存在着某种类似于拉弗曲线的非线性关系。②

政府规制提供了寻租的条件——存在限制市场进入或市场竞争的制度或政策,而人的"经济人"本性促使寻租活动产生和发展。公共选择理论学派认为,社会中的每个人都努力追求自身利益的最大化,一方面,任何个人的行为动机都是利己的,时刻关心的是他的个人利益;另一方面,人在行动上又是理性的,能够最充分地利用他所能得到的关于他所处环境的信息来实现自身利益的最大化。政府是由人构成的,政治家和官僚的行为同经济学家研究的其他人的行为没有任何不同。"对处在代表国家行事地位上的人,如果要适当地设计出能制约赋予他们的权力和他们在那些权力范围中的行为的法律—宪法条款,我们就一定要把

---

① 丹尼斯·C.缪勒:《公共选择理论》,北京:中国社会科学出版社,1999年,第288—289页。
② 贺卫:《寻租经济学》,北京:中国发展出版社,1999年,第127页。

他们看作以他们自己的权利最大限度地在追逐纯财富的人。"[①]规制政策的制定者都是有理性的、自私的经济人,他们就像在经济市场上一样在政治市场上追求着他们自己的最大利益。选民也是有理性的、自私的经济人,他们的行为也是以个人的成本—收益计算为基础的,因而选民对特殊利益集团的制约作用是有限的。在上述情况下,政府成为代表特殊利益集团的规制政策制定者,寻租就因此而生。此外,政府规模与寻租规模之间也存在着一种相互促进的关系,尽管不能肯定地说政府规模大,寻租规模也大,但政府规模的扩大为寻租提供了可能性和条件。而寻租规模的扩大反过来又促进了政府规模的扩大。因为寻租活动与政府的行政性垄断、规制、授权等行为密切相关。

麦克切斯内认为,在政府规制中,政治家和政府官员并不仅仅是财富再分配的经纪人,他们也有自己的需求。政治家和政府官员为了满足自己的需求,常常采用创租和抽租的手段来从事寻租活动。具体地说,政治家和政府官员为了获得选票、捐款和其他形式的报酬,先是积极地利用行政干预手段来增加私人或利益集团的利润,人为地创造租金,并诱使私人或利益集团向他们"进贡"作为获得这种租金的条件;然后通过政治敲诈的方式向私人或利益集团进行抽租。所谓抽创,是指政府官员故意提出某项会使私人或利益集团的现有私人租金受损的规制政策作为威胁,私人或利益集团被迫割舍一部分私人租金给政府官员,以求政府官员高抬贵手,放弃制定和实施该项规制政策。当政府对某个产业实施规制时,边际(边缘)以下厂商的租金会有净增加,政府规制对他们来说就是有好处的,因而他们愿意通过向政治家和政府官员支付报酬来寻求规制。如果给特有资产提供报酬的现有私人租金比政府规制所创造的租金更大,即政府规制是对生产者剩余的剥夺,那么这部分厂商就会强烈反对政府实施规制,他们为了让政府不对该产业实行规制,将会按超过政府创租所能获得的报酬水平来付给政府报酬。抽租是通过向厂商提出降低价格威胁和增加成本威胁进行的。在没有政府规制的情况下,某产业的市场供求状况决定的市场价格,远远高于生产企业包含正常利润的生产成本,因而存在着较大的生产者剩余,即租金。此时,政治家和政府官员可运用降低市场价格或增加生产成本的经济规制政策进行威胁,在

---

① 布坎南:《自由、市场和国家》,北京:北京经济学院出版社,1988年,第38—39页。

这种情况下,获得租金的厂商与其遭受资本存量贬值损失和生产者剩余的净损失,还不如给政治家和政府官员一笔报酬来阻止这种价格降低和成本增加的经济规制政策。① 政府创租和抽租的过程表明政府官员与寻租者在规制过程中存在着一种共享租金的合作性博弈关系,这种合作博弈关系的形成及维持主要取决于政府官员和寻租者之间初始关系的状态以及利益均衡点的形成。政府官员与寻租者在规制过程中形成的合作性博弈,对政府现有规制政策的延续性有很大作用,使得政府调整现有规制政策的阻力和难度很大。②

三、寻租、创租和抽租与政府失信

西方国家基于各种特殊利益的政府规制,使各种寻租、创租、抽租活动遍及社会经济生活的各个方面,最终导致政府信用的缺失。

首先,政府规制导致的寻租、创租、抽租使公共权力发生扭曲和异化,会动摇西方国家政府信用的基础。从政治学的逻辑渊源上看,政府信用的观点主要来自社会契约论思想。近代社会契约论的思想主要在"自然状态"的假设前提下,解决公共权力的起源问题,也即政府的起源问题。洛克认为,为了保障每个人的天赋权利,人们需要一个凌驾于个体之上又体现个体意志的公共权威,来裁决和调整人与人之间的利益冲突。于是人们就转让了自己的一部分权利,通过个体间的契约建立一个公共权力来保护自己的天赋权利。这是社会契约论中契约的第一层含义。这个契约的达成有赖于人与人之间的信任和人们对即将出现的公共权力的美好预期。这样建立起来的公共权力即政府是为了保障人们的自然权利,它产生的依据就在于它与人们之间签订的一个契约。这是社会契约论中契约的第二层含义。这个契约的缔结是以人们对公共权力的信任为前提的,当政府把人们转让的权利转变为公共权力时,就向人们许下了保护社会成员的生命、自由和财产的诺言,而且"除了保护社会成员的生命、自由和财产以外,就不能再有别的目的或尺度",一旦政府不能履行自己的诺言或公共权力的行使偏离了当初缔约时的目标,人们就有权废除它并建立新的政府,因为政府的权力"起源于

---

① 方福前:《公共选择理论——政治的经济学》,北京:人民出版社,2000年,第124—130页。
② 卢现祥:《寻租经济学导论》,北京:中国财政经济出版社,2000年,第58—59、138—139页。

契约和协议,以及构成社会的人们的同意"①。由此可见,从发生学意义上来说,政府是人们之间、人们与政府之间缔约的产物,信用是契约的派生价值,没有信用,契约也就失去了实际的意义;政府没有信用,政府就没有了价值支撑,它的存在也就失去了意义。所以,政府信用是政府的内在规定性之一。政府作为一个特殊的社会行为主体,主要依靠手中的公共权力对违约行为进行惩罚,对失信行为进行纠正,从而保证社会契约的履行和社会信用的实现。而政府规制导致的寻租、创租和抽租活动,使政府行使的公共权力发生异化,政府在制定一些规制政策时不惜以扭曲和牺牲公共利益为代价来满足特殊利益集团的需要,从而损害政府的合法性基础。

其次,政府规制导致的寻租、创租、抽租使公共权力委托代理运行机制失灵。最初,委托—代理问题主要是由企业所有权与经营权分离所引起的,但人们不久就发现,委托—代理关系存在于一切组织之中。在政治生活中,普遍存在着委托人与代理人的合同或协议关系,根据合同条款,代理人代表委托人完成各种任务,而委托人同意为此以一种双方均接受的方式付给代理人报酬。现代民主国家的公民,用手中的选票把社会公共事务委托给值得信赖的政府及其官僚组织,政府作为受选民委托的代理人,根据选民的授权采取行动完成选民委托的公共事务。政府规制导致的寻租、创租、抽租,或者表明由代理人组成的政府是有理性的,都追求自身利益的最大化;或者表明政府可能只代表极小一部分委托人的利益,即只代表、维护社会中一小撮利益集团的利益,从而与全体选民及整个国家的利益背道而驰。因此,政府规制导致的寻租、创租、抽租,必然导致代理人与委托人之间的利益发生冲突,委托人的利益的不能实现,从而使政府失信于民。政府规制导致的寻租、创租、抽租,要求我们必须正视"选民委托—政府代理"中经常发生的"内部人控制"现象和"道德风险"问题。选民与政府之间的委托—代理关系是多层次的。政府接受全体选民委托代理公共权力是第一层次,在这一层次,作为选民的个人,对全体选民委托代理的公共权力运作,没有监督的积极性。根据曼库尔·奥尔森的集团理论,由于成本的极其高昂和每个公民的"搭便车"行为,在人数如此众多的全体选民中通过选择性刺激手段来组织共同的监督

---

① 洛克:《政府论》(下),北京:商务印书馆,1964年,第105页。

行动,是极其困难和很难成功的,不可能形成对政府的有效监督约束机制。也就是说,在全体选民与政府之间第一层次委托—代理运行机制,就存在失灵的潜在性。而受选民委托的政府,其公共权力也要通过有关职能部门和官僚来具体执行的,这就形成了公共权力的多层委托—代理运行。由于公共权力委托—代理关系的链条变长和复杂化,全体选民对公共权力运行的监督就更加困难,再加上政府的自我道德约束不力,政府在自利心与理性的驱使下,必然会偏离公共利益目标行动,从而使公共权力委托代理运行机制失灵。[1]

最后,政府规制导致的寻租、创租、抽租,大大增加了交易成本。从交易和交易成本出发,对政府规制提出了三个层面的要求:一是从政府自身来讲,由于存在着管理的交易(上下级之间的管理关系)和限额的交易(包括政府在内的上级对下级的交易),在政府内部管理中也是存在着交易成本,这种交易成本主要源于韦伯所说的"官僚制"中的拖沓、层级不合理、内部管理无民主、机构臃肿和效率低下等制度的负面效应。从规范行政的角度出发,政府应该提高行政效率和服务水平,降低行政过程的运行成本。二是从政府和社会的关系出发,政府作为一个不同于市场的特殊的制度安排,通过界定和明晰产权可以降低社会经济生活中的交易成本。在界定和明晰产权的过程中,政府可以采取不同的手段和措施,其中之一就是调控经济和界定产权的公共规制政策。从这个角度来看,公共规制政策不能朝令夕改,只有稳定的公共规制政策环境才能产生一个稳定的社会产权结构,稳定的产权结构不仅能产生对经济主体的正向刺激作用,而且能使经济主体对未来形成比较合理的预期,这些都能达到降低社会交易成本、促进经济持续增长、提高国民福利的目标。三是从政府作为与企业、非营利组织平等的市场主体而言,政府规制应有利于建立各种交易的最优管理结构,特别是物品和服务的生产与交换的最佳组织模式。当公共物品和公共服务提供者行为的不确定性低、所需物品和服务的数量及质量易于衡量、潜在的供应商数量多时,应该将公共物品和公共服务承包出去。这时的政府是发包方,而其他社会组织是承包方。在政府对承包方的态度上,政府应该转变角色,不能凭借公共权力违背市场主体的平等原则,做有损公共利益的事情,损害他方的正当利益。

---

[1] 仲伟周:《公共权力委托代理运行的扭曲与管制》,《当代经济科学》1999年第2期。

西方国家政府规制导致的寻租、创租和抽租,是社会交易成本极高的负和博弈。第一,导致政府规模的不断扩张。第二次世界大战后,西方国家政府规制的强化以及寻租的普遍存在,应该是其政府规模不断扩张的内在因素之一,而政府规模的过度扩张导致了政府职能的分散和难以协调,引起政府效率的低下;会抑制市场和社会的发展,最终会滞缓社会经济的发展。第二,试图通过各种非生产方式来改变产权的分配,使社会的产权结构处于一种变动中,造成产权关系的混乱,妨碍了市场机制的有效运作。第三,孕育了"特权型商人"和"商人型政客",严重削弱市场运行的基本条件:平等竞争。"特权型商人"的成功引导更多的社会资源转向寻租,使更多的人背离公平竞争的市场准则;"商人型政客"降低了政府的道德水准,使社会公众失去了对政府的信任。总之,政府规制导致的寻租、创租和抽租,具有巨大的负外部效应,极大地提高了社会交易成本,使大量社会资源在非生产性领域被浪费掉了,减少了国民的社会福利,严重制约和延缓了一国的社会经济发展。所以,消除基于特殊利益的政府规制,从根本上减少各种寻租、创租和抽租行为,是降低社会交易成本的关键。

论我国政府职能界阈和结构的调整及优化

孙亚忠

摘　要：要从根本上解决我国政府职能存在的越位、缺位、错位问题,首先必须在明确我国政府职能界阈的基础上,把政府职能限定在实现公共利益的范围内,限定在市场需要和实现社会公平的范围内,实现政府职能与政府能力的匹配。其次,必须根据我国政府职能分散、符合市场经济发展和构建和谐社会需要的政府职能供给不足的实际,重新构造和优化政府职能的结构,主要的方向是:弱化政府的政治职能,强化政府的经济职能、社会职能、文化职能;弱化政府的经济职能,强化政府的社会职能、文化职能;优化政府职能的内结构,实现政府各职能机构的协同运作、相互配合。

关键词：市场经济;政府职能界阈;政府职能结构;调整;优化

毋庸置疑,改革开放以来,我国政府职能转变取得了一定进展,积累了不少经验。但是,由于政府理念、历史条件、宏观环境等的限制,我国政府职能存在的诸多问题仍然没有得到根本性解决,它们与市场经济发展的矛盾日益突出,也远不能适应构建和谐社会的需要。政府管了许多不该由政府办的事情,侵蚀了市场、企业、社会和公民个人的权力;该由政府管的事情,如公共产品提供、市场监管、环境保护,政府管理却严重不足;该由政府管的事情却交给市场、社会和企业去管;该由市场、社会和企业去管的事情,政府抢着去做,导致政府与民争利。这种政府职能的越位、缺位和错位,必须通过调整政府职能界阈和优化政府职能结构来解决。

一、政府职能的越位与政府职能界阈的调整

解决政府职能的越位问题,必须根据市场经济发展的要求和构建和谐社会的需要,全面、彻底地调整政府职能的界阈,把政府职能限定在实现公共利益的

范围内,限定在市场需要和实现社会公平的范围内,实现政府职能与政府能力的匹配。

1. 把政府职能限定在实现公共利益的范围内。政府作为国家的外在表现形式,是专门从事社会公共事务管理的机构,应当看到,政府仅仅是一种法理上的共同体形式,不能超越统治阶级利益和意志。社会主义国家的政府尽管与人民利益在根本上是一致的,但是,现行的政府管理体制远不能适应市场经济发展的要求,政府作为公共利益的代表者、利益冲突的调节者、社会秩序供给者和维护者的地位和作用,还远远没有到位,这已经成为我国社会规范、高效运行的一大障碍。

目前,我国政府职能存在着一些背离公共利益的倾向和环节,主要表现在以下几方面:第一,本位利益高于或优于公共利益,缺乏政府自律的利益机制。一些政府部门在制定规划、方案和法规时,或在处理部门利益和公共利益的矛盾时,往往受到本部门或所管辖的行业利益的局限,对国家利益、公众利益考虑不够,甚至做出违背这些利益和法定程序的政府决策。第二,公共投入的优先顺序,呈现出一种颠倒的状况。目前,我国政府支出中经济建设支出占30%左右,而直接关乎基本民生,最符合公共利益的头等大事,如社会保障、扶贫解困、义务教育等方面的公共投入严重不足。以扶贫解困为例,2002年是公认的对城市贫困群体援助力度最大的年份,有809万户、2053.6万人的城镇居民直接受益,进入了城市最低生活保障的范围。即便如此,实际上的政府支出也只有112.6亿元。① 相比之下,政府行政管理支出却急剧增长。2004年全国的公务用车费用超出3000亿元,公款吃喝花费2000亿元,公款出国花费2000亿元。从1995—2003年的8年间,社会文教支出上升不到1个百分点,而行政经费增长了21.4%,上升了4.4个百分点。②

我国政府职能存在着的一些背离公共利益的倾向和环节,主要是由于在我国新旧体制交替、转轨时期,政府外在的制衡机制残缺不全,政府内在自律机制难以有效运作,政府利益被任意扩张和放大。而政府利益超越了公共利益,政府

---

① 吴忠民:《应当高度重视公共投入的优先顺序》,《南方周末》2003年11月16日。
② 张曙光:《中国经济失衡:政府富老百姓穷》,《中宏数据库》第117期。

利益就会成为改革与发展的障碍。因此,政府及其人员利益应该容纳在公共利益之内,政府的职能要限定在实现公共利益的范围内。而要把政府职能限定在实现公共利益的范围内,关键是要正确认识政府利益,正确处理政府利益与公共利益的关系,矫正政府利益对于公共利益的偏离。

政府利益主要是指政府本身的权益。政府拥有丰富的政治资源,政府权力可以提升为经济资源配置权。现代市场经济需要政府干预市场运作,弥补市场缺陷,更有效地配置资源。就此意义而言,政府利益是政府作为的动力和前提。市场经济的发展要求承认每一个社会成员和组织的合法利益,并且鼓励他们为自己的合法利益而竞争,只不过社会制度应当和要求形成这样的机制:利益主体的利益追求过程同时也是社会公共利益的实现过程;而一旦损害社会公共利益,自己利益也会受损害。在市场经济中,政府利益并不等同于公共利益,只不过政府利益与其他利益主体相比,与公共利益的关系更加密切和规范要求更加严格。政府要超脱于社会具体利益之上,才能公正成功地扮演好应有的角色。当然,这里指脱离于当事人的利益,并不是否认政府本身利益。政府也是经济人,有其自身的利益追求,只不过中国的社会制度和社会性质,要求政府利益与公共利益保持同一方向。按照体现公共利益的原则,调整政府职能的界阈,对于实现中国社会的安全运行,有着极其重要的意义。要把政府的职能限定在实现公共利益的范围内,还必须正确界定公共利益,明确公共利益的内涵和特征。政府在界定公共利益时,要充分体现公共利益的公共性、合理性、正当性和公平性。① 首先,较私人利益而言,公共利益首先是一种公众利益,受益主体具有普遍性或不特定性;同时这种利益的实现主要依赖以政府为代表的公共选择机制。其次,要对局部公共利益与整体公共利益、短期公共利益与长期公共利益加以权衡;对可能减损的私人利益与可能增长的公共利益加以权衡;对实现公共利益的不同方式加以权衡。通过这些权衡,最大限度地避免因小失大。再次,公共利益事关广泛的公众利益,政府应当广泛听取、充分尊重公众意见,保证公共利益界定基于广泛的民意之上。最后,如果公共利益的实现要减损少数人的私人利益,则必须给予必要的公平补偿和合理补偿。

---

① 袁曙宏:《公共利益如何界定》,《民主与法制周刊》2004年8月11日。

2. 把政府职能限定在市场需要的范围内。一般来说,市场涉及的范围越广,需要由政府解决的问题就越少。在我国传统计划经济体制下,政府成为调控社会经济的唯一主体,而社会组织及其成员没有机会为政府分担责任,这就使得政府穷于应付大大小小的社会经济问题,政府职能范围极其广泛。随着我国市场化改革的发展,市场机制越来越介入社会经济的调控过程,政府的职能范围开始缩减。一般来说,在市场经济条件下,市场机制在资源配置中起基础性作用,政府对资源配置只起辅助性作用,政府只有在必须和必要的情况下进行适当干预,而且,政府职能的行使,尤其是政府经济职能的行使,必须以不破坏市场机制的正常运行为前提,任何与市场机制相冲突的政府行为都应避免。

我国市场对政府职能的需要来自两个方面。一是来自弥补市场缺陷或校正市场失灵的功能。市场不是万能的,凯恩斯认为,由于市场存在很大的失效,政府应该是社会秩序的积极干预者,其经济职能应当是全面的,既要积极保护市场成功,又要积极干预市场失败。曾是个不折不扣的自由主义者的弗里德曼也认为:"自由市场的存在当然并不排除对政府的需要。相反的,政府的必要性在于:它是竞赛规则的制定者,又是解释和强制执行这些已被决定的规则的裁判者。"①在他看来,政府的这种职责实际上是在从事一些市场本身不能从事、失去效力的事情,或者相对来说,市场缺乏效率的事情。二是来自建立和完善市场经济的基础性条件。因为,市场竞争与价格机制发挥有效的调控功能,需要一定的制度基础和框架条件。现在有一种倾向,把我国不成熟、不完善市场经济条件下的政府职能范围,与西方成熟市场经济条件下的政府职能范围混为一谈,完全按照当代西方发达国家的政府职能范围来构造我国的政府职能范围。这种超越不同发展阶段的做法会造成经济生活的紊乱,妨碍我国市场经济体制的完善。其实,与当代西方国家政府的职能主要是调节市场和维护市场秩序不同的是,我国政府在市场经济形成过程中应主要承担组织市场和建立市场秩序的职能,为市场制度的正常运转创造一系列基础条件。一般来讲,我国政府要组织市场和建立市场秩序,首先要建立由各种制度所支持的社会

---

① [美]米尔顿·弗里德曼:《资本主义与自由》,北京:商务印书馆,1988年,第16页。

秩序基础,包括保障经济自由和宏观经济稳定的制度安排、产权的保障、经济交易规则的建立和维持等。这些制度性的社会秩序对于市场来说,犹如空气对人类一样重要。

市场经济基础性条件的形成方式一般有两种:一是人们在长期的市场经济活动中约定俗成的行为习惯,经国家以法律形式确定下来后,成为市场主体的行为准则。这种制度性的社会秩序是在市场经济活动中自然而然地形成的,需要一个相当长的过程。二是政府在短时期内直接制定并强制推行的制度性社会秩序,以便在短期内改变市场主体的行为习惯,规范市场主体的行为。在我国市场经济形成的特定条件下,政府不能等待市场经济的基础性条件自然而然地慢慢形成,必须按照国际惯例,借鉴西方发达国家成熟的经验,在短期内制定各种市场经济规则和制度,用以约束和规范市场主体的行为,保证市场经济运行的有序化、规范化和制度化。总之,我国市场经济基础性条件的形成既需要市场力量的努力,也需要政府的努力,政府的努力是不可或缺、至关重要的。

3. 把政府职能范围限定在实现社会公平的范围内。一般来说,市场追求效率,政府要实现社会公平,但社会公平与经济效率对于社会经济发展具有同等重要的意义。效率有利于经济发展,社会公平有利于维护人类的尊严和社会的稳定。从长远来看,经济效率与社会公平是相辅相成的。没有经济效率,就不可能实现社会公平。因为效率提高了,经济会得到较快的发展,政府就比较容易取得更多的财政收入去进行收入再分配,促进社会公平的实现。反过来说,没有社会公平,就不可能长久维持经济效率。因为社会成员经济上比较平等,人类的尊严受到保护,社会就比较稳定,从而有利于经济的发展和社会整体效率的提高。但是,从另一角度看,经济效率与社会公平在一定条件下是有所冲突和矛盾的,"平等权利和不平等收入的混合结果,造成了民主的政治原则和资本主义经济原则之间的紧张关系。有些大获市场奖励的人,用金钱来谋取额外的权利帮助,而这些权利本应是平等分配的。对这些人来说,他们提前起跑使得机会不均等了。对那些在市场上受到惩罚的人来说,其后果是一定程度的被剥夺,这与人类尊严和相互尊重的民主价值观相冲突。有一些经济政策,设计它们是为了减少那种既削弱对生产的刺激又损害经济效率的不平等的范围和数量。在这条路的许多岔口上,社会面临着选择:或是以效率为代价的稍多一点的平等,或是以平等为代价的稍多一点的效率"。① 因此，政府实现社会公平的职能，必须统筹社会公平与经济效率的关系。

政府实现社会公平，较多的是规范问题，涉及价值判断问题，比如，评价社会公平的标准是什么？回答是多种多样和模棱两可的，因为这个问题的回答取决于对社会公平概念的不同解释。社会公平可以从多种角度解释，如机会均等的角度、横向平等和垂直平等的角度、马克思主义的角度、《旧约全书》或《新约全书》的角度，从"在进一步改善多数人所拥护的事情之前，保证使最少数人所拥护的事情得到较大改善"的角度②。从经济学角度看，经济学不能回答诸如多大程度上的贫困是可接受的和是公平的这类问题，它能做的是帮助设计提高穷人收入的有效的计划。此外，人们对效率与公平的判断往往因人而异。如在平均主义者看来，达到收入的绝对平等就是公平的；在功利主义者看来，只有达到帕累托效率的收入分配才是公平的。这种判断标准的模糊性会对政府社会经济政策的后果产生争议。而效率与公平的相互替代关系又使政府在进行社会经济政策选择时面临两难境地。公平与效率的替代关系涉及以下两个问题的判断：一是公平与效率替代关系的本质是什么？为了实现社会公平，牺牲多少效率才是恰当的？二是判断公平与效率的不同价值观。一部分人认为效率是中心问题，做大蛋糕比切蛋糕对每个人更有利；另一部分人认为社会公平是中心问题，社会应该不考虑效率而把社会不公平降到最低程度。这是政府调节收入分配、实现社会公平时必须注意到的。

从实际情况看，政府实现社会公平的职能，主要是如何处理社会经济中的各种利益关系，也就是所谓合理分配，具体表现在收入分配公正及必要的社会保障。在市场经济中，社会经济资源是根据要素禀赋程度通过市场来配置的，这样虽能提高资源配置效率，促进经济增长，并使大多数人从经济增长中受益。但是，市场竞争中的优胜劣汰机制，决定了经济增长的成果在不同群体和个人之间的分配是不均匀的，有一部分群体和个人因很少能分享或根本不能分享经济增长的成果而变得贫困，从而不可避免地产生经济上的两极分化，造成事实上的社

---

① ［美］阿瑟·奥肯：《平等与效率》，北京：华夏出版社，1987年，第1页。
② ［美］查尔斯·沃尔夫：《市场或政府——权衡两种不完善的选择》，北京：中国发展出版社，1994年，第17页。

会分配不公。而经济收入上的不平等并不是一个简单的问题,它还会向其他领域扩散,如造成财富的不平等,造成受教育机会的不平等,受教育机会的差异又会导致下一代求职机会的不平等甚至实际政治权利的不平等,等等。这样,经济收入上的不平等经过多次放大以后,会累积成巨大的贫富不均,从而造成社会的不稳定,破坏生产力的发展。因此,调节收入分配,维护社会公平,是政府的重要职能。政府可以通过普及义务教育和对失业者的再培训等,提供平等的竞争机会,创造机会和前提均等的条件;通过征收个人累积所得税,调节高收入者与低收入者的收入差距;通过建立社会保障制度,保障社会成员特别是生活有特殊困难的人们的基本生活权利。

4. 有所为有所不为,实现政府职能与政府能力的对称。我国许多政府部门在进行社会经济管理时,存在"低能感""无力感"甚至"能力萎缩"等"症状",这表明政府能力与政府职能不对称,政府职能范围超过了政府的能力。很明显,如果不提高政府能力和调整政府职能范围,不实现政府能力与政府职能范围的均衡,将会导致我国社会经济的紊乱。

政府能力是政府能够有效地采取并促进集体行动的能力,是政府根据自己的权力和权威,通过制定政策和组织动员,实施自己承担的法定职能,贯彻自己的内在意志,实现自己管理目标的能力。一个有能力的政府首先是能成功地适应行政环境挑战的政府。由于政府系统与行政环境系统是一个相互关联的整体,政府在行政环境中的一切表现,都是政府能力的有机组成部分,因此,政府能力不仅由政府部门本身的行为能力来体现,而且更体现为政府对行政环境变化压力和挑战的适应能力,随着行政环境的变化,同一政府能力的高低程度以及不同政府能力的侧重点都会发生变化。① 其次,一个有能力的政府应该是有能力制定规则并使它们充分发挥功能的政府。政府制定的规则是市场运转的基础,某些私人性的制度安排只是对政府制定的财产权与契约权的一种补充,不能替代政府制定的规则。再次,从政府管理接受者的角度来讲,政府的能力还取决于政府的可信度,取决于政府能否保证连续一贯地实施自己制定的基本规则。影响政府可信度的因素主要包括:政府制定的规则的可预见性、政治的稳定性、政

---

① 施雪华:《政府权能理论》,杭州:浙江人民出版社,1998年,第305页。

府保障人身与财产安全的程度、司法执行的可靠性、政府的腐败程度。①

有效的政府能力有利于政府提取社会资源,实现社会整合,实现社会进步。但是,如果政府能力与市场经济发展的需要相比显得不足或短缺,会导致政府在政治统治、宏观经济调控、社会管理和公共服务方面显得力不从心,出现"政府乏力"和"政府疲软"现象,最终导致政府自身的弱化和衰落。与此相反,如果政府能力相对于社会经济发展的需要显得过剩和过度扩张,政府职能和政府的机构、人员的规模大于社会和市场的需求,政府就会在高成本、低效率中运转,并占据社会和市场的运作空间,导致社会自身发展动力机制的丧失和社会对政府的全面依赖。因此,实现政府能力与政府职能范围的相互适应和均衡,是确定政府职能范围的重要因素。政府要根据自身能力的大小,有所为有所不为。

二、政府职能的缺位、错位与政府职能结构的重构及优化

要从根本上改变我国政府职能的缺位和错位,必须顺应当前世界各国政府职能结构变化的一般趋势,根据市场经济发展和构建和谐社会的客观要求,重新构造和优化我国政府职能结构。政府职能结构由外结构和内结构组成,其中政府职能的外结构是指政府职能的总体配置,表明政府管理与外部环境之间的关系,主要由政府的政治职能、经济职能、社会职能、文化职能等构成;政府职能的内结构是政府的总体职能在政府系统内部分解的结果,表明的是政府权力在政府系统内部的配置情况。② 因此,重构和优化我国政府职能的结构,首先必须在全面梳理政府与市场、政府与社会关系的基础上,优化政府职能的外结构。众所周知,政府职能是政府在一定时期内根据社会经济发展的需要而负有的职责,因此政府职能的外结构不是一成不变的,它会随着经济、政治、社会、文化、科学的发展而发展,根据不同时期形势和任务的变化而变化。历史唯物主义认为,政府职能作为一种上层建筑,在经济基础发生重大变化的情况下,必然会随之变化。在方向和形式上适应经济基础的政府职能,方能存在和巩固下去;在方向和形式上不适应经济基础的,就会与经济基础发生矛盾,并迟早会发生变化。因此,政

---

① 华民:《转型经济中的政府》,太原:山西经济出版社,1998年,第212—214页。
② 张永桃:《行政管理学》,北京:高等教育出版社,2003年,第60页。

府必须适时调整政府职能的总体配置,调整政治职能、经济职能、社会职能、文化职能在政府总体职能中的权重和关系。其次,重构和优化我国政府职能的结构,必须优化我国政府职能的内结构,形成合理的政府职能的层次性和部门性,实现政府职能内部的合作、协调和整合。

1. 从政府承担的政治职能、经济职能、社会职能、文化职能之间的关系来看,应弱化政府的政治职能,强化政府的经济职能、社会职能、文化职能。从世界各国的情况看,随着社会的进步和经济的繁荣,当代政府职能的结构变化趋势主要表现在:政府的政治职能弱化了,政府的经济职能、文化职能、社会职能强化了。[①] 这里需要指出的是,政治职能日益退居次要位置,在政府职能体系中地位不断弱化,这并不意味着政治职能已经不再重要。无论如何,社会秩序维持功能一直是政府组织得以产生和维持的一个基本依据,而且,在经济全球化条件下,良好社会秩序的维持实在是各国全局性利益得以实现的一个基本前提。这里所说的地位弱化,是相对而言的,是指在当今世界各国政治职能及其履行已经发展到相当程度,社会共同体的生存维持已基本不成问题或单靠增强实力已经难以更为有效,而社会发展利益矛盾相对更加突出的形势下,政府职能体系中维持与发展两类职能相对地位的一种交替趋势,体现了这两类政府职能彼此的消长关系。简言之,在全球化的今天,相对社会和文化发展职能,政府的政治职能已经是较次要的职能了。

在中华人民共和国建立初期,由于社会主义制度还没有确立或稳固,由于存在国内外敌对势力的敌视和破坏,政府需要大力强化其政治职能。在生产资料所有制的社会主义改造完成以后,由于剥削阶级已经消灭,政府的政治职能只是用来对付极少数敌视社会主义制度的破坏分子和防范可能的外敌入侵。尽管在以阶级斗争为纲的年代里,我国政府的政治职能极为突出,但在传统计划经济体制下,我国政府的经济、社会职能急剧扩张。据统计,在"文化大革命"时期,我国政府总支出的60%用于工农业拨款和贷款,12%用于社会服务、科学、教育和文化,12%用于国防,5%用于政府自身的管理,11%用于贷给国家机构和地方

---

① 蔡拓:《政府职能新探》,《天津社会科学》1988年第1期。

政府。①

如果说"文化大革命"时期政府职能结构受到传统计划经济体制的制约,受到把马克思主义经典作家关于社会主义国家国家事务社会化管理的理论,错位为社会事务国家化的政治实践的影响,②而具有"非正常性"因素的话,那么党的十一届三中全会以后,全党全国的工作重心彻底转移到了经济建设方面,相应的,我国政府的基本职能也转移到经济职能、文化职能和社会职能方面。也就是说,在社会主义建设和改革开放的新时期,随着社会主义市场经济的发展,我国政府的经济职能、文化职能和社会职能在政府职能中占的比重将越来越高,这是发展的必然趋势。

总而言之,政府的政治职能与经济、文化、社会职能是随着我国物质文明和精神文明的发展而消长的。我国物质文明和精神文明愈发展,社会愈进步,政府的政治职能愈减弱,政府的经济、文化、社会职能愈加强。这是我国政府职能结构发展的必然趋势。客观认识这种发展趋势,关键是不能把经济职能、文化职能和社会职能简单地归结为政治职能的单纯附属物,不能回避和抹杀政府的经济职能、文化职能和社会职能的相对独立性和普遍意义。当然,政府的经济、文化和社会职能往往和每一种历史类型的政府的特殊政治目的交织在一起,并且经常为特殊的政治职能所掩盖,表现为实现特殊政治目的的手段。马克思认为,政府职能既包括由一切社会的性质产生的各种公共事务,又包括由政府同人民大众相对立而产生的各种特殊职能,政治统治到处都是以执行某种社会职能为基础,而且政治统治只有在它执行了社会职能后才能维持下去。

2. 从政府承担的经济职能、社会职能、文化职能之间的关系来看,应弱化政府的经济职能,强化政府的社会职能、文化职能。社会职能是保持社会稳定、维持社会正常秩序的基本前提之一。按照马克思主义的观点,凡是国家执政机关对由一切社会的性质产生的各种公共事务的管理职能,都称为政府的社会职能。社会职能是与政治职能相对应的,因而在不同本质的国家,社会职能首先要与该国家的阶级倾向相协调。但是,社会职能的确执行着某些"超阶级"的、为任何一

---

① [美]阿·G.格鲁奇:《比较经济制度》,北京:中国社会科学出版社,1985年,第806页。
② 施雪华:《政府权能理论》,杭州:浙江人民出版社,1998年,第247页。

个社会都需要的公务。社会职能是政治职能的基础,能促进社会的稳定和经济的发展。为了为我国现代化建设的顺利进行创造一个稳定的社会环境,缓解社会矛盾,构建和谐社会,政府必须有效履行自己的社会职能。我国政府的文化职能是指政府通过思想政治教育和对科学、教育、文化艺术、卫生、体育、新闻出版、广播电视等事业的管理,提高中华民族的思想道德素质和科学文化素质,推进社会主义精神文明建设。

一般来说,在经济发展的早期阶段或起飞阶段,为了满足人们的物质生活需求,政府承担着繁重的经济职能,政府经济建设方面的投资往往要在社会总投资中占有较高的比重,政府经济建设方面的支出在政府支出中占的比重也是最大的。随着经济发展到一定阶段,经济体具备自我发展的机能,市场能满足人们的物质生活需求,人们需求的重点转向非物质性生活需求,如教育、公共卫生、保健、文化等需求,政府应弱化自己的经济职能,强化政府的社会职能、文化职能。

在我国传统计划经济体制中,政府是经济发展的唯一主体,政府直接办企业,整天忙于抓投资、生产、物资供应、资金分配等,因此,政府的经济职能成为政府职能的主体,政府的经济管理机构成为政府机构的主体,政府的经济建设支出成为政府支出的主体。随着我国社会主义市场经济体制的完善,市场和企业已逐渐成为经济发展的主体。特别是从20世纪90年代下半叶开始,我国基本上告别了短缺经济时代,进入了剩余经济时代①,政府直接抓生产的基础消失。这就为政府弱化经济职能提供了条件。同时,随着人们收入水平的提高,随着人们对物质性、私人品消费需求的满足,人们开始注重生活的质量,对精神(文化)产品、公共物品、公共服务的消费需求不断增长,这就要求政府相应地强化自己的社会职能、文化职能。但是,当前我国政府的经济职能仍然占主导地位,政府的社会职能、文化职能薄弱,导致经济增长和社会发展不相协调,特别是教育、医疗、就业、住房、社会保障的改革和发展严重滞后。

前面所述,目前我国政府经济建设的支出占30％左右,经济建设占财政支出如此大的比例,恐怕只能说明我国政府在经济发展中仍起主导的作用。而社会文教支出在1995—2003年的8年间,上升不到一个百分点,增长最快的是行

---

① 孙亚忠:《生产过剩形成的一般机理和我国的特殊机理》,《生产力研究》2002年第3期。

政经费,增长了21.4%,8年上升了4.4个百分点。基础教育经费,中央财政占2%,地方省市占11%,其他全部是县乡两级支出,而县乡两级的财政百分之六七十的地方是赤字,所以义务教育实际上还是由老百姓自己承担,政府并没有承担起自己的责任。①

为了实现我国经济发展与社会发展的和谐,政府必须正确理解"发展"的科学涵义,纠正把经济增长等同于发展的错误观念,强化自己的社会职能和文化职能。一般来说,凡是致力于改善、保障人民社会生活和文化生活的事业和措施,都属于政府社会职能和文化职能的范畴。

3. 优化政府职能的内结构,实现政府各职能机构的协同运作、相互配合。优化政府职能的结构,既要从根本上调整和优化政府职能的外结构,又要调整和优化政府职能的内结构。因为政府职能的内结构与外结构之间关系密切。政府职能的总体配置是政府职能内结构的基础和依据,政府职能内结构是政府职能总体配置的具体体现。

政府总体职能在政府系统内部的分解,基本上是沿着纵向和横向两个方向进行的,因而政府职能的内结构具体包括政府职能的纵向结构和横向结构。

政府职能的横向结构体现了政府职能的部门性,是一级政府按照行政目标、工作性质以及权责区分等,划分成若干平行的职能部门,共同实现本级政府的职能。随着社会经济的发展,需要政府处理的事务越来越多、越来越复杂,这就使政府管理的分工越来越细,政府管理的专门化程度越来越高。

政府职能的纵向结构体现了政府职能的层次性,表现为一种层级化的政府职能结构形态。具体地说,政府职能的纵向结构是政府组织内部上下级政府之间、上下级政府职能部门之间所确立的一种职权关系模式。在政府职能的纵向结构中,关键要处理好职能层次和职能幅度的关系。如何实现政府职能纵向结构中职能层次与职能幅度的合理化,是实现我国政府职能纵向结构优化的一个非常重要的内容。

上述政府职能的横向结构和纵向结构表明,政府并非铁板一块,而是由各专业部门和各级机构构成的,政府实际上由各相对独立、在一定程度上自行其是的

---

① 张曙光:《中国经济失衡:政府富老百姓穷》,《中宏数据库》第117期。

机构组合而成。如何使各机构协同运作、相互配合来实现政府目标,是政府管理过程中存在的重大问题。特别是在各机构以自身利益最大化为主要行为动机的情况下,必须努力实现政府各专业部门和各级机构的整合,以适应经济全球化下提高政府竞争力的需要。

政府职能内结构的繁杂程度和层级的多少,对政府职能的影响很大。政府职能内结构的层次越多,结构越繁杂,说明负结构的倾向越明显,政府行使职能的过程中就越容易出现职能交叉重叠的情况,从而不利于政府行使职能。反之,政府职能内结构的层次越少,结构越简单,说明正结构的倾向越明显,政府各层次和各职能部门的职权就越明确,从而有利于政府行使职能。当前,我国政府职能内结构存在着以下问题:① 政府职能内结构未充分分化,信息、咨询、决策、执行、监督等职能配置不当,功能失调。② 政府部门职能分工过细,部门林立,职能分散,多头管理,职能冲突,管理掣肘太多。③ 政府部门之间的职能关系不顺,职责不清,职能交叉重叠,相互扯皮。④ 地方政府通过变通和抵制等方式,对抗中央政府的政策,这就是所谓的"上有政策,下有对策"。⑤ 各级地方政府之间相互封锁,搞地方保护主义,阻碍了跨地区的资源和要素流动。⑥ 副手过多,分工不明确,致使部门内部出现部门领导谁都不负责的现象。

我国政府职能内结构存在的上述问题,迫切要求我们按照政府组织的各个要素合理配置、有机结合、协调运行的原则,来优化政府职能的内结构。为此要做到以下几点:①

第一,政府职能与政府组织设置的平衡。政府组织内部任何一级政府的设置,以及每个职位或部门的设置,都应是政府职能所必需的,事事有人做,人人有事做,实现人与事的最佳结合。

第二,权力与责任的平衡。政府组织是个权责体系,必须实现权与责的对称。如果有责无权,则无法尽责;如果有权无责,则易滥用权力。因此,要依法明确各级政府和各职能部门的职责范围,构建和完善权责一致的政府体系;要明确每个公务员的责权,做到人人各行其权、各司其职,事事有人负责。

第三,分工与合作的平衡。一般来说,政府效率与政府管理的专业化程度成

---

① 李文良等:《中国政府职能转变问题报告》,北京:中国发展出版社,2003年,第225—229页。

正比。政府管理的专业化程度越高,政府的效率也就越高。通过分工,在管理专业化的基础上,政府的各项职能得到充分、有效地执行。但是,职能分工着眼于管理专业化,职能分工过细易使公务员缺乏整体观念,因此,政府的职能分工应以不破坏政府整体职能的发挥为前提,要使政府内部各要素之间有顺畅的沟通渠道和良好的合作、协调关系。合作着眼于整体,过分重视合作会减少政府内部的竞争,不利于提高政府效率。所以,优化政府职能的内结构,必须在职能分工与合作间求得平衡。

第四,政府职能内结构与环境相适应。政府职能的内结构是一个开放的系统,受外部环境的制约,不同的外部环境要求政府内部有不同的权责分工关系,即要有不同的政府职能内结构。因此,优化政府职能的内结构,必须使其能适应环境的变化,不断地进行调整。为此,政府职能的内结构必须保持适度的弹性。

经济与社会建设

制度建设：中国经济增长的新源泉

沈伯平

摘　要：制度建设是中国未来经济增长的新源泉。制度建设应该涵盖正式制度、非正式制度及其执行三个方面，三者缺一不可。产权是正式制度建设的核心。在对正规经济活动提供有效法律保护的同时，还应该通过不断降低市场准入门槛、降低遵守正规法律制度的成本，将大量非正规经济活动纳入正式制度保护的范围；道德和文化等非正式制度的建设要敢于向旧习惯说不，向潜规则叫板；要将执法必严、违法必究与法治宽容相结合。路径依赖、利益集团以及政府自身转型等因素的存在，决定了制度建设和完善是一个长期的、渐进的过程。

关键词：制度；经济增长；新源泉

一、引言

经过三十多年的改革开放，中国取得了巨大成就：经济总量位居世界第二，外贸进出口总额世界第一，外汇储备世界第一，创造了令世人瞩目的"中国奇迹"。肇始于三十多年前的渐进改革，遵循先体制外，后体制内；先增量，后存量；先易后难；先发展，后规范的改革路径，在最大限度地获得社会各阶层对改革的拥护和支持，减少事前的政治约束，降低改革的成本和风险的同时，也使市场秩序混乱、贪污腐败盛行、环境污染严重等"中国式问题"与中国的改革开放如影随形，制度建设滞后的痼疾逐渐显现，中国改革所面临的事后的政治约束也日益增多[①]。正如白鲁恂指出的那样，中国尚未从传统国家转型成为一个现代国家。国家看似强大，但制度很脆弱，很多人感到政府太弱和政府管理的无效，很多人

---

① 所谓改革的事前政治约束，是指阻碍改革决策可行性的约束，即改革方案的可接受性；而事后的政治约束是指改革决策已经制定并在看到后果，尤其是负面后果以后所带来的反作用和逆转约束，即改革结果的是否可逆转性。参见热若尔·罗兰：《转轨与经济学——政治、市场和企业》，《比较》第3辑，北京：中信出版社，2003年。

感到孤立无助,希望政府把许多事情管理起来。科尔奈在将中国与东欧、北欧八个转型国家进行比较的基础上也认为,尽管中国转型的经济绩效优于其他国家,但这些国家在政治、法治等领域已经建立起了与现代国家相适应的制度框架,并且指出,"经济增长有时候会让我们掉入一个陷阱,一个制度的陷阱,而且不能自拔。经济增长并不必然导致制度变革。因此,仅仅依赖经济增长来解决转型难题是危险的。相反,要顺利地发展市场经济,法治是一个必须的条件。政治改革、法律制度改革等都是转型的重要方面。解决转型难题需要在这些方面做出回应"。① 钱颖一分析了完善的制度建设对中国经济转型最终走向成功的重要性。他指出,"在谈论中国的时候,以下几个问题总是不可回避的。首先,从积极的角度来看,我们需要弥合中国 27 年来经济的高速增长与漏洞百出的制度体系之间的冲突。其次,从规范的角度来看,我们需要就中国的制度改革提出令人满意的,同时又具有现实可操作性的政策建议。中国目前的制度水平可以支撑人均 6000 美元的水平。但是考虑到中国的发展速度,达到这一收入水平可能只需要几年的时间,因此中国的制度必须加以改革,以提高制度的质量"。

党的十八届三中全会通过的《中共中央关于全面深化改革若干重大问题的决定》为中国后续十年甚至更长时间的发展绘就了一份宏伟的改革蓝图,而"制度"一词以其出现 183 次而成为《决定》中重复频率最高的词汇。这凸显了决策层深刻认识到制度建设更具根本性、全局性、稳定性,制度变革是现代化变革的关键性因素。只有在各方面形成一整套更加成熟、更加定型的制度,中国的现代化才能平稳持续地向前推进。事实上,渐进式改革路径选择,"摸着石头过河"的探索方式,决定我们在此之前 30 多年的改革往往是自发、零散和独立进行的。② 这种问题导向型的、零打碎敲式的改革与进入攻坚阶段体制各元素关联性、互补性、耦合性要求之间的矛盾越来越凸显,建构起一整套更加系统完备、科学规范、运行有效的制度体系,已成当务之急。本文拟在对制度与经济增长的关系进行系统梳理的基础上,探索我国制度建设的内容及其长期性和复杂性。鉴于篇幅的限制,本文侧重从经济制度的构建进行深入的分析。

---

① 雅诺什·科尔奈:《大转型》,《比较》第 17 辑,北京:中信出版社,2005 年。
② 任仲平:《标注现代化的新高度——论准确把握全面深化改革新目标》,《人民日报》2014 年 4 月 14 日第 1 版。

二、制度与经济增长：一个文献综述

一般而言，在各种有关经济增长的模型中，制度因素是被排除在外的，即将制度视为已知的"外生变量"，主要是通过各种物质生产要素投入量的变化去阐释生产率的变化和是否实现了经济增长。[①] 而美国经济学家诺斯在对西方经济史进行研究的过程中提出这样的问题：同样是实行资本主义制度的国家，为什么有的国家发展速度快而有的国家发展进程缓慢，为什么有些后起的国家能够实现经济的超越，而有些发达国家又最终走向衰落？诺斯认为，制度在其中起了非常重要的作用，对经济增长起决定性作用的是制度性因素而非技术性因素。[②] 在《西方世界的兴起》一书中，诺斯更是指出：有效率的经济组织是经济增长的关键；一个有效率的经济组织在西欧的发展正是西方兴起的原因所在。[③] 诺斯认为，制度决定经济绩效，制度是经济增长的源泉。秘鲁著名经济学家赫尔南多·德·索托在《资本的秘密》一书中则提出，为什么资本主义制度[④]主导了西方国家的繁荣，却没有为第三世界和前社会主义国家带来同样的财富？为什么资本主义如同被封闭在一座"布罗代尔钟罩"[⑤]里，只是在西方得到发展呢？德·索托认为，阻碍在世界其他国家和地区面前，使之无法从资本主义制度获益的巨大障碍，在于它们无法通过完善的产权制度有效地将巨大的资产转化为资本。[⑥] 综合国内外学术界的研究来看，制度对经济增长的促进作用主要体现在以下四个方面。

---

① 以诺斯、科斯为代表的新制度经济学（New Institutional Economics）所研究的制度是经济学意义上的制度，是"一系列被制定出来的规则、服从程序和道德伦理的行为规范"，而不是我们通常所讲的意识形态色彩较为浓厚的制度（system），既包括资本主义制度，也包括社会主义制度。

② North, Douglass C. and Thomas, Robert. 1971. "The Rise and Fall of the Manorial System: A Theoretical Model." Journal of Economic History (December).

③ ［美］道格拉斯·诺斯、罗伯特·托马斯：《西方世界的兴起》，北京：华夏出版社，1989年。

④ 鉴于20世纪90年代苏联和东欧国家解体之后，世界各国普遍采用市场经济体制的现实，我们在文中只是将资本主义制度作为市场经济体制的代名词，而不带有任何意识形态色彩。

⑤ "布罗代尔钟罩"：这实际上是费尔南德·布罗代尔在其《商业的发展》一文中提出的问题："历史上所谓的资本主义，为什么仿佛活在一座封闭的'钟罩'里？它为什么不继续扩张，乃至占据整个社会？"即为什么资本主义只在极少数发达国家取得了成功，却在其他地方遭遇了滑铁卢？为了行文的方便，笔者称之为"布罗代尔钟罩"。

⑥ ［秘］赫尔南多·德·索托：《资本的秘密》，于海生译，北京：华夏出版社，2007年。

第一,制度降低了不确定性和交易费用。制度在社会中的主要作用,是通过建立一种人们互动的稳定的结构来减少不确定性①。制度化的交易结构有助于辨识复杂的社会环境。在社会交易中建立一套制度化的常规模式,有限理性的个人在复杂环境中的交易行为将大为简化,交易费用的不断节约意味着经济效率的不断上升。理性个人在面对不确定时的反应,或许是严格地遵循那些与过去成功有关的习惯做法和常规做法;或许是寻求一个试错的方法,虽然试错法常会变成生死攸关的实验。正如诺斯所认为的那样,一个契约的结构依赖于法律体系、社会习惯和交换中资产标的物的技术特性。法律框架越完备,社会管制和社会习俗联系越强,则订立的契约内容的不确定性越小。政府通过使用警察力量和法庭帮助私人所有者执行契约并降低交易成本,尤其是当政府行使权力维护契约制度的行动具有系统性和可预测性时,情况更是如此。政府也降低了订立契约活动的成本,因为它提供了一个衡量和度量标准体系。在一个信息不完全和信息不对称的世界里,制度还可以帮助有限理性的参与人节约决策所需的信息成本②。

第二,制度不仅激励个人选择,而且约束经济主体行为。制度通过鼓励、限制和惩罚等影响个人的行为选择,洪名勇认为,这种影响包含三个方面:一是引导个人选择的偏好形成,二是激励个人选择的有效性,三是预知个人选择的行为结果。③ 正如达仁·埃塞姆格鲁等所说,"经济制度对于经济增长至关重要,因为它们规范着社会中关键经济行为者的动机"。④ 埃格特森则认为,矛盾无处不在,理性的个人追求自身利益最大化的强大动力,既是经济衰退的主要原因,也是经济增长和繁荣的主要源泉。无论这种结果是好是坏,均依赖于人为的社会制度结构。亦即社会制度结构决定了经济主体的经济行为,而经济主体在既定制度结构下的行为决定了经济增长的绩效。一个好的制度能催人向善,而一个

---

① [美]道格拉斯·诺斯:《制度、制度变迁与经济绩效》,杭行译,上海:格致出版社、上海人民出版社,2008年。
② [日]青木昌彦:《比较制度分析》,上海:远东出版社,2001年。
③ 洪名勇:《制度经济学》,北京:中国经济出版社,2012年。
④ 达仁·埃塞姆格鲁,西蒙·约翰逊,詹姆斯·罗宾逊:《制度:长期增长的根本原因》,《南大商学评论》2006年第3期。

坏的制度会逼人向恶。

第三,制度能够减少负外部性的发生,引导行为主体外部性内在化的选择。市场的无规范必然导致市场秩序的混乱,与之伴随的必然是复杂的交易环境和高昂的信息成本,因而混乱的市场对每一个市场主体都带来了负外部性的损害。单纯市场机制的作用会使得产生正的外部性的行为低于社会意愿的数量,而产生负的外部性的行为会高于社会意愿的数量,从而导致资源配置的低效率。通过政府的制度建设可以给予正外部性行为提供者以奖励、对产生负外部性的行为主体给予必要的惩戒从而实现外部性的内部化,使得社会的成本与收益和私人成本与收益之间的差距缩小,进而提高资源配置效率推动经济增长。所以,盛洪认为,"制度创新是解决外部性问题,将外部利益内部化的主要的和有效的手段"。① 诺斯则认为,有效率的组织需要在制度上做出安排和确立所有权以便造成一种刺激,将个人的经济努力变成私人收益率接近社会收益率的活动。

第四,制度有利于稳定经济主体对未来的预期,培养经济主体之间的合作化行为机制,从而避免其追求短期利益最大化的机会主义行为。当个体之间的交易是一种重复博弈、不存在信息不完全和信息不对称,而且交易团体规模较小时,人们倾向于合作。但随着社会分工的日益复杂化,当交易行为从人格化交易转化为非人格化交易(impersonal exchange)时,这种合作化机制就很难形成。② 从博弈论的角度看,在现实的市场交易中,经济主体往往选择损人利己的策略。交易者之间的非合作博弈会导致市场秩序的混乱,由此造成典型的囚徒困境,给交易双方都带来很大的损失,从而增加交易成本。而且,多次博弈造成学习和模仿,重复性的市场交易,可能会使市场上各种机会主义行为普遍化。使非合作博弈转向合作博弈的关键在于要形成一种市场治理机制,建立市场规范和市场规则,解决好预期和组织。③ 纳什均衡所描述的实现合作博弈状态的条件也指出,博弈方必须达成可强制实施的协议并向对方发出不可更改的威胁,从而使他们完全按照某种策略行事。这就需要通过制度建设来引入一个强制性实施的第三

---

① 盛洪:《外部性问题和制度创新》,《管理世界》1995年第2期。
② [美]道格拉斯·诺斯:《制度、制度变迁与经济绩效》,杭行译,上海:格致出版社、上海人民出版社,2008年。
③ 洪银兴:《市场秩序和规范》,上海:上海三联书店、上海人民出版社,2007年。

方——政府,同时还必须保障第三方的公正无偏。只有当经济主体之间能够自觉形成一种合作化机制,一个社会防范各种机会主义行为的成本才会下降,从而将更多的资源投入到生产性用途进而推动经济增长。因而,新制度经济学认为,不同市场规则和社会制度出现的原因在于他们限制了欺诈和搭便车行为,而且从每一个卖方和买方单独的观点看,这些规则和制度都会使契约安排即交易趋向最佳状况。处于转型期的中国,由于制度频繁变迁所带来的不确定性,激励了经济主体获取短期利益最大化的机会主义行为。尽管这些行为从经济主体个人而言是在既定制度环境下的理性行为,但从社会整体而言却会导致非理性的结果。这种"扭曲的理性"所带来的"组合谬误"正是我国市场秩序混乱、各种失范现象丛生的一个重要原因。通过制度建设实现制度体系的成熟和定型,可以缓解经济主体的不确定性预期,从而激发经济主体创业和创富的积极性,最终达到推动经济增长的作用。

三、制度建设的三个维度:正式制度、非正式制度及其执行

根据诺斯(1991)的观点,制度"是一系列被制定出来的规则、守法程序和行为的道德伦理规范,它旨在约束追求主体福利或效用最大化利益的个人行为"。也就是说,这种制度既包括法律、规则等正式的制度安排,还包括人们在长期重复性交易关系中形成的一套有效的、标准的行为规范和行为准则,比如习俗、社会惯例、伦理道德、宗教、意识形态等,即我们所称的非正式制度。制度建设应该包含正式制度、非正式制度及其实施三个维度。

(一)正式制度

产权制度是正式制度建设的核心。现代产权制度是现代市场经济体制的核心和基础。产权的清晰界定和严格保护是市场交易顺利进行的前提和基础,商品只有在产权得到清楚界定的条件下才能进行交易,价值规律才能发挥作用,从而实现稀缺资源的优化配置。反言之,市场秩序的任何破坏都会侵害某一方的产权或产权利益。正如马克思所说的那样,W－G是惊险的跳跃,如果这个跳跃不成功,摔坏的不是商品,一定是商品生产者自身。根据马克思的观点,市场是商品交易的场所,也是商品所有者关系的总和。我国现阶段进入市场交易的所有者,既有公有产权的所有者,也有私有产权的所有者。因而,制度建设既要保

护公有产权所有者的利益,防止借国有企业改革之名,将大量国有资产低价甚至无偿转入私人手里,造成国有资产的大量流失;又要保护私人产权所有者的利益,防止第三者和政府肆意侵犯私人产权的现象。十八届三中全会提出,要健全归属清晰、权责明确、保护严格、流转顺畅的现代产权制度。公有制经济财产权不可侵犯,非公有制经济财产权同样不可侵犯。目前正在全国范围内广泛开展的不动产登记制度,其目的就是要对城乡居民的各种合法财产权进行确认,为国家界定和严格保护私有财产提供法律依据。针对近年来我国高收入阶层中涌现出来的海外移民浪潮,社会舆论在痛斥高收入阶层为富不仁的同时,也应该审视这一现象背后的制度原因。由于缺乏对私人产权的有效保护制度,高收入阶层普遍有一种不安全感,这是其选择海外移民的主要原因。因为当个人财产累积到一定规模的时候,所有者在关注其收益性的同时更关注其安全性。在私有产权保护缺失的条件下,他们唯一能做的就是隐匿或者转移个人财产。海外移民在造成我国财富大量外流进而引发内需不足的同时,也会造成我国经济增长的持久动力——企业家精神的大量流失。因而必须通过完善相关法律制度为私人产权提供完善的保护,尤其是在大力发展混合所有制经济的过程中,要采取切实有力的措施防止公有制产权所有者(各级政府)利用其主体地位对私人财产权的肆意侵犯和打压,从而稳定私人投资者对未来的预期,进一步激发其创造财富的积极性。

  在对正规经济活动提供有效法律制度保护的同时,我们还应该正视在经济生活中大量存在的非正规经济活动。德·索托的研究表明,在发展中国家,由于利用正规法律的成本过高和所耗时间过长,在正规法律体制之外往往存在大量的"非正规经济"。这些经济主体通过设计一整套符合实际需要的"法律之外的规则和体系"而维持自身的生存。这些非正规经济活动包括非正规住房、非正规贸易和非正规公共运输。① 作为一个转型经济体,由于高度集中计划经济条件下全能主义国家治理模式已经被打破,而与现代市场经济体制相适应的国家治理体系尚未建成,我们依然看到现实经济生活中各种非正规经济活动的存在。比如,城乡广泛存在的非正规就业问题;每每吸引人们眼球的城管与街头流动摊

---

① [秘]赫尔南多·德·索托:《另一条道路》,于海生译,北京:华夏出版社,2007年。

贩之间无休止的"战争"所显示出来的非正规贸易问题；在城乡接合部大量存在的小产权房、各种违法搭建等非正规住房问题；黑中巴、黑的士"非法营运"的非正规公共运输问题。学者的研究表明，这些非正规经济在我国不仅存在，而且其规模不容轻视。吴要武、蔡昉认为，2002年以岗位特征衡量的城镇非正规就业规模已经超过1.2亿人，传统部门内的非正规就业者占该部门就业总量的23.4%，而新型部门则超过85%。① 姚宇的研究表明，中国的非正规就业已经占到城镇总就业规模的51%左右，其中70%为乡村转移出来的劳动力。② 大量非正规经济的存在标志着我国的制度变迁出现了非均衡的现象。面对形形色色的非正规经济，我们要做的不仅仅是通过所谓的"打四黑、除四害"③等治标而不治本的简单方法置之于死地而后快，而应该更多地反思这些非正规经济存在的深层次制度原因，通过完善市场准入制度和工商注册制度，压缩各类行政审批事项，减税等相关法律制度建设，不断降低市场准入门槛，不断降低非正规经济从业者遵守正规法律的成本，使各种非正规经济从地下走向地上，从"非法"走向合法，激发经济主体创业和创富的积极性，真正意义上实现"让一切劳动、知识、技术、管理、资本的活力竞相迸发，让一切创造社会财富的源泉充分涌流，让发展成果更多更公平惠及全体人民"。正如德·索托所说的那样，"他们不是问题的根源。他们是解决问题的关键"。④

（二）非正式制度

在我国市场经济体制建设和完善的过程中，固然可以通过大量移植国外成熟市场经济国家的制度，实现正式制度的快速变迁。但如果非正式制度安排不能与此相匹配，所有正式制度安排都可能走样，从而出现制度移植过程中的水土不服的现象。因为制度移植只能移植正式规则，而无法移植人类在长期实践中所形成的非正式规则。非正式制度之所以重要，主要缘于以下两个方面。首先，

---

① 吴要武、蔡昉：《中国城镇非正规就业：规模与特征》，《中国劳动经济学》2006年第2期。
② 姚宇：《中国非正规就业规模与现状研究》，《中国劳动经济学》2007年第3期。
③ 公安部于2011年8月部署全国公安机关集中开展的"打四黑、除四害"专项行动。严厉打击整治制售假劣食品药品的"黑作坊"、制售假劣生产生活资料的"黑工厂"、收赃销赃的"黑市场"和涉黄涉赌涉毒的"黑窝点"。这"四黑"严重危害人民群众生命健康，严重危害青少年身心健康，严重危害群众财产安全，严重危害公共安全和社会诚信。
④ ［秘］赫尔南多·德·索托：《资本的秘密》，于海生译，北京：华夏出版社，2007年。

既然有市场失灵,也必然会有政府失灵。政府对自身利益的追求以及政策制定者自身的有限理性,造成了政府的失灵。其次,针对机会主义行为的正式制度安排不可能完全有效。由于信息不完全和信息不对称,合同是不完全的,而针对不完备合同,法律的调整不可能完全有效。同样,由于法律本身的不完备性、司法进程的缓慢以及高额的执法成本,人类经济行为的调整绝大多数不是通过正式的制度安排,而是通过非正式制度安排,即通过社会道德规范的调整来实现的。在一个秩序井然的社会中,秩序的维护并不只是依靠法律的惩戒,还有道德与良知的约束。在人类社会漫长的演化过程中,法律或纪律的作用,除使潜在违法者害怕由此被施加的直接成本之外,还通过使潜在违法者害怕声誉受到负面影响,激发起其内心的羞耻感,从而消除试图违法的念头。也就是说,法律除了惩戒之外,还有另外一个重要作用:"灌输并在必要时激发人们的羞耻心。"①世界各国发展的实践也证明:在一个缺少道德规范的社会里,制度的执行往往是非常困难的。由此制度建设必须高度重视道德规范等非正式制度建设,解决好制度良序运行的道德基础即诚信问题。市场经济的本质是信用经济。只有当经济主体的行为建立在诚信的基础之上,各种正式的制度安排才能充分发挥作用。劳伦斯·哈里森甚至认为,久而久之,作为非正式规则的文化将成为一国经济发展的主导因素。一个社会繁荣或衰退将取决于人们的创造力。"好"的文化是滋养人们创造力的文化。②哈里森认为,文化因素主要包括四个方面:第一是社会的信任半径,这是自然社会渗入文化的感觉程度;第二是严格的道德体系,这包括尊重法律和遵守规则;第三是权力行使的方式,即是否能公平、公正地行使权力,以防止权力被滥用;第四是社会对工作、创新、储蓄和利润的态度。正如习近平同志③所指出的那样,国无德不兴,人无德不立。必须加强全社会的思想道德建设,激发人们形成善良的道德意愿、道德情感,培育正确的道德判断和道德责任,提高道德实践能力尤其是自觉践行能力,引导人们向往和追求讲道德、尊道德、

---

① 卢周来:《把道德请回经济学》,《北京青年报》2014年5月31日。

② Lawrence E. Harrison, "Underdevelopment Is a State of Mind: The Latin American Case". Lanham, MD: Center for International Affairs, Harvard University, and Madison Books, 1985.

③ 习近平:《习近平论社会主义核心价值观——十八大以来重要论述选编》,《党的建设》2014年3月26日。

守道德的生活,形成向上的力量、向善的力量。

作为转型经济体,转型也是一个创造性破坏的过程,是一个旧制度不断被打破,新制度不断建立的过程。在新旧制度转型过程中必然会出现种种制度漏洞,这是在所难免的。目前我国经济生活中各种混乱现象产生的原因,既有改革不到位导致的规则缺失问题,也有已有规则得不到切实有效执行的问题。由于自觉的人为规则的缺失,造成市场交易中各种潜规则盛行。现实生活中形形色色的潜规则,最核心的就是在涉及公共利益、掌握公共资源分配的公权力岗位上的领导干部以及工作人员,将原本应依法律、靠制度、按规则办的事,变成谋取个人私利的机会。凡事都要找关系,走后门,没有关系该办的事也难办,有关系不该办的事也能办;"有关系处处绿灯,无关系寸步难行"。制度建设最为重要的是自觉的人为规则的建设,同时也需要通过这种人为规则的强化,改变旧有的习俗和社会道德规范,形成自律性的防止市场秩序混乱的非正式规则。制度建设要敢于向旧习惯说不,向潜规则叫板①,更不能让这种潜规则发展为社会的显规则或非正式规则。

一个社会所要建立的信用应该包括两个方面,其一是制度性信用,其二是道德性信用。两者相辅相成,共同构成社会信用体系。其基本特征是:以道德为支撑,产权为基础,法律为保障。首先,产权是信用的基础,无恒产者无恒心,无恒心者无信用。毁坏了信誉的产权基础,限制了自由竞争,必然导致市场秩序混乱、坑蒙拐骗盛行。② 其次,合同、产权、法律等针对违约、失信的正式制度安排能否得到有效实施,在很大程度上依赖于道德、习俗之类的非正式安排。第三,以法律为保障。正式的制度安排对道德规范建设也起引领和支持作用。道德性信用需要制度做保证,而道德规范建设的关键是通过必要的制度安排建立制度性信用。因而,在社会信用建设过程中,要实现三个引领:首先,要用社会主义核心价值体系引领非正式制度建设,构建与现代市场经济体制相适应的契约意识和法治精神,培养经济主体之间的合作精神。其次,要用政务诚信和司法公信建设引领和打造商务诚信和社会诚信建设。言必行,行必果;一言既出,驷马难追;

---

① 慎海雄:《向旧习惯说不,向潜规则叫板》,《瞭望新闻周刊》2014年第17期。
② 张维迎:《产权、政府与信誉》,北京:生活·读书·新知三联书店,2003年。

最大限度保持政策自身的稳定性和连续性。其三,要用国家层面(富强、民主、文明、和谐)和社会层面的价值要求(自由、平等、公正、法治)来引领公民个人层面核心价值观(爱国、敬业、诚信、友善)的养成。

(三) 制度的执行(实施)

制度的制定只是制度建设的开始,只是解决了有法可依的问题,要使制度建设真正成为经济增长的源泉还要求已有制度必须得到切实有效地执行,真正实现有法必依,执法必严,违法必究,否则会使各种规则流于形式,制度的生命力就在于执行。只有政府严格执行各项制度,企业和公民严格遵守各种规则,才能真正发挥制度的作用。也只有当已有制度能够得到切实有力的执行,真正做到有令必行、有禁必止,才能增强制度的权威性,稳定经济主体对于未来的预期,从源头上减少各种机会主义行为的发生。科尔奈的研究认为,经济主体之间的缔约和违约行为并非由双方孤立进行,交易准备和执行的环境涉及三种社会机制。一是立法—司法—官僚机制:即通过国家手段确保私人合同的执行;二是道德联盟机制:即合同的执行依赖于缔约双方的诚实和相互信任;三是侵犯性机制:合同的执行依赖于超出法律范围的直接的暴力行为,例如黑手党。[①] 而且他认为,机制 1 和机制 2 的结合将形成一种"良性互补关系",两种机制相互加强,企业越是信任法律能够确保私人合同得到执行,就越不需要诉诸法律程序。因为商业活动的参与者懂得,诚实行为是一项能够带来高额回报的投资,而不诚实行为将付出高昂代价。商业伙伴之间越是信任,法律诉讼就越少。这将减轻司法的压力,加速法律程序,进而提高立法—司法—官僚机制的声誉。相反,如果前两种机制不能正常运行,第三种机制就会形成"破坏性替代"。商业活动越是依靠机制 3,求助于非法途径,法律的威信就越低。由此该理论得出的一个结论就是:如果要对市场秩序进行整顿的话,仅仅专注于打击黑手党和各种犯罪行为还远远不够,因为这只是"治标之策",更重要的"治本之策"是要强化机制 1 和机制 2,从根本上消除犯罪行为滋生的土壤,从而缩小机制 3 的生存空间。随着经济交易规模的扩大,"非人格化交易"已经成为交换的主体,如果没有一个公平正义

---

① 雅诺什·科尔奈:《诚实与信任:后社会主义转轨时期的视角》,《比较》第 9 期,北京:中信出版社,2003 年。

的法律体系和独立公正的司法体系,私人合同的执行是根本得不到保障的,这只会造成贪污腐败现象盛行和黑社会横行霸道。正如前文所言,制度性信用的建立必须以现有制度得到切实的执行作为基础,而道德性信用的树立则必须以制度性信用为保障。此外,由于转型这一大规模的制度变迁过程包含了无数经济代理人之间的许许多多的合作,转型过程实际上就是经济活动代理人和政策制定者面对总和不确定性进行博弈决策的结果。① 各级地方政府和职能部门往往出于自身利益或者部门利益的考量而对中央政府的各项制度进行截留和扭曲,造成"上有政策,下有对策""政令不出中南海"的现象。近期国务院派出的督查组就全面深化改革推进过程中的督查情况也表明,存在施政不通畅、选择性落实的情况。② 因而,制度建设除了要加强中央政府对于制度变革本身的顶层设计之外,还要通过建立完善的激励与约束相容的机制最大限度调动各级地方政府执行制度的积极性。最后,在执法过程中,还要本着宽严相济的原则,将有法必依与法治宽容结合起来。对于非法经济活动,执法务必求严;而对于各种非正规经济活动,只要其不妨碍市场自由、不危害他人利益以及不危及社会共同体的延续,我们可以适当实行法治宽容。③ 在我国现有社会保障体系还无力将所有处于社会底层的人民实现全覆盖的前提条件下,我们应该允许其通过自身的努力自食其力,甚至允许其通过一定程度的非正规手段降低其生活成本,这对于最大限度缓和社会矛盾,真正意义上实现社会的和谐稳定与长治久安意义重大。

四、制度建设的长期性

尽管十八届三中全会提出要到 2020 年形成系统完备、科学规范、运行有效的制度体系,使各方面制度更加成熟更加定型。但转型期路径依赖、利益集团,

---

① 热若尔·罗兰:《转轨与经济学——政治、市场与企业》,《比较》第 2 期。北京:中信出版社,2003 年。

② 国务院派出的督查组发现,全面深化改革在推进过程中出现施政不通畅的具体情况,包括基层创业仍面对行政审批手续过多;微小企业贷款仍然困难;尽管政府解除了一些行政审批,一些中介机构却又增添审批手续;以及中央出台的一些政策,到了地方却因为配套政策迟滞而无法贯彻落实。参见《国务院督查组:下基层"通梗阻"》,《新京报》2014 年 7 月 14 日 A17 版;赵婉怡:《经实地督查,国务院:深改措施落实不力》,新加坡《联合早报网》2014 年 7 月 15 日。

③ 莫妮卡·坎托-斯佩伯:《我们能宽容到什么程度》,钟良明译,《蒂尼欧根》1999 年第 1 期。

以及政府自身等因素的存在,决定了我国制度的建设和完善是一个长期的系统性工程。

第一,路径依赖问题。根据诺斯的理论,在制度变迁的过程中,同样存在报酬递增和自我强化的机制。这种机制使制度变迁一旦走上某一路径,它的既定方向会在以后的发展中得以强化。所以,"人们过去做出的选择决定了他们现在可能的选择"。为此,制度变迁既有可能进入良性循环的轨道,迅速优化;也有可能顺着错误的路径走下去,甚至被锁定在某种无效率的状态之中。我国是个有着两千多年封建专制主义历史和30多年高度集中计划经济传统的国家,原有体制下处理社会经济生活的某些理念和做法必然会对未来的制度变革产生路径依赖或者闭锁(lock-in)的问题,而要打破这种闭锁,实现制度变迁的良性循环将是一个长期的过程。

第二,利益集团的问题。中国持续30多年的渐进改革也为各种利益集团的成长提供了制度空间,这就决定了进入了攻坚阶段的改革必然是一个对既得利益格局进行重新调整的过程。在这一调整过程中,必然会受到既得利益阶层的各种抵制和反抗,这注定新制度的构建是一个漫长的过程。正如冰岛经济学家思拉恩·艾格特森所言,"从理论上说,只有一套规则可以使国民财富最大化。在没有交易费用的条件下,这一套规则最终会被建立,尽管在从相对低效的产权结构转向更有效结构的过程中,有人受益有人受损,但收益必然大于损失。因此受益者在补偿受损者之后仍会有所剩余,但在现实世界中,高昂的谈判与强制执行成本限制了这一可能:很少有受益人主动去补偿损失者"。这就要求我们在改革过程中必须冲破各种利益藩篱,着力改变社会阶层固化的问题,努力为改革赢得绝大多数社会公众的理解和支持,真正意义上实现让社会各阶层共享改革的红利,努力让每个人都有人生出彩的机会。

第三,政府自身的转型问题。科斯、王宁的研究表明,在中国改革初始阶段的80年代,真正让中国经济飞速发展并得以向市场经济转变的,不是那些由国家主导的"洋跃进"或者国有企业改革,而是包括农村联产承包经营责任制、个体经济发展、乡镇企业突飞猛进以及经济特区的设立等民间的"边缘革命"。① 正

---

① [英]罗纳德·哈里·科斯、王宁:《变革中国——市场经济的中国之路》,北京:中信出版社,2013年。

是这些处于中国社会主义边缘的经济力量所成就的一系列变革,将私营企业重新带回到经济体制中,为日后的市场转型铺平了道路。随着改革的进一步深入,中国改革必然会从边缘走向中心,作为强制性制度变迁主体的政府本身就应该成为改革的对象。无论是正式制度的创设及其执行,还是非正式制度的引入,政府不仅仅是制度的顶层设计者,同时还应当是首当其冲的身体力行者。正如科斯所言,"没有一种制度可以像傻瓜相机一样,也没有一种制度一成不变;制度如何运作、如何适应不断变化的社会环境,不可避免反映出它的监管者和运营者的品质"。① 但是,如果考虑到公共选择学派的政府失败理论以及施莱弗、维什尼的"掠夺之手"理论,②如果考虑到政府自身利益的存在,尤其是当这种改革涉及政府自身既得利益调整的时候,改革本身的长期性和艰巨性就不言而喻了。这就要求作为改革者的政府自身必须有壮士断腕、敢于担当的勇气,坚定不移地推进制度建设,在为中国经济增长提供新源泉的同时,也通过改革不断为社会各阶层释放制度红利。

---

① [英]罗纳德·哈里·科斯、王宁:《变革中国——市场经济的中国之路》,北京:中信出版社,2013年。

② [美]安德烈·施莱弗、罗伯特·维什尼:《掠夺之手——政府病及其治理》,赵红军译,北京:中信出版社,2004年。

"包容性增长"的正义镜像与中国实践

葛笑如 孙亚忠

摘 要:"包容性增长"是"十二五"规划的指导思想。在中国改革进入深水区以后,我国经济社会发展面临着诸多棘手问题:资源环境压力和可持续发展、贫富差距拉大、经济发展成果难以共享、社会不公等等。解决这些实际问题需要诉诸包容性增长的理念。包容性增长的核心要义是机会平等,根本目的是实现广大民众共享经济发展的成果,最终价值指向是社会的公平正义。通过经济增长方式的转变、经济结构的调整、社会排斥的消除、收入分配制度的改革、公共服务的均等化供给和全覆盖的社会保障体系建设等,增加社会包容度,保障机会平等和权利公平,才能真正实现包容性增长和社会主义社会的公平正义。

关键词:包容性增长;机会平等;成果共享;公平正义

一

"包容性增长"(inclusive growth)是亚洲开发银行在2007年首次提出的一个概念。

包容性增长不是一句时髦的口号,它有着丰富深刻严肃的思想内涵。按照其最初倡导者亚洲开发银行的界定,"包容性增长使得人人都能参与到经济增长的进程当中,同时又保证每个人都能平等享有经济增长带来的福利"。世界银行把包容性增长界定为"倡导机会平等的增长"[①]。让·皮埃尔·莱曼认为,"包容性增长最基本的含义是公平合理地分享经济增长"。"它涉及平等与公平问题,包括可衡量的标准和更多的无形因素。"[②]在国内学术界,学者们对这个概念还比较陌生,也没有进行深入的思考和严密的逻辑论证。但是许多学者已经进行尝试探索,试图用最简洁的语言界定包容性增长。庄巨忠认为:"包容性增长就

[①] 蔡荣鑫:《"包容性增长"理念的形成及其政策内涵》,《经济学家》2009年第1期。
[②] 让·皮埃尔·莱曼:《探索包容性的增长》,《中国企业家》2008年第13期。

是机会性增长,实现包容性增长需要两条腿走路,一条是高速持续经济增长,另一条是促进社会的包容性,减少和消除社会机会不均等的产生。"① 唐钧侧重于强调"包容性增长"的"参与"和"分享"两个方面。② 汤敏等学者认为,包容性增长是一个发展战略的概念性框架。在这个框架里,包容性增长被界定为机会平等的增长。③ 陈一舟认为,"包容性增长"就是一种"权利增长",解决的是权利贫困问题。④ 学者俞宪忠更倾向于从制度角度来界定,"包容性增长"就是经济增长、人口发展和制度公平三者之间的有机协同,⑤由以上分析可知,当前学术界和国际社会对包容性增长内涵的理解各有侧重。本文认为,包容性增长的前提是经济增长,核心要义是机会平等,最终目标是共享经济发展成果,最终价值导向是社会公平正义。

二

2009年胡锦涛在亚太经济合作组织会议上"倡导包容性增长";在第五届亚太经合组织人力资源开发部长级会议的开幕式上,胡锦涛在致辞中再次提到并拓展了这个概念:"实现包容性增长,根本目的是让经济全球化和经济发展成果惠及所有国家和地区、惠及所有人群,在可持续发展中实现经济社会协调发展……坚持社会公平正义,着力促进人人平等获得发展机会,不断消除人民参与经济发展、分享经济发展成果方面的障碍……发展成果由人民共享。"在十七届五中全会上,包容性增长不仅仅停留在领导人的观念和演说中,而且已经具体化为政府下一个五年规划的施政纲领。从观念、口号到施政纲领,包容性增长在中国的提出有着非常深刻的社会背景和现实需要。

改革开放三十多年来,我国经济实现了令世界瞩目的增长。GDP 总量从1978年的3645.2亿元增加到2009年的33.5万亿人民币,有望成为世界上仅次于美国的第二大经济体。经济的高速增长,为政府带来了丰裕的财政收入,仅中

---

① 王博:《透视"中国增长失衡"》,《新财经》2007 年第 10 期。
② 唐钧:《参与和共享的发展才有意义》,《人民日报》2010 年 10 月 14 日。
③ 汤敏:《包容性增长就是机会平等的增长》,《华夏时报》2010 年 10 月 18 日。
④ 陈一舟:《包容性增长是一种"权利增长"》,《广州日报》2010 年 9 月 29 日。
⑤ 俞宪忠:《"包容"是民众发展的制度诉求》,《人民日报》2010 年 10 月 14 日。

央政府的财政收入在 2009 年就达到 68477 亿元,比 2008 年增长 11.7%。经济的高速增长,也提高了全国城乡居民的收入。据《2010 年中国社会形势分析与预测》提供的数据,2009 年 1 月至 9 月,城镇居民人均可支配收入为 12973 元,扣除价格因素,实际增长 10.5%,增幅比上年同期提高 2.1 个百分点;农村居民人均现金收入 4307 元,扣除价格因素,实际增长 9.2%。但是,在经济飞速发展的同时,许多社会矛盾与问题也随之凸显。

第一,经济高速增长的资源环境代价。

据专家测算,中国 GDP 年均增长率是发达国家的 2 到 3 倍,但是单位能耗是发达国家的 8 到 10 倍,污染则是发达国家的 30 倍。中国的江河水系 70% 受到污染;流经城市的河流 90% 处于严重污染状态。城市 90% 的地下水被污染,30% 的工业污水和 60% 的城市污水未经处理。除了水污染,中国还面临着严重的大气污染和耕地污染,这主要是由煤炭燃烧所造成的。据不完全统计,目前我国受污染的耕地约有 1.5 亿亩,污水灌溉污染耕地 3250 万亩,固体废弃物占地 200 万亩,合计约占耕地总面积的十分之一以上。① 中国经济的高增长同时也付出了能源高消耗的代价。2006 年,中国经济增长 10.7%,占世界 GDP 总量的 5.5%,但是煤炭、钢和水泥的消耗分别占世界的 15%、30% 和 54%。

第二,收入结构失衡,社会差距拉大。

在中国经济高速增长的同时,收入结构失衡加剧,社会差距不断拉大。2010 年上半年,财政收入同比增长 27.6%,国内生产总值同比增长 11.1%,城镇居民人均收入增长同比只增长 10.2%。② 劳动者报酬占 GDP 比例从 1990 年的 53.4% 下降到 2007 年的 39.7%,居民收入占 GDP 比例从 1990 年的 55.4% 下降到 2009 年的 42.8%。企业工资支出所占比重偏低,不到企业运营成本的 10%,远低于发达国家 50% 的水平。③ 而工薪阶层个人所得税比重却由 10 年前的 49% 增加到 60%。④ 这

---

① 江涌:《经济增长的巨大环境代价》,《世界知识》2008 年第 9 期。
② 周政华:《中国居民收入差距调查:财富分配鸿沟深陷》,《中国新闻周刊》2010 年 8 月 6 日。
③ 李迅雷:《中国财富差距至少超过 40 倍,较 2009 年将近翻了一番》,《第一财经日报》2010 年 5 月 12 日。
④ 赖明:《调整国民收入分配格局,促进经济社会健康发展》,维普资讯网:http://www.cqvip.com/qk/83277x/200907/30975030.html。

说明我国社会财富的大部分越来越集中到国家和企业手中,收入结构失衡比较严重。收入结构失衡还伴随着社会差距的不断扩大。中国城乡居民的收入比总体上呈扩大趋势,从1978年前的1∶2.36扩大到了2009年的1∶3.33,而世界多数国家和地区城乡居民收入比为1.5—2∶1。贫富悬殊的距离由改革开放初期的4.5∶1扩大到12.66∶1。① 据中国社科院发布的《2008年社会蓝皮书》显示,基尼系数从1982年的0.249逐渐飙升至2008年的0.47,北京师范大学收入分配与贫困研究中心主任李实估算,2009年中国的基尼系数可能超过0.5。②

第三,普通民众特别是社会弱势群体无法共享经济发展的成果。

上文对收入差距的描述反映了初次分配领域中存在的共享发展成果问题。在二次分配领域中,这个问题甚至更加严重。据李培林课题组2008年的调查,在18—69岁的拥有城镇户籍的人口中,有53%的人参加了城镇养老保险,而在18—69岁拥有农村户籍的人口中,参加养老保险的仅有5.6%。在18—60岁的城镇失业者中,参加养老保险的比例是31.3%,参加医疗保险的比例为37.4%,而参加失业保险的比例仅为6.1%,享有城镇最低生活保障的有5%。③ 城乡之间存在着比较大的保障鸿沟,农民(工)、城市低保人群、残疾人等社会弱势群体,其社会保障状况更加堪忧。据山东大学政治学与公共管理学院王佃利教授"调研山东(2010)"调查结果显示,超过三成人未与单位签订劳动合同;近三成的被访者没有参加任何社会保险,且参加医疗保险和养老保险的比例明显低于城镇居民;五成多的新生代农民工月平均收入在921—1500元间;四成多的被访者居住在单位宿舍或简陋工棚,居住在个人租赁或合租住房的比例为三成多,自己买房居住的比例仅为14%。④ 这说明,在我们的社会中,还有很多人被排除在公民基本权利之外,他们的生存和发展都受到了比较大的限制。这是近几年来我国社会突发性事件频发的一个重要原因,也成为社会经济进一步发展的障碍和影

---

① 赖明:《调整国民收入分配格局,促进经济社会健康发展》,维普资讯网:http://www.cqvip.com/qk/83277x/200907/30975030.html。

② 周政华:《中国居民收入差距调查:财富分配鸿沟深陷》,《中国新闻周刊》2010年8月6日。

③ 中国社科院"中国社会状况综合调查"课题组:《我国城乡居民社会保障状况调查》,《光明日报》2009年4月2日。

④ 孙珂:《八成新农民工无城市住房》,《山东商报》2010年11月3日。

响社会稳定的潜在危险因素。

三

经济结构不合理、经济增长的环境资源代价、收入差距的扩大和普通民众特别是社会弱势群体难以共享经济发展的成果,诸多因素构成了包容性增长的现实诉求。而包容性增长之所以成为解决现实问题的一把钥匙,更深层次的原因在于它饱含正义的理论品质满足了社会发展和民众发展的需要。

第一,包容性增长是机会平等的增长。

机会平等是现代政治社会的良好品德,但是,机会不平等似乎比平等更司空见惯。有人认为,"个人责任"应该对机会不平等负责,"诉诸'个人责任'是所有政治领导人的一致呼声,他们将不平等归咎于不同人的不同选择:那些境遇良好的人做出了反映他们个人优点的选择,而那些境遇不好的人则做出了反映他们个人缺点的选择"。① 其实,现实世界中的机会不平等只有很少一部分可以进行这样的解释。在造成机会差别的因素中,只有很小比例的因素可以得到评估,这些因素包括家庭、运气和个人努力。运气则包括环境方面的运气和遗产方面的运气。除此之外,累积性的优势和劣势也是造成机会差别的重要因素。所以,"各种口头承诺都用来宣传机会平等的各种优点,但是常见的口头禅却是'机会平等变成了不平等'……而且平等的机会只有在一个将不平等的范围控制在狭小的限度内的社会中才能实现"。② 实行包容性增长的社会,才有望成为这样的社会。

包容性增长的核心要义是机会平等,机会平等包括机会起点的平等和机会实现过程的平等。机会起点的平等意味着相关者在面临同一机会的竞争时,要有大致相同的资源禀赋,这种资源禀赋既包括先天继承的,也包括后天习得或者获得的。假如两个人在家庭背景、自然禀赋和累积性的优势劣势方面,都存在比较大的差异,那么,这种差异往往会造成两个人机会的不同,其中处于劣势的人已经输在了起跑线上。无论结果如何,都显失公平。这就是机会起点不平等造

---

① [英]布莱恩·巴利:《社会正义论》,江苏人民出版社,2008年,"序言"。
② [英]布莱恩·巴利:《社会正义论》,江苏人民出版社,2008年,"序言"。

成的结果不公平。恰如布坎南所说:"在一个市场竞争的社会里,不公平的原因在于,在做出选择之前,在运气投入经济骰子之前,人们在进入竞争的初始位置时所拥有的禀赋的分配。"①包容性增长就是要尽量过滤以上资源禀赋的先天差异,创造机会起点的相对平等,从而缩小结果的不平等。

机会实现过程的平等是对机会平等的公正程序之要求。起点的平等固然重要,但如果没有过程的平等和程序的公正,机会起点平等也便失去了意义。起点平等和程序公正都是结果公正的必要条件。罗尔斯在《正义论》中指出:"存在一种正确的或公平的程序,这种程序若被人们恰当地遵守,其结果也会是正确的或公平的,无论它们可能会是一些什么样的结果。"②实现过程公正的机会平等,就是要使每个社会成员都享有平等的自由权利进入各种社会领域,都能够凭借其自身的能力、按照社会共同认可的规则进行竞争,进而获得相应的社会资源或利益。包容性增长强调参与和分享,就机会实现过程的平等而言,参与意味着每个社会公民都有平等的自由权利进入各种社会领域,遵循一套公正和公认的竞争规则,自由运用自己的理性和努力去接近目标。这至少需要三个条件:"一是阻碍某些人发展的任何人为障碍,都应当被清除;二是个人所拥有的任何特权,都应当被取消;三是国家为改进人们之状况而采取的措施,应当同等地适用于所有的人。"③

机会平等并不排除差别。"平等对待并不排除差别,即并不产生平等结果(无论在机会的利用还是在其他方面),这一事实如今已得到公认。"④人具有不可抹平的先天差异性,在后天主观能动性的发挥上也存在比较大的差异,由这类原因造成的机会不平等就是公正的。包容性增长倡导的机会平等并不无视、更不抹杀这种机会不平等。但是社会还是应该能够给予不同人群以机会的平等,而不让差异性成为人为制造的恶果;后天的社会机制尽量将不平等收拢到人们可以接受的范围之内,达成不同个体、群体和组织相对的机会平等。所以,包容性增长所倡导的机会平等并不是一种僵化绝对的机会平等,而是在公平机会前

---

① [美]布坎南:《自由、市场与国家》,上海:上海三联书店,1989年,第187—188页。
② [美]罗尔斯:《正义论》,北京:中国社会科学出版社,1988年,第86页。
③ [英]冯·哈耶克:《自由秩序原理》(上),北京:生活·读书·新知三联书店,1997年,第111页。
④ [美]乔·萨托利:《民主新论》,北京:东方出版社,1998年,第396页。

提下的机会平等,机会不平等必须有利于扩展机会较少者的机会。

第二,包容性增长是广大民众共享经济发展成果的增长。

包容性增长意味着每个人都能够分享经济发展的成果,福利水平在经济增长中获得普遍的提升。这是包容性增长的基本要求之一。那么,为什么每个人都应该从经济增长中平等获益呢?

首先,我们从马克思主义的群众史观来论证共享经济发展成果的合理性。马克思主义认为,物质生产活动是人类最基本的实践活动,对于人类社会的生存和发展具有决定性的意义。人民群众是物质生产活动的主要承担者,创造了社会的物质财富,人民群众还创造了社会的精神财富,是社会历史的创造者并且推动了社会历史的发展和变革。马克思在《神圣家族》中写道,"历史上的活动和思想都是'群众'的思想和活动","历史活动是群众的事业,随着历史活动的深入,必将是群众队伍的扩大"。① 马克思主义的群众史观超越了历史上的"英雄史观"和"技术决定论"片面观点,还原了历史运动的本来面目。虽然在某些历史发展的关键时刻,领袖和英雄人物会起到决定性的作用,但是,他们本身也是人民群众的一员,脱离群众的任何个人的行动终将因力量的有限性而成为无源之水,无本之木;虽然说技术变革推动了生产力的大发展,科学技术在现今已经成为第一生产力,但是技术的革新带来的仅仅是社会生产力单方面的进步,离开群众的社会革命和社会改造,就没有社会历史的变迁。人民群众是历史的主体,这为人民群众共享经济成果和社会财富提供了合法性言说。

其次,从政治人类学的意义上来说,人与人之间的关系既是一种合作关系,也是一种冲突关系。人类自身各个方面取得的进步与成就说明,合作关系而非冲突关系是一种主流。广义的合作可以分为三种形态:互助、协作和合作;狭义的合作是指一种较高级形态的共同活动形式,在概念的逻辑结构中,互助是一种感性的、形态较为低级的合作,协作是工具理性的、高于互助的合作,而狭义的合作则是一种实践理性的更高级形态的合作。② 人们为什么要结成一种合作关系呢?"每一个人的福利都依靠着一个社会合作体系,没有它,任何人都不可能有

---

① 《马克思恩格斯全集》第19卷,北京:人民出版社,1963年,第103—104页。
② 张康之:《合作社会理论的构想——评罗尔斯的社会合作体系》,《南京社会科学》2008年第1期。

一个满意的生活。"①合作能给每个人带来比独立生活更大的利益,游离于社会合作体系之外的鲁滨孙式自给自足的生活根本不可能。不仅如此,在合作状态下的物质生产或者其他所得总是会比单枪匹马的情况下要更多,这不是仅靠个人力量就可获得的利益,而是社会合作的产物。所以,社会合作体系中的每个参加者参与经济成果的分配就是理所当然的事情。这不仅是维护社会合作体系的需要,更为广大民众参与分享经济发展成果提供了逻辑上的证明。由于个体的人总是存在着自然资质的差异,这种差异会影响到资源的最初分配,使社会弱势群体处于一种更加不利的境地。所以,社会有责任对处在弱势地位的社会成员予以必要的帮助,广大民众共享经济发展成果才能真正实现,才能维护社会的公正秩序、提升社会的合作程度。

最后,每个人的自尊是神圣不可侵犯的,公平的机会和经济利益是一个人"自尊的基础",每个人都应有平等的权利分享基本利益以实现其自尊。这是人类社会脱离野蛮步入文明时代的一个重要标志。为了维护每个人最起码的尊严,"每个人不论贡献如何,最低都应该得到人类社会成员所应得到的东西,至少应得到生存和发展所必需的起码的权利"。② 分享经济利益以及由经济发展带来的社会福利和社会保障,就是人生存和发展的最起码权利之一。社会个体之间无论存在多大的差异性,作为人的尊严在价值上是等同的,没有高下之分。广大民众参与经济过程,共享经济发展的成果是维护自尊的需要。从这个意义上来说,包容性增长符合人对自尊的追求。

四

包容性增长对机会平等和共享经济成果的青睐,实质是对社会公平正义的吁求。那么,如何落实包容性增长以达到社会的公平正义呢?相关政策措施可谓不胜枚举,但是,以下几点对于实践包容性增长最为重要。

第一,调整经济结构,转变经济增长方式,实现经济可持续发展。中国经济发展虽然取得了令世界瞩目的经济发展速度和成就,但是这些经济成就是在以

---

① [美]罗尔斯:《正义论》,北京:中国社会科学出版社,1998年,第108页。
② 王海明:《平等新论》,《中国社会科学》1998年第5期。

资源和环境为代价的粗放型经济增长方式条件下取得的。粗放型经济增长方式不能实现经济的可持续发展。包容性增长并不排斥经济发展的高速度,经济增长是实现包容性增长的基础,只有经济高速、有效、持续的增长,才能创造大量的就业与发展机会;只有蛋糕做大,才能让更多的人分到更大的蛋糕;没有经济增长就没有分享的机会和分享的实质内容。所不同的是,包容性增长在追求经济高速发展的同时更加注重生态环境的保护和资源的高效利用。所以,其对经济发展提出的首要要求就是转变经济增长方式,从目前粗放型的经济增长方式向一种集约型经济增长方式转变。经济结构调整本身也是经济增长方式转变的题中应有之义。包容性增长不仅需要对现有产业结构进行战略重组,大力发展战略性新兴产业和现代服务业,提高科技进步和创新对经济增长的贡献率,优化生产要素投入结构;而且还要求产业结构的调整更加能够满足人民日益增长的物质文化需要,能够不断扩大就业和内需,从而使我国经济实现从出口导向向进口替代、从外需导向向内需替代、从 GDP 增长向就业导向的转变,实现经济可持续发展。

第二,废除各种排斥性制度,进一步扩大社会的包容度。包容性增长是对社会排斥的坚决摒弃。不容否认的是,改革开放以来,社会利益格局几经组合变迁致使社会逐步形成了一个由权力精英、资本精英和知识精英构成的排斥性体制。在政治领域中,某些社会强势利益集团通过对政治权力的掌控和影响,不仅把社会弱势群体排除在权力圈之外,使其失去话语权和自决权,而且还利用掌控的政治权力出台维护一己私利的政策。在经济领域中,市场失灵和政府失灵共同"成就"了某些行业与企业的垄断性地位,这种垄断地位一旦获得,不仅排斥了其他社会群体、企业或个人进入该行业,而且还迫使我们在经济效率和社会公平方面付出代价,最后的结果还是社会福利的损失。在社会领域中,社会强势群体掌控了社会大部分资源,占用了大部分公共物品,农民、农民工等社会弱势群体在社会公共资源和公共物品的享有上长期被边缘化。在社会排斥存在的情况下,机会平等和共享经济发展成果就成为一句空话。所以,包容性增长要求废除存在于政治、经济与社会领域中的各种排斥性制度,打碎排斥性体制。即疏通公民利益表达通道、扩大公民政治参与、提高党代会和人代会中普通民众代表的比例等措施,削弱强势利益集团对政治权力的掌控和影响;打破现有市场垄断、减少政治权力对经济资源的干预和调配、降低市场进入门槛，推进社会主义经济自由；废除二元户籍制度、削弱城市对公共物品和服务的垄断、改革因人而异的社会保障体系，实现广大民众特别是社会弱势群体的"国民待遇"。通过这些举措，进一步扩大社会的包容度。

第三，以公平分配为导向推进收入分配制度改革。收入分配不公是包容性增长面临的诸多问题之一。当前中国社会收入分配不公主要体现在行业间、地区间、不同社会群体间、国家——企业——个人之间以及城乡居民内部之间收入差距过大，致使落后地区和弱势群体难以分享经济发展成果。包容性增长所倡导的机会平等和共享经济发展成果之间存在相互正向或反向的影响关系：机会平等有利于落后地区、弱势行业或群体共享经济发展成果，共享经济成果也能在一定程度上保障机会平等；而机会不平等则不利于共享经济发展成果，不能共享经济发展成果也可能影响机会平等。以公平分配为导向，推进收入分配制度改革的措施有：提高居民收入在国民收入中的比重和劳动报酬在初次分配中的比重；要打破强势利益集团对社会财富的垄断局面，降低直至取消垄断行业和企业的垄断性高收入；强化税收手段在二次分配领域中的作用，有效实施遗产税，赠予税和不动产税等新税种；在政府的转移支付与优惠政策中，更多地向落后地区、行业企业以及社会弱势群体倾斜；立法杜绝灰色的、违法的财富积累和分配方式。公平地进行收入分配，使收入和财富更公平地为广大民众所持有，这些收入和财富构成了广大民众生存和发展不可或缺的资源。这不仅是共享经济发展成果、维护社会合作体制的需要，而且，也为机会平等提供了一个起码的物质基础。

第四，为城乡居民特别是社会弱势群体提供均等化的公共服务。在过去的三十多年中，在 GDP 主义影响下，我国各级政府把财政资源更多用于固定资产投资而不是用于为广大民众提供必要的公共服务。包容性增长是去 GDP 化的增长，对政府提供公共服务的职能提出了更高要求。政府的职责是向社会提供人们生存和发展所必需的且无法通过其他方式有效供给和保障的产品和服务。[①] 包容性增长要求政府为广大民众特别是社会弱势群体提供更优质、更均

---

① 项继权：《基本公共服务均等化：政策目标与制度保障》，《华中师范大学学报（人文社会科学版）》2008 年第 1 期。

等化的公共服务。针对中国目前财政状况和民众需求来说,就业与再就业、教育、公共基础设施和社会保障最为关键,政府提供更优质和均等化的公共服务亦当从这几个方面入手。首先,政府要建立广泛的就业与再就业服务系统,增加政府转移支付以加强职业技能培训,消除劳动力市场上的就业排斥与信息壁垒,创造并提供更多就业岗位。其次,从教育对人力资本的关键影响着眼,要加大对农村地区和社会弱势群体的教育投入,保障城乡教育机会公平和教育质量均等;同时还要进一步完善现代国民教育体系和终身教育体系。再次,在公共基础设施建设方面,主要加强对农村地区、落后地区的建设力度和财政支持。最后,加大政府向社会组织购买公共服务的力度,建立政府、市场和社会多元提供公共服务的体制机制,满足广大群众多样化的服务需求。

第五,建立全覆盖的社会保障体系。完善的社会保障体系是经济社会发展的重要保证,也是社会包容的有力体现。然而长期以来,我国不同社会阶层和社会群体享有不同的社会保障内容和水平,农民群体更是长期被排除在社会保障之外而不得不依靠传统的家庭保障,农民工群体的社会保障体系建设也在最近几年才刚刚起步。这种状况表明我国社会群体享有社会权利的不平等性,社会弱势群体陷入"权利贫困"的境地;"权利贫困"不仅导致弱势群体陷入经济贫困,难以共享经济发展成果,而且还进一步影响了他们的发展机会。基于此,我们有必要在经济发展的基础上,围绕实现"人人享有社会保障"的目标,建立覆盖城乡全体居民的社会保障体系。首先,完善社会保障立法,把社会保障权从应然的权利上升为法定的权利,再通过法律的实施把法定的权利转化为公民实际享有的权利。其次,建立多渠道的社会保障基金筹措机制,规范社保基金的投资运营和管理,逐步提高社会保障的统筹水平。再次,加强对农民、农民工和其他社会弱势群体的社会保障力度,实现社会保障全覆盖。最后,加强社会保险、社会救助、社会福利与社会慈善事业的衔接和协调,特别是为个人和非政府组织的慈善活动提供政策和法律支持。

五

包容性增长是继科学发展观之后中国谋求发展的新思路。有香港媒体称,这将是中国继20世纪四五十年代社会制度转型和改革开放以来经济体制转型之后的中国内地第三次历史性大转型,是"中国所酝酿的第三次华丽转身"。这次转身不仅要在生产方式根本转变和经济结构优化的前提下追求社会生产力大发展和经济增长这个人类社会的共同目标,更是要促进广大民众机会平等、权利公平,共享经济发展的成果,其最终的价值指向是要实现社会主义社会的公平正义——"比太阳还要光辉的事业"。包容性增长对于科学发展和构建社会主义和谐社会、实现民族复兴具有重大的意义,就像联合国秘书长潘基文所说,经济增长虽对贫困减少是必须的,但并非是充分的……它(包容性增长)能更快地促进千年发展目标的实现。

地方政府改革视野中的政府公债

高 静

摘 要:本文在总结现有公债理论的基础上,选择从政治文化和政府体制入手,具体分析了不同类型的政治文化和政府体制背景下政府公债的发展状况,着重探讨了地方政府改革中地方政府公债的作用和影响,并结合我国地方政府目前的融资状况,努力寻求我国地方政府发行公债的解决方案。

关键词:地方政府改革;地方政府公债;政治文化;政治体制

政府公债,一般属于技术性的范畴,但作为一种政府行为,又是具备政治属性的活动。仅从技术性的层面研究政府公债,忽视对其政治效应和行政效应的探究,便无法全面诠释公债之于政府的影响。纵观中外公债思想理论,多从经济学、财政学角度阐述,或从技术操作上论证公债发行的必要性和可行性,或从调控经济着眼阐明公债的效率和利弊。本文力图在现有公债理论的基础上,在政治学、行政学范畴内,对此政府行为进行深入的研究,研究角度主要是探讨地方政府公债与地方政府管理之间的关系,分析地方公债的政治与行政效应。特别是在现阶段中国还未赋予地方政府发债权的背景下,针对地方政府公债的行政效应及其对地方政府管理变革的潜在影响进行积极探索。

本文的研究对象地方政府公债是指地方政府在经常性财政收支不足的情况下,为满足地方经济与社会公益事业发展的需要,按照有关法律规定向社会发行的一种债券。在西方发达国家,这又被称为市政债券。它既是地方政府配置社会资源、筹集公共设施建设资金的一种合法手段,也是公债体系的一个重要组成部分。

西方公债理论

公债在国外有较长的发展历史,最早起源于城市地区。据史料记载,世界上出现的首张公债券,是由威尼斯市政府发行的,堪称当今地方政府公债的雏形。公债的产生和发展与商品经济密切相关。随着公债的大量出现,对公债的理论研究逐渐纳入了人们的视线。古典学派公债理论以斯密、李嘉图、萨伊等为代表,认为公债对国民经济宏观发展的影响主要是负面的。斯密认为,政府举债助长了政府的奢侈风气,因筹款容易而不注意节约。而且政府从来不会公道地完全偿还,致使无辜国民利益受损。他还指出由于公债用途的非生产性,其对于国民经济的发展是不利的。不过,斯密承认在战时应对紧急经费支出的有效方法是发行公债。李嘉图对公债也持否定态度。他认为,当国家利用负债来筹措资金用于开支时,就必须建立并保持为偿还债务的偿还基金,偿还基金应采取以赋税筹划资金的方法。李嘉图亦反对公债的非生产性用途,而且认为把生产资本用于非生产性用途掩饰了真实情况,使人民只需缴纳少量租税以支持公债利息,从而不知节俭。他还指出,一个负债国家应采取有效措施减轻公债负担,避免陷入困境。萨伊的公债思想具有独到之处,认识到公债的代际负担,指出公债是后代的赋税负担,在课税上优待公债持有者是公债的弊害。

随着自由资本主义向垄断资本主义过渡,西方财政经济理论中形成了一些主张和肯定发行公债的学说,其中的代表人物是凯恩斯。他在1936年出版的《就业、利息与货币通论》中,提出了实行赤字公债政策的依据。凯恩斯认为妨碍经济复苏的主要原因,是有效需求减退而导致投资不足,从而造成失业。通过发行公债的财政投资贷款将补充投资不足。通过提高投资回报给失业者提供就业机会,达到充分就业的目的。

第二次世界大战后,出于政府干预宏观经济的需要,西方国家的公债规模趋于不断增长的态势,凯恩斯学派的公债理论得以进一步发展。例如,针对公债的代际负担,该学派认为,从物质资源上看,公债导致产业资本用途的转换,但资源用途的改变不会形成下一代负担。上一代不仅有债务遗留,也留下了债券实物。下一代的债务负担和债务支付收益是相对称的。其中,萨缪尔森指出,公债负担论并不成立。相反,在找不到其他办法来提高总需求以达到充分就业时,公债可导致更大的资本形成和消费。只有在达到充分就业时,公债增加没有形成政府资本或导致私人投资减少,公债才是负担。公债如果与国民生产总值同步增长,即公债占国民生产总值的比重变化不大就不足为虑。

20世纪70年代以来,随着新自由主义经济理论主流地位的确立,出现了对凯恩斯主义公债理论进行的反思和挑战。新自由主义理论反对国家干预,对公债问题同样从批判的角度加以研究,指出了凯恩斯主义公债理论的缺陷。现代货币学派代表人物弗里德曼指出,凯恩斯主义主张发行公债的说法不能完全成立,即"相对于赋税收入的政府开支的增加,即使其资金来自借贷,也必然具有扩展经济活动的性质"①,这种说法以两种极端情况中的一个为前提,而这种极端情况是不现实的。公共选择学派代表人物布坎南认为,举债会减少一国的资本存量。无论是征收资本税偿债,还是举新债偿旧债,对一国资本净值都不会产生什么影响。公债破坏资本,因而严加限制。但是现行的立法程序不能有效地减少公债。因此,布坎南认为,约束公债需要制定宪法上的限制规则,约束政治家的财政活动。尼斯坎南也强调对公债与税率的控制,以避免对预算总量的支出、税收、赤字等的投票,因为这些变量的设计易于出现聚集误差与预期失误,同时易于引起更大的争论。

政治文化、政治体制与政府公债

从政治层面来说,公债不仅是一种经济现象,而且更多地表现为一种政府行为,是政府运用经济手段对社会和国家的管理行为。公债的兴起、发展和衰退,体现了一段时期内政府管理者的价值取向和政治偏好,与当时的政治体制密切相关,同时,与当时社会的政治文化也是密不可分的。不同政治文化对应着不同的政治体制,这些都影响着政府公债的发展。

阿尔蒙德和维巴通过比较研究,总结出三种类型的政治文化,即地域型政治文化、顺从型政治文化和参与型政治文化。地域型政治文化中,人们生活在一个

---

① [美]米尔顿·弗里德曼:《资本主义与自由》,北京:商务印书馆,2004年。

狭小的圈子里,如家族、村落、部落等,人们关心更多的是自己身边的事情,考虑利益关系主要从亲情、血缘关系出发;对政治没有形成明显的概念,对已有的政治系统漠不关心,更谈不上参与政治,同时也缺乏对政府决策的判断和评估能力。可以想象,在这种政治文化和政治系统中,生产性劳动处于个体的自发阶段,社会性生产劳动的规模较小,社会公共产品的需求和支出更少,政府公债产生缺乏必要的基础,唯一可能出现政府举债的情况就是发生战争。顺从型政治文化中,人们认识到政治系统的存在,但认为自己的行为不可能对其产生影响,因而,往往被动地接受政府的管制,从来不想也不去参与政治系统的活动以改变政府决策,只是一味地服从。在这种政治文化中,政府表现更多的是强权政府,对社会资源的高度控制,社会经济的发展由政府决定,公共产品由政府有计划地提供,由于缺乏必要的沟通渠道,公民的诉求也往往很难到达政府层面,政府公债存在但规模相对有限。

政府公债得到认同和大力发展的是参与型政治文化,人们对政治系统以及政治输出有较为清楚的认识,每个公民都是政治系统的组成部分,政府决策必将对自己的利益产生一定的影响,参与政治是维护自己利益的基本手段,因而,人们都有较高的政治参与积极性,愿意通过参与政治来影响政府的决策过程。而经济政策是政府最常见的行为,一方面,人们通过与政府的信息沟通,可以促进政府做出合理的经济政策选择;另一方面,人们通过政治参与做出的成本—效益选择,可以影响经济政策中的资源配置和社会效益。随着人们参与政治的程度日益提高,人们对社会公共产品的需求日益增加,政府公债作为政府调节经济、筹集资金的一种主要手段,其作用为人们所认可,其蓬勃发展态势也是显而易见的。

就中央与地方关系的类型而言,依决策权的分配角度划分,亦存在三种类型的权力配置体系。一是高度集权的单中心体制,二是单中心行政集权但不规则分权的体制,三是多中心自主治理的体制。① 在单中心体制下,资源控制型的基本特征使社会资源高度集中在政府手中,不存在生产性资源的转换,而且由于缺乏市场经济和市民社会的土壤,公债制度无从产生。在行政集权又不规则分权

---

① 毛寿龙:《市政债券与治道变革》,《管理世界》2005年第3期。

体制中,市场经济已然确立,市民社会开始发育,地方政府开始拥有自主权,出现了联邦财政体制的雏形,即财政预算实行联邦体制,每一级政府拥有相对独立的财政预算,但实际上财政预算权并不规范,缺乏硬约束机制,产生了大量不规则的债务。这种不规则债务,除了政府间决策权力配置结构因素之外,往往与税收体制不完善和公共融资渠道不畅有关。

多中心自主治理体制中,市场经济和市民社会均高度发达,在对地方公共资源的治理方面,存在着多个中心,包括中央政府、地方政府和不同层级的自治组织。政府的职能是有限的,主要是提供公共产品和服务,不同等级的政府表现更多的是提供公共产品和服务的范围和区域不同。由于各级政府拥有独立的财政自主权,而大量提供公共产品和服务需要大量的资金,政府发行公债,筹集建设资金已成为一种社会常态,同时健全的法律和规章制度也为政府公债的发行提供了制度保障和行为规范。唯一存在的问题是公债的代际负担,应严格控制公债规模,防止将本代人的债务转嫁到下一代人身上。

财政联邦主义是经济学家马斯格雷夫(Musgrave)和奥茨(Oates)提出的一种财政分权理论,也是一种能有效解决中央与地方政府关系的政府财政形态。他们认为,任何一个国家的政府体系都会分成若干层级,不管其政治体制是单一制还是联邦制,各级政府的财政都应分开且相对独立,根据所处的层级承担不同的财政职能,就如联邦政体一样。因为在市场经济条件下,地方政府财政要想实现稳定经济的职能是不太可能的,这超出了地方政府的财力和调控能力;而劳动要素在地区间的自由流动,又使地方政府财政难以承担收入再分配职能,这些职能应由中央政府承担。但在优化资源配置、提供公共产品和服务方面,地方政府则比中央政府有优势,由于更接近自己的选民,更了解所管辖区域内民众的需求和偏好,地方政府提供的产品更有针对性,效率会更高。

在财政联邦主义形态下,中央和地方政府在财政收入权、支出责任和转移支付方面都将有进一步的明确划分。这些权力和责任的划分,将有利于调动地方政府发展本地区经济的积极性,提高地方的可持续发展能力。作为地方政府的主要融资渠道,地方政府公债必将得到广泛运用。

从某种意义上说,财政联邦主义的出现为地方政府发行公债提供了一条新的选择路径:在不改变现有政治文化和政治体制的情况下,通过财政体制改革,同样可以赋予地方政府发行公债的权力。

地方政府改革与地方政府公债

地方政府改革可以表现为三个不同层次,即操作选择层次变革,着眼于组织变革和人员调整,遵循组织逻辑;集体选择层次变革,着眼于政府职能转变和调整,处理政府与社会,政府与市场,政府与中介组织关系,遵循职能逻辑;宪政选择层次变革,着眼于权力关系变革和调整,处理地方政府与上级政府,政府和民众之间关系,遵循政治逻辑。进行地方政府行政改革时,应分别进行三个层次变革,从而达到组织效率、职能效率和政治效率均衡和最大化。①

考察地方政府公债这一范畴,可以说同时包含了地方政府改革的上述三个层次。地方政府公债是地方政府今后拓宽融资渠道的选择路径之一,政府进行相关机构调整和人员变革等组织方面变革,应该与政府具体职能转变和定位方面的变革相结合,使得组织逻辑反映和适应职能逻辑。与此同时,政府相关改革必须要获得立法机构和上级政府审批和支持,地方政府发行公债也需要通过法律形式确立政府的发债权能和规模;从政治层面上来看,还须发挥公众在政府改革中的作用,一方面让公众参与组织变革和职能变革的决策过程;另一方面让公众监督组织变革和职能变革,地方政府公债亦是如此。这样,使得政府改革从职能变革走向政治变革,达到重新调整政府内部各部门之间关系、各级政府之间关系及政府与社会之间关系的目的,从而避免政府内部扩张。可见,地方政府发行公债的过程与政府改革过程遵循着同样的路径,公债的政治性反映在发行过程的各个环节。

(一)政府间关系格局调整

权力划分特别是财权划分问题一直都是政府与政府间关系的核心。在目前地方政府的改革过程中,深化分权的改革要求日益强烈。公债被视为地方政府合理分权的表现和充分扩大地方财权的有效形式,因为依据政治逻辑,地方公债必然涉及中央与地方利益关系的变动与调整。在中央与地方相互依赖的资源约

---

① 李文钊:《治道变革理论:一种分析地方政府改革的框架》,制度分析和公共政策网。

束中,财政显然是最重要的资源之一。当前地方政府改革潮流中的分权改革的重点也基本围绕这一方面展开。1995年世界银行曾对深化分权以完善地方政府功能提出三项建议:一是明确划分各级政府的职能,给予地方政府更多的管理权和财权,以使其与承担的职能相匹配;二是改革财政税收制度,使地方政府有更大的财政自主权以便行使其职能;三是在中央规制与地方自治之间寻求平衡。这些建议主要也是为了落实地方政府的财权。深化分权的地方政府改革运动为主张发债论进一步提供了强有力的依据。当然,在调整中央与地方利益关系格局的过程中,妥善使用公债这一经济杠杆的确起着十分重要的作用。

地方政府公债不仅对调整中央与地方政府间关系至关重要,同时对各地方政府之间的横向关系也会产生影响。地方政府间关系兼具竞争与合作性质,在新公共管理理论所倡导的企业型政府和顾客导向模式的背景下,竞争性已成为政府关系的主流特征。各地方政府发行的公债因发行种类、发行规模及收益率的不同,会导致民间私人资本在各地区之间的不规则流动,进一步加剧政府间竞争关系和地区间公共产品供应水平的差异。在区域经济发展存在较大不平衡的体制环境中,应避免因制度设计失误而引发区域发展失衡的进一步扩大。

(二)地方政府职能转变

政府职能转变是地方政府改革的主要内容之一。随着市场经济的建立,地方政府的职能也开始由微观向宏观方向转化,由过去的干预微观经济向资源有效配置、保证充分就业以及提供社会保障转化。特别是当市场失灵,不能实现资源的有效配置时,就需要由政府承担相应职能,解决公共产品的生产和供应问题。政府进行资源配置的手段,主要有税收、公债、转移支付、投资支出、财政补贴等方式。政府正是通过这些收支类的公共经济活动,使社会总资源在公共领域和私人领域之间的配置达到均衡,调节资源配置的方向和结构,实现最优化配置。

政府为合理配置社会资源采取的两种主要手段完全是不同性质的:一种是凭借强制性权力,采取税收的形式;另一种是依据信用原则,发行政府公债。其中,公债作为政府配置社会资源的一种形式,其目的在于将私人部门的部分资源转移至公共部门,从而使政府可以支配原本由私人部门使用的社会资源,大范围筹集政府投资资金。而且,公债对产业部门间、地区间的资源配置也有重要影响。随着政府职能的扩大，对财政资金的需求日益增长，仅以税收形式筹措资金已不能满足政府的需要。尽管税收的收入来源较有保证，且获取的成本较低，而公债需要考虑偿还问题，但是西方国家地方政府在紧急需求时往往采取借债手段。这是因为在政府缺乏资金时，如果通过增加税收或提高税率的方法，需要经过十分复杂的程序，难度较大。[①] 而公债由于发行程序相对简便，能够迅速筹集资金，因而在西方被广泛应用。另外，在现代经济中，公债还有助于弥补财政赤字及承担政府进行宏观经济管理的职能。

（三）地方公共财政管理体制改革

在新一轮政府改革潮流中，制度创新和管理创新日益突出，作为公共管理的核心内容，公共财政管理的制度创新也日益提上日程，在此背景下有关地方政府公债的探索也将成为创新的主要内容之一。

基于财政权是地方政府的基本权限之一，因而保证地方政府公共财政的基本职能最大限度的履行就十分关键。公共财政管理的目标如效率目标、公平目标、稳定目标正是为了确保公共财政职能的全面履行。公共财政管理主要包括公共预算管理、公共收入管理和公共支出管理。而公债作为政府拓展融资渠道、增加公共收入的主要来源之一，必将成为地方公共财政管理体制改革的重要内容。因而，我们应从预算、收入、支出各个环节探索建立现代公共财政的基本框架，即按照民主财政的要求构建公共预算制度，确立财政运作的民主机制。

（四）地方政府公债的利益原则和民主问题

在西方国家地方政府的公共预算安排中，公债是不可或缺的一种手段，体现了利益集团、政治家、社会与公民之间的利益角逐。但政府发行公债必须提供有关偿还的配套措施以及确保资源配置效率最大化，防止出现成本与收益不对称的情况，即举债人、还债人和受益人三者须一致。而地方公债的决策权的配置也必须考虑成本与收益相对称的问题。

地方赤字的资本项目部分也可以采用公债形式解决。因为资本项目不同于经常性项目，前者的受益期不仅限于当期，而且可以递延到今后许多年。根据受益者分担成本的基本原则，作为公共服务中的资本，应该分摊到各期受益的人们

---

① 鲁照旺：《政府经济学》，郑州：河南人民出版社，2002年，第429页。

身上,这就客观上要求一种能将负担向后递延的公共融资形式,地方政府公债正好满足这一要求。举债机制通过资本项目利益与成本的内部配置提高了地方政府的行政效率,并符合广为认同的受益公平原则。

讨论民主问题的另一个视角是公债的代际负担问题,其中提出了对民主运转的质疑。公债负担是指政府为了偿还公债的本息资金,增加税收收入或其他收入所造成公众所得减少、工作量加大或用于其他公益支出的减少,即由于政府发行和偿还公债所引起的商品和劳务损失。① 公债偿还资金的最终来源主要是税收。发行公债会形成未来负担的增加和社会财富分配的不公,特别是长期公债。因公共产品的资金应依受益原则筹集,公众应该偿还本身的受益份额。那么,受益期限较长的公共设施的资本支出由几代人共同负担,形成负担转移,出现了当代人对后代人民主权力的侵犯,违背了谁受益谁支付的民主原则。

我国地方政府发行公债亟须解决的问题

迄今为止,我国尚未允许地方政府发行公债。主要原因是中央政府担心对地方财政失去控制,削弱中央的宏观调控能力;其次,担心地方政府无限制发行公债,超出地方财政负担,而一旦出现财政危机,将债务转嫁给中央政府。尽管如此,地方政府通过各种变通形式,仍然形成了庞大的债务体系。据粗略统计,中国全部地方政府债务至少在10000亿元以上,并且绝大多数都属于隐性债务。近10年来,中国省一级财政总体上是赤字运行,省级财政缺口占GDP的比重,总体上呈上升趋势——由1994年的3.7%增加到2003年的6.3%。② 这在一定程度上存在着较大的财政风险。

因而,虽然地方政府公债与国债一样,具有财政乘数效应,能使国民总产出快速增长,但由于目前中央政府和地方政府财权划分有待规范和明确、分税制改革不够彻底、缺乏对地方政府的硬约束机制,地方政府发行公债仍存在一定的风险,需要积极引导,理顺关系,完善制度,稳步推进。

---

① 刘华:《公债的经济效应研究》,北京:中国社会科学出版社,2004年,第212页。
② 刘利刚:《建立债券市场 化解地方财政风险》,《21世纪经济报道》2005年3月24日。

(一) 完善相关法律,赋予地方政府公债应有的法律地位

我国《预算法》规定,地方各级预算按照量入为出、收支平衡的原则编制,不列赤字。除法律和国务院另有规定外,地方政府不得发行地方政府债券。这在法律层面上限制了地方政府公债发行的可能性。这与我国地方经济建设的快速发展不相适应。随着地方经济的快速发展和人们生活水平的不断提高,对基础设施等公共产品和公共服务提出了更高的要求,然而这部分公共产品和公共服务建设存在较大的资金缺口,等待中央和地方政府的预算资金拨付是不可能的,完全依赖于外商投资和私人资本也是不现实的,因为毕竟是社会公共产品和公共服务,投资回报率不高,较为切实可行的是发行地方政府公债,以弥补地方财政的资金缺口。这就需要在法律上明确地方政府公债应有的地位。

从我国的现实情况看,目前最迫切的并不是通过复杂的立法程序修改《预算法》,而是须尽快对既不是地方公债又不是企业债券的市政收益债券进行立法,提供可操作的法律规范。最近财政部科研所在研究报告中指出,尽管《预算法》明文规定地方政府不具有发行地方公债的权力,但政府通过特定的市场机构(如市政建设公司)发行市政收益债券并没有被禁止,并有不断扩大的趋势。此类市政收益债券的投资方向主要集中于大型项目和基础设施建设,与地方政府公债是完全不同的两种概念,但在目前是地方政府公债没有获得合法地位之前的主要替代品。可见,尽管我国目前还没有出台正规的地方公债或市政债券,但仍有不少地方政府在以各种形式变相发行公债。或通过信托投资公司、市政建设公司作为发债主体发行债券,或以政府基金的名义向社会借款,由地方财政提供担保,从而形成了政府的或有负债。这种或有负债脱离了立法机构和财政体系的监督,实际发生时却从财政中列支的情况,容易构成潜在的财政风险。因此,与其让或有负债游离于法律体系外,不如将其纳入法律体系的控制之中。

(二) 理顺政府间利益关系,严格界定地方政府公债的使用范围,防范相应的金融风险

在地方政府拥有一级债券发行权的情况下,中央政府的财政和税收两大政策必然都会受到影响。由于现阶段的市场参数还不具备充分的有效性,宏观调控还须依靠行政手段,但地方公债会使行政性的宏观调控陷入失灵的境地。

另一方面,在现行政绩考核导向下,区域之间的发展竞争日益激烈,地方政

府公债的功能投向有可能发生变异,涉足竞争性领域的项目融资,干扰应由市场进行资源配置的领域秩序。特别是在一些追求跨越式发展的地区,政府干预替代市场秩序的倾向十分明显。根据公共选择理论,地方政府的角色已由传统的公益人转变为经济人,决定了地方政府在竞争决策过程中始终追求自身利益的最大化,地方政府公债就可能会演变为政府随意干预市场的工具,甚至扩大政府对经济的干预范围和力度,最终加剧政企不分的状况。

因而,在发行地方政府公债之前,一定要理顺中央政府与地方政府、地方政府与地方政府之间的利益关系,严格界定地方政府公债的发行和使用范围,避免滥发公债,滥用公债,造成"上有政策,下有对策"和地方政府间恶性竞争的不良格局,破坏市场经济秩序。

(三)完善地方政府发行公债的制度保障

在中国市场发育不够充分、信用关系还不够规范的情况下,地方政府发行公债自然需要更多的制度保障。一是建立债务预算管理制度。将政府举债数量、举债项目、举债投向、举债效益纳入预算管理,规范政府举债行为。二是建立债务预警机制。可借鉴国外经验,设计出符合各省实际的政府债务预警控制指标,确保政府债务控制在一个适度、安全的范围内。三是建立政府债务偿债机制。设立债务风险准备金,严格规定借债人要有风险抵押,防止有钱不还、还钱吃亏现象;同时,政府和属于政府投资的项目单位设立偿债准备金,专户管理、专款专用,专门用于偿还政府债务,提高政府抗风险能力。偿债的压力也会让政府考虑资金的使用效率和效益,并采取裁减机构臃肿人员和开源节流等措施。四是建立政府债务责任追究制度。进一步明确债务主体的责任。细化到项目,责任到人,终身追究;对逾期债务不能按时归还的要用法律、经济、行政等手段予以追究。① 五是建立地方公债信用评估机制。可以引入西方国家的商业资信评级制度,大力发展非银行系统的资信评估机构,对地方政府发行的公债进行信用评级,进一步增强投资者的信心,防范可能出现的金融风险。

(四)进一步健全地方公共财政监管体系

公共财政由立法机构控制实施,是现代民主政治的精髓,同时也是人类社会

---

① 刘铭达等:《如何解套县乡政府债务》,《中国财经报》2006年9月12日。

政治文明的表现。我国法律明确规定,任何政府公共财政支出都必须编制预算,并报经人大审核批准后执行。例如,中央政府近年来通过发行国债搞基础设施建设,事先均须经过全国人大的批准。但是,地方政府举债搞建设,目前还游离于人大的约束和监督之外。虽然地方政府的负债有其合理性,但是其负债行为也必须经由立法程序进行规范。在现阶段地方政府债务日益失控的形势下,加强地方政府债务监管已刻不容缓。政府为提供公共物品和公益服务而进行的融资行为,必须报经人大批准,政府收入使用状况也要接受人大的有效监督。

公共财政博弈过程中的利益分配

高 静

摘 要：公共财政是现代市场经济国家所有政治、经济活动中最关键的环节,决定着全社会总资源的调配和使用。而公共财政的有效运转和财政政策的合理制定,离不开对公共财政利益结构和利益分配关系的基本认识,并依据博弈论,如零和博弈和非零和博弈,对各利益主体的复杂博弈进行深层分析。最后,针对当前现实,系统总结了财政利益分配调整的具体思路。特别是,基于公共财政的政治属性,指出切实推进政治体制改革对于深化财政体制改革的重要意义。

关键词：公共财政；利益；博弈；利益主体；利益分配

公共财政活动是一个不折不扣的政治过程,所以像其他政治活动一样,充满着各类主体、各种力量的博弈,而因财政关系着社会资金的总调配,所以其博弈的激烈程度往往超过其他任何一种政治活动。特别是在中国这样一个急剧转型并处于改革攻坚时期的发展中国家,社会结构日趋复杂,政府调控任务日益艰巨,在财税领域的政策制定就更须审慎,一方面要兼顾各方面的利益需求,尤其是弱势的群体和部门,另一方面要避免财政决策被强势部门和利益集团所左右,造成财政利益分配的不公现象。

财政社会学所提出的"税收讨价还价—政治民主模式",充分说明了财政变迁中的政治影响,激烈的博弈过程中私人部门可以找到充分表达自身民主诉求的方式。这一模式是由转型国家的经验总结而来的。"20世纪90年代,这些国家都开始向税收国家转型。然而,由于收入基础和政治情况不同,在转型的过程中,不同国家形成了不同的税收讨价还价模式,进而走上不同的国家建设道路。例如,在波兰,国家的收入基础主要是私有的小企业和个人收入,在政治上尽管也存在着冲突,但在经济与政治改革上社会各阶层的精英已达成共识。波兰在解决税收冲突的过程中逐步形成了'征求纳税人同意'的方式,增强国家对社会利益的回应性。这种将抗议政治疏导进'吸纳性制度'的做法夯实了波兰的民主制度。而俄国的情况则相反。一方面,私有小企业不发达,国家主要从自己控制的能源、出口等高利润部门汲取财政收入,另一方面,国家建设一直是在持久的、两极化的精英内部冲突中展开的。最后发展出来解决税收冲突的办法是一种'精英讨价还价'策略,这使得俄国的政治民主出现了一些不甚理想的特征。"[1]可见,在转型国家的财政利益分配过程中,各方利益表达及协调深刻影响着国家民主制度的发展和成长。在此,本文从对财政过程中所涉及的各行为主体及其关系的分析出发,运用博弈论,重点探究公共财政的利益分配机制。

公共财政的利益结构

公共财政是整个经济社会发展的枢纽,既关系着各类公共产品的生产和供应,又能够改善生产部门的资金环境,在调节社会财富分配方面更是强有力的手段。所以社会各方都高度关注公共财政的一系列活动,并尽可能地争取在分配环节中谋求更多的自身利益。其中涉及的主体包括中央政府、各级地方政府、国有企业、民营企业、社会个体等,具有牵涉面广、关系复杂、博弈激烈的显著特点。

一、公共财政利益主体

在我国,中央政府在国家财政中居于主导地位,与地方政府共同参与公共产品的生产和国民收入分配的调节。特别是1994年分税制改革之后,中央和地方之间的财政收入得到明确划分,中央政府的财权明显增强,但财政支出方面的划分却责权不明。美国经济学家 Roy Bahl 曾指出发展中国家财政分权改革中一个常见的本末倒置现象:理论上是由事权决定财权,中央政府必须首先确定地方的支出责任,然后再对税收收入进行合理分配;但实际上,因为支出责任的划分往往涉及政治格局调整,存在着行政性财政分权向政治性地方自治演变的可能性,所以财政体制改革的推进就不是简单的财政关系调整,而是取决于政治体制

---

[1] 转引自马骏:《中国财政国家转型:走向税收国家》,《吉林大学社会科学学报》2011年第1期。

改革的力度和步伐。中央政府与地方政府的财政利益调整，实质上就具有了政治意义。

对地方政府来说，分税制改变了地方政府的偏好和行为。例如，"流转税被中央政府占了大头，地方政府开始寻求新的财源，以建筑业和第三产业为主要课税对象的营业税，成为颇具潜力的替代性收入。一方面，发达地区城市的企业、居民用地需求剧增，地方政府在分税制压力下亦迫切需要通过发展建筑业增加预算内收入，通过土地开发增加预算外资金，在土地征用和出让过程中获取巨额的预算外收入。以分税制的实施为标志，地方政府的行为客观上从工业化转向了城市化，特别是以土地而非产业和人口为中心的城市化"①。

近几年来，地方政府在国家财政分配格局中一直处于比较尴尬的地位。一方面，大规模的财政扩张使地方融资需求急剧膨胀。另一方面，日益紧张的财政链条和狭窄的融资渠道又迫使地方政府急于寻求制度外的收入来源。地方财政收入来源包括地方本级收入、中央税收返还和转移支付，划分为地方财政预算收入和预算外收入。地方财政预算收入主要包括各项税收收入，如营业税、地方企业所得税、个人所得税、城镇土地使用税、固定资产投资方向调节税、土地增值税、城镇维护建设税、车船使用税、印花税、农牧业税、农业特产税、耕地占用税、契税，增值税等，另外还有中央财政的调剂收入、补贴拨款收入及其他收入。地方财政预算外收入主要有各项税收附加、城市公用事业收入、文体卫生等事业单位的事业收入、市场管理收入等。地方财政支出主要包括：地方行政管理和各项事业费、地方基础建设、技术改造补贴、城市维护和建设经费、价格补贴等。分税制改革使地方政府税收收入规模及其增长相较所承担的事权有所失衡，特别是政绩考核、地方竞争加剧了财政赤字扩张的非理性需求，甚至不惜透支下届政府的政策空间，大举发行长期债券。

企业在财政分配结构中既是各级政府税收的主要贡献者、同时又受益于国家财税政策的支持和帮助。有调查数据显示，中国企业的平均税负在40%以上，最高甚至达到60%。税种包括增值税、企业所得税、营业税、城市维护建设税、教育附加费、印花税、房产税、车船使用税、城镇土地使用税等，其中增值税占

---

① 曹东勃：《分税制以来的惊心动魄》，《东方早报》2012年9月9日。

营业收入比例高达 10%，另外还要缴纳一些附加税及各类基金支出。一般而言，企业是根据企业的经济性质和经营业务来确定应缴纳的税种和税率。国有企业相比中小民营企业更容易享有政策红利，不论是在财税政策优惠上还是争取财政补贴方面都有更大优势。中小企业特别是私营企业为国家贡献了巨额的税收收入，但却难以从银行顺利融到企业发展急需的资金，在直接融资方面也无法与国有企业竞争，资金来源主要依靠自身积累和民间借贷。过重的税收负担更是束缚了企业的进一步发展和壮大。

个人作为社会基本组成单位，同样是政府财政的重要收入来源。通过纳税向政府转移其自身参与社会管理的权利，同时通过财政补贴和减税接受政府的政策福利。个人因履行纳税义务而天然享有对政府行政的知情权和监督权，政府亦应履行执政信息公开、接受广泛监督的义务。与个人密切相关的税种如个人所得税要通过设置合理税率，实现让利于民，否则个人也无法分享到经济高速增长的成果及其带来的财富效应。

二、各利益主体的财政分配关系

财政分配在国家公共管理事务中历来是牵一发动全身的敏感地带。在政治体制改革步伐日趋加快的今天，公共财政框架中各种财政分配关系的理顺和调整亦是势在必行。

1. 中央政府与地方政府的财政分配关系。中央与地方之间在财政关系上既紧密相连又相互博弈，表现为集权与分权的划分。实践中，地方依经济发展实力而享有不同力度的中央财政支持。东部富裕地区财政收入比较充裕，可以保证与中央进行收入分成，而中西部贫困地区则往往入不敷出、捉襟见肘，只能由中央财政给予转移支付等支出补助。跨地区工程和重点专项工程，往往由中央负责组织协调和部分出资。当地方发生不可抗拒自然灾害时，中央政府还应提供应急补助。尽管中央对地方的财政支援比较广泛，但由于地方承担的庞大公共事务需求大量资金，地方政府仍然会积极争取各种财政资源，甚至寻求法定之外的融资空间。

2. 政府与企业之间的财政分配关系。因我国所有制结构的主导特点，各级政府既是公共事务的管理者，又是国有股权的所有者（各级国资委代为履行国有股东责权利),并作为国有股东直接参与企业利润分配。首先,国有企业与其他内资企业和外资企业一样要依法向各级政府交税;其次,政府作为控股股东,以国有企业所有者身份参与企业分配,享有股权收益;第三,为了支持企业生产和再生产,政府在企业利润分配中留存企业再生产基金,或直接增加投资,或用于弥补企业亏损。其中,金融企业与政府的关系较为特殊,一方面,金融企业对政府特别是地方政府直接产生大量业务,甚至大量存在信托公司这类担当地方融资平台的特定金融机构;另一方面,金融企业对财政兜底的依赖更强,企业的避险能力亟须加强。

3. 政府与个人之间的财政分配关系。个人在社会经济活动中,主要通过依法纳税及接受政府补助、补贴同政府之间产生利益分配关系。在现代西方国家,个人所得税是中央财政的收入来源之一,个人和中央政府发生直接的分配关系。在中国,个人所得税归地税部门征收管理,是地方财政的重要收入来源。政府向个人转移的支出也是必要的政府财政工具,如向困难群体发放的生活补助、刺激大众消费的国家补贴等,能够在短期内发生预期政策效应,惠及民生及经济增长。

熊彼特说过:"国家对私人部门征税将对社会产生巨大的影响,它将塑造一种特定的现代经济,一种特定的社会文化与价值。在塑造了一个本身能够逐渐发展的公共官僚体制的同时,征税也塑造了人民,塑造了一种特定的国家与社会关系。"[1]可以说,现代国家作为税收国家的特征越强,其国家治理就越完善,反之,其国家治理就越落后。这一视角对推动发展中国家包括中国的国家建设有着重要借鉴意义。[2]

博弈论框架中的公共财政利益关系

每一次财税制度变革既是对各主体利益关系的重新调整,同时也是各方利益博弈的结果和反应。财税体制直接决定了各主体对财政收入的获取与分享程

---

[1] 马骏:《中国财政国家转型:走向税收国家》,《吉林大学社会科学学报》2011年第1期。
[2] 马骏、温明月:《税收、租金与治理:理论与检验》,《社会学研究》2012年第2期。

度,进而影响着各方之间经济利益和政治利益的分配。过去三十年的市场经济体制改革使"中国开始从自产国家向税收国家转型,这使得国家开始依赖社会,人民开始形成纳税人意识并初步发展出公民权的要求,这就使得国家开始面对政治民主的社会压力。不过,中国财政国家转型的复杂性在于目前中国仍是一个混合型财政国家,中国还同时保留了自产国家的遗产并具有租金国家的特征"。① 在实践中表现为国家对社会的依赖程度并不高,反而自主性很大,纳税人意识及公民权要求也不是很强。这里涉及一些重要概念,"税收国家的财政收入主要来自私人部门缴纳的税收。自产国家主要是指那些实行计划经济体制的国家,广泛的国家所有制使得国家的财政收入主要来源于国有企业上缴的利润。租金国家是指那些主要依靠国家垄断的自然资源出口而获取租金收入的国家"②。

一、博弈论的相关理论

各利益主体之间往往存在着各种利益冲突,如何克服和解决他们之间的利益冲突,形成既能实现个体利益,又不妨碍公共利益的互惠格局?几十年来的研究证明,博弈论成为解决这些问题的有力工具。从诺依曼与摩根斯特恩合著的《博弈论与经济行为》到纳什的非合作博弈"纳什均衡",博弈论的方法开始在经济学领域中大放异彩,特别是在揭示经济行为的相互影响和制约方面取得了重大进展。大多数经济活动都可以作为博弈现象来研究,包括市场调节与宏观调控的这样的重大关系问题,都能用博弈论加以解释。

博弈论以人的理性为基本假定,强调通过策略,达到收益最大化。这既符合市场中的竞争与合作的目标,同时也与政府的经济人现象相吻合。博弈成为经济生活中的普遍现象,博弈的思想可以具体地应用于对象研究中。个人与政府之间、企业与政府之间、企业与企业之间的博弈,是决定利益获取与分配的复杂游戏,导致"上有政策,下有对策"的戏码永不疲倦地上演着。

博弈的基本要素是局中人、策略、收益。博弈表现为这样一种状态,两个或

---

① 马骏:《中国财政国家转型:走向税收国家》,《吉林大学社会科学学报》2011年第1期。
② 转引自马骏:《中国财政国家转型:走向税收国家》,《吉林大学社会科学学报》2011年第1期。

两个以上具有利益冲突的局中人互不相让,一方的行动取决于对方的行动,每个人的收益也取决于其他局中人的行动。博弈的局势是否明朗,取决于所有局中人的决策。局中人以策略定胜负,以收益最大化为目标。按收益划分,博弈分为零和博弈与非零和博弈。零和博弈,是非合作博弈,指在充分竞争下,参与博弈各方的收益和损失相加之和是零值,一方的收益即他方的损失,没有互相合作的可能性。零和博弈导致激烈竞争,各方都力争自身利益最大化,甚至不惜损人利己,影响了社会利益的整体增进。这种理论最初能够合理地解释弱肉强食的现象,即全世界的财富、资源是有限的,一些人、一些地区和国家财富的增加必然意味着对其他人、其他地区和国家的掠夺。但随着人类文明进程的推进,"零和博弈"观念正逐渐被"双赢"观念所取代。人们开始认识到"利己"不一定要建立在"损人"的基础上,通过展开真诚合作,是有可能赢得皆大欢喜的局面的。

非零和博弈也属于非合作博弈,但区别于零和博弈,博弈各方的收益和损失的总和并不是零值,一方所得并不意味着另一方所失,所以博弈各方又是存在合作的可能的。非零和博弈分为正和博弈、负和博弈。正和博弈指博弈双方的利益都有所增加,或者至少是一方的利益有所增加,而另一方的利益不受损害,因而整体的利益有所增加。负和博弈是指博弈双方都有损失,整体的利益有所减少。

二、公共财政过程中的利益博弈

公共财政的各利益主体之间不可避免地存在着围绕自身收益最大化而展开的激烈博弈。在传统市场经济中,零和博弈观念占主导地位。各方在追逐自身利益的同时,往往以打压甚至牺牲其他参与方的方式,来保证收益目标的实现。但随着现代市场经济体制的建立和成熟发展,零和式的博弈已不适应当今的主流理念,非零和博弈特别是正和博弈,成为无论是政府、企业、还是个人的主要行为策略。此外,基于预算审查是人大监督政府最重要最有效的手段之一,政府与人大之间亦存在博弈。

1. 中央与地方之间的博弈

中央与地方的关系问题历来是中国最为复杂的问题之一。从根本上讲,"中央和地方关系是建立在一定利益基础之上的国家利益和地方利益之间的一种关系"[1],其关于集权和分权的划分是围绕特定利益特别是财政利益来展开的。1994年我国在全国范围内推行分税制财政体制,就是因为"到20世纪90年代初期,财政分权让利政策的结果便是使得中央政府的经济调控和行政管理能力大大下降,从而导致'国家能力'被严重削弱,已经超过了分权的底线"[2]。这是新中国成立以来对中央地方利益格局调整最为明显、影响最为深远的一次。"分税制"彻底改变了中央与地方各自的博弈地位,突出了中央财政的主导地位,即中央政府加大了财政控制权。但是分税制实施多年以来,地方政府却因事权支出庞大、收支不平衡、地方竞赛压力等原因,财政上捉襟见肘,甚至形成了庞大的隐性债务。以至于在宏观调控的关键环节,中央和地方关心的侧重点往往并不一致。中央关注的是政策执行的可持续性与全国宏观调控的整体协调。而地方政府更注重的是财政收入增减对于地方经济社会发展的影响。中央的调控与地方的财政需求亦将呈现博弈局面。2012年以来各地方政府对楼市调控政策的屡屡松动,也说明了中央与地方利益需求不同,地方政府甚至不惜损害调控成果而出台一些有利于土地财政的短期政策,以此来试探中央政府的调控底线。零和博弈再次出现,地方的调控松动势必会对中央的调控大局造成恶劣影响,尽管屡被紧急叫停,但对调控形势的引导及对社会公众的心理暗示是不利和消极的。

此外,中央与地方财政分配制度的不健全也导致双方博弈程度的升级。经济学家胡鞍钢曾经做过的一个调查,揭示了中央和地方之间的关系缺乏制度化的渠道。调查结果显示,地方干部认为本地区争取中央财政援助、公共投资以及优惠政策的渠道,按重要性排在前两位的因素都是中央领导人到本地区访问和考察以及"跑部钱进"。这表明,地方政府若想获得中央的财政优惠政策,基本上得靠非正规制度渠道,而且造成多种形式的"寻租手段"的滋生。如果各地方政府能从正式的制度安排中争取优惠政策,诸如此类的不正当博弈手段也就失去了土壤。

2. 政府与企业之间的博弈

在出口形势低迷、经济增长减速的时期,企业与政府之间的博弈亦日益激

---

[1] 谢庆奎:《中央地方政府体制概论》,北京:中国广播电视出版社,1998年,第60页。
[2] 王绍光:《分权的底线》,《当代中国研究》1995年第1、2期合刊。

烈。"杭州市上城区国税局的一份调研报告显示,该区七成外贸企业通过利润转移等手段,造成账面长期亏损,从而成为企业所得税零税负户。但它们在不纳税的同时,却在持续享受出口退税政策。据悉,去年该区外贸出口企业共缴纳所得税312万元,而当年上城区的出口退税却高达2.86亿元。除了'做大成本',通过转移定价和避税地注册公司进行关联交易转移利润;高进低出,提高原材料、产品采购价格,将利润留在关联供货方;低价出口,将利润转移到境外的关联企业;在低税负的地区设公司,业务发生在境外使利润转移到境外企业等手段,则在上城区国税局的报告中提及。"①此类做法在法律上无明显漏洞,法律并无明文禁止,导致作假丛生。税务部门往往对这种转移利润的手法束手无策,颇感头疼。

这种政府与企业之间的博弈,是典型的零和博弈。企业的逃税漏税所得恰恰是政府所损失的收入,企业为了一己私利而损害国家利益,没有尽到其应尽的义务。实际上政府与企业之间应该形成一种双赢的格局,即正和博弈,一方面,政府为企业提供良好的市场环境、规范的市场秩序,保障企业的盈利和发展;另一方面,企业通过纳税为政府提供充裕的资金来源、保证政府公共事务管理的支出。

3. 政府与民众之间的博弈

在地方直接选举模式中,政府与民众的博弈是一种正和博弈,博弈的结果是双方利益都有所增加。地方政府官员为了胜选,往往会抑制政绩工程和唯GDP论,转而积极承诺在公共事务方面加大支出,加大在教育、医疗、养老等方面的财政投入,迎合当地选民的喜好,社会的整体福利增进会有明显改善。

为了引导社会资金合理流动,政府应当在税制的设计、运行中贯彻支付能力原则和再分配"抽肥补瘦"原则,使真正富起来的人在综合税制调节下为国库多做贡献②,同时切实减轻中低收入阶层的税负压力。

4. 政府与人大之间的博弈

政府在预算公开、预算编制、"三公"支出、预算法制等方面接受人大审查和

---

① 宁华:《外贸企业越亏越做愈演愈烈,杭州政府敦请走人》,《经济观察报》2006年9月16日。
② 贾康:《税收结构与税制改革》,《上海国资》2011年第12期。

监督。"通过预算公开加强人大对政府预算的法律监督和社会监督,促进政府改善预算管理,合理使用财权,实现预算编制的完整性、预算科目的规范性、预算执行的严肃性和预算监督的有效性。"①特别是对于基本建设、行政经费等社会关注的项目支出情况,政府预算编制往往过粗,而现行行政支出中也确实存在不少浪费问题,须细化预算科目,提高预算透明度,使行政开支占财政总支出的比重和具体安排合理化。在实际工作中,预算执行的规范性问题也比较突出。各级政府预算经同级人大批准后具有一定法律效力,非经法定程序,不得随意变更。但这些制度并未得到严格执行,出现了政府预算未经法定程序得以改变的现象。为了充分保障预算执行的制度化和规范性,凡是预算总额超过人大核定数额的,均须由政府制定预算调整方案,并依法报经人大常委会审批。

公共财政利益分配的调整思路

为了从根本上理顺现有的公共财政利益分配关系,化解矛盾、避免危机,需要启动新一轮的财政体制改革,通过相关技术手段、制度的完善,逐步实现财政关系的调整目标,尤其是,政治体制改革的推进可以为公共财政的建设提供强有力的保障。

1. 推进中央与地方政府责权关系的法治化,理顺中央与地方政府间的财政关系。实现中央与地方政府责权的法治化,必须通过国家立法,不能仅靠中央政府行政指令。"通过国家立法建立政府间的责权关系的准则是市场经济国家的普遍做法,国家立法能够确保中央与地方政府责权的稳定和规范,有效消除在这个博弈过程中中央政府利用规则制定权经常改变规则的现象,为构建公共财政体制提供稳定的基础。可以考虑制定《中央与各级地方政府责权关系基本法》和《中央政府与地方政府责权法》,以此作为处理中央与各级地方政府责权关系及地方政府责权的依据。前者应详细规定处理中央与地方政府财政关系的基本依据、基本原则、基本权限、基本程序、基本内容等,后者应详细规定中央与地方在责权范围和支出责任上的具体分工。通过这些法律规定保证中央与各级地方政

---

① 高强:《推政府预算公开条件成熟 预算要反映民意》,《新京报》2010年6月17日。

府行为的稳定性和可预测性,增强企业和个人经济行为选择所面临的制度环境的透明性和稳定性,从而免受制度环境随意性改变的损失;保护地方政府免受中央政府随意改变责权和税收分享比例、经费分摊比例的不利影响;根除地方政府随意曲解中央政府的行为,破除地方保护主义,形成国内统一市场。"①可见,法治化的理念和行政方式,是调整中央与地方之间的财政利益关系的关键环节,亦是现代国家成长中法治化观念在财政领域的具体落实。

2. 优化税制结构,针对不同行业和部门、不同类型企业、不同阶层、不同人群,设计和完善税收体制,以避免税负负担不合理、不平衡的现象。"十二五"期间,中国税制优化可以归结为三个概念:第一是结构性减税。增值税的扩围,通过减税对中小企业、微型企业、科技创新领域、战略性新兴产业进行扶持,是结构性的减税。第二是特定税负有减有增。如个人所得税最具代表性,不是简单的减税或增税,而是低端减税、高端增税的一个组合。第三是结构性增税。如资源税、房地产税看起来就是在原有税负之上有所提升,这并不具有普遍性,也是结构性的。"这种结构性增税在操作中间当然还需要政府特别注意做好其他的配套。"②只有增强针对性,分门别类地对不同对象制定特定的税收政策,才能有效保障政策目标的实现,并理顺政府与各市场主体之间的关系。

3. 推进税收征管现代化,实现管理与遵从的高度统一。以征纳和谐关系构建与纳税服务来强化税收柔性管理,同时以威慑管理、监控管理、风险管理来强化税收刚性管理,通过两手抓来寻求管理与遵从之间的博弈均衡点。"当前我国正处于经济转轨、社会转型的关键时期,详细分析我国当前纳税遵从现状和深层次原因,深入地研究税收征管活动的内在机理、税收主体的行为机制,借鉴西方税收征管最新经验和管理学领域中的风险管理理论、零容忍政策有关启示,运用博弈论,系统研究纳税人遵从规律和税收管理规律,进一步提高税收征管的水平和纳税遵从度,具有重要的现实意义。"③

4. 发挥人大机构对财政预算的约束作用,不断推进硬约束机制的形成。对地方来说,当地居民是公共产品的受益人,对公共产品存在需求并有需求偏好。

---

① 李睿鑫:《博弈论、制度变迁理论与财政管理体制改革》,《地方财政研究》2007年第8期。
② 贾康:《税收结构与税制改革》,《上海国资》2011年第12期。
③ 宋亚军、周铭:《管理与遵从:税收征管现代化的博弈视角》,江苏国税网。

"无论是就效率层面,还是从法律层次而言,当地居民都应具有支出预算决定权。在英国、法国、德国等国家,即使采用的是集权式的财政体制,但最终决定政府预算的仍是当地居民。这是法治国家人民主权原则在财政领域的表现,即财政民主原则,关于财政应否支出、如何支出,财政收入的规模和种类等等,都应由人民通过一定法律程序加以决定。"①在我国,人民代表大会制度是人民主权原则的体现,人民通过选举代表组成人民代表大会,进行立法,选举国家领导人,实现对国家的管理。因此,我国财政支出改革的核心在于加强人大对财政预算的硬约束,严格审查政府预算执行情况和年度预算安排,真正落实人大对政府预算的决定权和监督权。鉴于现行体制下,人大对政府预算的监督力度不强,在条件成熟阶段,可以通过推进相应的政治改革来强化其监督权,如政府人事任免权可以适当下放,实行由当地居民直接选举基层政府首脑并由地方人代会直接任命的制度。这种政府首脑产生机制可以促使政府官员更好地反映社会公众对公共产品的需求偏好,如公共服务的具体种类、规模大小等,以充分保障当地居民的公共利益。这种权力关系改革,一方面包括党、人大、政府等权力之间的关系调整,另一方面是政府跟公众之间的权力关系调整,让更多的当地居民能参与到政治过程中来,以进一步深化财政体制改革。

---

① 陈少英:《论地方政府保障民主的财政支出责任》,《社会科学》2012年第2期。

国际货币体系改革背景下的人民币国际化策略研究

高 静

摘 要:人民币国际化是大势所趋,国际货币体系改革呈现出美元地位下降、储备货币多元的格局,为人民币国际化提供了重要机遇。本文在分析人民币国际化的现状、存在的障碍和风险的基础上,提出了进一步推动人民币国际化的相关策略。可以采用政府和民间共同推动的方式,多层次、全方位地推动人民币国际化;坚持"走出去"战略与人民币国际化相结合;抓紧建立人民币离岸金融中心;大力发展人民币金融衍生品;组建大型国际零售贸易商,掌控国际商品定价权和人民币结算主动权。

关键词:国际货币体系改革;人民币国际化;风险;策略

随着我国经济实力的不断增强和国际货币体系改革的不断深入,人民币国际化已成为一个日益迫切需要解决的问题。它不仅仅关系到我国金融创新能否像实体经济一样崛起,形成经济和金融双轮驱动;而且关系到国际货币体系改革中我国地位提升能否得到主权货币强有力的支持,获得更多的投票权和话语权。去年在韩国召开的 G20 财长和央行行长会议就国际货币基金组织(IMF)改革达成"历史性协议",中国持有 IMF 份额从第六位升至第三位,这对人民币国际化提出了进一步的要求。

一、人民币国际化现状

目前,人民币国际化已经取得了一些进展,在跨境贸易结算、本币互换、境外发行人民币债券和基金、建立境外人民币回流渠道等方面都有所推进。人民币最优货币区开始在两岸四地、华人经济圈、东亚经合组织、上合组织及周边国家和地区中逐渐形成和扩大。

1. 跨境贸易结算。自 2008 年 12 月广东和长三角地区与港澳地区、广西和云南与东盟货物贸易进行人民币结算试点以来,国内试点的省市已经扩大至20个,跨境贸易结算境外地域已扩展至所有国家和地区。据统计,截至2011年4月底,我国跨境贸易人民币结算金额已突破1万亿。① 可以说,跨境贸易结算既是人民币国际化带有标志性的第一步,初步体现了国际货币的支付和结算功能。与之同时,跨境贸易结算又是人民币国际化必经阶段,其顺利拓展将为今后进一步推动人民币国际化打下了坚实的基础。

2. 本币互换。自2008年12月与韩国签订1800亿人民币双边本币互换协议之后,2009年1月与中国香港签订了2000亿人民币互换协议;2009年2月,与马来西亚签署了800亿人民币互换协议;3月,又与白俄罗斯、印度尼西亚签署了200亿和1000亿人民币双边本币互换协议;4月,与阿根廷签订了700亿人民币互换协议。2010年6月和7月,我国分别与冰岛、新加坡签署了35亿和1500亿人民币的双边本币互换协议。2011年4月,我国又与新西兰签订了250亿人民币的双边本币互换协议。目前,我已与8个国家和地区签署了共8285亿人民币的双边货币互换协议。

3. 境外发行人民币债券和基金。2007年6月,国家开发银行获准在香港发行第一支人民币债券,金额为50亿人民币;到2010年8月,共有财政部、国家开发银行、中国进出口银行、中国银行、交通银行、建设银行、汇丰银行及东亚银行等8个金融机构在港发行了近400亿元的人民币债券;②到2011年4月底,在香港发行的人民币债券金额已达840亿元人民币。③ 境外人民币基金也于2010年8月开闸,海通证券在香港发行了首支人民币基金,金额为50亿人民币;之后,恒生银行、工银亚洲和建银国际都在香港发行了人民币基金。境外人民币债券和基金的发行,为境外人民币提供了投资和回流内地的渠道,进一步刺激了人民币在境外的支付、结算和流通。

4. 有条件开放银行间债券市场。2010年8月17日,中国人民银行发布《关于境外人民币清算行等三类机构运用人民币投资银行间债券市场试点有关事宜的通知》,允许香港、澳门人民币业务清算行、跨境贸易人民币结算境外参加银行

---

① 唐真龙等:《跨境贸易人民币结算年内扩至全国》,《上海证券报》2011年5月20日。
② 时娜:《多家在港中资机构拟发人民币基金》,《上海证券报》2010年8月17日。
③ 朱茵:《人民币计价金融产品走俏香港》,《中国证券报》2011年5月27日。

和境外中央银行或货币当局在核准的额度内投资银行间债券市场。据统计,到2011年3月,包括中国银行香港分行、中国银行澳门分行两家港澳人民币结算行在内,获准进入银行间债券市场的境外机构已接近20家。① 这个举措为境外合法获得的人民币资金进一步提供了投资和保值增值渠道,增强了境外机构持有人民币的信心。

5. 一些国家开始接受人民币作为汇率指数货币、结算货币和储备货币。

2005年4月,欧洲央行在欧元指导汇率体系中增加了人民币等7种货币;2005年11月,印度央行在调整汇率指数时将人民币纳入汇率指数的一篮子货币;在蒙古,目前人民币已经占据了货币支付、结算和储备60%的份额。这体现出一些与中国贸易较多的国家开始认可和接受人民币。随着我国经济实力的不断增强、国际影响力的不断增大,一些周边国家开始将人民币作为储备货币。2006年12月,菲律宾对外宣布将人民币作为央行储备货币,这是人民币第一次被其他国家列为储备货币;2010年9月,马来西亚央行也开始买入人民币计价债券作为其外汇储备。

据不完全统计,目前人民币充当国际支付手段的流通量(包括边境贸易、旅游贸易、人民币结算贸易与国际周转及境外留存)大约已近万亿。可以说,人民币正在逐步被其他国家接受和认可,人民币国际化的外部条件越来越成熟。

二、国际货币体系改革为人民币国际化提供了重要机遇

30年来,我国坚定不移地执行以经济建设为中心的战略方针,取得了令人瞩目的成就,经济和金融的快速发展为人民币国际化奠定了坚实的基础。与之同时,国际经济金融形势发生了巨大变化,国际货币体系正处于变革当中,这为人民币国际化提供了一个难得的机遇。

1. 新兴经济体的崛起必然要求改革国际货币体系。

众所周知,包括"金砖四国"——中国、俄罗斯、印度和巴西在内的新兴经济体近十年来迅速崛起,占世界经济的比重不断增加,已成为一支重要的经济力量。从具体数据来看,1990年,全球的新兴经济体占世界经济总量的比重为

---

① 郭茹:《八境外机构获准进入银行间债券市场》,《第一财经日报》2011年3月22日。

39%,到2006年,这一比重增加到48%。2009年,按照购买力来平价测算,新兴经济体占全球GDP的份额已升至51.87%。① 从对世界经济贡献率来讲,2008年新兴经济体对世界经济增长贡献率就已超过50%。国际货币基金组织预测,2010年全球经济增长率为2.7%,其中发达经济体增长率为1.3%,新兴经济体增长率则高达5.1%。

然而,建立在布雷顿森林体系基础上的牙买加体系已不能适应21世纪世界经济发展的需要。该体系设置的原则和框架更多体现的是欧美发达国家的利益,新兴经济体和发展中国家的话语权和投票权没有充分体现出来,与其不断上升的经济地位不相匹配。随着新兴经济体的崛起,改革国际货币体系的呼声越来越高。

2. 美国金融危机和欧洲债务危机进一步推动了国际货币体系改革。

2007年美国爆发的金融危机迅速波及全球,引起了全球金融动荡。随着金融危机的逐步深入,特别是雷曼兄弟的破产倒闭,美国金融帝国的基石——投行模式受到了质疑和否定,五大投行破产和倒闭了三家,高盛和摩根士丹利也转向了商业银行模式,华尔街一度陷入迷茫。奥巴马上台执政后,对美国金融体制的改革进一步加剧了政府与华尔街的矛盾。金融危机的影响、忙于自救和内部改革以及内耗的结果必然削弱美国在国际货币体系中的地位和控制力。无独有偶,2009年12月始于希腊的欧洲债务危机,让欧洲陷入了同样尴尬的境地。忙于对深受债务危机困扰的欧元区国家进行援助,以及如何帮助它们削减债务、摆脱危机,已成为欧元区主要国家的头等大事。

此消彼长的作用下,西方发达国家经济出现衰退及实力受损,改变了国际货币体系中的力量对比,原有的格局和平衡被彻底打破,这进一步推动了国际货币体系改革。

3. 国际货币体系改革呈现出美元地位下降,储备货币多元化的格局,为人民币国际化提供了良好机遇。

2010年2月底,韩国央行公布的一项报告《美元地位下降,货币秩序将进入多货币体系》称,截至2009年9月,全球外汇储备中美元资产的比重已经从

---

① 《理性看待新兴经济体崛起》,《解放日报》2010年8月31日。

1977年的逾80%下降至61.6%,而欧元资产的比重则从1999年的17.9%上升至27.7%。未来5—10年美元仍可能是全球最重要的储备货币,但在更长时期内美元的地位将下降,全球货币秩序预计将进入多种货币体系。可以看出,国际货币体系格局将因美元地位的下降而出现变化,呈现出美元地位下降,欧元地位上升,储备货币多元化的格局。全球外汇储备中美元下降的比重必将由其他货币代替,这对人民币国际化而言,是一个难得的机遇。

三、人民币国际化面临的障碍和风险

分析美元和日元的国际化过程,人民币国际化将会经历以下几个阶段和过程:一是人民币成为重要的国际贸易结算货币和在周边国家广泛受欢迎的支付、结算和流通货币;二是人民币成为国际金融市场交易的结算货币和在国际货币体系中具有一定地位的初级硬通货;三是人民币成为世界各国普遍看好的国际储备货币;四是人民币成为像美元一样的超主权货币。然而,人民币国际化的过程并非一蹴而就,它需要克服各种各样的障碍和风险。

1. 意识形态、社会制度和文化传统方面的障碍。国际社会中,绝大多数国家认同的是西方文明和资本主义制度,尽管我国在经济建设上取得了令世界瞩目的成就,但许多国家并没有认同我国的意识形态和社会制度,更多的是将崛起中的我国视为潜在的竞争对手,而不是一个合作伙伴。同样,我国历史悠久、具有东方特色的文化传统与西方文明有着明显差异,语言、观念和思维方式的不同无形中会导致沟通的障碍,加剧寻找认同感的难度。因而,人民币的国际化相比较美元、欧元和日元而言,过程将会更加曲折和漫长。

2. 一些既得利益大国的阻挠。在现有的国际货币体系中,尽管美元的地位在下降,但作为世界头号经济强国,美国是不会轻易放弃自己的霸权地位的,必然会想方设法维持美元的世界货币地位,享受铸币税收益,阻挠其他货币的崛起。欧元区国家同样也会如此。而在亚洲,已成为国际硬通货的日元为维护其在亚洲的货币地位,更会将人民币视为主要竞争对手,千方百计进行打压和阻挠。因此,人民币国际化的道路任重而道远。

3. 技术层面的障碍。目前最主要的障碍是资本项目下人民币未实现自由兑换。尽管我国近年来适当放宽和扩大了外国投资者在中国金融市场上的直接

投资规模,在资本流出方面也在逐步放松境内居民以及金融机构对海外投资的限制,但这相对人民币国际化的要求而言还远远不够。当然,考虑到我国的现实情况,在未来一段时期内,人民币资本项目可自由兑换也不会轻易放开,在这种情况下,人民币国际化必将给国际资本和金融运作带来较大的风险考量。

此外,人民币国际化存在的技术障碍还包括与此相关的法律法规和制度建设、思维方式的转变、金融体系的健全以及金融人才的匮乏等。

4. 人民币国际化面临的最大风险是一些西方国家和国际金融机构善于运用的"金融战"或"货币陷阱"。1997—1998年的香港金融保卫战令人记忆犹新,以美国索罗斯旗下对冲基金为首的国际炒家大肆做空港元,虽然最后香港政府在中央政府支持下成功地击退了国际炒家,但也付出了惨重代价。随着境外结算、流通和储备人民币的规模大幅提升,国际资本或热钱炒作人民币或人民币资产的风险也随之上升。因此,在人民币国际化过程中,必须防范国际资本利用我国可能存在的金融缺陷或漏洞来做空或做多人民币,以保持人民币汇率的相对稳定。同时,也要防范美元、欧元等主要国际货币贬值所带来的陷阱和风险。

四、进一步推动人民币国际化的相关策略

1. 制定人民币国际化的时间表。这是进一步推动和落实人民币国际化总体战略和目标的具体体现,这个时间表既可以是粗放型的,也可以是具体细化的。中国人民大学国际货币研究所副所长向松祚的"人民币国际化三步走战略"就提出了一个时间表:2010年至2020年人民币由国内结算货币成为重要的贸易结算货币,2020年至2030年人民币由贸易结算货币成为国际金融结算货币,2030年至2040年人民币由国际金融结算货币变成主要的国际储备货币。笔者认为,人民币国际化的时间表不应简单地划分,其进程应与我国制定的国民经济和社会发展目标相吻合,时间表的制定应与国民经济和社会发展规划相结合,也就是说,人民币国际化的内容应体现在今后若干个"五年规划"中。这样,人民币国际化的进程才能与我国国民经济和社会发展相适应、相匹配,既不超前,也不落后。

2. 路径选择上,我们可以采用政府和民间共同推动的方式,多层次、全方位地推动人民币国际化。一方面,通过政府制定和完善相关政策,如鼓励和放宽境

内机构和个人进行境外投资;建立境外人民币回流的多种渠道,进一步完善境外人民币回流机制;适当放宽资本项目下的人民币兑换等,在政策层面为进一步推动人民币国际化创造条件。另一方面,通过庞大的民间经贸和金融往来渠道,借助跨境贸易、承接海外工程、跨国公司境外投资和经营、国际代理、国际租赁、国际保险和直接对外投资,在现实国际经济往来中推动人民币在全球范围内的拓展,逐步侵蚀、挤压和占据美元、欧元等主要国际货币原有的份额和空间。

3. 坚持"走出去"战略与人民币国际化相结合。"走出去"战略是我国制定的一项长期国家战略,它不仅仅关系到我国经济健康稳定持续发展,而且也关系到我国庞大外汇储备的保值增值问题。"走出去"战略与人民币国际化两者的关系是相伴相生,相辅相成,我们不应简单地割裂开来。因此,我们在具体执行"走出去"战略时,既要注意防范可能遇到的各种风险和陷阱,也要借此机会进一步推动人民币国际化,充分发挥中投等"主权基金"平台的作用,在对外投资和金融结算中提高人民币的占比。如在购买境外资源能源和资产时增加使用人民币支付,或以货币组合方式(即将人民币与美元、欧元等主要国际货币按一定比例组成货币组合)支付,鼓励在国际金融结算时使用人民币结算等。

4. 抓紧建立人民币离岸金融中心。离岸金融中心(Offshore Financial Center),又称作离岸金融市场(Offshore Financial Market)或境外金融市场(External Financial Market),它是任何一个国家货币国际化、全球化必备的基本条件。从历史上看,无论是美元、日元还是欧元,其国际化进程都离不开离岸金融中心的支持,因此,建立离岸金融中心是人民币国际化的必然过程。从条件来看,目前建立人民币离岸金融中心的首选地是香港,无论是语言、文化背景,还是金融基础、区位优势,香港都当之无愧,而且,香港与内地已经建立了较为紧密的金融合作,这为建立人民币离岸金融中心奠定了良好的基础。此外,随着人民币国际化程度的不断加深,还应在世界主要金融中心如纽约、伦敦以及我国拓展经贸关系的主要地区非洲、拉美等地建立人民币离岸金融中心,为人民币真正实现国际化提供必要的金融基础设施。

5. 大力发展人民币金融衍生品。发展金融衍生品是避免人民币国际化过程中产生剧烈波动、分散汇率管理风险的一种较佳方式。但目前人民币金融衍生品的现状是境内品种少、规模小,只有人民币外汇掉期、人民币利率互换等少量产品;相比之下,境外的人民币衍生品品种多、规模大、交易活跃,如人民币无本金交割远期(NDF)、人民币无本金交割期权(NDO)、人民币无本金交割互换(NDS)和人民币结构性票据(Structured Notes)等。根据英国《金融时报》的估计,人民币无本金交割远期(NDF)日均交易量在30至50亿美元之间。[①] 在这种情况下,人民币远期交易的定价权似乎有旁落之嫌。因此,伴随着人民币国际化的进程,我国应大力发展基于人民币汇率的金融衍生品,如人民币指数期货等,掌握人民币定价权,促进人民币国际化平稳、健康、有序地进行。

6. 组建大型国际零售贸易商,占据国际经贸制高点,掌控国际商品定价权和人民币结算主动权。在我国日益成为世界制造工厂和世界商品供应商的情况下,不应过度依赖沃尔玛、家乐福等国际零售贸易商,这容易受制于其渠道。与之相反,我们应组建大型的国际零售贸易商,建立庞大的国际营销网络和渠道,直接占领国际市场。这是国际经贸的制高点,通过控制国际营销网络,可以进一步控制国际品牌市场和国际商品定价权,甚至影响和控制上下游产业及产业链的整合。实践证明,发达国家的商业定价权和市场垄断网络是其贸易结算、产品与品牌控制的源泉和依据。因此,为进一步推动人民币国际化,我们应组建类似于沃尔玛、家乐福的国际零售贸易商,通过其渠道增加人民币贸易结算量,为进一步扩大人民币国际市场规模、增强人民币国际贸易结算的实现机制奠定更好的基础。

---

① 丁岩:《做空人民币NDF》,《二十一世纪经济报道》2010年3月19日。

国有商业银行社会责任的机理分析*

沈伯平　孙建娥

摘　要：近10年以来政府动用近4万亿社会公共资金对国有商业银行进行股份制改造，其事实上的国有性质及其寡头经营格局和巨额利差的存在，是国有商业银行承担应有社会责任的现实基础。作为对改革成本支付者的一种利益补偿机制，国有商业银行应该承担起为社会公众提供令人满意的金融服务的同时，通过向政府上缴红利的方式让社会各阶层共享银行业改革成果的社会责任。此外，由于有问题银行负的外部性，国有商业银行还要切实承担起维护我国金融体系的安全性和稳定性、防范系统性金融风险发生的职责。

关键词：国有商业银行；社会责任；政治经济学分析

2008年以来的国际金融危机导致美国经济陷入严重衰退，失业率居高不下；随之引发的欧洲主权债务危机所带来的世界经济不确定性也在进一步增强。美国民众普遍对华尔街金融机构过度投机行为所引发的危机心存不满，尤其是对金融机构在获得政府救助后大肆发放高额薪酬一事颇多怨言，"占领华尔街运动"在美国各地此起彼伏，金融机构应该承担的社会责任问题一时间成为国际性话题。从国内来看，围绕近年来商业银行，尤其是国有商业银行排队难，擅自提高各项收费标准等问题，特别是近期关于国有商业银行利润大大高于实体经济利润的相关报道，我国国有商业银行[①]的社会责任问题一次又一次被推上了风口浪尖。就已有文献来看，国内学者对国有商业银行社会责任问题的思考更多的是一种情绪宣泄式的感性认识，而缺乏学理层次的深入研究。从这一现状出

---

* 本文为国家社科基金重大招标项目"改革开放30年的基本经验研究"（项目批准号：08&ZD005）的阶段性成果。

① 为了保持与中国银监会相关统计口径的一致性，本文所指的国有商业银行仅限于中国工商银行、中国农业银行、中国银行、中国建设银行以及中国交通银行。

发,研究国有商业银行承担社会责任的政治经济学基础及其内容显得尤为迫切和必要。本文拟在对国内外学者关于企业社会责任问题相关文献进行系统梳理的基础上,结合中国金融体制改革的实际对此问题做出深入探讨。

一、商业银行的社会责任:相关文献综述

商业银行社会责任概念需从企业社会责任说起。尽管企业社会责任问题提出已将近一个世纪,但如何界定企业社会责任,学界对此仍是仁智各见。戴维斯和布鲁姆斯特姆(Keith Davis, Robert L. Bloomstrom, 1975)认为,企业社会责任是指决策者在谋求企业利益的同时,对保护和增加整个社会福利方面所承担的义务。爱泼斯坦(Ediwin M. Epstein, 1987)认为,企业社会责任就是要努力使企业决策结果对利益相关者产生有利的而不是有害的影响。企业行为的结果是否正当是企业社会责任关注的焦点。卡罗(2000)认为,企业的社会责任是社会在一定时期对企业提出的经济、法律、道德和慈善责任。世界银行对此的定义则为"企业与关键利益攸关者的关系,价值观,遵纪守法以及尊重人、社区和环境有关的政策和实践的集合,它是企业为改善利益相关者的生活质量而贡献于可持续发展的一种承诺"。欧盟的定义为"公司在资源的基础上把社会和环境关切整合到它们的经营运作以及它们与其利益相关者的互动中"。美国商业社会责任组织则将企业社会责任定位为通过尊崇伦理价值以及对人、社区和自然环境的尊重,实现商业的成功。目前我国企业界普遍认同的理念是:企业在创造利润、对股东利益负责的同时,还要承担对员工、对社会和环境的责任,包括遵守商业道德、生产安全、职业健康、保护劳动者的合法权益、节约资源等。其关键是企业与"相关利益者"的关系,即影响和受影响于企业行为的各方的利益。

尽管国内外学者对企业社会责任问题的研究成果较为丰富,但对商业银行,尤其是国有商业银行社会责任问题的关注却较为鲜见。吴念鲁(2007)将配合国家的宏观调控政策,推动和促进国民经济稳定、健康发展界定为商业银行的社会责任,并提出商业银行应把承担的社会责任意识与实现股东价值最大化和树立良好形象、打造品牌、为客户所认同等目标紧密结合起来。李可佳(2009)则把商业银行社会责任界定为商业银行在维护股东利益的基础上对社会、客户以及国家金融稳定、安全,促进可持续发展而负有的法律和道德责任。

从已有文献的综述可以看出,目前国内学者对于商业银行社会责任问题的研究至少存在两个方面的不足:一是更多关注一般意义上商业银行的社会责任,而对作为中国金融体系主体的国有商业银行关注不够;二是没有将商业银行社会责任问题放到中国转型、尤其是金融体制转型与改革的特殊背景下进行深入的分析,本文力图在这两方面能有所突破。

二、我国国有商业银行履行社会责任的政治经济学分析

(一)国有商业银行事实上的国有性质以及近10年以来政府动用近4万亿社会公共资金对其进行的股份制改造,是其必须承担应有社会责任的现实基础。

1997年亚洲金融危机之后,国有企业陷入大面积经营困境。1998年,朱镕基同志提出实现国有企业三年脱困的目标,致使国有商业银行不良资产剧增,银行脆弱的资产质量甚至影响到了国家经济和金融体系的安全。1998年,中央政府发行2700亿元特种国债充实国有商业银行资本金,提高国有商业银行的资本充足率;1999年成立四家资产管理公司通过债转股改革剥离四大国有商业银行不良资产14000亿元。但是,由于国有商业银行计划经济的烙印太深,历史包袱积重难返,管理体制和经营机制等深层次问题并没有得到根本解决,有效的资本金补充、风险管理和内部控制机制没有形成。随着信贷规模的不断扩大,风险资产相应增加,资本充足率进一步下降,不良资产再次反弹。按贷款质量五级分类统计,2002年底四大国有商业银行(除交通银行以外)的不良贷款总额为21350亿元,不良贷款率高达25.12%。

2001年12月,中国成为WTO正式成员,在约定的过渡期于2006年底结束之后,中国银行业将全面对外开放,届时外资银行将不再受业务和地域的约束,其先进的管理、技术和展业经验,必将对国有商业银行的经营形成更为严峻的考验。出于现实的需要,2002年2月,党中央、国务院召开第二次全国金融工作会议,提出要按照"产权清晰、权责明确、政企分开、管理科学"的现代金融企业制度要求,把国有商业银行改造成治理结构完善、运行机制健全、经营目标明确、财务状况良好、具有较强国际竞争力的现代金融企业。国有商业银行的股份制改造逐渐列入决策层的议事日程。2003年12月30日,为推动中国银行和建设银行上市,国务院通过中央汇金公司动用国家外汇储备注资450亿美元,同时核

销和二次剥离不良资产 2500 亿元。2005 年 4 月,中央汇金公司再向中国工商银行注资 150 亿美元,同时核销和二次剥离不良资产近 5000 亿。从 2005 年 10 月起,除农业银行以外的三大国有商业银行在财务重组、公司治理结构进行改革的基础上相继成功上市。2008 年,为了将美国次贷危机所引发的国际金融危机对中国金融安全的不利影响降到最低限度,中央政府加快了对农业银行股份制改造的步伐,再次通过中央汇金公司向农业银行注资 1300 亿人民币的等值美元(实际为中央汇金公司与财政部共同注资 380 亿美元,相当于 2600 亿元人民币,各占农业银行资本金的 50%),同时由中央财政核销其不良资产 8000 亿元并于 2010 年 7 月如愿公开上市。至此,四大国有商业银行股份制改革完美谢幕。

表 1　1998 年以来我国政府为国有商业银行改革投入的资金一览表

	核销不良资产	注资
1998 年		2700 亿元
1999 年(工农中建)	14000 亿	
2003 年(中行和建行)	2500 亿	450 亿美元(折合人民币 3735 亿元)
2004 年(交行)		30 亿
2005 年(工行)	5000 亿	150 亿美元(折合人民币 1245 亿元)
2008 年(农行)	8000 亿	2600 亿(中金公司和财政部各占 50%)
合计:39810 亿元	29500 亿元	10310 亿元

资料来源:根据各权威媒体相关报道进行整理而得。对中行、建行以及工行注资的美元资本是按照当年人民币对美元的年平均汇率折算而来。

从以上对我国国有商业银行近 10 年以来改革进程的回顾可以看出,1997—2008 年,政府动用公共资金近 40000 亿元解决国有商业银行的不良资产和股份制改革,为中国金融体系安全化解此次国际金融危机所带来的负面影响奠定了坚实的基础。其中累计注资 10310 亿元,核销或者剥离不良资产 29500 亿元,两者合计 39810 亿元(详细参见表 1)。在国家投入巨资对国有商业银行进行改革的基础上,五大国有商业银行也向社会公众交出了一份令人满意的成绩单:2009—2011 年,五大国有商业银行实现净利润分别达到 4115.41 亿元、5392 亿元和 5446.96 亿元,远远超过实体经济的利润增长率。国有商业银行之所以能交出如此令人满意的成绩单,是与政府历年以来动用巨额社会公共资金对其进行的注资、核销和剥离不良资产以及社会公众对其长期不懈的支持分不开的。既然中央政府近10年以来举全国之财力为国有商业银行体系的稳健和安全运行奠定了坚实的基础,作为对改革成本支付者的一种补偿,为广大金融消费者提供高质量的金融服务,使社会各阶层共享我国金融业改革和发展的成果,自然是应有之举。

事实上,尽管国有商业银行通过股份制改革实现了资本来源的多元化,为其建立更为完善的商业银行治理结构奠定了多元化的产权基础,但其国有性质依然没有发生实质性改变。2004年8月和9月,中国银行、建设银行先后挂牌设立股份有限公司,注册资本分别为1863.9亿元和1942.3亿元。当时有境外金融机构声称:这一注册资本数额等于225亿美元(正好与当时中央政府向两家银行注资的450亿美元相等)[1],亦即作为代行国有产权主体的中央汇金公司是中国银行和建设银行初始上市之时的唯一出资人。而对工商银行和农业银行则由中央汇金公司和财政部分别持股50%。国有商业银行的国有性质,决定了其经营过程中产生的巨额利润应该由社会公众共同分享,而不应该由本行业、本部门的职工所独享,这也正是市场经济条件下"谁投资谁受益、谁承担风险"原则的具体体现。近年来,包括国有商业银行在内的自然垄断行业与一般竞争性行业之间过大的收入分配差距一直是社会公众诟病的话题。垄断行业收入畸高是导致行业间收入差距过大的主要原因,也是引起社会公众不满的最大诱因。事实上,过去十几年以来,包括国有金融机构在内的中央级国有企业,其利润一直留在企业内部,困难时要求国家巨额补贴,赢利时作为"全民所有制"企业却并不分红。经营风险由社会公众买单,而投资与经营收益完全留给自己,这种风险与收益的不对称性正是社会公众质疑国有金融机构以及国有企业价值何在的重要原因之一,这同样也是其陷入"亏也挨骂、赚多了也挨骂"这一怪圈的深层次社会因素。[2] 目前自然垄断行业的中央级国有企业须向国家上缴10%—15%的红利,而国有商业银行至今尚未执行这一政策。因而将国有商业银行经营过程中产生的一部分利润上缴政府财政,让社会各阶层共享金融业改革和繁荣的成果,对于

---

[1] 蔡燕兰等:《国有商业银行改革收官》,《华夏时报》2008年12月27日。

[2] 萧然:《各抒己见:央企为啥赚钱不讨好?》,《人民日报》2010年10月11日。

体现其国有性质、改善其公共形象,对于缩小收入分配差距、维护社会稳定都具有十分重要的意义。

(二)国有商业银行客观上存在着的寡头经营格局以及巨额利差,也是其承担必要社会责任的前提。

截至2010年底,在国内经营的银行业金融机构包括3家政策性银行、5家大型国有商业银行、12家股份制商业银行、143家城市商业银行、11家城市信用社、3056家农村信用社、43家农村商业银行、196家农村合作银行、1家邮政储蓄银行、37家外资银行法人金融机构以及350家其他金融机构。在中国境内经营的银行业金融机构已经达到3857家[①],基本形成了以国有商业银行为主体,股份制商业银行和城市商业银行为补充,其他银行金融机构共同发展的现代金融体系。但5家国有商业银行的资产占所有金融机构资产的50.9%,存贷款的市场份额分别为59%和54%。中国银行业实际上呈现的是国有商业银行多头寡占与小银行竞争并存的双轨竞争格局。该竞争格局的必然结果是,在以存贷款利差和设置名目繁多的各种收费项目作为商业银行主要利润来源的经营模式下,大银行机构因为能够获得政府设置的垄断租金而感受不到外埠市场竞争的压力,降低成本和增加收益的内在动力并不急迫。这种垄断经营格局正是国有商业银行利润大幅度增长的重要原因。而且,在实施利率管制的条件下,政府通过设定储蓄存款利率最低限和贷款利率最高限的方式,在确保巨大利差从而确保国有商业银行巨额利润的同时,又通过其向国有企业源源不断输送低成本的融资支持。[②]寡头垄断经营格局下的政策性、制度性力量,仍是其"日进斗金"、享受饕餮般的利润盛宴的基本途径和方式。这实际上是通过利率这种强制性的再分配手段将本应属于广大储蓄存款户的财富持续不断地转移给国有商业银行和国有企业,并以此不断冲销其因大量政治性贷款造成的巨额不良资产。国外商业银行的总收入有一半以上来源于中间业务,而我国商业银行营业收入的80%以上来源于存贷款利差。这也正是2009年以来各大商业银行,尤其是国有

---

① 资料来源:《中国银行业监督管理委员会2009年报》,银监会网站。
② 从1998年一直到2011年,在中国经济周期发生数次重大变化、中央银行频繁调整存贷款利率的条件下,唯一没有发生变化的就是存贷款的利差,一直维持在3.1%左右,相当于同期国外商业银行的14倍。

商业银行在国家四万亿经济刺激计划"指引"下大规模盲目放贷的原初动力之所在。

此外,在国内居民投资渠道狭窄、股市自2007年10月以来处于下降通道的条件下,社会公众的剩余资金纷纷涌入银行。因为社会公众朴素地认为,既然银行是国有的,隐含着国家是国有商业银行的最终风险承担者,银行尤其是国有银行出了问题政府不可能撒手不管,这正是在国际金融危机背景下,西方国家金融机构普遍面临信贷紧缩的问题而中国金融体系仍然保持充足流动性的重要原因。既然社会公众为国有商业银行的改革提供了如此巨大的显性和隐性的支持,作为对改革支持者的一种利益补偿机制,国有商业银行应该为社会公众提供令人满意的金融服务,进一步提高金融服务的质量和水平,这或许并不为过。

(三)商业银行与一般工商企业相比较的特殊性,决定了国有金融机构必须承担起维护金融体系的安全性、防范系统性风险的社会责任。

商业银行作为经营货币这种特殊商品的企业,与一般性工商企业相比有很大的特殊性。普通企业破产的扩展效应是递减的,而银行机构破产的影响和扩散具有乘数放大效应,这也就是金融学上所讲的"有问题银行的负的外部性"。其主要原因有以下几个方面:首先是由于信息不对称,人们(债权人)不能估价个别银行的财务情况,不能像对其他产业那样根据公开信息来判断某个银行机构的清偿能力,他们很难将有问题银行和健康银行区别开来,引发对其他银行机构的挤兑行为。其次,银行机构破产的影响和扩散具有乘数放大效应。如果一家银行有问题,就会影响到它的存款人、有业务联系的其他银行机构,影响到它的借款人——借款人不得不提前偿还贷款或者得不到本来预料中的追加贷款,少数银行机构的破产会像滚雪球一样越滚越大,直至酿成银行体系的危机;再次,银行同业支付清算系统把所有的银行联系在一起,形成了相互交织的债权债务网络。基于营业日结束时的多边差额支付清算系统的任何微小的支付困难都可能酿成全面的流动性危机。最后,金融创新和金融国际化的发展加重了银行机构资产风险的传染性。金融创新在银行机构之间创造出远比过去复杂的债权债务链条,金融国际化的发展则使得单个国家或某个地区银行机构的资产风险迅速、剧烈地传播到全世界的范围,银行机构资产风险的积累具有了全球性的性质。这既是若干年前墨西哥和泰国的汇市风险最终演变为区域性金融危机的基础,更是此次美国金融危机得以在全球蔓延和扩展的重要原因。由于有问题银行的负的外部性或者传染性的存在,作为担纲我国间接融资主体的国有商业银行,应当切实承担起维护我国金融体系的安全性和稳定性、防范系统性风险发生的社会责任。

三、研究结论及政策建议

本文在对国内外学者对于企业社会责任相关文献进行系统梳理的基础上,结合中国金融改革的实际,对我国国有商业银行履行社会责任的经济学基础进行了深入的研究。本文的研究认为,国有商业银行事实上的国有性质以及10多年以来政府动用近4万亿社会公共资金对其进行的股份制改造、国有商业银行事实上的寡头经营格局以及巨额利差的存在,是其承担社会责任的现实基础。作为对改革代价支付者的一种利益补偿机制,国有商业银行应该切实履行为社会公众提供令人满意的金融服务,进一步提高金融服务的质量和水平,同时通过向政府财政上缴部分利润的方式使社会各阶层共享金融业改革和繁荣的成果等社会责任;此外,由于有问题银行的负的外部性,作为担纲我国间接融资主体的国有商业银行,还应该切实承担起维护我国金融体系的安全性和稳定性、防范系统性风险发生的社会责任。

当然,在国有商业银行已经完成股份制改革的今天,我们也不能因为过度强调其应该履行的社会责任而忽视其作为真正意义上的商业银行所必须承担的经济责任。因为实现利润最大化的经济责任和目标,是国有商业银行得以生存的根本,也是其履行社会责任的基础。国有商业银行既要有追求利润最大化目标以全面提升企业商业价值的经济责任,也要承担起应有的社会责任,并且要在两者之间选择一个合适的平衡点。特别是对于前者,商业银行承担基本的经济责任既是其能够发展的根本,也是一国金融体系健康的基本标志,这就要求政府必须切实减少对国有商业银行过度干预,真正履行出资人和金融体系监管者的角色,还国有商业银行之作为商业银行的本来面目,不断提高其自生能力和核心竞争力。政府应该尽最大可能避免国有商业银行信贷资金财政化的倾向,真正硬化国有商业银行的预算约束,为其切实履行应有的经济责任和社会责任创造一个良好的制度环境。

当代中国二元结构研究三题：
理论源流、鲜明特征及路径选择

王学荣

摘 要：由"传统农业社会"到"二元结构"凸显的社会，再到"工业化信息化社会"，这是许多发展中国家经济社会发展的共同路径。现代部门与传统部门的"并存"乃二元经济结构凸显的重要标志，这是许多发展中国家的共同特征。"二元经济结构"在当代中国亦体现得非常明显，并且还呈现出"多重二元性"的复杂特点。当前，中国经济社会正处于发展的关键时期，既是"黄金发展期"，同时也是"矛盾凸显期"和改革发展的"攻坚期"。走出"多重二元结构"，转向现代工业化、信息化社会已经成为当代中国的重大课题。理论、特征和出路是探讨当代中国经济社会发展"二元结构"的三大重要视角，亦即经济社会发展二元结构的理论渊源、二元结构在当代中国的表现形态以及走出二元结构的路径选择。

关键词：经济发展；二元结构；城乡分割；"多重二元性"

一、经济发展二元结构的理论源流：从刘易斯到迈因特

（一）刘易斯的"二元经济论"：经济发展二元结构之"滥觞"

1. 刘易斯模型的三种形态假定

（1）刘易斯模型的第一种形态假定：劳动力无限供给条件下的经济发展

刘易斯首先研究了"劳动力无限供给"条件下的经济发展问题。刘易斯所理解的"劳动力无限供给"并不是说劳动力的绝对数量无限多，而是指如果某资本家想用现行的工资来招收更多的劳动力，争求职业者将会大大超过其所需求量。根据刘易斯的这一理解，如果将西方经济学中"弹性需求"这一概念引入"发展经济学"这门学科中来，"劳动力无限供给"亦可界定为"劳动力供给在现行的工资水平下具有无限弹性"。这两种定义方式表面上看起来似乎具有不同的形式，实际上却表达了相同的含义。

当然，刘易斯的"劳动力无限供给"这一假定也并非"放之四海而皆准"的"金

科玉律",而是有一定的适用范围的。刘易斯本人也并不认为这一假设具有普遍的适用性,例如,刘易斯认为,"劳动力无限供给"这一假设并不适用于英国和西北欧国家。刘易斯同时也认为,这一假设对非洲、拉丁美洲和某些发展中国家也是不适用的。他只是说,"劳动力无限供给的假设对埃及、印度或牙买加等国的经济来说,是一个适用的假设"。可见,"劳动力无限供给"这一假定的适用范围是相当有限的。因此,我们在运用这一"假定"分析具体问题时,首先就应该充分考虑到这一假设的"适用范围",切忌不分青红皂白地盲目套用。

(2) 刘易斯模型的第二种形态假定

在刘易斯模型的第二种形态假定中需要具备这样两个条件:第一,经济须为"封闭型经济";第二,资本主义部门依赖于与非资本主义部门的贸易,如换取食物、原料等等。在此等情况下,即使"劳动力蓄水池"仍然能够提供足够的劳动力,资本主义部门的扩张也可能会由于贸易条件恶化等其他因素而在一定程度上受到牵制。

(3) 刘易斯模型的第三种形态假定

刘易斯模型的第三种形态假定同样需要具备两个条件:第一,经济是"开放型经济";第二,资本主义部门与非资本主义部门都与外部世界有贸易往来。这样,资本主义部门可以通过从外部世界进口来免受非来自资本主义部门的"停滞之累"。当然,如果因此而产生过多进口则会使增长速度放慢,甚至导致结构性通货膨胀。

2. 刘易斯"二元经济"理论的正式提出

1954年,刘易斯公开发表了第一篇关于"二元经济"的学术论文,对"无限的劳动力"这一假定做了进一步的发挥和阐释。1979年他又发表了"再论二元经济"的文章,着重探讨了现代部门对传统部门的影响等问题。刘易斯认为,现代部门的扩张可以通过如下四种方式(或曰途径)使传统部门受益:第一,为传统部门提供更多的就业机会;第二,与传统部门共享物质基础设施;第三,现代部门的发展带动传统部门的观念更新和制度的现代化;第四,两个部门之间进行贸易往来可以互通有无。当然,刘易斯同时也指出,这四种方式只是"可能使"或"可以使"传统部门受益,但并不意味着"一定使"传统部门受益,如果实施不当,非但不能使传统部门受益,还可能会对传统部门产生破坏性影响。

刘易斯的"二元经济论"提出后,备受学界关注,在世界经济学界引起了巨大的轰动,刘易斯本人也为此而获得了1979年度诺贝尔经济学奖这一殊荣。毕竟,任何事物都不可能是"十全十美"的,刘易斯模型当然也不例外。刘易斯在获得褒奖与赞誉的同时,也遭到了来自部分经济学家的批评和"非议"。客观地说,刘易斯模型存在的"瑕疵"也是不容回避的,例如:剩余劳动力并不是像刘易斯所认为的那样仅仅存在于农业部门,大量的经验事实均表明,城镇工业和城市工业同样也存在着剩余劳动力;又比如说,刘易斯关于农业劳动的边际生产力接近或等于零这一观点也与经验不符,因为许多经验表明,农业劳动的边际生产力并不等于零或接近于零而是正数。

(二)从费景汉—拉尼斯到迈因特:后来经济学者对刘易斯"二元经济论"的发展

1. 费景汉—拉尼斯模型

费景汉和拉尼斯两位经济学家明确地将二元结构归结于"传统农业与现代工业的并存",这与上述刘易斯的思想显然有明显的不同。按照费景汉和拉尼斯的观点,从"传统农业社会经济"到"二元经济"再到"成熟经济"是一种重要的经济增长类型。二元经济的最重要的特征乃是庞大的农业部门与活跃的工业部门的"并存"。

根据费景汉和拉尼斯的说法,经济发展过程可以分为三个阶段:第一阶段与刘易斯模型基本上没有太大的区别。在第一阶段,经济中存在着"隐蔽性失业",即相当一部分劳动的边际生产力为零或接近于零,因而劳动力是无限供给的。农业部门的人均收入没有改变,工业部门的工资也保持不变。当这部分劳动力转移完毕,经济发展也就进入了费景汉—拉尼斯模型的第二阶段。在第二阶段,工业部门所吸收的劳动力使一些劳动的边际生产力低于农业部门平均产量的剩余劳动力。由于这部分劳动力的边际生产力大于零,当他们转移出去以后,农业总产量就会下降,经济活动中开始出现农产品特别是粮食的短缺。于是,工农业之间的贸易条件变得有利于农业部门,工业部门的工资水平开始上升。当农业中全部的剩余劳动力都被吸收到工业部门就业以后,经济就进入了费景汉—拉尼斯模型的第三阶段。在第三阶段,经济已进入商业化过程,农业已开始资本主义化了,农业和工业中的工资水平都由其劳动力的边际生产力来决定,当农业部门劳动力的边际产量与工业部门相等时,经济就进入了新古典世界。

通过上述费景汉和拉尼斯两位经济学家关于经济发展三阶段的描述可以看出,费景汉—拉尼斯模型的重要意义在于,它深刻地认识到,农业对工业的贡献不仅仅在于它提供工业部门所需要的劳动力,还在于它还为工业部门提供农业剩余。如果农业剩余不能满足工业部门扩张后新增工业劳动力对农产品的需求,那么劳动力的转移将会受到阻碍。当然,费景汉—拉尼斯模型同样也不是"尽善尽美"的,同样也存在一些"瑕疵"。例如,这一模型未能对不发达经济停滞的本质和原因做出说明,而这对农业落后原因的清楚认识有着重要的政策含义。另外,与刘易斯模型一样,费景汉—拉尼斯模型假定在经济发展的初始阶段,农业部门劳动的边际生产力为零,这与许多实证研究的结果不一致,因为许多实证研究一再证明:在经济发展的初始阶段,农业部门劳动的边际生产力并不为零(或趋向于零)而恰恰是正数。再者,费景汉和拉尼斯未能对"雇佣劳动"和"家庭劳动"这两个概念做出必要的区分。事实上,这两个概念并不是一码事,正确区分这两个概念是应该的甚至是必要的。最后,该模型在很大程度上是"封闭式"的,因为在该模型中,贸易条件变化所起的作用未能得到说明,货币和价格等所起的作用也恰恰被忽略了。

2. 乔根斯模型和迈因特模型

乔根森模型通常被认为是新古典主义增长理论在发展中国家的具体应用。乔根森的整个分析从刘易斯的剩余劳动下的经济发展,转变为农业剩余产品下的经济发展,这是对刘易斯二元经济分析的一大突破。与刘易斯模型、费景汉—拉尼斯模型相比,乔根森模型更强调农业的发展和技术进步。这样,在费景汉和拉尼斯的基础上,乔根森又把刘易斯的"二元经济论"向前推进了一步。

在刘易斯、费景汉—拉尼斯、乔根斯的理论基础上,迈因特又开始重构自己的"经济模型",先后提出了"产品市场的二元性""资本市场二元性""劳动市场的二元性"和"政府行政和财政机构的二元性"等诸多富有创造性的思想,从而使得刘易斯的"二元经济论"大大向前发展了。这种"发展"大致可以归纳为以下四个角度。

首先,迈因特认为,产品市场具有鲜明的二元性,"产品市场的二元性"具体表现为产品市场的组织是不完备的,这种不完备性可以用"三类价格差别"来加以衡量:第一类,村落里的农民对某商品所支付的价格与该产品在城市中的批发价格有着很大差别;第二类,同一商品的价格在不同地区间也有很大的不同;第三类,农产品是国民总产品中一个很大的组成部分,而这些农产品的价格却客观上存在着季节性变动。

其次,迈因特认为资本市场也具有二元性,"资本市场的二元性"主要体现在:利率在有组织的资本市场上和在无组织的资本市场上有很大差别。其中,无组织资本市场的利率较高,而且呈现出"支离破碎"的特征。在迈因特看来,造成利率差别的原因是多方面的,其中,借贷的交易费用和信息费用是造成利率差别的主要因素。此外,对不同程度风险的保险溢价也是其不可或缺的一个影响因素。

再次,迈因特认为劳动市场也具有二元性。"劳动市场的二元性"具体体现在:现代部门工资较高,而传统部门的收入比较低,并且二者的差距悬殊。劳动力市场的这种二元性主要是由劳动力的不同性质所决定的。

最后,迈因特认为政府行政和财政机构也具有二元性。所谓"政府行政和财政机构的二元性",是指政府总部必须通过一系列的中间层次机构才能与村落里的小规模经济单位建立起具体的联系。

通过上述分析可以看出,迈因特模型的覆盖面更加广泛,也更加全面,它从更具一般性的视角分析了经济社会发展的二元性问题,并且将几种不同形式的二元性巧妙地统一起来了。在迈因特模型的架构下,刘易斯模型仅仅成了其中的一个特例,即"劳动市场的二元性"。除此之外,迈因特模型也更加准确地揭示出了二元性的"精髓"(或曰"实质"),即现代经济与传统经济的"并存"。可见,与刘易斯模型、费景汉—拉尼斯模型、乔根斯模型相比,迈因特模型的优势是显而易见的。

二、"多重二元性":二元经济结构在当代中国的鲜明特征

现代部门与传统部门的"并存"的确是许多发展中国家的共同特征,二元经济结构在当代中国也表现得非常明显,并且呈现出"多重二元结构"的复杂特点。具体来说,这种"多重二元性"体现在经济社会发展的方方面面,例如:一部分比较发达的现代工业与大量的传统农业并存;一部分现代化城市与广阔的传统农

村并存;一部分现代工业与大量的传统手工劳动或半机械化的企业并存;一部分经济比较发达地区与广大欠发达地区甚至贫困地区并存。"现代工业与传统农业并存"也好,"现代城市与传统农村并存"也罢;"现代工业与传统手工业并存"也好,"经济发达地区与欠发达地区并存"也罢;一句话,"二元"之为"二元",从根本上讲无外乎是"现代"与"传统"的并存和相互交织。

实际上,当代中国呈现出来的这种"多重二元性"特征并不是到现在才一下子突然"冒出来"的,其实自近代以来,这种现象就已经开始"初露端倪"了。早在1936年12月,毛泽东就在《中国革命战争的战略问题》中这样写道:"微弱的资本主义经济和严重的半封建经济同时存在,近代式的若干工商业都市和停滞着的广大农村同时存在,几百万产业工人和几万万旧制度统治下的农民和手工业工人同时存在……若干的铁路航路汽车路和普通的独轮车路,只能用脚走的路和用脚还不好走的路同时存在。"①在这篇文章中,毛泽东用生动形象甚至有些俏皮的笔触描绘出近代以来中国经济社会发展极端不平衡的状况。笔者认为,当代中国之所以呈现出"多重二元结构"的复杂特点,与近代以来中国经济社会发展极端不平衡的历史状况不无关系。正如杨家志先生在一篇论文中所谈到的那样,"中国政治经济发展的不平衡性或二重性必然会给中国社会生活带来全方位的影响,并决定着中国现代化的整个进程,从而使中国的经济发展呈现以下三个特点:首先,中国政治经济发展的不平衡性造成了地区之间利益差异。……其次,中国政治经济发展的不平衡性造成了现代中国生产力的多层次性。……最后,中国政治经济发展的不平衡性造成了现代中国生产资料所有制形式的多样性"②。

当然,在当代中国这种"多重二元结构"中,"城乡二元结构"体现得尤为明显,具体表现为:中国农村人口比重大,城市化水平低,城乡人口结构性矛盾突出;城乡分割明显,城市和乡村呈现出两大工业系统;城乡经济发展水平悬殊,城乡差别仍然十分严重,城市和农村甚至形成相互独立的两大"经济板块"。目前,我国经济社会正处于发展的关键时期,既是"黄金发展期",同时也是"矛盾凸显

---

① 《毛泽东选集》(第1卷),北京:人民出版社,1991年,第188页。
② 杨家志:《〈新民主主义论〉与毛泽东对有中国特色的社会主义道路探索》,《中南财经大学学报》1995年第2期,第12—13页。

期"和发展的"攻坚期"。在这样的时代背景下,"城乡分割"已经成为影响当代中国经济社会进一步发展的一大障碍性因素,其主要危害体现在:城市化进程仍旧滞后,农村经济结构转换及农业现代化进程不同程度地受到阻碍;国有资源配置的不合理程度有所加剧,造成资源浪费和经济效益下降;农村富余劳动力转移及城乡人口间的流动受阻;人地矛盾激化,广大农民依旧还很贫困,并由此引发了种种社会问题;总体说来,与现代化城市相比农村普遍比较落后等。因此,如何走出"多重二元结构",继而转向现代工业化、信息化社会,这已经成为当代中国在新世纪新阶段的"新课题",探讨走出二元经济结构的有效路径迫在眉睫。

三、"协调"与"统筹"城乡发展:走出二元经济结构的路径选择

由"传统农业社会"到"二元结构",再到"工业化信息化社会"是许多发展中国家经济社会发展的共同路径。相对于传统农业社会而言,二元经济无疑是一个更高的发展阶段。从这个意义上讲,"二元经济结构"是连接传统农业社会和现代社会的"桥梁"和"纽带",是经济社会发展史上的"重要一环"。可是,当经济社会发展到一定阶段以后,城乡的分离、对立及差异过分悬殊,又会不利于社会经济的进一步发展。因此,从二元经济中走出来,向工业化、信息化社会转变便是当前许多发展中国家迫切需要解决的重大课题。逢锦聚、洪银兴等主编的《政治经济学》(第四版)这样写道:"我国经济发展面临的重要课题是,在促进二元经济发展的同时,加快二元经济结构改造,推动二元经济走向一元的现代经济,实现整个国民经济的现代化。"[①]

确立城乡协调发展战略是克服城乡矛盾、走出二元经济的基本思路。首先,加速城市化进程是当代中国走出二元经济结构的根本出路。其次,城乡互助、促进农村工业化和农业现代化进程是中国现阶段经济发展的客观要求。再次,深化城乡体制改革,创造公平的市场竞争环境,是中国走出二元经济结构、完成工业化和现代化进程的制度前提(或曰"制度保障")。最后,加大农村公共产品的投入力度,适度加快农村的基础设施建设,积极推进社会主义新农村建设的步伐是当代中国走出二元经济结构的重要环节。

---

① 逢锦聚、洪银兴等主编《政治经济学》(第四版),北京:高等教育出版社,2009年,第317页。

马克思主义中国化的丰硕成果科学发展观亦提出了"五个统筹"的战略思想,其中,"统筹城乡发展"便是"五个统筹"中的一项重要内容。所谓"统筹城乡发展"就是要更加注重农村的建设,把"三农"问题作为经济社会发展的重中之重,坚决贯彻"工业反哺农业、城市支持农村"的方针,逐步改变"城乡二元经济结构",逐步缩小城乡发展差距,以形成"城乡互动、协调发展"的生动局面。具体来说,要做到统筹城乡规划建设、统筹城乡产业发展、统筹城乡管理制度、统筹城乡收入分配,把"统筹"的思想真正落到实处。

走出"多重二元结构",转向现代工业化、信息化社会是当代中国的历史性课题。笔者注意到,早在党的十七大就已经把"统筹城乡发展,推进社会主义新农村建设"提到了战略上的高度来加以论述。十七大报告指出:"解决好农业、农村、农民问题,事关全面建设小康社会大局,必须始终作为全党工作的重中之重。要加强农业基础地位,走中国特色农业现代化道路,建立以工促农、以城带乡长效机制,形成城乡经济社会发展一体化新格局。"① 中共十九大则进一步强调"实施区域协调发展战略",并明确提出要建立"更加有效的区域协调发展新机制"。② 尤其难能可贵的是,中共十九大还创造性地提出了"乡村振兴战略",十九大强调指出,"要坚持农业农村优先发展,按照产业兴旺、生态宜居、乡风文明、治理有效、生活富裕的总要求,建立健全城乡融合发展体制机制和政策体系,加快推进农业农村现代化"③。毋庸置疑,这是党和国家在"新时代"的历史场域下为解决"城乡二元经济结构"而采取的新的战略举措。这些新战略举措必将对中国经济社会的发展产生持久而深远的影响。当然,关于当代中国如何走出"多重二元结构",转向工业化、信息化的现代社会仍然是一个"见仁见智"的问题,走出二元经济结构的具体路径也需要进一步研究和探讨。

---

① 胡锦涛:《高举中国特色社会主义伟大旗帜 为夺取全面建设小康社会新胜利而奋斗》,《中国共产党第十七次全国代表大会文件汇编》,北京:人民出版社,2007年,第22—23页。

② 习近平:《决胜全面建成小康社会 夺取新时代中国特色社会主义伟大胜利——在中国共产党第十九次全国代表大会上的报告》(2017年10月18日),北京:人民出版社,2017年,第32—33页。

③ 习近平:《决胜全面建成小康社会 夺取新时代中国特色社会主义伟大胜利——在中国共产党第十九次全国代表大会上的报告》(2017年10月18日),北京:人民出版社,2017年,第32页。

余论

由"传统农业社会"到"二元结构",再到"工业化信息化社会"是许多发展中国家经济发展的共同路径。在经济发展过程中,现代部门与传统部门的"并存"是许多发展中国家的共同特征,"二元结构"在现阶段发展中国家经济社会发展过程中体现得非常明显。而"二元经济结构"这一特征的存在本身意味着经济发展可以有"两条引线",亦即现代部门的扩张和传统部门的改造。这两条引线的"相互交织"便构成了不发达国家(或曰"发展中国家")经济发展的"主旋律"。

相对于传统农业社会,"二元经济"无疑是一个更高的发展阶段。从这个意义上讲,"二元经济结构"是连接传统农业社会和现代社会的"桥梁"和"纽带",是经济社会发展史上的"重要一环"。可是,当经济社会发展到一定阶段后,城乡的分离、对立及差异过分悬殊,又会不利于社会经济的进一步发展。因此,从二元经济中走出来,向工业化、信息化社会转型便是当前许多发展中国家迫切需要解决的重大课题。目前,我国经济社会正处于发展的关键时期,既是"黄金发展期",同时也是"矛盾凸显期"和发展的"攻坚期"。走出"多重二元结构",转向现代工业化、信息化社会已经成为当代中国的一个重大课题。然而,当代中国如何走出"多重二元结构",转向工业化、信息化的现代社会仍然是一个"见仁见智"的问题,走出"二元经济结构"的具体路径尚处于讨论和争鸣的阶段,还需要进一步研究和探讨。

收入差距扩大格局下的社会阶层分化

王培暄

摘　要:改革开放以来,伴随着收入差距的扩大,我国的社会阶层分化也日益明晰。在社会阶层分化的过程中,各种社会问题大量涌现,如处理不当,则很可能引发社会转型期容易出现的"结构性风险"。因此,研究我国当前的社会阶层分化状况以及在此过程中出现的各种社会问题,从而给出治理对策,就显得十分重要了。

关键词:收入差距;扩大;社会阶层;分化

改革开放以来,我国居民的收入差距在不断扩大。据我国学者统计,我国的基尼系数在改革开放前为0.16;1998年为0.403,已超过国际警戒线;2003年增至0.458;2004年已达到0.488;2003年中国基尼系数已经上升到0.53。[①] 这一数值在世界银行测算的120个国家和地区中排在第85位,非常接近那些经济增长停滞、贫富悬殊严重、社会动荡不安的拉美和非洲国家。[②]

从收入差距扩大的类型来看,表现为各类型同时扩大。以2008年统计公报为例,城乡之间,全国农村居民人均纯收入与城镇居民人均可支配收入之比为1∶3.3;地区之间,西部的贵州与东部的浙江之比为1∶3.3;行业之间,最高的金融业收入水平达40312元,是全国平均工资的2倍,其29.6%的增速也居各行业之首,比全国平均增幅高11.3个百分点。[③]

伴随着收入差距的扩大,我国的社会阶层分化也日益明晰。在社会阶层分化的过程中,各种社会问题大量涌现,如处理不当,很可能引发社会转型期容易

---

① 呼世忠:《缩小收入差距是构建和谐社会的当务之急》,《社会科学论坛》2007年第10期(下)。
② 马崇明:《论我国居民收入分配差距及其治理》,《企业家天地·理论版》2007年第10期。
③ 《我国行业收入差距达10倍,分配改革方案有望年内出台》,引自中国江苏网,2009 - 05 - 19 08:02:00。

出现的"结构性风险"。因此,研究我国当前的社会阶层分化状况以及在此过程中所出现的各种社会问题,并给出治理对策,就显得十分重要了。

一、我国当前社会阶层分化的现状

伴随着收入差距的扩大,我国原先的平均主义"大锅饭"格局被打破,社会阶层日益分化为高收入阶层、中等收入阶层和低收入阶层。

1. 高收入阶层

该阶层又可以分为富豪阶层和富裕阶层两类。富豪阶层的家庭年收入在100万元以上。他们主要包括:金融领域和企业界的巨头、部分上市公司老总、股市超级大户、超级影视明星、部分足坛教头、超级主持人、大房地产商、超级私营企业主等等。

富裕阶层的家庭年收入在20万元以上至100万元之间,主要包括:影视明星、名模、文艺表演的"穴头"、部分制片人、大房地产商、大私营企业主、三资企业和外国驻华机构的中方高级雇员、少数公有制企业的承包者、名律师、名主持人等等。

高收入阶层又被称作"新富阶层"。① 在新富阶层中,有的是通过合法的途径致富的,而有的却是通过不正当的甚至是非法的手段致富的。因此,这一阶层大致又可以细分为三类:一类是"白色新富阶层",他们是在改革开放的大潮中,凭借着自己的知识、能力和辛勤的劳动致富的;另一类是"灰色新富阶层",他们的致富手段虽然不能算是非法,但至少不正当,例如在体制转轨的过程中通过钻政策的空子或者通过行业垄断致富等;第三类则是"黑色新富阶层",他们是通过非法手段致富的,比如偷税漏税、制假贩假、倒买倒卖、走私贩私,还有就是利用权力寻租、贪污受贿的手段致富等。

我国的新富阶层的人群主要分布在城市和东南沿海的发达地区。他们在总人口中所占的比重虽然不大,但是财富比重却很高。有资料显示,"占全国人口总数不到10%的高收入人群,他们的银行存款数却达到了全国城乡居民储蓄存

---

① 卢嘉瑞:《现阶段城市各阶层及其收入差距研究》,《河北经贸大学学报》2003年第1期,第24卷(总第116期)。

款总额的77%,而占全国人口90%的中低收入居民仅占存款总额的23%,两者相差约30倍"①。

尽管如此,从性质上看,新富阶层的出现只是表明了我国当前在收入分配上的差距,他们目前不会形成一个剥削阶级。这是因为:在新富阶层中,通过合法手段致富的人毕竟占绝大多数;在其中,依靠自己的知识和劳动致富的人,不能算是剥削阶级,而私营企业主阶层,也并没有形成其自身独立的经济基础和政治力量,也不能被称作剥削阶级。

2. 中等收入阶层

该阶层又可以分为小资阶层和小康阶层两类。小资阶层的家庭年收入在10万元至20万元之间。主要包括:部分上市公司的经营管理者、部分国有企业的厂长或领导、部分中小私营业主、部分股民、中小房地产商、建筑业的项目负责人、律师、涉外导游、就职于三资企业的中方高级雇员、部分科研人员等等。

小康阶层的家庭年收入在6万元以上至10万元以下。主要包括:部分个体户、小型私营企业的业主、部分垄断性行业的员工、银行和证券业的从业人员、就职于三资企业的普通雇员、效益较好的大公司的职员、公务员、普通科教文卫领域的工作人员等等。

需要指出的是,我国目前对于中等收入阶层的界定还比较模糊。按照国家统计局的定义,中等收入者的标准为"家庭年收入6万元到20万元";而国家发改委宏观经济研究院在"扩大中等收入者比重的战略研究"的课题中则确定,中等收入者的标准为"家庭年收入5.37万—16万元、个人年收入3.4万—10万元";而中国社科院发布的《2011年版城市蓝皮书》则认为,中等收入者的标准应该是"人均年可支配收入在1.63万元至3.73万元之间"。本文对中等收入阶层的界定依照的是国家统计局的标准。

对于当前我国中等收入人口在全国总人口中所占的比重,学者们也有不同的测量结果。据陆学艺的测算,1999年我国的中等收入人口约占全国就业劳动人口总数的15%左右,在此之后,以平均每年一个百分点的速度增加,至2007

---

① 郭金玲:《富裕阶层:在中国的形成原因及社会意义》,《河南师范大学学报(哲学社会科学版)》2001年第28卷,第4期。

年,约达到23%左右。① 但是,也有学者测算,中等收入者仅占全国总人口的7%左右。② 而中国社科院发布的《2011年版城市蓝皮书》则测算出,城市中等收入阶层的规模已经达到2.3亿人,占城市人口的37%左右。可见,23%左右是比较折中的数字。

西方国家的中等收入阶层是伴随着工业社会向后工业社会的转型而产生的。20世纪以来,西方国家政府的社会职能扩大,行政管理人员相应增多;加之学校、科研机构、医院等公共部门兴起,从业者人数增加很快;而各种社会福利制度的推行,也改善了工人阶级的生活条件。尤其是第二次世界大战以后,伴随着第三次科技革命的浪潮,西方国家技术工人的数量不断增加,白领工人的人数渐渐超过了蓝领工人。美国哈佛大学教授丹尼尔·贝尔曾估算:美国"1996年的1.26亿劳动力中,3650万是专业人员和经理,其中经理近半数;有3760万是技师、营销人员和行政管理助理。这类人员总计超过7400万,占劳动力的近60%"③。

中国的中等收入阶层则是在1978年改革开放以后,伴随着中国社会结构的变迁而崛起的。有学者把中国目前的中等收入阶层归结为四类人群:一是传统意义上的干部和知识分子人群;二是效益比较好的国有企业、股份制企业的职工;三是一部分个体经营者和自由职业者;特别值得关注的是第四类,也就是所谓的"新中等收入阶层",这个阶层一般是指就职于三资企业或者新兴行业的白领人群,他们有着一般性的共性特征,就是:年纪较轻,具有较高的学历和较新的专业知识,外语电脑比较熟练,这类人群的收入较高,也有着较高的消费倾向。④ 目前我国中等收入阶层的成长还面临着诸多挑战,我国还远没有像西方发达国家那样进入中等收入阶层占主体的"橄榄型社会"。

---

① 陆学艺:《改革开放三十年来中国社会结构的变迁》,信息来源:社会学视野网,发布时间:2009-04-14。
② 《我国行业收入差距达10倍,分配改革方案有望年内出台》,引自中国江苏网,2009-05-19 08:02:00。
③ [美]丹尼尔·贝尔:《技术轴心时代(上)》,王建民译,《当代世界社会主义问题》2003年第2期。
④ 曾昱:《中国中产阶层问题研究综述》,《湖南文理学院学报(社会科学版)》2007年9月第32卷第5期。

3. 低收入阶层

该阶层又可以分为温饱阶层和贫困阶层两类。温饱阶层的家庭年收入在 8000 元至 6 万元之间。这个阶层主要由普通居民家庭构成,这些家庭虽然没有衣食之忧,但也没有多少存款;这些家庭虽然一般没有失业人口,但是,其家庭劳动力的收入水平偏低,而且,其未来收入预期存在着多种不确定性。一般情况下,这些家庭不需要接受政府和社会救济。目前,这一阶层的人口占据了中国人口的大多数。

贫困阶层是最低收入阶层。该阶层由贫困线下人口构成,需要接受政府和社会救济。城市贫困人口的家庭年收入在 8000 元以下,他们主要是由失去劳动能力的孤老残幼人口、下岗失业人口、效益不好的企业的职工以及一部分退休人员构成。需要指出的是,并不是所有的贫困人口都能享受到政府救济,1995 年政府确定的救济线是居民人均月收入低于 120 元,1998 年这一标准提高到 150 元,2000 年这一标准提高到 200 元,但是还是有很多城市贫困人口无法享受到政府救济。另外,如果用我国的贫困线标准来衡量的话,我国目前贫困线下人口仅占总人口的 4.6%,这一比例在发展中国家里算是很低的;然而,目前国际通用的贫困线标准是每日生活费低于 1 美元,如果用这一标准来衡量的话,那么我国目前贫困线下人口占总人口的比例则高达 16.6%,这一比例在发展中国家里算是比较高的。导致城市贫困问题的一个最主要因素是失业。虽然目前我国的城镇登记失业率只有 4%,但是这一数据远不能反映实际情况,第五次人口普查数据显示,在 2000 年,我国的城镇实际失业率已达到 8.3%。①

农村贫困救济线远远低于城市。我国从 2009 年起上调农村扶贫标准,即贫困线由 2007 年的人均年收入 786 元提高至 1067 元,但是对比上面数据可以看出,2009 年上调后的农村贫困线比 1995 年的城市贫困线还低。而农村贫困人口在中国贫困人口总数中所占的比例则相当高。近年来,中国在消除农村贫困人口数量方面所做的努力和成效是比较显著的。2003 年,我国农村的贫困人口

---

① 蔡昉主编《中国人口与劳动问题报告 No.4(2003)——转轨中的城市贫困问题》,社会科学文献出版社,2003 年,第 34 页。

为2800多万人,而在1993年这个数字为8000万。① 目前对农民工贫困人口的测量比较困难。据民政部门不完全统计,滞留在城市的拾荒者、乞丐等无业游民达50万人,成为城市管理的一大难题。②

二、当前社会阶层分化过程中出现的问题

伴随着社会阶层的分化,我国的社会结构正在发生深刻的变化,以适应经济发展的需要。但是,在当前的社会阶层分化过程中也出现了以下问题:

1. 高收入阶层在致富、纳税、消费方面存在诸多问题

高收入阶层的出现对我国社会起着很大的积极作用:他们创造出大量的就业岗位,培育出新的消费热点,为经济发展起到了积极的拉动作用;他们带来了与市场经济相吻合的价值观念,起着榜样的作用;他们向国家交纳税金,通过国家财政活动,支持帮助落后地区的人,起着帮助和支持的作用;他们的崛起体现了党的富民政策,在舆论上起着导向的作用。然而,不容否认的是,我国当前高收入阶层中的部分人在致富、纳税、消费方面仍存在着诸多的问题,也起着很大的消极作用。

首先,各种不正当的,甚至非法的致富手段的存在,使普通大众产生了很强的社会不公正感,导致了各阶层间的矛盾冲突,影响了社会的和谐稳定。我国的高收入者中绝大多数是在改革开放的浪潮中通过抓紧机遇、依靠自身的辛勤劳动和聪明才智致富的。但是,不容否认的是,也有少数人是通过钻体制的空子、通过行业垄断所带来的高收入,通过权力寻租、甚至是通过各种非法手段致富的,诸如走私贩私、制假售假、倒买倒卖、以权谋私、收取回扣、贪污受贿等等。据统计,我国每年以各种方式落入个人名下的国有资产的数额不低于1000亿元。③ 以上类似现象,必然引起普通群众的强烈不满,而这种不满情绪必然会导致社会各阶层之间的矛盾冲突,甚至会使广大群众对党和政府产生不信任的心理,影响到整个社会的稳定与和谐。

---

① 赵兴:《现阶段我国贫困问题研究》,《江汉大学学报(人文科学版)》2003年第5期。
② 慈勤英、陈晓灿:《城市贫困人口社会救助方式选择的反思》,《社会学》2000年第7期。
③ 颜良成:《把脉"问题富翁"》,《中国老区建设》2006年第9期。

其次,富人偷税漏税的现象非常普遍而且十分严重。从 1994 年开始,美国顶级财经杂志《福布斯》开始了对中国内地富豪的关注,在 2000 年《福布斯》杂志公布的中国富豪排行榜中,资产列入前 50 名的富豪中,仅有 4 人同时列入纳税的前 50 名。2001 年,我国的税务部门调查了当年美国《亚洲华尔街日报》中评出的中国十大富豪,结果是:几乎没有人缴纳个人所得税。① 可见,我国的富人们所缴纳的个人所得税与其所拥有的巨额资产极不相称。

再次,过度消费污染了社会风气。如报刊所载:60 多艘豪华游艇云集上海,亚洲最大的游艇展粉墨登场。此次中国国际游艇展由"人头马"等四大欧洲奢侈品品牌共同赞助,显示出海外相当看好中国富人在游艇方面的消费热情。② 中国在亚洲远不算是个富国,温饱问题尚没有得到完全解决。中国的许多富人只用财富界定自己的地位,缺少道德意识和社会责任。

2. 中等收入阶层尚未稳定壮大

改革开放以来,随着经济、社会的发展,我国的中等收入阶层已经产生,并正在逐渐成长。中等收入阶层在在经济上是引导大众消费、扩大国内有效需求的主要力量;在政治上是倡导民主法治、维护社会稳定的主要力量;在文化上则是引领时代潮流、推动科技创新的主要力量。这个阶层的成长和壮大,对于我国的社会主义和谐社会的建设具有十分重要的意义。

从世界发展的普遍趋势和发达国家的普遍经验来看,一个现代化的、人口合理分布的社会阶层结构,一般都是中间大、两头小的"橄榄型结构":即占有很多社会资源、拥有很高的社会地位的富豪阶层,与占有很少社会资源、拥有很低的社会地位的贫困阶层,人口规模都比较小,在总人口中所占比例都比较低;而拥有适度的社会资源和较高的社会地位,足以过上小康生活并具有较高的精神文化品位的中等收入阶层,人口规模都比较大,占总人口中的大多数。例如,日本就曾有"一亿皆中流"的说法,而如前所述,美国的中间阶层人数也占了总人口的 60%。

相比之下,目前中国的社会阶层结构还不是现代化国家应有的"橄榄型结

---

① 严羽:《中国富人你缴了多少个税?》,《税务学习》2003 年第 1 期。转载于维普资讯。
② 李文:《中国的富人缺什么?》,《宁波经济》,转载于维普资讯。

构"。农民的基数还太大,2009年农业劳动者还占劳动力的40%以上,[①]而中等收入阶层才有23%左右。可见,中国目前的社会阶层结构,还明显滞后于日益发展的现代化的经济结构,这种脱节,很可能会引发"结构性社会风险",导致多种经济、社会,乃至价值观方面的问题。据一项调查显示,面对日益扩大的收入差距,15.5%的农村受访者明确声称他们完全不能接受这样的结果,超过四分之一的受访者表示他们很难接受,因此,共计有41.9%的农村受调查者都对现状不满意。另外,48%的工人家庭也不能接受这一结果。[②] 这项调查显示,中国目前已有产生两极分化的危险。

3. 低收入阶层已产生冲突意识和行为

低收入阶层的基本生活状况堪忧。在城市,普遍表现为收入低下、收不抵支、债务问题突出、高恩格尔系数、低消费和低营养标准等,而且包括住房在内的其他生活条件也明显低下,并普遍对疾病及其家庭事故和灾害缺乏基本的抵御能力。在农村,贫困人口普遍营养不良,成年人由于缺乏各种营养元素,导致体质下降,劳动强度和耐力下降,进而影响生产,另外,婴儿及儿童营养不良会阻碍智力的发展,这种情形在农村贫困地区大量存在。

低收入阶层不良的生活状况,使得这一阶层中的相当部分人群产生了冲突意识和冲突行为。随着低收入阶层人口的增多,他们发现各自的生活状态基本相同,从而形成了群体意识,内部认同感日益显著。再加上部分高收入者们非法致富、偷税漏税和炫耀消费等现象,又使得低收入群体在内部认同感的基础上产生了强烈的被剥夺感,使他们的群体意识进而转化为冲突意识。而冲突意识又必然引发各种冲突行为。一方面是犯罪越轨行为大量增多,近年来许多城市的抢劫、盗窃、绑架、勒索等刑事案件数量增加,而作案者中失业下岗人员、进城农民工占有相当大的比重;另一方面是群体性事件大量增多,近年来各地区不断发生游行、上访、阻断交通等群体性事件,严重危害了公共安全和社会稳定。

---

① 陆学艺:《改革开放三十年来中国社会结构的变迁》,信息来源:社会学视野网,发布时间:2009 - 04 - 14。

② Zhihong Qian, Tai-Chee Wong: The rising urban poverty: A dilemma of market reforms in China, Journal of Contemporary China. Princeton: Mar 2000. Vol. 9.

三、社会阶层分化中问题产生的原因

社会阶层分化过程中诸多问题产生的根本原因,在于收入分配的不平等,而导致收入分配不平等的因素中,既有经济发展自身的因素,也有政策取向方面的因素。

美国著名经济学家、诺贝尔经济学奖获得者西蒙·库兹涅茨(Simon Kuznets)1955年在《美国经济评论》上发表过一篇题为"经济增长与收入不平等"的论文。他在这篇论文中,根据英、美、德等国家的历史数据指出:"收入分配不平等"的长期演变趋势为"在从前工业文明向工业文明极为快速转变的经济增长早期,不平等扩大;一个时期变得稳定;后期不平等缩小"。也就是说,在经济增长的整个长期过程中,收入分配不均的变动趋势,是沿着一种"先上升后下降""先恶化后改善"的"倒U型"轨迹进行的,这整个过程大约需要50—100年时间。这就是著名的"库兹涅茨假说"(Kuznets hypothesis)。库兹涅茨假说认为,经济增长是影响收入差距变动趋势的唯一主导因素。库兹涅茨的"倒U假说"以及早期研究者们对其所做的理论分析和实证检验,大都是依靠英、美、德等现代化先发国家的历史经验和具体数据;而这些国家的现代化道路都是"内源内生"型道路。内源内生型现代化道路是指:依靠社会自身的力量来徐徐推动的内部创新,这是一个缓慢渐进的社会变革过程;同时,由于外来因素的影响始终居于次要的地位,这又是一种自发自主的社会变革过程。

但是,对于现代化后发国家来说,导致收入分配不平等的因素,除了经济增长自身的因素外,政策取向方面的因素或许更加重要。这是因为:后发国家的现代化道路是一种"外源外生"型道路。外源外生型现代化道路有一个共同的特点:即都是后发国家在全球化浪潮下强烈感受到外来异质文明的冲击而开始的现代化道路,这就注定了后发国家的这种外源外生型现代化道路从一开始就明显地具有"赶超型"的特点。赶超型经济发展模式必须充分提高效率和速度来加快经济的发展,但在经济十分落后而发展所需资源又十分有限的情况下,后发国家就必须通过对各种要素的非均衡性配置手段来迅速提高国家的经济实力,也就是说,这是一种非均衡型经济。一方面,后发国家为了能够在经济上迅速赶上发达国家,都选择了粗放型经济增长的模式,鉴于"落后就要挨打"的历史教训,

这些国家必须以大量的生产资料、自然资源和劳动力的投入来实现经济的快速增长。另一方面,由于后发国家又都处于一穷二白、基础薄弱的境况中,这样就必须对有限的经济要素进行非均衡性的配置。例如,为了鼓励投资,必然使资金占有者在分配中占有明显的优势,其获得的收入大大地高于劳动者的收入,也就是"富者越来越富,穷者越来越穷",扩大了行业间的收入差距。为了发展对外贸易,必然会优先发展沿海地区,扩大了地区间的收入差距。为了加快城市化进程,必然会忽视对农村地区公共服务及人力资本的投入,扩大了城乡间的收入差距。尤其是20世纪80年代末苏联东欧等国发生变革以后,"私有化、自由贸易、完全市场调节的发展战略是发展中国家唯一可行的发展战略"的观点一时成为西方国家和一些国际组织的共同看法,这就是所谓的"华盛顿共识"。"华盛顿共识"是与当时西方国家所倡导的自由放任思潮相一致的。这一思潮认为,对于任何国家来说,政府都必须服从于市场的内在法则,只有市场才是经济发展唯一行之有效的灵丹妙药。"华盛顿共识"和自由放任思潮更是对后发国家的非均衡型经济发展取向起到了推波助澜的作用。因此,后发国家的收入分配不平等很大程度上是非均衡型经济增长这一政策取向的结果,而不仅仅是单纯的经济增长这一因素所导致的结果了。

为了检验经济增长因素与政策取向因素对我国居民收入差距的影响,本文设计了如下计量模型:$GINI = \beta_0 + \beta_1 LNRJGDP + \beta_2 X + \beta_3 XCRKBZ + \beta_4 CZZZBZ + \beta_5 JBJSBZ + \mu$

其中:因变量GINI为全国居民收入基尼系数。自变量包括五个:RJGDP为人均国内生产总值,用以检验经济增长因素影响收入差距的"库兹涅茨假说"在中国是否成立,为了便于计量,在回归时取其对数。X为政策指数,用以考察我国的政策变化对全国居民收入差距的影响,1978年十一届三中全会提出了"克服平均主义",1984年十二届三中全会提出"深化分配制度改革",1997年十五大明确提出"要把按劳分配和按生产要素分配结合起来",2007年十七大针对收入分配领域存在的突出问题时强调"要逐步提高居民收入在国民收入分配中的比重、提高劳动报酬在初次分配中的比重",均为比较重要的政策阶段,因此,1978—1983年取值为0,1984—1996年取值为1,1997—2006年取值为2,2007年以后取值回落为1。XCRKBZ为乡村人口比重,用以测量我国的城市化发展取向对全国居民收入差距的影响。CZZZBZ 为财政支出占 GDP 的比重,用以测量我国的市场化发展取向对全国居民收入差距的影响。JBJSBZ 为基本建设占财政支出的比重,这是一个控制变量,该变量是 CZZZBZ 这一变量中最为核心的因素,所以对于该变量的数值虽然不进行回归,但仍把其作为一个控制变量纳入模型。

本课题所使用的基尼系数数值是对世界银行、中国国家统计局、中国社科院以及国内部分学者所计算公布出来的数值进行评估比较后综合得出的;其他数据均来自 1979—2010 年的《中国统计年鉴》。

表1

年份	全国基尼系数	人均 GDP（元）	政策指数	乡村人口比重(%)	财政支出占 GDP 比重	基本建设占财政支出比重
1978	0.186	381.23	0	82.08	0.3078	0.4027
1979	0.200	419.25	0	81.04	0.3136	0.4040
1980	0.195	463.25	0	80.61	0.2703	0.2819
1981	0.288	492.16	0	79.84	0.2279	0.2965
1982	0.249	527.78	0	78.87	0.2163	0.2685
1983	0.264	582.68	0	78.38	0.2168	0.2962
1984	0.297	695.20	1	76.99	0.2145	0.3162
1985	0.266	857.82	1	76.29	0.2223	0.2767
1986	0.297	963.19	1	75.48	0.2268	0.2882
1987	0.305	1112.38	1	74.68	0.2030	0.2565
1988	0.382	1365.51	1	74.19	0.1799	0.2340
1989	0.349	1519.00	1	73.79	0.1789	0.2015
1990	0.343	1644.00	1	73.59	0.1652	0.1775
1991	0.324	1892.76	1	73.06	0.1555	0.1652
1992	0.376	2311.09	1	72.54	0.1390	0.1485
1993	0.359	2998.36	1	72.01	0.1314	0.1275
1994	0.436	4044.00	1	71.49	0.1202	0.1104

续表

年份	全国基尼系数	人均GDP(元)	政策指数	乡村人口比重(%)	财政支出占GDP比重	基本建设占财政支出比重
1995	0.445	5045.73	1	70.96	0.1122	0.1157
1996	0.458	5845.89	1	69.52	0.1115	0.1143
1997	0.403	6420.18	2	68.09	0.1169	0.1104
1998	0.403	6796.03	2	66.65	0.1279	0.1285
1999	0.397	7158.50	2	65.22	0.1471	0.1605
2000	0.417	7857.68	2	63.78	0.1601	0.1319
2001	0.490	8621.71	2	62.34	0.1724	0.1328
2002	0.454	9398.05	2	60.91	0.1833	0.1425
2003	0.530	10541.97	2	59.47	0.1815	0.1391
2004	0.460	12335.58	2	58.24	0.1782	0.1207
2005	0.470	14185.36	2	57.01	0.1835	0.1191
2006	0.496	16499.70	2	56.10	0.1869	0.1086
2007	0.500	20169.46	1	55.06	0.1873	—
2008	0.469	23707.71	1	54.32	0.1993	—
2009	—	25575.48	1	53.41	0.2241	—

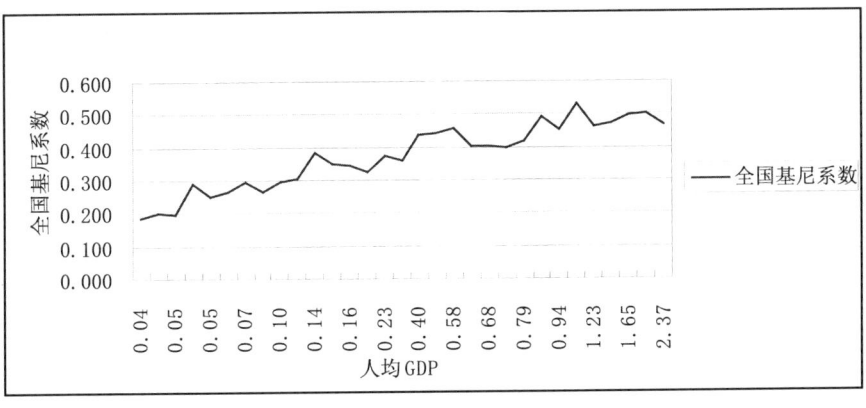

图1

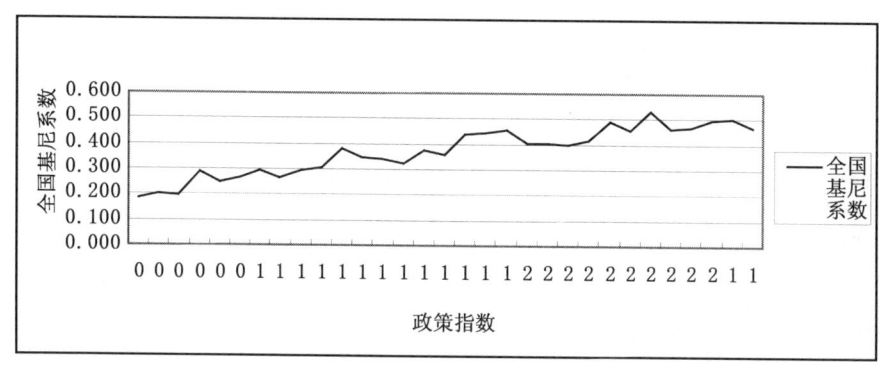

图 2

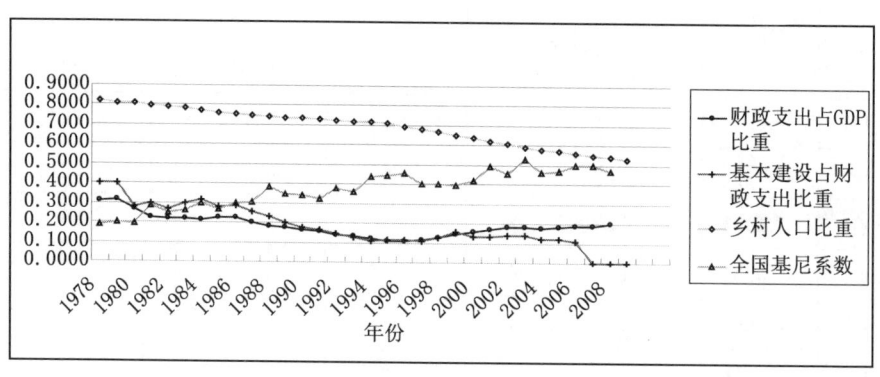

图 3

本文对以上数据首先进行了图形分析。由图 1 可以看出,全国居民基尼系数伴随着人均国内生产总值的增长而同步增长,说明我国的收入差距确实伴随着经济的增长而扩大,但是,我国的收入差距是否会随着经济的进一步增长而缩小,并未得到证实。由图 2 可以看出,全国居民收入基尼系数与政策指数之间呈明显的正相关关系,1978 年十一届三中全会提出了"克服平均主义",1984 年十二届三中全会提出"深化分配制度改革",1997 年十五大明确提出"要把按劳分配和按生产要素分配结合起来",我国的国家政策基本上是朝着"适度拉开收入差距以增加效率"的方向变化,因此,我国的收入差距总体上呈逐年扩大的趋势;2007 年是一个转折点,由于收入分配领域中的问题已十分突出,十七大强调"要逐步提高居民收入在国民收入分配中的比重、提高劳动报酬在初次分配中的比重"，国家政策开始朝着"缩小收入差距以注重公平"的方向变化，因此，基尼系数开始回落，只是由于距今时间较短以及资料可得性的限制，这种趋势还很难在图形中显现出来。由图3可以看出，改革开放以来，我国的乡村人口比重、财政支出占GDP的比重、基本建设占财政支出的比重这三个变量的数值总体呈下降的趋势，与全国居民收入差距的上升趋势形成"剪刀差"状态，表明我国的非均衡型经济发展取向对于我国的收入差距扩大形成了极为重要的影响。

模型汇总

模型	R	R方	调整R方	标准估计的误差
1	.963[a]	.927	.911	.02861

a. 预测变量：（常量），JBJSZB, X, CZZCZB, XCRKBZ, LNRJGDP。

Anova[b]

模型		平方和	df	均方	F	Sig.
1	回归	.239	5	.048	58.401	.000[a]
	残差	.019	23	.001		
	总计	.258	28			

a. 预测变量：（常量），JBJSZB, X, CZZCZB, XCRKBZ, LNRJGDP。
b. 因变量：GINI

系数[a]

模型		非标准化系数		标准系数	t	Sig.
		B	标准误差	试用版		
1	（常量）	1.031	.556		1.854	.077
	LNRJGDP	.073	.070	.406	1.043	.308
	X	−.043	.022	−.330	−1.936	.065
	XCRKBZ	−.011	.004	−.860	−2.409	.024
	CZZCZB	−1.059	.390	−.585	−2.715	.012
	JBJSZB	.460	.314	.433	1.466	.156

a. 因变量：GINI

除了图形分析外，本文还运用SPSS软件对计量模型中的各个自变量与因变量基尼系数之间的相关性进行了回归检测。检测结果发现：调整R方为0.911，可见模型具有很强的拟合优度。其中，人均国内生产总值与基尼系数之间的相关系数为 0.073,呈正相关,但其相关显著性小于 0.7,可见经济增长因素对我国居民收入差距的影响作用目前尚不能得到有效证实。政策指数与基尼系数之间的相关系数为 -0.043,乡村人口比重为 -0.011,财政支出占国内生产总值比重为 -1.059,均呈负相关,且三者与基尼系数均在 0.9 以上显著相关,说明我国的非均衡型经济发展政策取向对我国居民收入差距的影响作用可以得到有效证实。基本建设占财政支出比重作为控制变量,不纳入回归分析。

四、解决阶层分化中问题的对策思路

我国当前在阶层分化过程中所出现的问题,已引起全社会的关注;如不能尽快予以解决,将影响到我国构建和谐社会的进程。既然政策取向因素对我国的收入分配不平等及社会阶层分化起到了重要的作用,那么,解决问题的关键,也必然在于充分发挥政府对经济的宏观调控作用,充分运用政策的力量来缩小收入差距,以克服阶层分化过程中所出现的问题。具体表现为:

1. 依法规范高收入阶层的合法收入,调节其过高收入,取缔其非法收入

在当前建设和谐社会的目标下,我国的收入分配政策应当由过去的"效率优先、兼顾公平"转化为"立足公平、保证效率",国家收入分配的政策导向必须大力贯彻公平原则。因此,政府亟须建立和健全收入分配方面的法律体系,并加大执法力度,形成全社会共同的监督体系,依法规范高收入阶层的合法收入。

政府还应通过完善税收制度来调节高收入者的过高收入,避免全社会的收入差距过大,如建立法人对支付个人收入的申报制和居民储蓄存款的实名制等;另外,不仅要调节收入差距,还要调节财富差距,如开征遗产税、赠予税等税种。[1] 在调节高收入者过高收入的基础上,要建立健全社会保障制度,以保障低收入阶层的基本生活。在城镇,要完善以失业保险、医疗保险和养老保险为主要内容的社会保障制度。在农村,要大力制定和落实各项扶贫攻坚计划,缓解农村贫困现象。对西部地区,则应通过实施区域间经济协调发展的战略,把西部大开发战略落到实处,以缓解地区间的收入差距。

---

[1] 郭金玲:《富裕阶层:在中国的形成原因及社会意义》,《河南师范大学学报(哲学社会科学版)》2001 年第 28 卷第 4 期。

另外,如前所述,部分高收入者的非法致富手段在社会上产生了极坏的影响,也严重损害了党和政府在群众中的威信,导致了全社会的信仰危机。因此,必须通过法律和政策手段,整顿、清理和取缔非法致富者的非法收入。

2. 加紧培育出稳定,壮大的中等收入阶层

我国当前要加紧培育出一个稳定、壮大的中等收入阶层,扩大中等收入者的比重。一方面要通过调节过高收入、取缔非法收入的方法使部分高收入者流向中等收入阶层;另一方面则要通过建立合理的收入分配制度和完善的社会保障体系使大量低收入者上升到中等收入阶层。首先,在初次分配中要做到效率和公平并重,二者齐头并进,要改变以往初次分配中资本和要素所得偏多、劳动所得偏少的局面,大力提高劳动报酬在收入分配中的比重;在再次分配中要更加注重公平,要提高居民收入的比重,降低国家和企业收入的比重。我国当前在这方面已经取得了一定的成绩,有学者统计,在 2013 年,通过我国国有企业分配制度的调整,有大约 5000 万低收入职工可以进入到中等收入者的行列。[1] 其次,要通过产业结构的调整来创造更多的就业机会,扩大就业人口的规模,为此政府还需加强对城市下岗职工和进城农民工的职业技能教育和培训,以提高这部分低收入者的就业能力。再次,要通过完善最低工资制度和健全社会保障体系的方法,保证低收入者的合法利益和对弱势群体的社会保障。

3. 构建有效的反贫困体系,为低收入阶层提供保障

首先,在经济发展的过程中促进就业,是反贫困的基础性手段。我国传统的反贫困观念是"输血式"扶贫,即通过政府救济与物资援助的方式来扶贫,其缺点在于忽视了贫困人口自身的积极作用。当前,我们的扶贫观念要从"输血式"扶贫转变为"造血式"扶贫,也就是说,要在给贫困人口提供政府救济和物资援助的同时,也使贫困人口履行相应的义务和责任,让贫困人口通过自身的劳动和不懈的努力来摆脱贫困,使贫困人口自身成为反贫困的主体力量。在城市,要进一步深化国企改革、减轻国企负担,积极发展非公有制经济,同时,大力调整产业结构,通过大力发展第三产业的方法开辟更多的就业渠道。在农村,要加强基础设

---

[1] 曾昱:《中国中产阶层问题研究综述》,《湖南文理学院学报(社会科学版)》2007 年 9 月第 32 卷第 5 期。

施的建设,改善农村地区尤其是西部贫困地区的生产环境和投资环境,另外,要打破农村贫困地区单靠农业为主的单一的产业结构,借助政府的组织与引导,利用各地的资源优势,大力发展非农产业,为剩余劳动力提供生产和致富的渠道,帮助农村地区的贫困人口尽快脱贫致富。

其次,政府在反贫困工作方面自身的改革是反贫困的制度性手段。政府应加快有关反贫困工作方面的体制改革和制度创新,尽快制定和实施《反贫困法》,为各地的反贫困工作提供有力的制度保障和法律依据,克服各地方政府在反贫困工作中所产生的诸如挪用扶贫资金、虚报扶贫成绩、扶贫任务政企不分乃至贪污扶贫款等问题,①这是确保政府反贫困工作效率的制度基础。同时,政府还应加快建立和健全统一的反贫困运作渠道,目前,我国各级政府对扶贫资金的管理比较分散,对扶贫工作的组织也缺少协同性,②今后,要把各地的扶贫资金统一集中起来,交由各地的扶贫开发领导小组或扶贫办公室管理,在扶贫工作的组织过程中,也应赋予各地扶贫办以更大的权限,各相关部门由扶贫办统一领导,协同参与扶贫工作,以保证反贫困运作渠道的高效率运行。

最后,加强对各种非营利部门的建设是反贫困的社会性手段。目前,单靠政府的人力、物力和财力并不能完全承担起反贫困的重任,③因此,必须充分运用民间力量,调动民间资源。民间的各种非营利部门如扶贫基金会、慈善机构等,可以很好地筹募海内外的善款,组织慈善行动,以帮助政府更好地服务于贫困人群。此外,各种非营利部门还可以对贫困人群实施有关健康、教育等方面的投资,以增强他们的人力资本,同时还可以为他们提供就业或再就业的信息和渠道,为消除贫困发挥巨大的作用。

---

① 张晓琼、黄欣:《政府扶贫职能的转变与农村有效反贫困治理结构》,《云南民族学院学报(哲学社会科学版)》2000 年 5 月第 17 卷第 3 期。
② 张凤凉、蒲海燕:《反贫困治理结构中政府功能的缺陷及完善对策》,《理论探讨》2001 年第 6 期。
③ 田凯:《中国的非营利部门与城市反贫困治理》,《学术探索》2004 年第 3 期。

收入差距扩大格局下的社会结构失衡[*]

王培暄

摘 要：近年来,伴随着经济的高速发展,居民收入差距也在不断扩大,社会阶层分化日益明显,一个现代社会的阶层结构正在初步形成。然而,我国目前的这个社会阶层结构还不是现代化国家所应有的"橄榄型"结构,而是"倒 T 型"社会结构。这种失衡的社会结构明显滞后于经济的发展,这就必然产生矛盾和冲突,引发社会风险。因此,对这种"结构性风险"进行预警和控制就显得十分重要了。为了观察社会结构失衡所带来的风险状况,以期在风险出现之前就预先发出警报,本文设置了"社会结构失衡风险的预警系统"(SSDREWS),并在此基础上提出了"社会结构失衡风险的控制机制"。

关键词：收入差距；阶层分化；社会结构失衡；风险预警控制

改革开放以来,伴随着经济的高速发展,居民收入差距也在不断扩大,社会阶层分化日益明显,一个现代社会的阶层结构正在初步形成。然而,我国目前的这个社会阶层结构还不是现代化国家所应有的"橄榄型"结构,而是"倒 T 型"社会结构。这种失衡的社会结构明显滞后于经济的发展,这就必然产生矛盾和冲突,引发社会风险。因此,对这种"结构性风险"进行预警和控制就显得十分重要了。

一、当前我国居民收入差距扩大的现状

据我国学者统计,我国的基尼系数在改革开放前为 0.16；1998 年为 0.403,已超过国际警戒线；2003 年增至 0.458；2004 年已达到 0.488；2007 年,中国基尼

---

[*] 南京大学"笹川优秀青年教育基金"资助项目。南京大学"贫困问题社会风险保障"基金项目(0107133015)。

系数已经上升到 0.53。①另据世界银行《2005 年发展报告》显示:2004 年中国基尼系数为 0.47,高于美、英、法、日、波兰的 0.35,接近俄罗斯、伊朗的 0.46,低于南非和巴西的 0.58,在 120 个国家和地区中,中国的基尼系数排在第 85 位,接近一些社会分化严重、经济增长停滞的拉美和非洲国家。②可见,近年来,我国居民总体收入分配差距均明显过大,我国已经成为世界为数不多的几个收入差距最大的国家之一。

1. 城乡居民收入差距不断扩大

据统计部门资料显示,我国城镇居民人均可支配收入与农村居民人均纯收入的比例,1978 年为 2.56∶1;农村实行联产承包制改革后,1985 年达到历史最低点,为 1.80∶1;而 1994 年又达到一个新的顶峰为 2.86∶1,为改革开放前的最高水平。1997 年城乡居民收入差距达到新的谷底,为 2.47∶1,小于改革开放前的水平。1997 年后城乡收入差距开始迅速扩大,2003 年进一步扩大到 3.23∶1,2006 年扩大到 3.28∶1,达到改革开放以来的最高点。如果再考虑城市居民的各种福利性补贴,城乡居民实际收入差距将更大。按世界经验,当经济发展水平在人均 GDP 800—1000 美元阶段,一般国家的城镇居民收入大体是农村居民的 1.7 倍。③社科院一份研究报告认为,中国城乡收入差距是世界上最高。国际劳工组织发表的 1995 年 36 个国家的资料表明,城乡居民收入比一般为 1.5∶1,超过 2∶1 的国家只有 3 个,而我国则是这 3 个国家之一。④

2. 地区收入差距不断扩大

从我国东、中、西三大地区职工年平均工资来看,2000 年,东部地区为 11202 元、中部地区为 7441 元、西部地区为 8332 元。2001—2003 年,西部 12 省(区)城镇居民人均年收入分别为全国平均水平的 87%、86%、85%,每年下降一个百分点。从农村居民家庭人均纯收入来看,最高的上海与最低的贵州相比,1995

---

① 呼世忠:《缩小收入差距是构建和谐社会的当务之急》,《社会科学论坛》2007 年第 10 期(下)。
② 马崇明:《论我国居民收入分配差距及其治理》,《企业家天地·理论版》2007 年第 10 期。
③ 呼世忠:《缩小收入差距是构建和谐社会的当务之急》,《社会科学论坛》2007 年第 10 期(下)。
④ 刘鹏:《基于收入差距之和谐社会整合路径选择初探》,《黑河学刊》2007 年 11 月第 6 期,总第 132 期。

年为3.91倍,2000年为4.07倍,2003年扩大到4.25倍。①

3. 行业收入差距不断扩大

国家统计局的统计年鉴显示:2003年,全国职工平均年工资为14040元,其中,非垄断行业职工工资为6969元,电力、煤气、水等垄断行业是18752元,而金融业职工年工资高达22457元,其中证券业达4.26万元,为非垄断行业的6.1倍。而且近两年来,这种行业收入差距还在继续扩大。国家统计局估计,1986年以前城镇内部基尼系数一直都低于0.2,90年代后超过0.2,1995年为0.28,到2004年已达到0.37。从收入等分组来看,2002年城镇中最富的10%人群收入占城镇总收入的28%,最穷的10%人群占城镇总收入的3%,最富的10%人群的平均收入是最穷的10%人群的近10倍。②

4. 城镇居民内部收入差距不断扩大

20世纪90年代末期以来,我国城镇居民可支配收入基尼系数以每年0.1个百分点的速度在提高,城镇居民内部收入差距在不断扩大。有学者分析了城镇居民家庭人均年收入的增长情况发现:1995—2005年的中国城镇居民家庭人均年收入的年均增长率为9.23%;这说明中国城镇居民家庭收入逐年有了一定的提高。然而,城镇居民家庭各阶层收入的年均增长速度不同:依次是9.23%、4.07%、2.95%、5.87%、7.13%、8.39%、9.6%、10.82%、12.89%。其中,10%最高收入户的年增长速度最快,5%困难户的年增长速度最慢。收入水平越低的居民家庭收入年均增长速度越慢,反之越快。在1995年,"10%最高收入户"的年收入与"5%困难户"的年收入的差距为6246.39元,2005年却为28504.22元。2005年的差额为1995年差额的4.563倍。③这明显说明,中国城镇居民家庭的收入差距在较快地扩大。

---

① 刘鹏:《基于收入差距之和谐社会整合路径选择初探》,《黑河学刊》2007年11月第6期,总第132期。
② 呼世忠:《缩小收入差距是构建和谐社会的当务之急》,《社会科学论坛》2007年第10期(下)。
③ 徐春兰、黄健元:《城镇居民收入差距扩大的现状、原因及抑制对策》,《西北人口》2009年第1期第30卷。

二、收入差距扩大格局下的社会阶层分化

伴随着收入差距的不断扩大,我国社会原先的均衡格局被打破。我国当前的社会阶层日益分化为高收入阶层、中等收入阶层和低收入阶层。

1. 高收入阶层

该阶层又可以分为富豪阶层和富裕阶层两类。富豪阶层的家庭年收入在100万元以上。他们主要包括:金融领域和企业界的巨头、部分上市公司老总、股市超级大户、超级影视明星、部分足坛教头、超级主持人、大房地产商、超级私营企业主等。

富裕阶层的家庭年收入在50万元以上至100万元之间,主要包括:影视明星、名模、文艺表演的"穴头"、部分制片人、大房地产商、大私营企业主、三资企业和外国驻华机构的中方高级雇员、少数公有制企业的承包者、名律师、名主持人等。

高收入阶层又被称作"新富阶层"。①新富阶层中,有的是合法致富的,有的是非法致富的。他们大致可分为三类:一是白色新富阶层,他们是凭借自己的能力和劳动致富的;二是灰色新富阶层,他们是在新旧体制转轨过程中产生的,他们手中有权力、关系,持有的财产主要是现金、有价证券或高档消费品、住房等;三是黑色新富阶层,他们多数是通过偷税漏税钻法律的空子来获得高额收入的非法经营者。

新富阶层的人群主要分布在城市和东南沿海的发达地区。据有关资料显示,"占全国人口不到10%的高收入阶层,其银行存款约占城乡居民储蓄存款总额的77%,而占全国人口90%的中低收入居民仅占存款总额的23%,两者相差约30倍"②。新富阶层的出现表明了分配收入上的差别,他们目前不会形成一个剥削阶级。因为合法致富的新富阶层,如目前以发展生产力的需要而出现的私营企业主阶层,虽然有了自己的生产方式和生活方式,但没有形成独立的经济

---

① 卢嘉瑞:《现阶段城市各阶层及其收入差距研究》,《河北经贸大学学报》2003年第1期,第24卷(总第116期)。

② 郭金玲:《富裕阶层:在中国的形成原因及社会意义》,《河南师范大学学报(哲学社会科学版)》2001年第28卷,第4期。

基础,更没有联合起来形成一种有组织的阶级力量和政治组织。而非法致富的人只占整个阶层的少数,他们目前更不可能形成一个新的剥削阶级。

2. 中等收入阶层

需要指出的是,我国目前对于中等收入阶层的界定还比较模糊。按照统计局的定义,家庭年收入6万元到20万元是中等收入者,而国家发改委宏观经济研究院"扩大中等收入者比重的战略研究"课题则确定"家庭年收入5.37万元—16万元、个人年收入3.4万元—10万元"为中等收入者的标准。按照这一标准衡量,2009年的中等收入者仅占全国总人口的7%左右。①

也有学者从构成成分的角度来界定中等收入阶层。他们认为,目前中国的中等收入阶层主要由四部分人群构成:一是所谓"新中等收入阶层",这个阶层的基本特征是年纪轻,一般都具有较高的学历,有新的专业知识,懂外语,会电脑,大多就职于三资企业、新兴行业,收入较高,在消费行为上有着很强的高消费倾向。二是传统意义上的干部和知识分子层。三是效益比较好的国有企业、股份制企业的职工层。四是大量的个体、私营经营者。②

本文把家庭年收入在2万元—50万元之间者界定为中等收入阶层。这样计算,我国中等收入阶层在总人口中所占的比例会扩大,约为23%左右。该阶层又可以分为富足阶层和小康阶层两类。富足阶层的家庭年收入在10万元至50万元之间。主要包括:部分私营企业主、部分股票大户、股票市场机构大户操盘手和股票交易委托员、各种彩票发行人、演艺界的一般演员、足球运动员、中小房地产商、建筑企业的包工头、小有名气的律师、三资企业中的中方高级雇员、部分上市公司董事长和其他主要负责人、部分大公司和企业集团的领导层、部分实行年薪制的厂长或经理、科技教育界著名学者、承包开发科技成果的科研人员、常有科技成果转让的科研人员、高科技板块中部分上市公司的某些员工等。

小康阶层的家庭年收入在2万元以上,10万元以下。主要包括:个体户、小私营企业主、垄断性行业的部分员工、金融机构的部分职员和管理人员、证券营

---

① 《我国行业收入差距达10倍,分配改革方案有望年内出台》,引自中国江苏网2009 - 05 - 19 08:02:00,http://news.jschina.com.cn。

② 曾昱:《中国中产阶层问题研究综述》,《湖南文理学院学报(社会科学版)》2007年9月第32卷第5期。

业部的一般从业人员、三资企业的一般职员、大公司的职员和中层管理人员、各级政府机构中的官员、有中级职称的科教人员及医务工作者等等。

西方的中等收入阶层是伴随着工业化及后工业社会的转变而产生的；中国的中等收入阶层的出现和成长与1978年实行改革开放后社会转型的出现密切相关。中国中等收入阶层的崛起引起了全社会的关注；但是，我们还没有进入中等收入阶层社会，中等收入阶层的成长还面临着许多严峻的考验。

3. 低收入阶层

该阶层又可以分为温饱阶层和贫困阶层两类。界定标准在于收入是否低于贫困线标准和需要接受社会救济。温饱阶层的家庭年收入在8000元至2万元之间。这个阶层主要由普通居民家庭构成，这些家庭一般没有失业人口，但家庭劳动力的收入水平偏低，且对未来收入预期存有疑虑；他们虽无衣食之虑，但也没有多少金融资产。一般情况下他们不需要接受社会救济。

贫困阶层是最低收入阶层。有学者计算，城市贫困人口的家庭年收入应该在8000元以下。1997年国家统计局公布的这一阶层的人口为1168万人，按平均每户家庭3.16口人计算，约370万户，占城市家庭的10%左右。这部分人口主要是由原救济人口、近几年的失业人口、效益不好的企业职工以及一部分退休人员构成。他们人均全部年收入1996年为2453.62元，1997年为2456.11元。分别比当年全国人均收入少2391.16元和2732.43元，若按每个家庭有3.16口人计算，则1996年家庭收入为7753.44元，1997年为7761.31元。[1] 而农村贫困人口在中国贫困人口总数中所占的比例则相当高，占70%左右。近年来，中国在消除农村贫困人口数量方面所做的努力和成效是比较显著的。2003年，我国农村中的贫困人口为2800多万人，而在1993年这个数字为8000万。[2] 目前对农民工贫困人口的测量比较困难。据民政部门不完全统计，滞留在城市的拾荒者、乞丐等无业游民达50万人，成为城市管理的一大难题。[3]

---

[1] 卢嘉瑞：《现阶段城市各阶层及其收入差距研究》，《河北经贸大学学报》2003年第1期，第24卷（总第116期）。

[2] 赵兴：《现阶段我国贫困问题研究》，《江汉大学学报（人文科学版）》2003年第5期。

[3] 慈勤英、陈晓灿：《城市贫困人口社会救助方式选择的反思》，《社会学》2000年第7期。

三、阶层分化所导致的社会结构失衡及其风险

中国在历史上是个农业国家,一直到1949年,中国的农村人口仍占总人口的89.4%。新中国建立之后,中国进行了大规模的工业化建设,但是,直到1978年,农业劳动力仍占70.5%,农村人口仍占82.1%,中国还是个农业国家的社会结构。1978年改革开放以来,经济建设取得了巨大的成功,社会结构也发生了深刻的变化:首先,工人阶级队伍空前壮大。1978年,中国二、三产业的职工共有11835万人,占全国就业总数的29.5%;2007年,二、三产业的职工共为45546万人,占全国就业总量的59.2%。工人阶层的总数增加了33711万人,其中有约60%是从农村转移出来的农民工。其次,产生了一个私营企业主阶层。2007年,全国私营企业主有1396.5万人,注册资金97873亿元,雇工5856.6万人,已经是一个庞大的社会阶层。再次,社会中间阶层正在逐渐成长。1999年,中国的社会中间阶层约占全国就业劳动者总数的15%左右;这些年来,发展得很快,平均每年增加约一个百分点,2007年约为23%左右。① 一个与现代社会经济结构相对应的社会阶层结构已经初步形成,而且正在发展之中。

但是,中国目前的社会阶层结构,同现有的经济发展状况还不相适应,社会阶层结构还明显滞后于经济的发展。国际经验证明,两头小、中间大的"橄榄型"社会结构,有利于社会的稳定和经济的发展。而中国目前的社会阶层结构还不是"橄榄型"结构形态。如前文所述,我国高收入阶层在全国人口中的比例不到10%,而其银行存款约占城乡居民储蓄存款总额的77%;中等收入阶层乐观估计至今才有23%,保守估计只有7%左右;低收入阶层占全国人口的绝大多数,其中农民的基数还太大,农业劳动者至今还占总劳动力的40%以上。因此,笔者把当前中国失衡的社会阶层结构称作"倒T型"社会结构。该结构源于初次分配不合理,城乡、地区和行业竞争的初始机会不均等,各种非法寻租行为等导致的收入两极分化。目前中国失衡的"倒T型"社会结构中的不公因素在增大,不满势能在积累。具体表现为以下几点。

---

① 陆学艺:《改革开放三十年来中国社会结构的变迁》,信息来源:社会学视野网,发布时间:2009-04-14。

1. 精英阶层开始结盟,试图影响社会经济政策的制定

精英阶层结盟是指掌握了大量政治资源、经济财富以及知识权威的人们为了各自的利益,最大化利用自己的重要影响力,极力排斥其他阶层利益的行为。世界各国的经验和教训表明:如任由精英阶层之间进行利益结盟,将会对社会的稳定运行和经济的健康发展造成十分不利的影响。我国现阶段精英阶层已开始结盟,并企图垄断话语权,试图影响社会经济政策的制定。例如:当中央决定加大反腐败的力度时,就会有人说"适当腐败有利于经济的发展";当中央强调在企业改制中要保护好工人利益时,就会有人说"经济的发展要不可避免地牺牲一部分工人的利益";当大多数群众为高涨的房价苦不堪言,中央决定稳定房价让居者有其屋时,就会有人说"房价不算高,穷人没必要买房,房价的下跌会导致我国经济的崩溃"等。① 精英阶层的结盟损害了市场经济的公平性,造成了社会的畸形发展。精英阶层把自己的利益获取建立在其他阶层利益受损的基础上,必然加深社会的隔阂和矛盾,损害社会各阶层之间互惠互利的和谐局面。

2. 中间阶层缺失,社会有两极分化危险

改革开放以来,随着经济文化的发展,一个以专业技术人员、农业中的专业大户、自我雇佣者和中小企业主为主的中等收入阶层已经产生,并正在逐渐成长。中等收入阶层又被称作中间阶层,该阶层在政治上是一支社会稳定的力量;在经济上是重要的大众消费力量;在文化上是时代的引领力量。这个阶层的成长和壮大,对于缩小收入差距,破除城乡二元结构,维护社会和谐稳定,走共同富裕的道路,都具有重要的意义。

如前文所述,从国际经验来看,较为理想的社会阶层结构,一般都是中间大、两头小的"橄榄型"结构:即拥有社会资源很多、社会地位很高的阶层和拥有社会资源很少、社会地位很低的阶层的规模都很小;而拥有较多的社会资源,足以过上小康生活乃至更高水平生活的中间阶层占大多数。目前,中国尚未培育出一个稳定壮大的中间阶层,至今才有23%左右。可见,中国现在的社会阶层结构,同已有的经济结构还不相适应,社会阶层结构还明显滞后于经济结构,这必然产

---

① 《积极化解社会风险,努力构建和谐社会》,转引自经管论文发表网,www.jglw.net,2006年8月18日。

生诸多矛盾和冲突,成为当今中国发生诸多经济、社会问题的主要原因。

据一项调查显示,面对日益扩大的收入差距,15.5%的农村受访者明确声称他们完全不能接受这样的结果,26.4%的农村受访者表示他们很难接受,因此,41.9%的农村受调查者都对现状不满意。此外,48%的工人家庭也不能接受这一结果。①这项调查显示改革以来的经济发展没有惠及所有的社会群体。据有关统计,按居民金融资产拥有量排序,拥有金融资产最多的20%的居民家庭占有居民全部金融资产的55.4%,而最少的20%的居民家庭仅拥有全部金融资产的1.5%。另据国家统计局的统计,到2002年上半年,10%的富裕家庭占城市居民全部财产的45%,10%的最低收入的家庭只占有1.4%。②在生活中,一方面是富有者极尽豪华奢侈,上亿的豪宅照样有人购买,世界上豪华消费品在中国的销量甚至超过了发达国家;另一方面,部分困难群体连基本的生活、医疗和子女的教育费用都难以承担。改革开放三十多年来,我国已形成了巨大的贫富差距,而且当前社会已有产生两极分化的危险。

3. 工农阶层弱势化,群体意识和群体行为开始显露

我国的国家贫困线标准低于国际通用的标准。即使是在城市,如果用国家贫困线的标准来衡量,中国2003年低于收入贫困线的人口比例为4.6%,在发展中国家当中属于贫困人口比例很小的国家;但是,如果用国际上通用的衡量发展中国家贫困人口的标准即每日生活水准低于1美元的标准来看,中国2003年低于收入贫困线的人口比例则高达16.6%,在一些主要的发展中国家当中属于贫困人口比例偏高的国家。③甚至有学者估算,中国的实际贫困人口达到2.2亿,其中城市人口有3000万,农村和外出打工的农民工共有近2亿,这其中的大部分是工人和农民。④

---

① Zhihong Qian, Tai-Chee Wong: *The rising urban poverty: A dilemma of market reforms in China*, Journal of Contemporary China. Princeton: Mar 2000. Vol. 9.
② 《积极化解社会风险,努力构建和谐社会》,转引自经管论文发表网,www.jglw.net,2006年8月18日。
③ 蔡昉主编《中国人口与劳动问题报告No.4(2003)——转轨中的城市贫困问题》,社会科学文献出版社2003年版,第34页。
④ 《积极化解社会风险,努力构建和谐社会》,转引自经管论文发表网,www.jglw.net,2006年8月18日。

此外,工人和农民的基本权益也难以得到保护。据调查,我国民营企业中80%以上的员工都有工作超时的情况,有的甚至每日工作达16小时,节假日加班也得不到应得的加班费。2005年4月18日,在北京召开的"第10届职业性呼吸系统疾病国际会议"上,卫计委的相关负责人指出:我国的职业病形势十分严峻,目前我国有毒有害企业超过1600万家,受到职业病危害的人数超过2亿。另据调查,我国煤矿事故死亡人数远远超过世界其他产煤国家煤矿事故死亡总数。与此同时,工人和农民的社会政治地位也明显下降,逐步被边缘化。比如,在全国人民代表大会中,工人和农民代表的比例越来越小,从20世纪70年代末80年代初到90年代后期,工人代表的比例从27%降至11%,农民代表的比例从21%迅速降到了8%。① 他们对于社会事务的参与程度逐步降低,在维护自己群体利益时的声音极其微弱,对社会的影响力越来越小。

由于工农阶层呈现弱势化趋向,我国在转型期的社会风险呈现出波及面广且多种风险并存的现象。它严重削弱了党的执政基础,造成了社会各群体之间的隔阂、抵触和冲突。中国的群体性事件有迅速上升的势头。据有关部门提供的数据表明,从1993年至2003年这10年间,群体性事件数量急剧上升,年平均增长17%,由1994年的1万起增加到2003年的6万起,增长5倍。同时,规模不断扩大,参与群体性事件的人数年均增长12%,由73万多人增加到307万多人,其中百人以上的由1400起增加到7000多起,增长4倍。另外,这些事件的组织化倾向越来越强,如冲击党政机关的事件逐年上升,2000年有2700起,2003年发生3700起,其中堵公路、卧轨、拦火车的事件就达3100起。② 究其原因,我们不难发现,几乎绝大多数的群体性事件都同工农阶层的弱势化直接相关。这是一件需要引起人们高度重视的事情。

四、社会结构失衡风险的预警与控制

对于社会结构失衡所带来的社会风险,如果不能及时地预警并控制,那么就

---

① 吴忠民:《中国社会公正的现状与趋势》,原载《江海学刊》2005年第2期;转引自人民网 www.people.com.cn,2005年12月19日。

② 吴忠民:《中国社会公正的现状与趋势》,原载《江海学刊》2005年第2期;转引自人民网 www.people.com.cn,2005年12月19日。

可能使风险升级,最终发生危机。反之,如果能够及时地发现并设计对策,那么就可能有效地控制风险,使社会系统顺利地运行。为了观察社会结构失衡所带来的风险状况,以期在风险出现之前就预先发出警报,笔者设置了"社会结构失衡风险的预警系统"(SSDREWS),并在此基础上提出了"社会结构失衡风险的控制机制"。

1. 社会结构失衡风险的预警系统

根据我国当前的实际状况,笔者设计的"社会结构失衡风险的预警系统"(SSDREWS)包括四个指数系统。

(1) 经济保障指数系统

包括物价上涨率、收入增长率与失业率等三个指数。物价上涨率与收入增长率反映民众实际生活受影响的程度;失业率反映民众的职业安全程度。物价上涨率与失业率以正百分点评分,收入增长率以负百分点评分。

(2) 政府形象指数系统

包括腐败官员人数、腐败官员职位、腐败方式程度等3个指数。对于腐败者进行全面的统计与分析,不仅可以测定政府官员的腐败程度,也可以为测定风险升级或爆发时的腐败现象指数值,留下宝贵的资料。

(3) 社会公正指数系统

包括绝对收入差距、相对收入比例、贫困线以下人口比重、富裕者致富方式与消费方式等5个指数。绝对收入差距会影响人们的情绪,相对收入比例有时更会影响人们的情绪。人们会把自己的和别人的"投入"与"产出"比例相对照,如果发现自己同他人的"投入"与"产出"比例不符合,特别是低于他人时,则会产生不公正感,以致采取某些方式发泄不满和积怨。贫困线以下人口在总人口中的比重越大,社会不安定的潜在能量就越大。富裕者有的是劳动致富,有的是非法致富,有的则是雇工致富。他们的金钱,有的用于扩大再生产,有的用于扩大消费,也有的用于奢侈与堕落。富裕者的致富与消费方式会极大地影响到人们对社会公正的评判。

(4) 行为失范指数系统

包括犯罪率、激进言论、群体性事件数量、群体性事件规模、群体性事件强烈度等5个指数。犯罪率反映社会的失范状态,犯罪率高会引起社会的不安。激进言论指各阶层政治言论的激进程度。群体性事件是弱势阶层群体意识和群体行为的具体表现,设为数量、规模、强烈度3个指数。

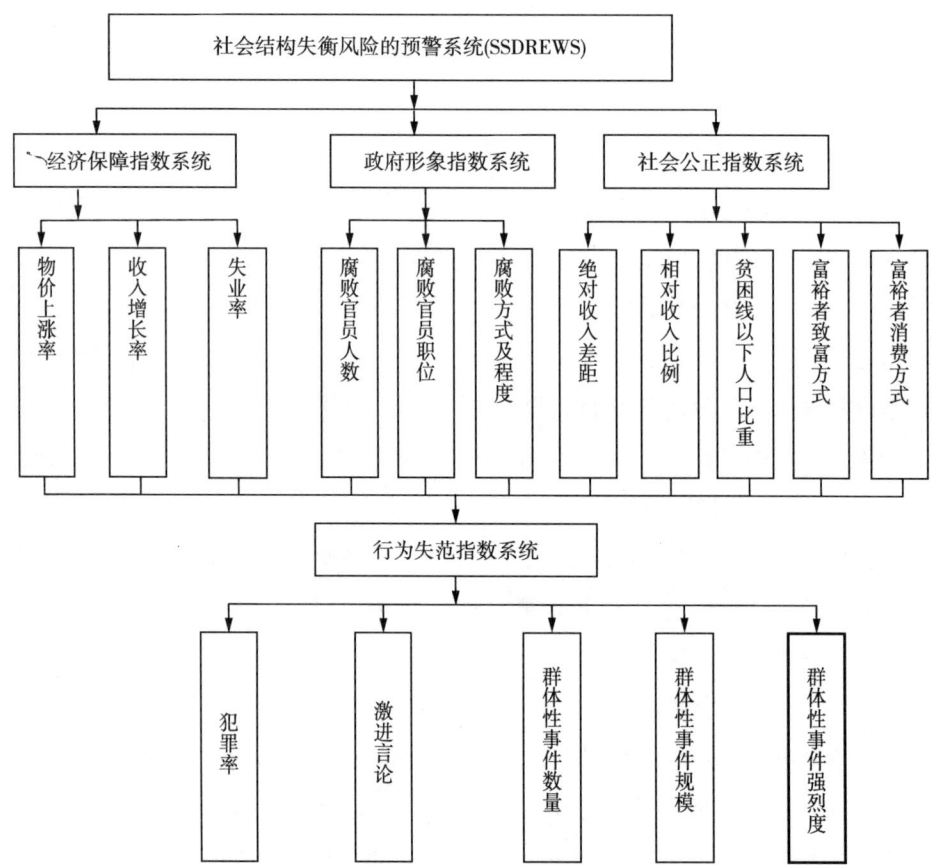

经济保障指数、政府形象指数、社会公正指数是社会结构失衡风险的一级指数,在"社会结构失衡风险的预警系统(SSDREWS)"中所占的比重各为20%。行为失范指数是社会结构失衡风险的二级指数,在"社会结构失衡风险的预警系统(SSDREWS)"中所占的比重为40%。

现得到如下公式:

SSDREWS=0.2(AV+BV+CV)+0.4V

=0.2×(经济保障指数+政府形象指数+社会公正指数)+0.4×(行为失范指数)

=0.2×(0.4×物价上涨率－0.4×收入增长率+0.2×失业率)+0.2×

（0.4×腐败官员人数＋0.3×腐败官员职位＋0.3×腐败方式及程度）＋0.2×（0.2×绝对收入差距＋0.2×相对收入比例＋0.2×贫困线以下人口比重＋0.2×富裕者致富方式＋0.2×富裕者消费方式）＋0.4×（0.2×犯罪率＋0.2×激进言论＋0.2×群体性事件数量＋0.2×群体性事件规模＋0.2×群体性事件强烈度）

根据社会结构失衡风险的计量分值,社会结构失衡风险可以分为五级：

等级	险情	信号灯
A1 级	基本无风险	绿灯
A2 级	低风险	蓝灯
B 级	一般风险	黄灯
C 级	高风险	橙灯
D 级	超高风险	红灯

当社会结构失衡风险的分值达到 B 级,黄灯闪烁,SSDREWS 系统即开始发出警报,主持 SSDREWS 系统的机构即开始采取对策,对风险进行分散、转移、减轻等控制活动。

2. 社会结构失衡风险的控制机制

社会结构失衡风险产生的根源在于部分利益集团侵吞改革收益,从而向全社会转嫁改革成本的行为。因此,分散、转移和减轻风险的根本方法在于利益的合理重组。然而,利益的合理重组绝不仅仅是社会某一个方面的事情,而是一个涉及市场、社会、政府、法律,乃至信仰等多个方面的系统工程。化解社会结构失衡风险的方法有如下五种：

（1）利益调节法——有赖于市场的完善

该方法即对社会集团之间的利益矛盾进行调节,通过调节,化解社会集团之间的利益矛盾。在正常的市场经济体制下,缩小收入差距,协调利益矛盾,实现社会平衡,最根本的还是要靠充分发挥市场机制的调节作用来完成;而充分发挥市场机制的调节作用,则要以完善的市场为前提。因此,我国当前要培育并健全劳动力市场和资本市场。同时,要加强市场竞争,削弱各种形式的垄断。

（2）利益再分法——有赖于社会的保障

即通过利益再分配的途径化解社会集团间利益矛盾的方法。例如运用税收等手段对社会利益进行再分配,减缓或消除社会集团间的利益矛盾。个人所得税制度是调节收入差距、实现社会保障的重要杠杆,为了进一步调节收入差距、实现社会保障,必须修订我国当前的个人所得税制度,真正发挥其"劫富济贫"的作用。

(3) 利益倾斜法——有赖于政策的实施

即通过倾斜分配利益的方法扶助那些主要的弱势者,使社会不稳定局势得以缓和。例如,我国西部地区经济发展落后,各省区的财政都比较困难,而当地政府在发展经济时都需要大量的资金投入,因此,必须要依靠国家财政的大力支持;同时,国家还应该在西部地区提供各种优惠政策,打破体制上的障碍和束缚,吸引大批国内外投资者到西部地区投资。

(4) 利益分割法——有赖于法制的建设

即各大利益集团相互妥协,通过博弈按实力分割社会利益。在这里,合法性的制度建设至关重要。在漫长的封建社会里,帝王们开口闭口"老祖宗的规矩不能破";行事时却又总是"嬉笑怒骂,皆是国策;爱恨情仇,唯我独尊"。为什么?因为没有真正的制度约束。在今天,要真正进入现代性社会,就亟须合法性的制度建设。和谐社会应该是一个有着透明、公开、监督、问责的制度的社会,应该是一个有着长远、稳定、合理的利益博弈机制的社会。

(5) 利益让度法——有赖于信仰的升华

即处于强势地位的集团把一定的利益让渡给弱势集团,借此化解两大集团之间利益矛盾的方法。这就有赖于全社会信仰的升华。汶川、玉树地震,让我们看到了一个闪亮的中国,一个极具竞争力、又极富同情心的中国;更让我们看到了人性的相通、情感的交融。无数的企业家慷慨解囊,社会各界纷纷伸出温暖的手。那么平时呢?是东方民族的含蓄,还是"天下熙熙,皆为利来;天下攘攘,皆为利往"的市场经济麻痹了我们的心灵?为什么只有在大灾难到来的时候我们才敢于表白我们心中最美好的情愫、最善良的同情?也许,我们还应该再主动一些。市场不相信眼泪,社会却绝不能没有眼泪。和谐社会应该是一个凝视苍生常含泪水的社会。

城镇居民内部收入差距的影响因素与应对措施研究

王培暄

摘　要：当前我国居民间的收入差距扩大并不仅限于城乡之间，伴随着城市人口占总人口的比重不断上升，城市居民内部的收入差距也在日益扩大。我国城镇居民内部收入差距的扩大，受经济发展自身规律、市场化发育不充分、城市化、行业差异、政府再分配调控机制不完善等多种因素的影响。对此，本文认为：我国当前必须不断增加就业岗位，并提高居民收入在国民收入中的比重，提高劳动报酬在初次分配中的比重；培育并健全劳动力市场和资本市场；加快小城镇的建设；加强市场竞争，削弱行业垄断；充分发挥政府的再分配作用，完善个人所得税制度和社会保障制度，以缩小城镇居民内部的收入差距。

关键词：城镇居民；收入差距；扩大；影响因素；应对措施

自20世纪50年代以来，收入差距问题逐渐成为国际经济学界和社会学界关注的热点问题（Lewis，1954；Kuznets，1955；Kaldor，1957；Pasinetti，1962；Bourguigono，1981）。20世纪90年代以后，收入差距问题开始进入中国理论界的研究视野，原因是伴随着市场化改革，我国的收入差距在逐渐扩大。许多学者结合中国的具体国情，对该问题进行了深入的研究和有益的探讨：李实(2000)、陈宗胜(2001)、周云波(2001)、杨灿明(2003)、潘明星(2004)、赵建华(2004)、白雪梅(2004)等人分别从政府政策、城乡差别、行业差别、地区差别、个体能力差异、个体资源差异、税收、教育、非法收入等角度对中国的收入差距问题进行了研究。

近年来，我国的收入差距扩大除了体现在城乡之间，一个越来越值得引起重视的现象是：伴随着城市人口占总人口的比重不断上升，以及农村中的富人和穷人涌进城市，城镇居民内部的收入差距也在日益扩大。这一现象也引起了我国学界的关注。对此，薛冰、陈家宁等人(2005)运用协整理论和误差修正模型，验证了城镇收入差距和农村收入差距之间的平衡关系;周云波、马草原等人(2010)运用回归方法研究了城镇居民收入差距的"倒U"拐点及其演变趋势;陈钊、万广华、陆铭等人(2010)运用基于回归方程的不平等分解方法,研究了行业间的收入不平等对于中国城镇居民收入差距的影响程度。

本文试图结合前人的研究成果,在分析城镇居民内部收入差距的变动趋势的基础上,找出该差距的影响因素,并给出缩小差距的应对措施。

一、城镇居民内部收入差距扩大的变动趋势

据统计,我国城镇居民可支配收入基尼系数,在改革前为0.16,在全世界几乎是最低的。改革以来,从1978年的0.16上升到2000年的0.32,收入差距逐渐扩大。2007年的基尼系数已经突破了0.46,超出了国际上通常认为贫富差距的"警戒线"。[①] 从20世纪90年代末期以来,基尼系数以每年0.1个百分点的速度在提高,城镇居民收入差距的势头还在不断扩大。

本文根据《中国统计年鉴》中的数字(表一)测算,在1995—2009年间,伴随着国民经济的持续快速增长,中国城镇居民的家庭收入也在逐年提高。然而,收入水平的高低与收入增长的速度之间呈明显的正相关关系,收入水平越高,年均增长速度越快,反之则越慢。在1995年,"10%最高收入户"的年收入与"5%困难户"的年收入之间的差距为6246.39元,而到了2009年,其间差距却达到了46413.76元,2009年的差距是1995年差距的7.43倍。这一测算结果说明:中国城镇居民内部的收入差距在迅速扩大。

表1　1995—2009年中国分阶层城镇居民家庭人均年收入情况(单位:元)

年份	平均收入	10%最低收入户	5%困难户	10%低收入户	20%中偏下收入户	20%中收入户	20%中偏上收入户	10%高收入户	10最高收入户
1995	4288.09	2177.72	1984.92	2778.49	3363.67	4073.88	4958.42	6036.43	8231.31
1996	4844.78	2453.62	2242.92	3148.62	3779.82	4579.98	5595.28	6826.77	9250.44
1997	5188.54	2456.11	2185.96	3246.2	3988.04	4922.32	6074.17	7495.26	10297.45
1998	5458.34	2505.02	2228.78	3329.13	4134.93	5148.81	6404.89	7918.46	11021.49

---

① 王高贺:《城镇居民收入差距扩大的公正性探析》,《广西社会主义学院学报》2007年第8期。

续表

年份	平均收入	10%最低收入户	5%困难户	10%低收入户	20%中偏下收入户	20%中收入户	20%中偏上收入户	10%高收入户	10最高收入户
1999	5888.77	2646.71	2356.5	3518.36	4391.58	5543.23	6942.03	8674.88	12147.82
2000	6316.81	2678.32	2350.75	3658.53	4651.72	5930.82	7524.98	9484.67	13390.49
2001	6907.08	2834.7	2497.32	3888.13	4983.5	6406.16	8213.66	10441.61	15219.98
2002	8177.4	2527.68	2063.95	3833.01	5209.18	7061.37	9437.99	12555.07	20208.43
2003	9061.22	2762.43	2278.29	4209.16	5705.67	7753.86	10463.66	14076.07	23483.95
2004	10128.51	3084.83	2531.46	4697.62	6423.89	8746.65	11870.79	16156.02	27506.23
2005	11320.77	3377.68	2733.3	5202.12	7177.05	9886.96	13596.66	18687.74	31237.52
2006	12719.19	3871.37	3129.34	5946.1	8103.73	11052.05	15199.7	20699.63	34834.38
2007	14908.61	4604.09	3744.87	6992.55	9568.02	12978.61	17684.55	24106.62	40019.22
2008	17067.78	5203.83	4187.2	7916.53	10974.63	15054.73	20784.19	28518.85	47422.4
2009	18858.09	5950.68	4935.81	8956.81	12345.17	16858.36	23050.76	31171.69	51349.57

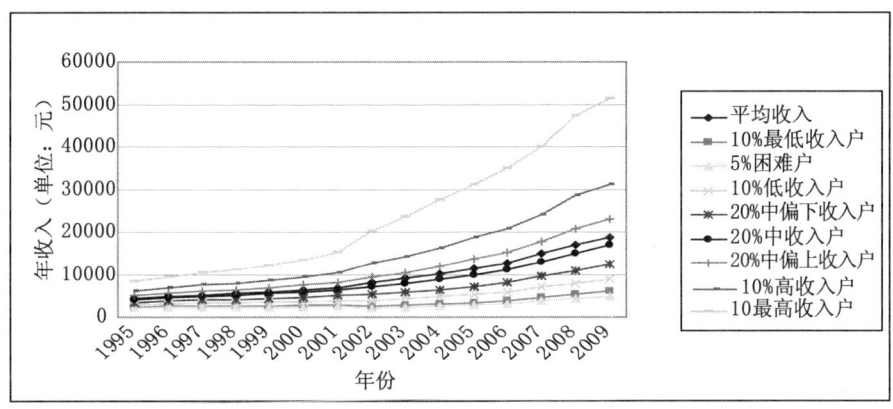

图 1 1995—2009 年中国分阶层城镇居民家庭人均年收入情况
数据来源：1995—2010 年《中国统计年鉴》。

本文的另一个测算结果可以与前者相互印证(表 2)：2008 年，城镇居民家庭收入最高 10％家庭的人均可支配收入为 43613.75 元，比上年增长了 18.57％，而最低 10％家庭人均可支配收入仅为 4753.59 元，比上年只增长了 12.91％，后者比前者低了个 5.66 个百分点。城镇居民中最高收入户与最低收入户之间的人均纯收入之比为9.17：1。可以推论,正是这种收入增长速度的差异导致了城镇居民内部收入差距的不断扩大。

测算还显示(表3):2008年,农村居民家庭收入最高10%家庭的人均可支配收入为11290.2元,比上年增长了15.32%,而最低10%家庭人均可支配收入为1499.81元,比上年增长了11.35%,后者比前者低了个3.97个百分点,小于城镇居民的5.66个百分点。农村居民中最高收入户与最低收入户之间的人均纯收入之比为7.53：1,小于城镇居民的9.17：1。可见,相对来说,2008年农村居民内部的收入差距比城镇居民内部的收入差距要小。

其实,自2002年以来,农村居民中高低收入组之间收入之比的增长趋势就一直不像城镇居民中增长得那么快。由此可见,城镇居民内部的收入差距已经超过了农村,并且还在以快于农村的速度不断扩大。

表2 城镇居民最高收入户与最低收入户人均可支配收入比

年份	人均可支配收入(元)		人均可支配收入最高收入户与最低收入户之比(最低收入户=1)	人均可支配收入增长速度(%)	
	最低收入户	最高收入户		最低收入户	最高收入户
2002	2408.6	18995.85	7.89	−14.07	25.68
2003	2590.17	21837.32	8.43	7.54	14.96
2004	2862.39	25377.17	8.87	10.51	16.21
2005	3134.88	28773.11	9.18	9.52	13.38
2006	3568.73	31967.34	8.96	13.84	11.10
2007	4210.06	36784.51	8.74	17.97	15.07
2008	4753.59	43613.75	9.17	12.91	18.57

数据来源:根据《中国统计年鉴》计算。

表3 农村居民最高收入户与低收入户人均纯收入比

年份	人均纯收入(元)		人均可支配收入最高收入户与低收入户之比(低收入户=1)	人均可支配收入增长速度(%)	
	低收入户	最高收入户		低收入户	最高收入户
2002	857.13	5895.63	6.88	—	—
2003	865.9	6346.86	7.33	1.02	7.65

续表

年份	人均纯收入(元)		人均可支配收入最高收入户与低收入户之比(低收入户＝1)	人均可支配收入增长速度(%)	
	低收入户	最高收入户		低收入户	最高收入户
2004	1006.87	6930.65	6.88	16.28	9.2
2005	1067.22	7747.35	7.26	5.99	11.78
2006	1182.46	8474.79	7.17	10.97	9.39
2007	1346.89	9790.68	7.27	13.91	15.53
2008	1499.81	11290.2	7.53	11.35	15.32

数据来源：根据《中国统计年鉴》计算。

二、城镇居民内部收入差距扩大的影响因素

当前我国城镇居民内部收入差距的扩大，受经济发展自身规律、市场化发育不充分、城市化、行业差异、政府再分配调控机制不完善等多种因素的影响。

1. 经济发展自身规律的因素

西蒙·库兹涅茨(Kuznets)的"倒U"假设认为，发展中国家在现代化中期之前收入差距会随着经济的发展而不断扩大，而到现代化中期之后，则又会随着经济的发展而逐步缩小。根据这一假设，我国现代化进程中经济发展自身的"发展效应"因素会导致城镇居民内部收入差距的扩大。具体解释是：其一，我国的工业化过程在城镇内部主要表现为产业升级过程。新兴产业的迅速发展引起了对拥有现代技能和知识的职工的强大需求，而对非技术工人或仅适用于传统产业的技能单一的工人的需求却很小。产业结构的快速变动，扩大了新兴产业和传统产业之间职工原有的收入差距，如金融保险、科技咨询服务业职工收入偏高就源于此。其二，随着大量农村剩余劳动力涌入城市，又造成了大量的城镇失业人员，与从业人员之间拉开了收入差距。其三，随着我国国有企业改革力度的不断加大，下岗失业问题成了拉开城镇居民内部收入差距的又一个重要原因。

2. 市场化发育不充分的因素

福利经济学描述了市场经济趋于竞争性均衡状态的机理，这要求市场规则的制定和实施在任何情况下都应当尽可能地将经济推向竞争的理想状态，其基

本要求是：充分竞争、完全信息、价格有弹性、供求有弹性。然而，我国当前的市场化发育还不够充分，还未能形成公平合理的市场体系和市场规范。一方面，由于市场准入规则、定价规则和垄断规则的不完善，导致各种不正当竞争现象大量存在，各种非市场因素甚至反市场因素，必然会造成机会不均、分配不公。另一方面，我国目前的劳动力市场还未完全形成，国有企事业单位在用人方面往往是"能进不能出"，[①]再加上劳动力的流动又受到户籍制度的束缚和社会保障制度不健全的制约，这又在一定程度上限制了劳动力的合理自由流动，劳动者不能发挥自己所长自由择业，必然使收入差距不合理地扩大。

3. 城市化的因素

本文根据《中国统计年鉴》中的数据（表4）计算出，1990—2009年间，城市人口占总人口的比例，呈逐年上升之势。

表4 中国城市人口增长情况

年份	城市人口占总人口比例	年份	城市人口占总人口比例
1990	26.41	2004	41.76
1995	29.04	2005	42.99
2000	36.22	2006	43.9
2001	37.66	2007	44.94
2002	39.09	2008	45.68
2003	40.53	2009	46.59

数据来源：城市人口部分来自国家统计局《中国统计年鉴》(2010年)。这些数字包括未登记的住在城市地区的农村外来人口。

尽管有学者在一项实证研究中发现："城市化水平"与"城镇收入差距的变动趋势"间的回归系数不显著，并据此认为城市化带动的人口迁移对我国城镇收入差距的变动规律并不具有现实的解释力。其解释理由为：长期以来在中国城市化过程中虽然伴随着人口的迁移，但真正能够完全脱离农村进入城市从而对城镇收入差距具有统计意义的仅为"农村精英阶层"，而这部分人并不属于城市的低收入阶层；相反，在城市中的农村低收入人口则多数具有鲜明的"兼业性"特征

---

① 赵明霞、卢嘉鑫、郑俊义：《和谐社会视域中的城镇收入差距分析》，《兰州交通大学学报（社会科学版）》2006年第2期。

(农民工),但他们恰恰在统计中并不属于城镇人口,从而其收入并不会对城镇收入差距产生太大的影响。①但笔者对此观点不能苟同。因为,城市化对于城镇居民收入差距扩大的影响并不在于迁入人口的收入本身,而在于其他方面。例如:城市化进程中,大量农村人口涌入城市,导致城市住房拥挤、土地紧张,必然使房价一涨再涨;这样,使得土地、房产的所有者可以获得要素收入,却又使得城市无房居民在同等工资水平下还要支付额外的住房租金,由此便拉开了城镇居民内部的收入差距。又如:大量迁入人口占据了原城镇居民中从事简单劳动者的就业机会,也会导致城镇居民内部的收入差距拉大,等等。

4. 行业差异的因素

我国学者运用基于回归方程的不平等分解方法,对决定收入差距的各个因子按其重要性进行了排序。结果发现:1988年、1995年和2002年,行业间的收入不平等对于中国城镇居民收入差距的贡献率越来越大,而且这主要是由一些收入迅速提高的国有垄断行业造成的。②这说明,在市场化改革进程中,部分行业受益远多于其他行业。

行业差异是导致城镇居民内部收入差距的一个重要因素。首先,是非国有制部门与国有制部门之间的差异。非国有部门的分配机制是以效率为主导,而且具有很强的灵活性,个人的收入不仅表现为工资,还表现为资本收入、经营风险收入等,因此,非国有制部门的员工收入远远高于国有制部门。另外,新兴行业与垄断性行业的职工,收入也远远高于传统行业与竞争性行业的职工。尤其是像信息产业、生物制药等具有极大发展潜力和广阔市场前景的行业,其职工收入更是明显高于传统行业职工的收入。③

5. 政府再分配调控机制不完善的因素

在市场经济条件下,初次分配注重效率,由市场调节,因此较难承担缩小收入差距的职能;因此,缩小收入差距的职能应当更多地由政府来承担,其作用领

---

① 周云波、马草原:《城镇居民收入差距的'倒U'拐点及其演变趋势》,《宏观经济》2010年第5期。
② 陈钊、万广华、陆铭:《行业间不平等:日益重要的城镇收入差距成因——基于回归方程的分解》,《中国社会科学》2010年第3期。
③ 颜俊学、彭必源:《我国城镇居民收入差距研究述评与展望》,《重庆三峡学院学报》2004年第1期。

域是再次分配领域。然而,我国当前由于政府缺乏完善的再次分配调控机制,导致部分人的收入增长过快,拉大了收入差距。具体来说就是:我国的税收调节功能,长期以来滞后于经济发展中收入差距扩大的状况,从而反向强化了收入不平等的趋势。现行税收制度对高收入阶层的收入调节力度不够,而对低收入阶层的收入缺乏保护力度。使得大多数中低收入者成为税收的主要承担者,而理应多缴税的高收入阶层却缴税很少。有学者指出,2004年上缴1737亿元的个人所得税中,65%的个人所得税为工薪阶层承担。[1]这种低起点、弱监管的税收制度实际上起着"劫贫济富"的作用。

三、缩小城镇居民内部收入差距的应对措施

针对城镇居民内部收入差距扩大的影响因素,本文提出如下应对措施。

1. 不断增加就业岗位,并提高居民收入在国民收入分配中的比重、提高劳动报酬在初次分配中的比重

扩大就业是缩小城镇居民收入差距的根本性措施,因此,必须不断增加就业岗位,而这有赖于经济的进一步发展。首先,应大力发展第三产业,以提高社会的就业容量。其次,在发展高新技术产业的同时,要重视对有发展前途的劳动密集型产业的扶助,因为劳动密集型产业可以提供大量的就业岗位。再次,政府要从税收、土地使用等多方面进一步促进中小企业和非公有制经济的发展,以创造更多的就业机会。最后,要为下岗职工创造再就业机会,以促进就业。

然而,虽然经济的发展有可能提高人民的收入水平,但是单纯追求GDP的增长往往会形成"为生产而生产"的情况,其基本路径是投资拉动,不可避免产生挤出消费的效应,必然结果是人民收入增长严重落后于GDP的增长,由此产生GDP增长越快,分配越是不公的效应。因此,在我国的GDP总量达到世界第二的较高水平后,有必要从根本上克服GDP崇拜,停止作为发展中大国长期实施的投资推动的GDP赶超战略。也就是说,我们当前要及时调整发展目标,其方向就是由追求GDP增长转向人民收入水平的提高。

一是要提高居民收入在国民收入分配中的比重。国民收入分配最终形成国

---

[1] 李娜:《政府职能转变滞后带来的收入分配差距》,《法制与社会》2007年第10期。

家收入、企业收入和居民收入。长期以来,服从于追求GDP总量增长的战略,在国民收入分配中事实上存在追求高积累的倾向,现实表现是财政收入增长长期高于GDP增长速度,相应的,居民收入在国民收入分配中的比重偏低。现在经济发展目标转向提高居民收入,现实要求就是要提高居民收入在收入分配中的比重,基本路径是降低财政收入在国民收入分配中的比重,以及扩大财政支出中的民生份额。

二是提高劳动报酬在初次分配中的比重。初次分配基本上是按要素投入进行分配的,涉及资产收入、经营收入和劳动收入。改革以来先富起来的群体基本上是依靠资产收入和经营收入。收入差距扩大的一个重要原因是初次分配结构中劳动报酬比重过低。过去有一种理论是初次分配讲效率,再次分配讲公平。实践证明,在初次分配中产生的分配不公的问题,再分配领域是无力解决的。因此在初次分配领域就要处理好公平和效率的关系,其基本途径是提高劳动报酬在初次分配中的比例。

2. 培育并健全劳动力市场和资本市场

在市场经济体制下,缩小城镇居民内部的收入差距,最终要靠充分发挥市场机制的作用来完成,而充分发挥市场机制的调节作用则要以完善的市场为前提。因此,当前要加紧培育并健全劳动力市场和资本市场。

一方面,要全面开放垄断性行业内外部的劳动力市场,清除其在使用劳动力方面的种种壁垒,实现劳动力的合理自由流动,发挥市场机制在劳动力资源配置中的基础性作用,把扭曲了的劳动力价格机制转变过来。

另一方面,还要进一步完善资本市场,创造条件让居民获得更多的财产,从而有条件并有能力获得更多的财产性收入。增加居民的个人财产,既包括不动产,也包括持有的股权和知识产权。从发展的动力源分析,增加居民的个人财产,还可以为经济的发展提供原动力。例如,家庭经营性资产的增加,既可以增加财产收入,也可以增加经营收入,因此可以使收入具有自我累进扩张的路径。相比起难以大幅增长以及渠道单一的工薪收入和转移性收入而言,家庭经营性收入和财产性收入在家庭可支配收入中比例的上升,对于家庭财务结构的稳定、未来家庭收入的增长以及家庭财富的积累将会产生更为明显的作用。

3. 加快小城镇建设,构建连接城市与乡村的"中介点"和分流城市人口的"蓄水池"

伴随着城市化的进程,大量农村剩余劳动力涌入城市,不仅扩大了我国城镇居民内部的收入差距,而且还为城市管理增添了许多难题。为了协调城乡关系,也为了缩小大城市人口集中所带来的各种压力,我们必须高度重视小城镇的建设,以此作为连接城市与乡村的"中介点"和分流城市人口的"蓄水池"。①

过去,城市周围都是一个个分散的乡村,城市的影响力与辐射力远远不能覆盖所有的农村地区,对农村经济也缺乏带动能力。通过小城镇的建设,农村与城市之间增加了"中介点",使得城市对乡村的影响力可以通过小城镇来增强和扩散,这样既起到了放大城市作用的效果,又使得城乡联系进一步加强。小城镇不仅是吸收农村剩余劳动力的重要场所,也是改造传统农业的载体。

当前,小城镇建设应当成为我国城市化的一个新的重要阶段。小城镇所产生的城市功能很大程度上是城市化进程中城市要素的外溢和扩散,是城市对农村的反哺。小城镇建设的实质是,农村居民在小城镇就能够享受到城市人口的物质和文化生活方式,让更多的农村居民享受城市文明。在发达国家,大城市和小城镇之间除规模差别外,在公共设施质量、购物娱乐环境、道路信息系统等方面差距甚小。借鉴这一经验,我国小城镇建设的关键任务,一是要在小城镇内部建设城市商业、教育、文化、医疗、购物等基本的服务设施,二是要在小城镇的外部建设城乡快速交通通道和信息网络等。小城镇建设达到这种水准后,就可以真正成为分流城市人口的"蓄水池"。这不仅可以加快我国社会主义新农村建设的进程,缩小城乡差距,也可以大大缓解大城市的人口压力,对缩小我国城镇居民内部的收入差距起到十分重要的作用。

4. 加强市场竞争,并运用政策和法律手段削弱行业垄断

目前行业收入差距过大的主要原因在于行业垄断,而行业垄断大都是国家垄断。依靠国家垄断地位获取的高收入,不是靠自己的努力得到的,也不是靠经营得到的,而是靠国家资源垄断得到的。其垄断收入应该交给国家归全体人民

---

① 洪银兴:《城乡差距和缩小城乡差距的优先次序》,《经济理论与经济管理》2008 年第 2 期。

所有。

一是通过加强市场竞争来削弱行业垄断。可以有计划地降低一些行业的准入门槛,引入竞争机制,缩小垄断性行业的范围,打破或削弱行业垄断;通过竞争降低产品和服务的价格,以消除高额垄断利润,从而降低全社会的生产成本和服务成本,提高资源的利用效率。当然,垄断行业引入市场竞争机制需要循序渐进,比如从区域性市场过渡到全国性市场,从部分业务展开竞争到全面业务放开竞争,应针对不同的垄断产业及其不同环节设计合理的竞争路径。

二是政府作为公共权力机构,可以运用多种政策和法律手段来削弱行业垄断,缩小城镇居民之间的收入差距。首先,改革收入分配管理办法,加强对垄断行业工资的管理。国家要改革垄断行业中普遍存在的低工资、高福利的分配格局,将福利部分纳入工资,将养老、医疗部分纳入社会保障体系之中,理清职工和企业的利益关系。其次,国家还要改革价格管理体制,建立商品和服务的监控系统,加强对垄断性行业价格的监督和控制,以反对垄断价格。最后,加快完善和大力执行反垄断方面的相关法规,运用法律武器有效遏制垄断暴利现象。

5. 充分发挥政府的再分配作用,完善我国的个人所得税制度和社会保障制度

缩小城镇居民内部的收入差距需要政府的积极作为。这主要是指政府在再分配领域中以公平为目标,逐渐完善我国的个人所得税制度和社会保障制度等。

个人所得税制度是调节收入差距、实现社会保障的重要杠杆,为了进一步调节收入差距、实现社会保障,必须修订我国当前的个人所得税制度。目前我国在个人所得税制度的制订方面只考虑外籍人员在我国工作的收入情况,增加外籍人员工资薪金费用扣除标准,而对本国纳税人,无论其供养人口的多寡、无论其年龄老幼、无论其每月就医次数、无论其是单双亲家庭,工资收入项目的费用扣除都是统一标准。①这样通过个税的征收使一部分纳税人更加贫困。因此,参照发达国家个人所得税制度,我国应根据不同情况,在统一标准的基础上制定出不同的减除费用标准,使个人所得税真正发挥其"劫富济贫"的调节作用。

---

① 郭桂萍:《利用政府收入分配职能,发挥个人所得税制度的调节作用》,《管理科学》2010年第3期。

在此基础上,还要扩大社会保障的覆盖面,尽快推进一体化、多层次、广覆盖的社会保障体系,健全和完善资金来源多元化、保障制度规范化、管理服务社会化的社会保障体系,实施多渠道、多层次、保障范围不断扩大、保障水平不断提高的社会保障制度。

文化与生态文明建设

法治:作为社会主义核心价值新构成的形成历程、科学内涵与历史地位[*]

陈 建

摘 要:社会主义核心价值实际是社会主义意识形态的本质体现,也是一个不断丰富和发展的理论体系。法治成为社会主义核心价值的新构成不是自发的,也不是主观追求的结果,而是社会主义理论发展与实践追求的历史产物,是马克思主义唯物史观的当下体现。法治同社会主义核心价值其他元素一样,不仅发挥着意识形态的种种功能,而且具有自己独特的历史地位和价值。

关键词:法治;核心价值;新构成

社会主义核心价值是社会主义意识形态的本质体现,伴随着意识形态的发展变化,社会主义核心价值也将不断丰富和发展。近年来,社会主义意识形态的主题不仅经历了从"革命"向"建设"的转型,而且在建设过程中呈现出"复杂、多样、时代化、全球化"的趋势。在这样的历史条件下,社会主义核心价值观也必然会产生新的变化和发展,法律从一般观念上层建筑演化为法治精神,逐渐成为社会主义核心意识形态,成为社会主义核心价值的新构成,与社会主义核心价值的其他要素一起引领中国特色社会主义的实践和发展。

一、法治作为社会主义核心价值新构成的形成历程

"文革"之后,关于"人治"和"法治"的争论已经盖棺定论,"法治"成为人们的最终选择,但此时法律依然是作为一般意识形态存在,这体现在人们还是习惯于说"法制",而不是"法治"。然而也正是在社会主义实践逐步深入的过程中,法律地位逐渐彰显,进而一步步发展为法治精神,最终成为社会主义核心价值新构

---

[*] 本文是国家社会科学基金重大项目"改革开放30年的基本经验研究"(08&ZD005),教育部马克思主义中国化、大众化、时代化专项项目"马克思主义法律思想中国化历史与现实逻辑"的阶段性成果。

成。这一变化历程在"邓小平理论""三个代表"重要思想、"科学发展观"中有鲜明的体现。

邓小平在1979年12月中央工作会议上第一次明确提出:"为了保障人民民主,必须加强法制。必须使民主制度化、法律化。使这种制度和法律不因领导人的改变而改变,不因领导人的看法和注意力的改变而改变。"①在他领导和主持下通过的《中共中央关于建国以来的若干历史问题的决议》中也明确指出,种种历史原因使得"我们没有能把党内民主和国家政治社会生活的民主加以制度化、法律化,或者虽然制定了法律,却没有应有的权威"②。可见,在邓小平的视野中,法律逐渐成为衡量和保证社会主义制度的基本条件。党的十一届三中全会公报更是强调指出:"为了保障人民民主,必须加强社会主义法制,使民主制度化、法律化,使这种制度和法律具有稳定性、连续性和极大的权威,做到有法可依、有法必依、执法必严、违法必究。"实际上,邓小平此时已经意识到法制是保证社会主义民主的有力武器,没有法制就没有社会主义民主,没有社会主义民主就没有社会主义。而对于法律在社会主义建设与实践中的作用,邓小平有更加深刻的认识。1980年8月,他在《党和国家领导制度的改革》的著名讲话中提出了要通过政治体制改革解决"权力过分集中"③和"党政不分、以党代政"④的问题,并认为实行党政分开是政治体制改革的关键,而党政分开的基本途径就是党要依法办事。可见,无论对于社会主义的根本要求,还是对于社会主义改革和发展,法律都具有重要的地位和作用,不可或缺。也正是在这个意义上,法制成为邓小平理论的重要内容,其地位逐渐凸显。

在"三个代表"重要思想中,江泽民从法治与市场经济和社会秩序的关系出发来强调其价值和意义,"世界经济的实践证明,一个比较成熟的市场经济,必然要求并具有比较完备的法制。市场经营活动的运行,市场秩序的维系,国家对经济活动的宏观调控和管理,以及生产、交换、分配、消费等各个环节,都需要法律

---

① 《邓小平文选》第2卷,北京:人民出版社,1994年,第146、321页。
② 中共中央文献研究室:《关于建国以来党的若干历史问题的决议(注释本)》,北京:人民出版社,1983年。
③ 《邓小平文选》第2卷,北京:人民出版社,1994年,第146页。
④ 《邓小平文选》第2卷,北京:人民出版社,1994年,第321页。

的引导和规范。在国际经济交往中,也需要按国际惯例和国与国之间约定的规则办事,这些都是市场的内在要求"①。"没有团结稳定的政治局面什么事情也搞不成。当前总的情况是好的,但我们必须居安思危,绝不能麻痹大意,必须加强政法工作和社会治安的综合治理,加强法制建设和执法工作,依法惩治各种犯罪活动。"②也就是说,法治直接地保证了社会主义的发展和稳定。在此基础上,江泽民进一步论证了法治与社会主义的内在逻辑关系,"没有民主和法制就没有社会主义,就没有社会主义的现代化"③。也就是说,民主和法治是社会主义的两个特征,缺一不可。只有将人民的民主权利以及国家在政治、经济、文化、社会等方面的民主生活、民主结构、民主形式、民主程序用系统的法律制度固定下来、明确下来,使之具有制度上、法律上的完备形态,保障国家政治生活的民主性和人民的民主权利不受破坏和侵害,才能实现社会主义民主的制度化、法律化。这是再一次鲜明地突出法律的地位,提升了法治的战略地位,这种理解是一种理论创新,是法治迈向社会主义核心价值的重要一步。随后,江泽民对依法治国的含义进行了深刻的解读,"依法治国,就是广大人民群众在党的领导下,依照宪法和法律规定,通过各种途径和形式管理国家事务,管理经济文化事业,管理社会事务,保证国家各项工作都依法进行,逐步实现社会主义民主的制度化、法律化,使这种制度和法律不因领导人的改变而改变,不因领导人看法和注意力的改变而改变"④。法治的地位由此确立,这种对法治的高度重视与依赖最终以"依法治国,建设社会主义法治国家"写入宪法,从根本上表明了法治在社会主义理论和实践中的核心地位。

在邓小平理论、"三个代表"重要思想关于法治认识的基础上,"科学发展观"进一步强调了新时期社会主义法治的地位,"在整个改革开放和社会主义现代化的进程中,我们都必须坚持依法治国的基本方略"⑤。"实行依法治国的基本方略,是坚持和改善党的领导的必然要求,是完成党的十六大做出的各项战略部署

---

① 《江泽民论有中国特色的社会主义·专题摘编》,北京:中央文献出版社,2002年,第331页。
② 《十四大以来重要文献选编》,北京:人民出版社,1994年。
③ 《中国共产党第十五次全国代表大会文件汇编》,北京:人民出版社,1997年。
④ 《中国共产党第十五次全国代表大会文件汇编》,北京:人民出版社,1997年。
⑤ 参见《中国共产党第十六次全国代表大会报告》。

的必然要求,是促进我国社会主义物质文明、政治文明和精神文明协调发展的必然要求,也是巩固和发展民主团结、生动活泼、安定和谐的政治局面的必然要求。"①法治显然已经成为整个社会主义的重要支撑点,广泛地作用于物质文明、政治文明、精神文明领域。在更深远的哲学意义上,"依法治国,是党领导人民治理国家的基本方略,是发展社会主义市场经济的客观需要,是社会文明进步的重要标志,是国家长治久安的重要保障"②。法治在这个层面上,不仅局限于对我国社会主义一时一地的建设具有重要性,而且成为我们一项长期的基本追求,成为社会主义本质的恒定内涵。

综合以上法治在邓小平理论、"三个代表"重要思想、科学发展观中的变化历程,我们可以发现法治已经成为一种新的共识,即法治不仅是社会主义实践的重要保证,而且是社会主义所追求的基本目标,它与社会主义的基本价值具有根本意义上的一致性,是社会主义意识形态全新而重要的内容。也可以说法治已经从一般观念上层建筑上升为主流意识形态,是社会主义核心价值的新构成。

二、法治作为社会主义核心价值新构成的科学内涵

法治之所以成为社会主义核心价值,并不是自发的过程,也不仅是人们主观追求的产物,而是改革开放后的社会主义实践的必然结果,是唯物史观基本逻辑的现实体现。

1. 法治是社会主义市场经济的内在要求,是当前物质生产方式的反映

社会主义市场经济是社会主义由"革命"主题向"建设"主题转型的结果,是生产方式的重大变革,也构成了中国特色社会主义的基石。

作为市场经济的一般共性来说,社会主义市场经济的基本特征包含以下一些内容:生产要素商品化、产权关系独立化、经济关系市场化、生产经营自由化、追求盈利最大化、企业行为契约化、保障事业社会化、宏观调控间接化。以上这些要素在市场机制的平台上,遵循一定的规律(主要有价值规律、供求规律、竞争规律等)不断发展和解放生产力,创造各种社会财富。但显然,市场经济创造物

---

① 参见《中国共产党第十六次全国代表大会报告》。
② 参见 2002 年 12 月 27 日胡锦涛中共中央政治局集体学习上的重要讲话。

质财富又是一个相当复杂的过程,市场并不是万能的,市场失灵或者市场不灵的现象已经频繁上演,市场经济需要一定的外部规则维系已经是人类社会的基本共识。也可以说,一个健康的市场经济体制内在地产生了对自己运行的外部保障,这种保障在社会主义市场经济中不仅表现为对于具体法律的需求,而且表现为对法治的需求。

在这个意义上,社会主义市场经济的存在决定了社会主义法治的存在及其地位,具体表现在以下几个方面。

第一,市场主体的地位和权利需要得到法律的确认和保障。市场经济是发达的商品经济,主要表现为商品的生产、交换和消费三个环节,其中交换环节又是商品经济的核心内容。交换的发生依赖于交换双方具有独立、平等的地位和拥有对商品的所有权和支配权,市场主体地位的确立和权利的保障只有依赖于法律才能得到真正实现。

第二,市场活动的秩序需要法律的维护和支持。市场经济活动表现出最大的经济理性,每一个参与市场活动的人都遵循"利益最大化"原则,都希望通过市场来获取最多最好的利益,这就使得市场活动成为"人和人角逐利益"的名利场。如果没有规则的介入,市场活动就会失去规范,就不可能长久和持续,这种规则最好的选择就是法律,此时法律以仲裁者的身份出现,保证市场活动能够遵循公平、自愿、诚实信用等基本原则。

第三,市场经济可持续发展的长远需求需要法律的保障。社会主义市场经济可持续发展依赖于对生态环境、自然资源的保护与人类自身数量的控制。非常严重的现实已经告诉我们通过自然界自身的调控、市场主体的道德自觉、行政手段的三令五申都不足以实现可持续发展所需要的外部环境,改变这一现状的最好办法就是法律,也只有通过法律手段才能为可持续发展提供支撑。

第四,国家对市场经济的宏观调控和管理需要法律化。以前我们对经济的调控和管理都是通过单纯的行政手段来实现,这种方法容易造成稳定性、统一性的欠缺,使人为因素在市场经济中影响过大,不利于经济的规范化,最根本的解决办法就是实现三个环节的法律化:一是对行政权力的限制;二是行政程序的法律化;三是对行政监督的法律化。

但很显然,从具体法律到法治还有非常远的距离,并非所有的法律都可以保障市场经济体制的良性运行,甚至有的恶法会扼杀市场经济,只有把法律的地位转换为法治精神,才可以真正有效地维护社会主义市场经济体制。在这个意义上,市场经济也可以称之为法治经济。

当法治成为市场经济必备条件的时候,我们也可以说,法律的基本属性已经被市场经济的内在要求所决定,法治的基本属性在这个层面上,不是被任何非物质的内容和形式决定,它只能是为社会主义市场经济体制这一物质生产方式所决定。而社会主义市场经济对法治的要求与决定的过程,是社会存在对社会意识要求的过程,也是新的意识形态建构的过程,而社会主义市场经济的基石地位必然导致法治在意识形态体系中的核心地位。

2. 法治不仅完善和保障社会主义市场经济的运行,并且反向建构社会主义市场经济的精神特质和前进方向

法治作为社会主义核心价值新构成虽然是由社会主义市场经济体制的基石地位所引发,但其并非完全处于被动和从属的地位。相反,法治由于其所具有的"法律至上""法律面前人人平等"的特征,不仅能够完善和保障社会主义市场经济的运行,而且通过自身的独特价值,建构和引领社会主义市场经济的精神特质和前进方向。这一作用体现在两个层次:

第一个层次是法律对社会主义市场经济运行的一般影响,即完善和保障作用。从宏观上来说,法律的这一作用表现为引导和制约。法律能够引导人们的行为,明确哪些行为可以做,哪些行为禁止做,哪些行为必须做。对于人们的行为,法律可以依靠国家的强制力量(包括各种处罚、处理、支持、保护等手段和方式)维护合法、正当的行为,制裁非法、不当的行为,从而保障国家和社会的整体利益以及公民的合法权益,维护正常的社会经济秩序和生活秩序。从微观上来说,法律对这一作用通过以下方式进行:具体规定市场经济主体的法律地位,直接调整微观经济活动中的各种关系,直接用以解决各种经济纠纷等。

第二个层次是法治对于社会主义市场经济体制具有独特的价值,建构和引领社会主义市场经济的精神特质和发展方向。这表现为以下几个方面:一是法治对社会主义市场经济发展的成果进行总结和引导。在经济运行与发展过程中必然会不断涌现出一些符合客观经济规律、适合我国国情的好的方式和制度,然后通过法律的制订、认可,使得这些创新以国家意志的方式明确下来,从而获得

普遍意义,比如土地家庭承包制就是通过法律介入而得以全面推广的社会主义重大土地政策。二是法治精神在社会主义市场经济活动中被充分运用。法治精神不同于具体的法律制度,它可以通过具体的法律制度表现出来,也可以在具体法律制度滞后的时候以原则性的方式表达出来。当经济发展不能发现与之配套适用的法律制度时,法治精神完全可以对经济发展中的利益和关系进行超前的调整,这种调整在自由裁量的范围内受到国家机器的保障。这种影响实际上对于社会主义市场经济的发展的精神特质具有重要的影响,而不至于受到滞后的法律规范的限制,从而具有中国自己的特色和气质。三是法治通过对人们法律意识的培育,促进社会主义市场经济的健康发展。法律意识在本质上也是一种规则意识,当人们在法治社会里长期熏陶,不仅有可能被动地被培育出规则意识,而且会主动地产生规则意识,甚至可能扮演规则意识的监督者和维护者,主动地要求他人遵守规则,这对于社会主义市场经济来说意义更大。

3. 法治不仅可以解释社会主义与中国共产党执政的合法性,而且可以进一步建构社会主义未来目标的理想和价值

意识形态作为一个阶级或者政党的思想理论体系,是社会阶级、集团根本利益在观念上的反映,是一种自觉理论系统。意识形态作为产生于现实社会经济基础之上的思想观念,维护国家政权合法性和批判异己意识形态是其与生俱来的"天职"。在此意义上,法治作为社会主义新核心价值观的功能体现在两个方面:一是有效解释社会主义和中国共产党执政的合法性;二是积极构建社会主义未来目标的理想和价值,从而获取对社会主义的认同和信心。

"法治"目标下的社会主义对于社会主义合法性的解释体现在正反两个方面。一是从反面出发,在总结社会主义历史经验教训的基础上,指出以往社会主义实践中一些重大错误的根本原因在于法治的缺乏:由于法治力量不足可能会引发独裁和专制,比如前苏联斯大林时代由于轻视法律而引发的"大清洗",最终导致人们对于其社会主义制度的诟病与不满;由于没有法治的保障,社会主义的民主有可能会走向错误的方向,如中国的"文化大革命"就是因为完全不要法治而最终导致社会的无序与失范,进而导致社会主义民主也无法真正落实;由于不尊重法律,导致人治往往占据主要管理方式,使得社会主义运行经常随意而不稳定,在经济建设领域最为明显等。二是从正面出发,从发展的视角指出,社会主

义的内涵和特征必须随着时代而变化,法治是当前统领社会主义实践的一个重要特征,这一点在政治、经济、社会各个领域都有鲜明的体现:如在政治领域,只有法治才可以限制和监督权力而不至于产生腐败,才可以保证政治清明;再如在经济领域,只有法治才能够保证公开、公正、公平的经营环境,从而使经济有序运行;而在社会领域,只有法治才能保证人民各项权利与自由的实现等。

"法治"目标同样可以解释中国共产党作为执政党的有效性和合法性。中国共产党最终的目标是带领人民走上富强文明的道路。在实现这一目标的过程中需要对以下几个重要的问题做出回答:如何保证党确实能代表最广大人民的利益而不至于产生利益集团?如何保证党在执政过程中高效有序执政而不至于走过多的弯路?如何保证党的权力能够正确使用而不至于产生腐败?如何保证党的自身完善、积极进取而不至于停滞不前,甚至倒退?对这些重大问题的回答实际都指向一个答案:法治。也就是说,中国共产党不仅应该而且必须依法执政,才能有效地规范与完善自身,才能真正代表人民的利益,才能高效地治理国家,也才能获得人民更多的支持和信任。

法治对于社会主义社会更积极的作用体现在对于社会主义的引领、对于社会主义未来目标的设立所具有的凝聚力和吸引力。自从苏东社会主义模式失败以后,中国特色社会主义的内涵和特征就是一个重大的理论问题,未来社会主义以什么样的面貌呈现出来,既关乎社会主义的道路和命运,也关系到人们的认同和追随。"建设社会主义法治国家"目标的提出,无疑很好地解决了这种巨大的困惑,使得未来社会主义成为一种人们向往的文明秩序。具体来说,社会主义法治国家将具有如下特征:(1)法律为人民所信任与依赖,人们时时依赖和信任法律,时时不能离开法律,就像不能离开阳光、水、食物一样,让法律成为人们生活中间不能或缺的一种因素;(2)自由与权利得到充分的保障和维护,人们的自由和正当权利为社会主义法律所规定,并且受到法律的保护和支持,任何对这种法律下的自由和权利的侵犯都被禁止,不允许任何个人、任何组织凭借其他任何力量超越法律主张特权;(3)权力的法律规定性,包括公共权力的取得需要通过法律的授权,公共权力的行使也必须遵循法律规定的程序,非公共权力的行政机关以外的一些个人和组织不能利用自己的优势地位和资源,试图建立类似于公共权力的权力等等;(4)经济生活的法律规定性,一切经济活动都在法律的框架和秩序内进行；(5)浓郁的法律意识。很显然，当社会主义具有上述特征的时候，人民应该乐于接受、认同和积极追求，这也充分展现了法治作为社会主义核心价值的作用和意义。

三、法治作为社会主义核心价值新构成的历史地位

法治作为社会主义核心价值新构成既是社会主义实践的结果，也是社会主义在新的历史条件下的历史选择，这种选择的内在推力在于如何有机统一人民的权益、中国共产党的有效执政与社会主义中国的长治久安，这实际也是法治的历史地位与价值所在。

1. 保障人民权益，吸引与凝聚人民对于社会主义的热情与信心

社会全面进步本身并不是目的，社会终极目的是人的自由全面发展，所以意识形态的功能并不单纯作为国家的合法性维护的工具或者对社会发展起作用，意识形态促使人的自由全面发展既是应有之义也是终极目的。社会主义法治强调以人为本，以保障人民的权利和合法利益作为自己的基本任务。

一是改变了以往中国社会人民权益获得和保障的传统方式。中国人的权益长期以来并没有一个稳定可靠的来源和保障，要么是统治者出于维护自身利益的给予或施舍，要么来自自身以残酷的暴力方式的取得。前一情况下人民的权益随时可以被剥夺和收走，后一种情况往往成本太高，难以长远维系。社会主义法治以法律形式规定和保护人民的权益，可以说是一种里程碑式的变化，对于中国社会来说意义深远。

二是社会主义法治以"权利本位"为保障人民权益的主要方式，为人民所支持和欢迎。中国社会以往的权利获得以"义务本位"为支撑，人们有限的权利须以高昂的义务成本为前提，人们在权利义务这对范畴的博弈中总是处于被动的地位，没有自己的主动选择。社会主义法治则倒置了先义务后权利的模式，强调先权利后义务的新模式，不仅更有效地维护了人民的权益，也提升了人民的地位，彰显了人的尊严和价值，无疑会赢得更多的支持和理解，为社会主义凝聚人心。

2. 完善执政党的建设，积累执政合法性资源

法治本身就蕴涵了人民当家做主。社会主义国家人民拥有一切权力确证无

疑,人民拥有的权力的实现路径是将自己的权力赋予由自己选出的代表组成的各级人民代表大会,各级人民代表大会将人民的意志做出两种现实转化:一是通过立法将人民的意志法律化;二是将管理社会的权力交给执政党和政府行使,自己行使监督职能。在这个意义上,就排除了三种可能性,一是人治的可能性,人大作为公意机关无法将人民的权力授给私人;二是法律虚无的可能性,人民的权力已经由人民代表大会以法律的条文表现出来,任何对法律的践踏和否定都会招致人民的反对;三是工具倾向的可能性,因为法律表现的是人民拥有所有权力的现实,而不能被任何组织和个人所驭使,变成个人或某些人谋利益的工具,否则就是对人民的背叛。因此,法治与人民拥有一切权力在本质上一致,人民的权力实现依赖法治,法治其实是人民拥有的权力得以实现的唯一途径。

中国共产党作为执政党是人民历史的选择,但这种执政地位并非一劳永逸,而是需要在执政的过程中不断积累执政合法性资源。中国共产党的努力体现在两个方面:一是自身的完善与发展;二是治理国家方式的改进与完善。这两个方面在当前的历史条件下都与法治息息相关。对于前者我们前面已经进行了论述,而对后者来说,中国共产党选择法治作为自己治理社会的方式就是对人民真正拥有权力的确认和保障,也当然会得到人民的认可。在这个意义上说,选择法治是执政党必然的历史要求,也是积累自己执政合法性资源的最有效的途径。

3. 推进社会主义发展与实践、保障中华民族复兴与长治久安

从整体来看,法治作为社会主义核心价值新构成的历史作用还体现在为中华民族复兴与长治久安寻找一条更加彻底的道路。中国社会几千年的发展趋势基本按照"历史周期律"运转,中华民族在创造无数辉煌的同时,也不得不面对更多的衰败与没落,也正是在"辉煌—衰败—没落—复兴—辉煌"的历史更替中,中国社会与人民承担了更多的灾难与不幸。社会主义不同于以往任何一种社会制度,具有自身的历史优越性,正在带领中国人民实现中华民族的伟大复兴,但当年著名的"黄炎培之问"[①]所提出的历史任务依然要求我们给出符合时代变化的答案,即如何保证中华民族发展的稳定性。

就今天来看,毛泽东当年的答案——"民主,只有人民起来监督政府,才不会

---

① 黄炎培:《延安归来》,北京:中国文史出版社,1982年。

政亡人息",即人民代表大会制可以解决历史周期怪圈依然成立,但无疑需要加入法治的元素来确保对这一历史难题的有效解决。通过法治,可以确保人民代表大会制度的效力和有效性,也可以保障人民代表大会制度自身的良性运行,更可以合理整合其与执政党的内在张力,使之成为人民真正行使自身权力的有效的途径和平台,从而使得社会主义的本质能够全面显示与展现,在此基础上为社会主义实践的稳定前进、中国社会的长治久安、中华民族的复兴提供支撑。

社会主义核心价值观嵌入日常生活的困境与消解路径*

吴翠丽

摘 要：社会主义核心价值观作为社会主义意识形态的组成部分，日常生活是其重要居所，只有将社会主义核心价值观嵌入日常生活之中，才能最大限度地发挥其指导与引领作用。然而，这一嵌入过程却遭遇三大困境：理论的长远性与日常生活的实用性的冲突；理论的凝练性与日常生活的经验性的隔阂；理论的普遍性与日常生活的情境性的矛盾。这些困境的消解则有赖于以下四个路径：将社会主义核心价值观嵌入日常生活的现实诉求中，让核心价值观为人所需；将社会主义核心价值观嵌入日常生活的认知图式中，让核心价值观为人所懂；将社会主义核心价值观嵌入日常生活的情感认同中，让核心价值观内化于心；将社会主义核心价值观嵌入日常生活的事件中，让核心价值观外化于行。

关键词：社会主义核心价值观；意识形态；日常生活

随着多种社会思潮的涌现和多元价值选择的存在，坚持和巩固社会主义核心价值观在意识形态领域的指导地位，充分发挥社会主义核心价值观的思想引领作用，已经成为当前的焦点话题和研究热点。社会主义核心价值观作为社会主义核心价值体系的内核和最高抽象，体现出社会主义的价值本质，决定了社会主义核心价值体系的基本特征和基本方向，引领社会风尚的建构。但社会主义核心价值观并不是政治说教的符号，亦不是专家学者研究的专利，而是一种切实指导民众行为的准则，因此，如何能让民众真正将核心价值观内化于心、外化于行是摆在我们面前的重要问题。

一、社会主义核心价值观的本质诠释

核心价值观作为社会的精神标杆和行动指南，既对一个社会发挥着根本性

---

* 基金项目：国家社科基金重大项目：推进当代中国社会公民道德发展研究12&ZD036。江苏省社科基金项目：十六大以来党对马克思社会公正思想的理论发展与创新研究。

的指导作用,也是影响社会成员行为取向的最根本的价值理念。社会成员对统治者的认同是建立在共同政治价值的基础上的,而"政治价值是极为重要的价值,因之是不能轻易僭越的,这些价值支配着社会生活的基本框架——即我们存在的根基——并具体规定着政治和社会合作的根本项目"①。核心价值观是政治合法性的理念基础,它对社会发挥着一种精神支撑作用,为政治体系的合法性提供道义上的诠释,为大众的价值选择提供正确的导向。

(一)作为科学意识形态的社会主义核心价值观

依据马克思主义的界定和诠释,意识形态是指在某个人或某个社会集团的心理中占统治地位的观念和表述体系。②而要成为一种社会主流意识形态,必须要获得"意识形态的领导权"。所谓"意识形态的领导权"问题,首先由意大利马克思主义者葛兰西在其《狱中札记》中提出,后又由阿尔都塞、普兰查斯、拉克劳、墨菲等马克思主义者深化发展。在他们看来,一个国家的统治,不仅需要依靠暴力实行强制,而且需要赢得被统治者的认同和顺从,使一种意识形态成为整个社会成员的共同信仰。这就呼唤一种科学的意识形态,科学的意识形态依靠意识形态理论的科学性,列宁曾经指出:"任何意识形态都是受历史条件制约的,可是,任何科学的意识形态和客观真理、绝对自然相符合,这是无条件的。"③也就是说,科学的意识形态符合客观真理与自然规律。具体说来,科学的意识形态必须具有如下特征:

第一,该种意识形态必须有合理性。一方面,意识形态要与当前的客观物质条件一致。马克思在《德意志意识形态》中就指出:"思想、观念、意识的生产最初是直接与人们的物质生活,与人们的物质交往,与现实生活的语言交织在一起的。"④离开了物质生活,离开了现实生活,意识形态无异于空中楼阁,将仅剩下虚无缥缈的特性。另一方面,意识形态所表达的阶级诉求要具有普遍性。不可否认,一种意识形态是某一阶级利益的体现,但是衡量一个意识形态是否具有合理性,就要看其所表达的阶级利益是否具有普遍意义,能否代表广泛的社会

---

① [美]约翰·罗尔斯:《正义论》,何怀宏等译,北京:中国社会科学出版社,1988年,第85页。
② [美]阿尔都塞:《哲学与政治:阿尔都塞读本》,陈越编,长春:吉林人民出版社,2004年,第348页。
③ 《列宁选集》第2卷,北京:人民出版社,1995年,第95页。
④ 《马克思恩格斯选集》第1卷,北京:人民出版社,1995年,第72页。

利益。

第二,该种意识形态必须有凝聚性。这种凝聚性表现在意识形态理论必须能够仰望星空,拥有高瞻远瞩性。这种远大的理想就犹如一盏指路明灯,能够让民众知道社会将向什么方向发展,因而具有无限的憧憬,成为人们的精神动力。"诸意识形态是从表面的混乱和迅速的变化中脱离出来而形成的,他们在复杂凌乱的信息和事件中梳理出有意义的和可以被理解的关系,使人们得以免除无所适从的状况,为未来的行动做出规划。"① 另一方面,这种意识形态理论还必须要脚踏实地,指导现实。也就是说,意识形态理论还需要能够为当前时代条件下民众们的行为方式做出引导和调控,让民众们在纷繁复杂的社会中,坚守底线,向善而生。

社会主义核心价值观便是这样一种科学的意识形态。作为社会主义意识形态的重要组成部分,社会主义核心价值观实质是一种社会主流意识形态,它是社会凝聚力的来源,是制度设计、文化发展、政党决策、公民教育的价值依托。在我国社会主义的基本价值理念中,只有那些以马克思主义指导思想为灵魂、以中国特色社会主义共同理想为主题、以民族精神和时代精神为精髓、以社会主义荣辱观为基础的价值观,才能称为社会主义核心价值观。② 根据时代的发展、国情的要求和民众思想实际,党的十八大报告又在原有基础上进一步对社会核心价值观进行了精炼和概括,指出要"倡导富强、民主、文明、和谐,倡导自由、平等、公正、法治,倡导爱国、敬业、诚信、友善,积极培育和践行社会主义核心价值观"。这"三个倡导",从国家理想、社会秩序、个人行为三个层面对社会主义核心价值观做了概括凝练。这一新概括,既通俗易懂,又高屋建瓴;既言简意赅,又全面翔实;既源于客观现实,又具有未来展望,同时对个人的行为具有指导意义。可以说,社会主义核心价值观集合理性与凝聚性于一身,这就肯定了社会主义核心价值观的科学性。

但是意识形态的科学性仅仅只是意识形态得到人们认同的前提。所谓认同,就一般意义而言,它是一种心理上的服从,是民众经过理性的思考与判断,自

---

① [美]雷迅马:《作为意识形态的现代化》,牛可译,北京:中央编译出版社,2003年,第22页。
② 田海舰、戴沐:《社会主义核心价值观初探》,《道德与文明》2007年第1期。

愿地向公共权力表达出来的基本态度与心理倾向。"人们总是认同那些与自己的利益、情感和信仰相一致或者相近似的东西。"①因而,要成为人们真正认同的意识形态,就意识形态理论本身而言,意识形态所表达的价值观要与人们的利益需求相关联,与民众生活相关联;就意识形态传播的形式而言,应当是民众喜闻乐见的,符合民众认知方式的。意识形态发生作用的机制主要表现为一种心理过程,意识形态的内在逻辑与传播只有符合人的内心期待,才有可能为人们所接受,才能获得人们认同。而这些无一不指向民众的日常生活。

(二)日常生活是意识形态的居所

法国存在主义马克思主义流派的主要代表、日常生活批判理论的开拓者列菲弗尔认为日常生活是意识形态的居所。日常生活是人类生存活动包括抽象的理论活动得以立足的基础,是人类赖以存在的最基本平面,是人们进行各种各样社会活动的土壤,更是意识形态被认同的基本场域。社会主义核心价值观作为一种具有指导意义的理论也不例外,社会主义核心价值观只有嵌入日常生活才能使得意识形态理论向民众自觉和行为实践转化。

日常生活是意识形态的居所,表现在意识形态以日常生活为始源又以日常生活为归宿。阿格妮丝·赫勒是布达佩斯学派的重要代表,她的代表作《日常生活》是迄今有关日常生活较为系统完整的论著。从该著作中我们可以深刻认识到日常生活的重要性。

首先,意识形态以日常生活为始源是说:人类自身及其各种社会活动和社会关系的发源地是日常生活,而意识形态是人类思维的产物,属于人类社会的上层建筑范畴,自然也发源于日常生活。从个人角度上看,日常生活产生了人自身、人的个性以及与人相关的物。赫勒指出:"在日常生活中,个人以多种形式使自身对象化。"②也就是说,人自身的存在以及由人所创造出来的一切物都源自日常生活。同时,人的"个性的统一性总是在日常生活之中并为日常生活所建立",③说明人性的发展也是以日常生活为基础并从中一步步磨炼出来。意识形

---

① 聂立清:《我国当代主流意识形态认同研究》,北京:人民出版社,2010年,第58页。
② [匈]阿格妮丝·赫勒:《日常生活》,衣俊卿译,重庆:重庆出版社,2010年,第5页。
③ [匈]阿格妮丝·赫勒:《日常生活》,衣俊卿译,重庆:重庆出版社,2010年,第7页。

态作为人的一种思维产物,也必然是以日常生活为基础的。从社会角度上看,日常生活领域是其他一切社会领域的根基。赫勒将人类社会结构划分为三个层次:基础领域即日常生活领域,最高领域是人的自为的对象化领域,即科学、艺术、哲学等领域,介于两者之间的是"自在自为的对象化领域",即社会、经济、政治等诸制度化领域。日常生活领域是其他两者的根基,制度化领域与科学、艺术、哲学领域的产生与发展皆是以此为基础的。意识形态应当属于人的自为的对象化领域,是必须以日常生活领域为根基的。

其次,意识形态是以日常生活为归宿是说:一切社会的变革是为了日常生活的改变,最终也必然指向日常生活的重构,那么一种意识形态的产生是为了重构良好的社会秩序,其价值诉求也必然是更美好的生活,因此也必将落脚于日常生活的改变。赫勒指出,日常生活为人们提供了安全感、舒适感、亲近感和"在家"的感觉,是人类生存发展的意义支点和精神家园。人类的社会变革是为了追寻更好的生活,因此,作为人类生存意义支点的日常生活是人类社会变革的意义所在,意识形态理论的建构也应当以日常生活为最终归宿。

社会主义核心价值观作为一种科学的意识形态,亦是源于日常生活、最终回归日常生活的,因此,也只有在日常生活中,它才能够为民众所接受,在潜移默化、耳濡目染中凝聚人心,得以践行。因此,社会主义核心价值观应该回归日常生活,应该善于结合人们日常常思的问题、常见的事例、常用的语言讲透阐明,善于将积极培育社会主义核心价值观转换入日常生活的具体情境,贴近实际、贴近生活、贴近群众,引导人们从日常生活的细节中感知意义、体验崇高、增进认同。然而,由于社会主义核心价值观本身的特征与日常生活发展逻辑有着本质的不同,加上当今社会的一些现实问题,使得社会主义核心价值观在嵌入日常生活中往往遭遇困境。

二、社会主义核心价值观嵌入日常生活中的困境分析

赫勒对日常生活的特征做过如下概括:第一,重复性,即重复性思维和重复性实践;第二,规范性,即以给定的规则、规范为准绳并理所当然遵循的活动领域;第三,经验性,即模仿和类比在日常生活中发挥着重要作用;第四,实用性,即坚持以最少投入换最大产出为行动准则;第五,情境性,即日常语言、日常规则、

习惯都是和特定情境联系在一起的。①

与日常生活形成对比的是：社会主义核心价值观具有普遍性和概括性，对于民众来说具有一定理论的抽象度和高瞻远瞩性。这些特性的鲜明对比，决定了社会主义核心价值观在嵌入日常生活的过程中会遇到诸多困境。

（一）理论的长远性与日常生活的实用性的冲突

社会主义核心价值观是我党的重要理论成果，亦是我们在将来一段较长时间内将奉行的基本价值观，这就决定了社会主义核心价值观是具有长远性的。然而，日常生活领域的实用性特征却决定了民众常常以简单的"是否有用"作为衡量事物的标准。

社会主义核心价值观倡导的"富强、民主、文明、和谐，自由、平等、公正、法治"等，都是我们国家和社会为之努力的方向，是我们将实现的目标和宏伟蓝图。然而，对于普通民众来说，这是缺乏具体实用性的。加之目前，我国正处于社会转型期，经济、政治领域的变革以及社会生活的日益多样化对人们的价值观产生了巨大的影响。不同利益主体之间思想观念、价值取向、道德素养等方面的矛盾和冲突日益突显，多元的思想和多样的价值选择已成为现实生活的真实写照，多元价值观选择和社会主义核心价值观之间的冲突是必须面对和协调的事实。人们思想认识上的独立性、选择性、多变性和差异性日益增强，各种价值观念和社会思潮纷繁变幻。随着网络社会的兴起，民众们能够通过多种渠道了解多种信息，因此，他们的利益诉求也日益多元化。

但是，社会主义核心价值观作为意识形态的重要组成部分以及我国的主流价值观念，必须坚持其理论的长远性，同时，人民群众才是历史的创造者，这些宏伟的目标的实现也必须依靠人民群众，因此，如何消解理论的长远性与日常生活的实用性的冲突，让社会主义核心价值观真正为民众们认同，并成为他们的精神动力是社会主义核心价值观嵌入日常生活过程中亟待解决的首要问题。

（二）理论的凝练性与日常生活的经验性的隔阂

社会主义核心价值观是社会主义价值体系的概括，具有一定的凝练性与抽象性。然而，在日常生活领域中，民众们遵循经验主义的原则行事，因而生活实

---

① ［匈］阿格妮丝·赫勒：《日常生活》，衣俊卿译，重庆：重庆出版社，2010年，第8—11页。

践的选择方面往往具有路径依赖,不愿多去揣摩与思索,而是依据经验不断重复。

社会主义核心价值观是一种核心的意识形态,是由各种具体的意识形成的政治思想、道德思想、经济思想、社会思想、教育、艺术、伦理、宗教、哲学等构成的有机的思想体系,它包含对国家、社会以及个人层面的具体要求,对整个社会及成员具有价值示范和思想引领作用。如此众多的内容都凝练在了二十四字之中,可见其具有很强的概括性。但同时,这对于普通民众来说,又是具有高度抽象性的,需要民众们细细揣摩,结合实际深刻思考,才能真正了解其中的意蕴。然而,这与日常生活的认知图式又是相异的。日常生活领域中皆是以经验性的感知为主要认知图式,以模仿和类比为基本行为图式,以既定的和习以为常的规范为实践准绳,这些特征决定了日常生活领域需要的是简单具体的话语,同时,这些特征也说明日常生活具有一定的保守性和惰性,不会轻易地接受新鲜的以及看起来"阳春白雪"的理论。

如何消弭理论的凝练性与日常生活的经验性的对立,达致双方良性转化,是社会主义核心价值观嵌入日常生活领域需要突破的瓶颈。

(三) 理论的普遍性与日常生活的情境性的矛盾

社会主义核心价值观是全社会长期坚持的价值观,而不是社会的某一部分、某一群体、某一时刻的价值观,因此它具有相当的普遍意义。然而日常生活领域却是以情境性为主要特征的。

社会主义核心价值观是对全社会应当遵守的价值观的概括,从微观层面来说,它规定了所有职业、不同年龄的民众应当遵循的价值理念;从宏观层面来说,它从经济、政治、文化、社会等方面规定了一个国家良性运行所需要坚持的各种理念以及价值诉求,因而是具有普遍性的。然而,与之相对的,日常生活往往以情境化的面貌出现。日常生活是琐碎的,日常语言、日常规则、习惯都是和特定情境联系在一起的,构成日常生活的是情境化的生活事件。这就决定了日常生活领域对当下发生的事件或是与自己有直接联系的事件会较为关注,而对一些潜在事件或与自己只是有间接联系的事情会表现出一定程度的淡漠。

因此,如何调和理论的普遍性与日常生活的情境性之间的矛盾,是让社会主义核心价值观真正嵌入日常生活的重要环节。

"不是意识决定生活,而是生活决定意识。"①日常生活是社会主义核心价值观的居所,是宏大叙事的基础,唯有关注日常生活、嵌入日常生活,社会主义核心价值观才能真正被认同、内化和践行。因此,消解社会主义核心价值观嵌入日常生活的困境迫在眉睫。

三、社会主义核心价值观嵌入日常生活的可行路径探寻

要让社会主义核心价值观真正嵌入日常生活之中,成为为民众所懂、为民众所需的价值观,并进一步内化于心,外化于行,就必须要解决上文所提到的种种困境。首先,理论的长远性与日常生活的实用性的冲突,决定了必须将社会主义核心价值观的嵌入过程与日常生活的现实诉求相结合;其次,理论的凝练性与日常生活的经验性的隔阂,决定了社会主义核心价值观的嵌入过程必须要符合日常生活的认知图式,并辅之以情感的激发,做到晓之以理、动之以情;最后,理论的普遍性与日常生活的情境性的矛盾,决定了社会主义核心价值观的嵌入过程必须以日常生活中的情境性事件为载体。

(一)将社会主义核心价值观嵌入日常生活的现实诉求中

日常生活的实用主义倾向决定了社会主义核心价值观能否真正深入人心的前提在于其是否真正为人们所需要,而为民所需的关键就在于将社会主义核心价值观嵌入日常生活的现实诉求中。

每一种思想都体现某一群体的利益,马克思在《神圣家族》中指出:"'思想'一旦离开'利益',就一定会使自己出丑。"②由此,社会主义核心价值观必须要从民众利益需求出发,必须有利于推动社会问题的解决,有利于将民众的个人利益与社会利益相结合,这样它才能避免落入政治说教的窠臼。虽然社会主义核心价值观揭示了社会主义最本质的永恒的精神要素,反映社会和人类的长远利益和未来发展方向,具有普遍性和崇高性,但是社会主义核心价值观也必须关照时代和人民大众的现实需求。

人们的日常生活离不开"需求"二字,按马斯洛的理论,人类的需要是分层次

---

① 侯惠勤:《马克思的意识形态批判与当代中国》,北京:中国社会科学出版社,2010年,第65页。
② 《马克思恩格斯全集》第2卷,北京:人民出版社,1957年,第103页。

的,由低到高。它们是:生理需求、安全需求、社会需求、尊重需求、自我实现需求。这五种需求无不与民众自身利益息息相关,将之扩大至社会,便可发现这些需求都联系着目前亟须解决的一些民生问题,如社会保障问题、医疗问题、住房问题、就业问题等。这些社会问题与民众利益相关,也是人们最为关注的话题。

因此,社会主义核心价值观必须嵌入日常生活的现实诉求,直面人民大众所关注的现实热点和社会焦点,从日常生活的现实诉求角度对社会主义核心价值观进行探讨解释,针对人们普遍关注的社会保障问题、医疗问题、住房问题、就业问题等,"既讲清'怎么看'又说明'怎么办',把党和政府的政策措施讲清楚,把对群众的利益安排讲明白"①。只有让人民大众们认为社会主义核心价值观的践行是有利于问题的解决,是有利于自身利益的实现的,社会主义核心价值观才会成为有生命力的存在。

(二) 将社会主义核心价值观嵌入日常生活的认知图式中

当民众们认识到社会主义核心价值的作用所在,如何让社会主义核心价值观为民众所全面正确地理解,为民所懂,便成为践行社会主义核心价值观的基础。日常生活的认知图式由于其简洁、直接、易懂的特点为民众们所接受,因此,将社会主义核心价值观具体化,从而嵌入日常生活的认知图式中,将有助于民众对社会主义核心价值观的理解,有助于消弭理论的凝练性与日常生活的经验性之间的鸿沟。

理论本身就有抽象性和超验性的特点,社会主义核心价值观作为一种意识形态更是如此。如果脱离实际、远离群众,理论和思想就会走向空洞、玄妙甚至怪诞的极端。这种极端会使公民对理论本身产生索然无味或敬而远之的消极后果,最终不仅导致思想理论的失效,也会成为深化社会主义核心价值观教育的屏障。社会主义核心价值观理论不是书斋里的学问,不是纯粹主观的臆测,更不是天马行空的幻想,而应该是面向生活、面向大众的理论。社会主义核心价值观只有被广大人民群众理解和掌握,才能变为强大的物质力量,在实践中发挥应有的作用。同样,社会主义核心价值观的表达,只有具有广泛的适用性和鲜明的生动性,才能为大众所认可和接受。这就要求社会主义核心价值观及其相关理论的

---

① 李长春:《在纪念中国共产党成立 90 周年理论研讨会上的讲话》,《人民日报》2011 年 7 月 6 日。

创新应源于群众的生活,理论表达运用民众熟知的语言和喜闻乐见的形式诠释,实现由理论术语向大众话语的转换、从"基本原理"到"生活道理"的转换,把抽象深邃的理论用平实质朴的话语讲清楚,把深刻难懂的道理用人民群众乐于接受的方式说明白,努力使社会主义核心价值观从书斋里、书本上、文件中走出来,深深融入普通民众的学习、工作和生活中。当然,通俗易懂并不等于简单庸俗,而是一种更高水平、更高层次的要求。通俗易懂的思想内容应当是思想美、语言美与形式美的统一,是准确与生动的统一,是深刻与简明的统一。只有把群众装在心中,把通俗易懂贯彻始终,才能使社会主义核心价值观从理论殿堂走进百姓家庭,融入人民的心灵,成为全社会的共同价值追求。值得一提的是,创新和净化社会主义核心价值观并不是要另起炉灶、推倒重来,创造和使用另外一种话语系统,而是在既有成果的基础上锦上添花、精益求精,使其不断得到改进、丰富和发展,实质逐渐完善,达到它应有的全面性。

有学者认为,从传播学的视角看,只有高度精练的语言,才易记易背,才容易得到快速而广泛的传播;从教育的实效性看,社会主义核心价值观越是精炼,越能赋予自己极大的张力、包容性和阐释力,越是通俗易懂,越具有亲和力和感召力,越能为广大民众接受和践行。所以,社会主义核心价值观必须响亮醒目、精炼易记,力戒啰唆冗长、深奥晦涩。① 对于意识形态和理论色彩比较浓的社会主义核心价值观理论,"举重"可以"若轻","深入"能够"浅出",这既是推进理论创新的要求,也是需要努力达致的目标。

(三)将社会主义核心价值观嵌入日常生活的情感认同中

人们对于某一事物的认同,除却理性的因素外,情感的作用亦不可小觑。列宁就曾经指出:"没有'人的感情',就从来没有也不可能有人对于真理的追求。"②情感来源于日常生活,社会主义核心价值观如果能嵌入日常生活的情感之中,民众便可将社会主义核心价值观进一步内化于心,成为判断是非的根本标准。

---

① 张俊、冯有明、龙兴跃:《论构建中国特色社会主义核心价值观的基本原则》,《学校党建与思想育》2010 年第 11 期。

② 《列宁全集》第 36 卷,北京:人民出版社,1959 年,第 117 页。

营造积极的社会舆论环境,不仅要激发民众对社会主义核心价值观践行的现实情感,更要激发期望情感。现实情感是指人对现实事物的情感,这里主要指的是认同;期望情感是指人对未来事物的情感,这里主要包括一种期待与信心。

在激发现实情感方面,要充分利用榜样效应与沟通作用,实现认同感。当自己的价值与他人的价值同属于一个更大的价值系统时,人对于他人将产生一种认同感。对社会主义核心价值观的认同,需要以理服人,更要以情感人,而其中"人"的作用不容忽视。一方面,树立践行社会主义核心价值观的先进楷模,利用榜样的力量激发民众的认同感;另一方面,建立党与群众之间情感认同的通道,把人民群众喜好作为社会主义核心价值观宣传的着眼点,利用社会主义核心价值观的本质与人民利益的一致性,实现民众的认同。

在激发期待情感方面,要让民众们看到希望,拥有信心。网络时代的到来,让民众们接触到了更多的信息与资讯,因此在价值观的取向选择上呈现多样化趋势。同时,我国的基本国情也决定了在当前阶段,我国仍然有许多社会问题亟待解决。然而,许多民众往往不能正确认识这一阶段性特点,因而散播一些消极的言论与评价,这使得民众们对社会主义核心价值观的推进产生了负向情感。针对这样的状况,应当加强正面的舆论宣传以及对我国当前国情的科学认识教育,积极引导民众的情绪,塑造其正向的未来情感,重拾信心,重新营造民众们平衡的心理环境,促进民众对社会主义核心价值观的接受与认同。

(四)将社会主义核心价值观嵌入日常生活的事件中

对社会主义核心价值观的践行才是社会主义核心价值观嵌入日常生活的最终落脚点。理论的普遍性与日常生活的情境性决定了必须将社会主义核心价值观融入日常学习、工作和生活之中,渗透于每个人的日常生活事件之中,通过日常生活事件,将它外化于行。社会主义核心价值观是嵌入日常生活的人人能做的事件,它不高高在上、难以企及,也不玄妙深奥、无法理解。它就在每个人的生活之中,在每个人的参与行动中,在每个人举手投足间。

日常生活事件不胜枚举,其中可以承载社会主义核心价值观的事件亦是多如星辰。大到举办奥运会、青奥会等大型活动,小到公共场所自觉排队,不大声喧哗,不随地乱扔垃圾,使用礼貌用语等。大事件是有限的,不是每个人都能规划、实施,但小事件就在公民真真切切的生活之中。官员廉洁奉公、恪尽职守,职工爱岗敬业、认真负责,商人合法经营、诚实守信……我们学习、工作、社会中的一切言行无不是弘扬和培养价值观的重要契机。只要我们重视这些看似微不足道的小事件,小善聚成大爱,溪流汇成大海,最终才会产生良好的效果。

值得一提的是,就影响力而言,学校教育是社会主义核心价值观嵌入日常生活事件的最佳方式。学校教育作为一种有计划、有组织、有系统的教育方式,是一个人一生中所受教育最重要的组成部分。学校教育从某种意义上讲,决定着个人社会化水平和性质,是个体社会化的重要基地,是培养和宣传社会主义核心价值观的主阵地。学校培养的是未来的主人和接班人,从小处着眼,关涉青少年的身心发展,使青少年获得终身学习和终身发展的动力、热情和必备的基础,为青少年多样化发展提供可能和条件。放眼长远,则影响到社会的发展和民族的未来。因此,在学校教育中,要注重社会主义核心价值观的影响,以"显隐结合"的、学生能够理解和乐于学习的方式,组织有教育意义的活动,使学生在生活体验中,在举手投足间认同和践行社会主义核心价值观。通过学习和践行社会主义核心价值观,使青少年在纷杂的事物中学会选择,具有正确的价值判断能力;要使他们具有独立健全的人格和鲜明健康的个性,要使青少年拥有善良的人性、美好的内心和优雅的举止。

毋庸置疑,培育和宣扬社会主义核心价值观是一项系统工程,需要各方力量的努力和支持。社会主义核心价值观作为一种意识形态,唯有嵌入日常生活的现实诉求中,才能为人所需;唯有嵌入日常生活的认知图式中,才能为人所懂;唯有嵌入日常生活的情感认同中,才能内化于心;唯有嵌入日常生活的事件中,才能最终外化于行。只有这样,社会主义核心价值观才能充分发挥出广泛的感召力、强大的凝聚力和持久的引导力。

社会主义"敬业"价值观的培育与践行：
现状、困境及路径选择*

张 伟

摘 要：作为中华民族的一项传统美德,"敬业"在当前中国社会的式微已成不争的事实。改革开放以来中国经济领域发生的结构性转变、制度建设的相对滞后、监督机制的不完善以及全球化过程中异质文化的挤压是当前"敬业"式微的主要原因。就自律与他律相统一的角度而言,强化职业精神的培育、实现职业道德的制度化、建构完善的内外监督模式、借助信仰的支撑力量应成为社会主义"敬业"价值观培育和践行的有效路径选择。

关键词：敬业；现状；困境；路径选择

自党的十八大将"敬业"纳入社会主义核心价值观以来,学界对"敬业"的相关研究与日俱增。学界对"敬业"的研究热情无疑源自理论与现实的需要,但从呈现的相关研究成果来看,其议题大多集中于"什么是敬业""为什么要敬业"等方面的论述,对当前中国"敬业"的现状、存在的困境,以及基于现状、困境基础上的路径选择的研究则相对欠缺,其结果往往使相关研究既缺乏"文本"外的支撑,又附有较强的主观臆断色彩,并不能很好地"反哺"社会主义"敬业"价值观培育和践行的相关实践活动。鉴于此,本文将在扫描当代中国社会敬业现状及分析当前敬业式微原因的基础上,进一步阐述社会主义"敬业"价值观培育和践行的有效路径。

一、当代中国社会的敬业现状

作为中华民族的一项传统美德,"敬业"自古以来就备受人们推崇。无论是早期文献(《尚书》《周易》《左传》《论语》《荀子》《礼记》等)对"敬"和"业"的记述,还是后人(孔颖达、朱熹、梁启超等)对"敬业"的注疏,均表明"敬业"不仅关涉人

---

* 国家社科基金青年项目"社会主义核心价值观培育与践行研究"(13CKS052)。

们对借以改变外在客观世界最直接的方式——职业劳动——的基本态度,而且关涉个体自我价值的实现和整个人类社会的发展和进步。

正是基于对"凡百事之成也必在敬之,其败也必在慢之"①的理性认识,改革开放以来,党中央多次从社会主义精神文明建设的高度对加强职业道德建设,培育敬业精神做了重要部署。譬如:早在1986年通过的《中共中央关于社会主义精神文明建设指导方针的决议》中就将"爱劳动"视为社会主义道德建设的五项基本要求之一;1996年通过的《中共中央关于加强社会主义精神文明建设若干重要问题的决议》则进一步将"爱岗敬业"纳入职业道德建设的五项基本内容之中;2001年颁布的《公民道德建设实施纲要》更是将"敬业奉献"提升至20字构成的公民基本道德规范的高度等。党和国家对"敬业"的高度重视在现实中可以说得到了积极的回应:一方面,各行业相继出台了一系列具体的职业道德规范,整个社会在"崇德广业"的氛围中涌现出一大批文明示范行业和敬业乐业的模范典型;另一方面,中国特色社会主义事业亦在广大从业者"进德修业"的努力中取得了突飞猛进的发展和举世瞩目的成就。

与上述积极回应形成鲜明对比的是,受市场经济负面因素的影响,在诸多行业及其从业者身上出现了一些重利轻义、损公肥私、敷衍了事、投机取巧、玩忽职守、推卸责任等与敬业精神相悖的现象。樊浩教授在全国范围内做出的一项针对公务员、企业员工、知识分子、青少年、弱势群体、新兴群体的伦理道德状况的调查显示:这六大群体中有62%的受访者认为当前职业道德中最突出的问题是,把职业仅当作谋生的手段,缺乏对社会的责任感和奉献精神。② 这其中仅有18.3%公务员将敬业视为职业生活中的首要德行,③仅有16.5%和9.9%的企业员工分别认为自己有强烈的社会责任感和奉献精神,④54.7%的新兴群体和38.4%的大学生认为工作中最重要的美德已被金钱观念所淡化,⑤即使在被人们

---

① 王先谦:《荀子集解》,北京:中华书局,1988年,第278页。
② 樊浩:《中国伦理道德报告》,北京:中国社会科学出版社,2012年,第384页。
③ 樊浩:《中国伦理道德报告》,北京:中国社会科学出版社,2012年,第442页。
④ 樊浩:《中国伦理道德报告》,北京:中国社会科学出版社,2012年,第467页。
⑤ 樊浩:《中国伦理道德报告》,北京:中国社会科学出版社,2012年,第583页。

寄予厚望的知识分子群体中也只有37.4%的人将对社会的奉献视为人生价值所在。① 与此同时,盖洛普公司(Gallup)在142个国家和地区的"员工敬业度"调查显示,2012年中国的"员工敬业度"为6%,与2009年的2%相比,虽有提升,但远落后于全球13%的平均值。②

根据以上两份来自国内外的实证调查数据,结合近年来社会上因不敬业而不时出现的各类食品、药品、网络、金融等安全事件来看,某种程度上可以说,"敬业"在当代中国的式微已成不争的事实。

二、当前敬业式微的原因分析

"敬业"在当前社会的式微,某种程度上可以视为中国现代化进程中遭遇的"成长的烦恼",尽管其原因复杂多样,但总体上与改革开放以来中国社会各领域尤其是经济领域所发生的结构性转变密切相关。正如恩格斯在《反杜林论》中所言:"人们自觉地或不自觉地,归根到底总是从他们阶级地位所依据的实际关系中——从他们进行生产和交换的经济关系中,获得自己的伦理观念。"③

首先,经济领域的结构性转变,使人们对职业劳动的认识出现了偏差。经济体制转轨所引发的GDP高速增长,很容易导致人们对市场经济的盲目崇拜,并以"符合市场规律"的名义将等价交换、利益最大化等交易原则简单地移植到职业生活之中。由此,人们往往把有着丰富内涵和道德属性的职业劳动视为单纯的利益交换行为,"钱多多干、钱少少干、没钱不干"的实利主义成为当前众多所谓"理性经济人"对待本职工作的基本价值取向,忽略了职业劳动对人的自我确证和人的自由全面发展所具有的重要意义。与上述紧密相关的是,随着利益主体和利益分配样式的多元化,一些背离社会主义按劳分配原则的失序现象以及由此产生的贫富分化,亦使人们对"劳动光荣""勤劳致富"等固有观念产生了怀疑。兢兢业业,"专心致志以事其业也"④往往被认为是无能的一种表现,相反,

---

① 樊浩:《中国伦理道德报告》,北京:中国社会科学出版社,2012年,第510页。
② 全球企业员工敬业度调查:中国员工最不敬业。http://history.people.com.cn/peoplevision/n/2013/1108/c362054-23474067.html。
③ 《马克思恩格斯选集》(第3卷),北京:人民出版社,1995年,第434页。
④ 朱熹:《朱子全书》(第2册),上海:上海古籍出版社,2002年,第573页。

"干得好不如说得好,干得多不如干得巧"却成为相当一部分人现实职业生活中的处事准则。

其次,经济体制转轨过程中个体从机械的"单位人"到个性化的"弹性人"的角色转变,弱化了人们对所属单位和自身职业的依附性。随着自主和独立意识的不断增强,从计划经济和单一政治生活中解放出来的人们,从完全依赖单位变为几乎依靠自己,由此人们原先统一崇尚和遵循的一些价值观念,如"以厂为家、同舟共济、厂兴我荣、厂衰我耻"等,无论在心理上还是实践中都逐渐被与个人具体生活处境密切相关的其他价值观念所取代,整个社会的价值取向可以说已由集体(单位)本位倾向了个人本位。此种境况下,人们往往认为:作为职业道德的核心,敬业如果还有其存在的正当依据的话,那也仅来自工具价值的考量或个人利益的得失。这一极为现实的看法表明,传统敬业观在当前社会的式微并不完全是个人主观意愿的产物,也是社会生产方式和人生活方式变迁所带来的客观结果。

再次,职业道德建设过程中制度建设的相对滞后与监督模式的不完善,对"敬业"长效机制的形成产生了重要的影响。1986年以来,党中央和国家相继出台了一些加强精神文明建设的决议,其中不乏涉及职业道德的相关论述,但除了这样一些宏观性纲领性的文件外,鲜有针对"敬业"这一主题而颁布的以制度尤其是法律制度形式出现的文件,这便使人们的敬业行为缺乏制度层面的保障,往往导致社会主义敬业价值观的培育和践行在实践中事倍功半的结果。除此之外,监督机制的不完善尤其是外部社会监督模式的缺乏,也会导致现实生活中人们往往采取选择性的敬业行为,而非切实履行自己应尽的职责。

最后,全球化过程中异质文化的不断涌入,在一定程度上淡化了人们对社会主义敬业价值观的认同。如马克思所言,全球化在使物质生产世界性的同时,也使"各民族的精神产品成了公共的财产"①。不断涌入的西方文化一方面削弱了人们对中国本土文化的认同,另一方面夹杂在其中大量的自由主义、消费主义、享乐主义、个人主义、拜金主义等消极价值观念严重挤压了敬业观的生长空间。无论在观念上还是实践中,这都容易使人们淡化对敬业价值观的认同,甚至模糊

---

① 《马克思恩格斯文集》(第2卷),北京:人民出版社,2009年,第35页。

敬业价值观的社会主义性质，将"以物的依赖性"为基础上的敬业行为同"以人的自由全面发展"为基础的敬业行为等同起来。

三、敬业价值观培育和践行的路径选择

基于上述分析，就自律与他律相统一的角度而言，社会主义敬业价值观的培育和践行在实践中可以选择如下路径：

第一，强化职业精神的培育。作为人类精神"职业化"的表现，职业精神是特定职业的从业者在长期职业生活中逐步积淀和进化而来的一种群体意识，它集中体现了该群体普遍的精神风貌、理想信念和价值追求，在现实生活中对从业者具有价值定向、精神驱动、行为约束和心理感召的功能。因此，强化职业精神的培育可以说是提升个体职业认同感进而践行敬业价值观的一种基本途径。

在具体实践中，职业精神的培育在内容上应聚焦在如下三个方面：一、强化职业技能和职业伦理的培育。其目的是促使从业者积极主动地去了解职业发展的基本动向，以及职业活动中应遵循的基本道德准则和应承担的道德责任，增强从业者恪守职业道德的自觉性。二、强化职业情感和职业意志的培育。其目的是增强从业者对职业的认同感、荣誉感、归属感，锤炼从业者的坚强意志，引发从业者的个体潜能和热情并将其投入到职业实践之中。三、强化职业理想和职业信念的培育。其目的是为从业者确立职业生活的参照体系和预期目标，调节纠正偏离职业目标的思想观念和具体行为，激励从业者为既定的理想和信念勇往直前。对个体而言，上述内容更多是一种理论层面的认知教育，还需要进一步在实践中不断体验和感悟；但毫无疑问，若没有对职业精神的理性认知就不可能展开正确的职业行为，更不可能产生敬业行为。

第二，职业道德的制度化。从美德伦理学的角度看，没有个体德行就不可能产生道德行为，"道德的普遍规律总是伴随着自律概念"，[①]但现实生活中大量事实表明，如果缺少制度层面的建设，卑鄙只会成为卑鄙者的通行证，而高尚只会成为高尚者的墓志铭。因此，职业道德的制度化对培育和践行敬业价值观不仅重要而且必要。

---

① 康德：《道德形而上学原理》，苗力田译，上海：上海人民出版社，2005年，第77页。

从道德发挥作用的有效性和持续性来看,依靠外在制度往往比依靠内在德行更为直接和持久。一方面,作为集体理性的产物,制度直接为个体提供"行动指南",使其避免偶然因素的干扰;另一方面,基于制度的行为及其善果往往是持续性和系统性的,而基于德行的行为及其善果往往是一次性和局部性的。正因如此,职业道德的制度化不仅可以弥补单纯道德教育效果相对缓慢的缺陷,而且可以弥补单纯德行作用相对局限的缺陷。更重要的是,职业道德的制度化在保留一般道德内在自觉性、超越性、示范性的同时,又使其具有了制度的权威性、强制性和直接性。某种程度上可以说,职业道德的制度化是实现制度建设与道德建设协调配合、优势互补的最佳途径,它在规范人们职业行为进而提升人们的敬业精神方面有着不可替代的独特作用。

第三,内外监督模式的有机整合。监督的基础功能在于提高个体依规行为的有效性,防止"有令不行、有禁不止"。当监督下的行为逐渐产生惯性并最终演变成个体的自然反应时,也就意味着自律与他律之间实现了某种统一。因此,建构一套完善的监督模式就成为培育和践行敬业价值观的一项重要议题。

从实施监督的主体及所在领域来看,完善的监督模式应由内部监督和外部监督构成。内部监督是防范从业者"搭便车"行为的第一道防线,如行业协会、纪律检查委员会、伦理仲裁委员会的监督等。然而,内部监督具有很强的自律性且这种自律性在逻辑上最终源自外部制度的约束,因此来自行政、司法和社会的外部监督就显得十分重要。随着大众传媒对社会影响的不断增加,以及行政和司法这两种宏观性监督的局限,社会监督尤其是媒体监督成为当前外部监督最重要的一种模式。作为"无处不在的耳目",媒体以"用事实说话"的方式对不敬业行为的揭露以及敬业氛围的营造,较其他监督模式无论在广度还是深度上都有着独特的优势。当然,在他律走向自律的过程中,任何一种监督模式都有其独特的作用和不足,只有建构一套完整系统的监督体系,在功能上做到优势互补才能最大程度促使个体切实自觉地履行各自的职责。

第四,借助信仰的力量。涂尔干曾深刻地指出,现代西方社会道德危机产生的一个重要原因是没有"发现那些长期承载着最根本的道德观念的宗教观念的理性替代物"[①]。其潜在之意是,道德的堕落往往与人类信仰的式微相伴而生,

---

① 涂尔干:《道德教育》,陈光金、沈杰、朱谐汉译,上海:上海人民出版社,2001年,第12页。

信仰对道德具有重要的支撑作用。因此,借助信仰的力量(如共产主义信仰)将"敬业"从一项基本职业道德规范升华为个体的道德信仰,在工具理性日益膨胀的现代社会成为培育和践行敬业价值观的一种重要手段。

信仰对道德的支撑作用,源自这样一个事实,即每种信仰的"基本特性实质上就在于它构成了一套道德规范"①。"个人就他的意志和行动追求完美而言是道德的,就他的感情、信仰和希望是受至高的形象鼓舞而言是虔诚的。"②就此而言,信仰对于人们职业生活的重要意义便是促使个人积极从善,并在"德业双修"的过程中使人们对职业道德规范的被动遵循转化为主动追求。事实上,作为人类一种最初的、间接的自我意识以及人类社会发展到一定历史阶段而出现的一种与终极关怀有关的文化现象,信仰对人类而言并非一种外在的束缚,而是达至理想人格和完满人性的内在需要。因此,人类的职业行为一旦有了信仰的助力,"敬业"就会从有待化为无待,社会主义敬业价值观的培育和践行也将从应然走向实然。

---

① 罗斯特:《黄金法则》,赵稀方译,北京:华夏出版社,2001年,第5页。
② 包尔生:《伦理学体系》,何怀宏、廖申白译,北京:中国社会科学出版社,1988年,第356—357页。

以传统文化助力高校思想政治教育*

丁 蕖

摘　要：将传统文化的内容引入高校思想政治教育，一方面贯彻落实高校思想政治教育"以文化人，以文育人"的指导思想，另一方面是为了适应互联网时代的特点，转换主流意识形态的宣传模式和话语体系势在必行。教育模式做到灌输与引导相结合，建构基于文化视角的话语体系。意识形态原本就依附于文化，因此借助文化平台可以更为有效地传播主流意识形态，为培育和践行社会主义核心价值观服务，开创高校思想政治教育工作的新局面。文章从亲和力、针对性和吸引力三个方面阐释了以传统文化助力高校思想政治教育。

关键词：高校思想政治教育；意识形态；传统文化

习近平总书记在 2016 年 12 月召开的全国高校思想政治工作会议上指出：高校思想政治工作直接关系到高校培养什么样的人、如何培养人以及为谁培养人这一根本问题，并且强调课堂教学是高校思想政治工作的主渠道，必须注重以文化人，以文育人，提升思想政治教育的亲和力、针对性和吸引力。

高校思想政治教育就是以主流意识形态为内容对大学生进行思想教育，促使大学生形成共同的价值观和信仰，坚持正确的政治方向，成为社会主义建设事业的合格接班人。传统的高校思想政治教育基本采用以意识形态为核心的灌输模式，具有明显的外在强制性。灌输模式在改革开放之前，尤其建国初期的特定历史环境中起到了增强执政党凝聚力和巩固执政党统治地位的作用。但随着改革开放而引起的社会转型，被教育者的自主意识增强，特别是互联网时代的到来，信息传播的方式不再是自上而下，而是实现了全方位的覆盖，传统的自上而下的单向度灌输模式进行思想政治教育已难以奏效。因此，高校思想政治教育

---

* 本文系江苏省中国特色社会主义理论体系研究中心 2015 年度基地资助研究项目"中国特色社会主义的文化自觉与制度认同研究"阶段性成果。

应该结合当代大学生的特点,转换教育模式,做到灌输与引导相结合,唯有如此才能获得学生的接纳和认可。而以文化为切入点,融入高校思想政治教育的内容,正是实现了灌输与引导相结合的教育模式。通过转化话语体系,引入双向沟通模式,既可以以学生易于理解和接受的方式阐释抽象的主流意识形态的核心价值和政治思想,又深化了对思想政治教育规律的认识,并实现了对受教育者的人文关怀。深厚的文化传统是我国独特的优势,丰富的文化资源为高校思想政治教育提供丰厚的滋养,提升思想政治教育的亲和力、针对性和吸引力。

一、以传统文化增强高校思想政治教育的亲和力

习近平总书记指出,思想政治教育工作从根本上说是做人的工作。因此,思想政治教育要体现以人为本,尊重被教育者的主体地位,加强人文关怀。高校思想政治教育的对象是伴随着互联网成长起来的新一代大学生,网络取代了传统媒体,成为他们获取各种资讯的主要来源,互联网提供的信息丰富庞杂,良莠不齐,各种社会思潮泛滥,既有网络微博传播的自由主义思想,又有来自西方发达国家的价值观和意识形态,社会思想观念和价值取向多元化,主流与非主流并存,大学生应接不暇,受制于他们的认知能力和知识面,对负面思想缺乏辨别能力;往往可能出现价值观的迷茫、倾斜,甚至对西方发达国家的盲从,这是目前高校思想政治教育面临的强有力的挑战。因此,用什么样的话语体系表达方式促使大学生愿意主动接受主流意识形态的核心价值,让他们做社会主义核心价值观的坚定信仰者,是高校思想政治教育亟待解决的重要课题。

西方发达国家凭借他们在经济、科技、军事、文化、信息传播等方面强大的硬实力和软实力,形成话语霸权,弱化发展中国家对本民族的价值认同。西方国家往往借助成熟的文化产业,通过商业化途径,向发展中国家输出他们的价值观、生活方式和消费习惯。好莱坞大片、美剧、各种体育赛事、日本动漫都广泛地受到年轻人的追捧,他们在接受西方文化的同时,也就接受了西方的价值观。通过文化产业的传播,西方价值观以潜移默化的方式影响着大学生的价值观念、行为方式和行为准则,导致对本国主流意识形态认同度下降,甚至对社会主义核心价值观缺乏坚定的信念。对年轻人而言,西方发达国家是现代化的先行者和成功者,其经济制度、民主和人权制度是当今时代制度设计的标杆,代表了人类文明

的最高成果。为了应对来自西方文化霸权的挑战,高校思想政治教育也必须以其人之道还治其人之身,利用优秀的中华传统文化应对挑战。在思想政治教育中融入传统文化内容,转换对主流意识形态的话语表达体系,以大学生喜闻乐见的方式与他们进行交流、对话,并结合他们感兴趣的现实进行制度和文化层面的比较分析,引导学生做出正确的判断。

例如2016年英国的脱欧折射出了欧洲国家面临的制度危机:现行的制度和价值理念导致了难民危机、债台高筑、经济低迷等难题。2017年的美国总统竞选,暴露出美国政治、经济和社会制度改善民生乏力的危机,严重的社会分化撕裂了美国社会,激化中下层民众与精英阶层的社会矛盾,他们用选票否定了"政治正确"。英美主导的逆全球化思潮凸显了西方价值观面临严重危机。与此相对照,中国近五年来在科技、社会、文化等领域取得了辉煌成就,有力地证明了深深根植于中华文化的社会主义制度、道路和理论是符合时代的发展潮流的。

意识形态是依附于文化的,而且是文化的核心内容。以文化为切入点,导入思想政治教育,实质是重新建构诠释抽象的政治思想的话语表达体系,找到思想政治教育与大学生思维和兴趣的契合点,真正体现以学生为本,服务学生,增强高校思想政治教育的亲和力。

二、以传统文化提升高校思想政治教育的针对性

高校思想政治教育的目标是"立德树人",因而需要加强对大学生的思想道德品质教育和爱国主义教育。中华传统文化历来强调"德才兼备,以德为首","子欲为事,先为人圣"。传统文化中有很多强调个人品德的至理名言,其中以儒家道德思想体系最有影响力。高校思想政治教育可以从中获得源泉和动力。

儒家学说首先是强调加强个人道德修养的提升,其次才是治国平天下。如果一个人没有好的德行,即便才高八斗也不能成为国家的栋梁。道德是对人的行为是否正当的主观评判,是指如何处理人与人之间、人与自然之间、人与社会之间的行为规范体系,这一规范体系源于传统、习俗等,与正式的制度体系相区别。中国人的道德观深受儒家道德准则体系的影响。"仁义礼智信"是儒家道德思想的最基本规范,成为处理人际关系的行为准则。"仁者爱人","己所不欲,勿施于人",体现了一种人本主义的价值观念。"舍生取义","君子喻于义,小人

喻于利",反映了一种理性的价值准则。"礼"指出了人们的一套行为规范体系,人们行事要遵守典章制度,尤其强调人的行为必须与其社会身份相符合,以此保证稳定的社会秩序,有助于建立和谐的社会关系,"克己复礼,天下归仁焉"。"是非之心,智也",分辨是非善恶是道德行为的前提,"智"强调依靠知识和理性做出行为的选择,树立正确的是非观念。"信,诚也。"信的含义是遵守承诺,诚信。"人而无信,不知其可也。""民无信不立。"儒家道德思想认为"信"是立身之本,立国之本。孔子认为宁可去兵、去食,也不可去信。因此,对中华传统文化中道德传统的学习和继承,有助于培养出有德行的社会主义接班人,而不是精致的利己主义者。

爱国主义精神是中华文化的基本精神。中华民族的历史发展长河中涌现出许许多多爱国志士和杰出人物,他们的伟大人格和气节有助于激发大学生的爱国主义情怀。他们的豪言壮语一直被后人赞扬和传颂,耳熟能详,如文天祥的"人生自古谁无死,留取丹心照汗青",范仲淹的"先天下之忧而忧,后天下之乐而乐",林则徐的"苟利国家生死以,岂因祸福趋避之",张载的"为天地立心,为生民立命,为往圣继绝学,为万世开太平"。这些豪言壮语传递出杰出历史人物强烈的爱国主义情怀,能够触及人们灵魂深处,对大学生有着强大的感召力,激励大学生自觉地把个人的理想追求融入国家和民族的伟大事业中去,勇敢地担负起社会所赋予的责任和使命,树立为共产主义远大理想和中国特色社会主义共同理想而奋斗的信念和信心。

三、以传统文化增强高校思想政治教育的吸引力

高校思想政治教育为了强化马克思主义在意识形态领域的主导地位的指导思想,一向偏重教育的政治性,教育内容抽象、空洞和乏味,学生难以理解和接受,效果不尽人意。为了唤起大学生对思想政治教育的兴趣,必须将传统文化的内容融入高校思想政治教育中。因为不同的话语表达方式,产生的吸引力和感染力效果是不同的。全球化时代,各国的联系与合作越来越密切,跨文化的交流不可避免地带来价值观与意识形态的碰撞与较量。增强高校政治思想教育的吸引力就必须从我国优秀传统文化中汲取智慧和力量,处理好政治话语与流行话语的关系,思想政治教育内容要接地气,要契合学生的兴趣点,讲好中国故事,引

导他们自觉地信仰社会主义核心价值观。如以美食为主题的纪录片《舌尖上的中国》通过一个个具体的人物故事串联起祖国各地的美食,同时展现了祖国广袤的美丽河山,以及美食背后的文化传承,亲情、爱国情怀,唤起了学生们民族情感的共鸣。从民以食为天,读懂中国人对生活的热爱,深切地感受到这些年国家经济的腾飞,得益于中国特色社会主义道路的选择。《舌尖上的中国》不仅仅关乎美食,更是一部爱国主义教育的纪录片。从饮食文化、服饰文化、戏剧文化到国学经典的传承已深深地融在人们的血脉之中,决定了人们思维方式、心理特质和语言表达方式,凝聚共识,最终会成为政治认同的源泉与动力。

习近平总书记强调,做好高校思想政治工作,要因事而化、因时而进、因势而新,不断提高学生的文化素养。在发挥传统文化的吸引力和感染力方面,习总书记为我们树立了榜样。每逢重大场合发表重要讲话,总书记总能巧妙引用古代圣贤的格言警句,用智慧诠释要义。2014年5月4日在北京大学师生座谈会上的讲话,用"行百里者半九十""凿井者,起于三寸之坎,以就万仞之深"启迪大学生自觉践行社会主义核心价值观。G20杭州峰会,习近平总书记用"轻关易道,通商宽农"阐释建设开放型世界经济的意义。类似的例子不胜枚举。习总书记的讲话和文稿常常从传统文化中汲取精华,总书记的治国理政思想始终和中国优秀传统文化紧密结合,从敬民、为政、修身、任贤到天下、法治等,体现着卓越的治国伟力,符合国人共同的精神和理想追求,巩固了全党全国各族人民团结奋斗的共同思想基础。

以传统文化为切入点向世人传递治国方略,不仅让有人耳目一新之感,而且蕴含了中国领导人的睿智和丰富的历史文化底蕴,以其亲和力和吸引力唤起国人的共鸣,也为高校思想政治教育开启了新思路。文化的作用在于:一方面可以凝心铸魂,因为文化已经成为中华民族的基因,价值观是文化的核心内容;另一方面,生动形象的语言表达方式可以增强话语表达的正能量。讲好中国故事,传递中国好声音,最终潜移默化为学生们的政治认同,使之成为社会主义核心价值观的坚定信仰者、积极传播者和模范践行者。

博大精深的中华文化经历历史的洗礼和磨砺,已经塑造了国人的价值观,社会主义核心价值观与传统文化是一脉相承的。文化的导入有助于唤起民族的凝聚力,提升大学生的民族自豪感,文化素养的提升可以提高大学生辨识各种文化思潮的能力,抵御西方文化霸权思想的侵扰,坚定中国特色社会主义的制度自信、道路自信、理论自信和文化自信。而且,立足于文化视域的话语体系构建可以以学生喜闻乐见的方式诠释抽象的意识形态,大大提升高校思想政治教育的亲和力、针对性和吸引力,为培养和践行社会主义核心价值观服务。

建设"创新型国家"战略下我国高等学校继续教育的发展路径

王培暄

摘　要：我国高等学校继续教育的发展历程，与整个国家总体教育水平的发展乃至整个国家的发展战略之间有着密切的联系。随着建设"创新型国家"战略的全面实施，普通劳动者创新素质的培养成为当今我国高等学校继续教育的主要任务。然而，目前我国高等学校的继续教育在教育理念、办学形式、教学内容、考试评价、教学管理等方面都面临着一些问题与缺失。因此，如何改革我国高等学校的继续教育，使之更好地适应"创新型国家"的发展战略，便显得十分重要了。

关键词：创新型国家；高等学校；继续教育

我国高等学校继续教育的发展历程，与整个国家总体教育水平的发展乃至整个国家的发展战略之间有着密切的联系。自中华人民共和国建立开始到70年代，由于普及教育的目标尚未在全国范围内实施，当时的继续教育实际上是包含在工农教育、"扫盲运动"之中的。20世纪80年代，为挽回"文革"时期教育的缺失，学历补偿教育成为继续教育的主要形式，当时全国有1200多所独立设置的成人高等学校。[①] 90年代以来，随着以网络技术为基础的现代远程教育的兴起，继续教育向多样化、远程化、终身化方向发展。进入21世纪，在实现了九年制义务教育普及化和高等教育大众化的两个历史性跨越以后，继续教育的新增长点又是什么呢？

一、普通劳动者创新素质的培养是当今我国高等学校继续教育的主要任务

科学技术是第一生产力，而自主创新能力则是这一生产力的核心。根据有

---

① 谈松华：《谈中国继续教育的发展及其走向》，《中国职业技术教育》2008年第21期。

关资料测算,在发达国家,科技创新对国民经济总产值增长速度的贡献率,20世纪初为5%—20%,20世纪中叶上升到50%,20世纪80年代上升到60%—80%。①可见,科技创新在当今经济社会发展中的作用日益突出,国民财富的增长和人类生活的改善越来越有赖于科技创新。毫不夸张地说,今天哪个国家在科技创新方面占据了优势,哪个国家就能够在发展上掌握主动权。

科技的创新,关键在人才;而这里的"人才",不完全是指高科技工作者,更多的是指具有创新能力和创新意识的普通劳动者。历史是人民群众创造的,创新在生活中无处不在,只要具有创新性的思维和意识,平凡的人在平凡的岗位上也能够取得丰硕的创新性成果。日本的一项研究表明,在企业中,普通员工的合理化建议可使成本下降5%;受过一般水平教育的员工的建议能使成本下降10%—15%;而受过较高水平教育的员工的建议则能使成本下降50%。②可见,使普通劳动者接受创新素质的教育是多么重要。而创新素质的培养,不仅仅是学校读书期间的事,而是一个人一生的事。

其实,人力资本投资理论早已经揭示:在"摩尔定律"时代,一个人在学校或短期班里学到的知识占他一生中所学知识的比例越来越小。国际21世纪教育委员会在《教育——财富蕴藏其中》的研究报告中也着重指出:"终身教育是进入21世纪的关键所在","高等教育只是终身教育的一个核心组成部分"。正因如此,世界发达国家大都十分重视继续教育。在英国,世界闻名的牛津大学,其最大的院系是继续教育学院;在德国,联邦及各州为继续教育颁布的相关法令有上百部之多。

在我国现阶段,随着建设"创新型国家"战略的全面实施,继续教育在全面提高劳动者创新素质方面所起的作用也越来越突出。而高等学校更是凭借其优越的办学环境、先进的教学设备、雄厚的师资力量和完善的管理体制,成为继续教育发展的一个亮点。近年来,我国的高等学校继续教育在办学形式、办学规模和

---

① 李雅兴:《新型工业化道路与科教兴国战略》,《社会主义研究》2004年第6期。
② 夏建如:《普通高等学校继续教育发展思路的研究》,《江苏大学学报(高教研究版)》2006年第3期。

办学层次等方面都有了新的发展,主要体现在:

1. 办学形式不断扩展,现代远程网络教育发展迅速

高等学校继续教育在经历了函授、夜大、自学考试的发展阶段以后,现代远程网络教育发展迅速,办学形式更加开放、灵活。远程网络教育就是利用计算机通信技术,特别是 Internet 技术与教育技术相结合,在计算机网络上开展教学的一种形式。在国外,远程网络教育的方式早已在继续教育中应用。例如澳大利亚南昆士兰大学的 18000 名学生中,有 2/3 左右的人员是在单位或家里通过网络来进行学习的。[①]现代远程网络教育与传统教育相比较,具有如下优点:网络教学更能适应成人的特点;网络教学更能及时获得新知识;网络教学能取得更好的教学效果;网络教学还更能激发学生的学习积极性。计算机的普及、Internet 的兴起,也为我国高等学校继续教育的远程网络教学打下了现实的基础。因此,利用多媒体技术和网络技术,实施远程网络教学,已成为并将继续成为我国高等学校发展继续教育的新的重要形式。

2. 学历教育与非学历教育并举,并逐渐向后者转移

首先是职业资格和技术等级类继续教育。我国现在有 2000 多个职业和工种进行职业技术鉴定,获得职业资格证书人员达 4500 多万人。2007 年,高等学校接受资格证书培训和岗位证书培训的在校生为 1443825 人。[②]近年来,越来越多已获得大专、本科或研究生学历的毕业生也参加职业资格培训。其次是转业转岗类继续教育。处在产业结构、技术结构、城乡结构迅速变化的社会转型时期,人们的职业流动性增加,包括:从事第一产业的人员向二、三产业转移;第二产业的从业人员向第三产业转移;在同一产业内部也有行业之间的转移;在企业内部工作岗位的转移;农村剩余劳动力转移等。劳动力的这种大规模转移必然提出多方面转业和转岗培训的需求。教育部的一个课题组曾做过一个调查,在不同企业中统计,平均有 80% 的人希望进行培训和学习,其中电子信息产业有 99.3% 的人认为要补充知识,60% 的职工希望通过非学历教育提高知识

---

① 易宣、丁艳玲、尹跃妮:《21 世纪高等学校继续教育的新趋势》,《湖南农业大学学报(社会科学版)》2003 年第 1 期。

② 谈松华:《谈中国继续教育的发展及其走向》,《中国职业技术教育》2008 年第 21 期。

和能力。① 再次是知识和技术更新类继续教育。知识革命极大地加快了知识和技术的更新速度；同时，我国正在推进的转变经济增长方式、建设"创新型国家"的进程，也对劳动者知识、能力提出了更高要求，尤其是我国加入 WTO 以后，国内的各行各业都要与国际经济接轨，逐步走进经济全球化和经济知识化。这就促进了知识和技术更新类继续教育的发展。

3. 教育层次不断提高，大学后继续教育方兴未艾

近年来，出现了大量受过高等教育的人通过继续教育进行"回归充电"的现象，大学后继续教育方兴未艾。大学后继续教育是高等教育的延伸和发展，可以对受过大学以上教育的在职人员进行知识的补充、更新、拓宽、提高和创新能力的开发。它是以跟踪国内外最新科技成果以及社会、经济、政治、军事、教育等各行业的最新发展动向为出发点，以培养创新人才为己任，以促进新知识、新成果向现实生产力转化为目的，教学形式多样、教学方式灵活、教学时间可长可短的非学历教育。大学后继续教育的发展是构建我国终身教育体系的必由之路。正是在这样的基础上，近期出台的《国家中长期教育改革和发展规划纲要（2010—2020 年）》对继续教育提出了"加快发展、建立健全体制机制、构建灵活开放的终身教育体系"的目标和任务。

二、现阶段我国高等学校继续教育在创新素质培养方面的主要缺失

多年来，我国高等学校的继续教育凭借其良好的发展机遇和自身的发展优势，获得了长足的发展。但是，随着建设"创新型国家"战略的实施，有些高等学校的继续教育在劳动者创新素质的培养方面也暴露出不少的问题与缺失，在与普通高等教育、职业技术教育、网络教育以及即将进入我国的海外高等教育集团的竞争中面临着严峻的挑战。

1. 教育理念方面的缺失：继续教育成为单纯的"创收工具"

在一些高校中，继续教育的地位相对较低。少数高校在发展规划中瞄准"争创国内一流"或"世界高水平大学"的目标，而认为继续教育类的学生层次较低，影响学校声誉，在继续教育的招生规模、教学用房、师资、设备、管理人员、投入等

---

① 俞冰：《国家创新体系建设与构建继续教育创新体系》，《成人教育》2008 年第 2 期。

方面,进行控制或削减。①同办学地位低的一个明显反差是:很多高校都很重视继续教育的经济功能,高校内部对继续教育的认识和管理差不多都浓缩在"赚钱"两个字上。由于一些高校热衷于创收,单纯用经济杠杆对继续教育进行调控,所以导致凭感觉办学、提时髦名词的现象。学校的这种办学理念,使得许多受教育者本身对高等学校继续教育的定位也不明确,把接受继续教育简单理解为买一张学历文凭,有的报考者甚至把"管理不严""考试不难"作为选择学校或者专业的理由。这种现象对高等学校继续教育的办学质量必然产生消极影响,而"创新素质的培养"则更是成为一句空话、一纸空文。

2. 办学形式方面的缺失:片面移植普通高等教育模式

一些高等学校继续教育的办学特色不明显,一直没能摆脱普通高等教育的路子,模式单一。这方面突出的问题是:多以学历教育为主,单向发展,对多种形式的岗位培训、职业技术教育和其他高层次非学历教育活动开发很不够;同时,对人才培养模式的改革力度也不大,没有突现出各校特色专业、特色课程和人才特色的优势,"千校一面"的现象十分突出;②在深层次的教育价值观上,仍然表现为传统的知识中心、课堂中心和教师中心。这种现象自然不能发挥继续教育在创新素质培养方面的自身优势。

3. 教学内容方面的缺失:课程和教材缺乏针对性

参加继续教育的学员,一般都有着一定的工作经验及专业知识,他们学习的目的是给自己充电,在原有知识层次的基础上,拓宽基础理论知识和专业知识,熟悉了解本专业有关学科的新进展、新技术,提高本专业的实际工作能力以及分析问题和解决问题的能力。可以说,参加继续教育的学员,对创新能力的培养具有更加强烈的要求。然而,目前有些高校的继续教育学院,所使用的教学计划早已过时,所开设的课程早已不适应当前创新素质培养的要求;还有一些高校的继续教育学院,其教学计划和课程设置基本上是普通高等教育全日制专业及课程的"改造"或"压缩"。至于所选用的教材,也是要么跟不上时代的发展,要么

---

① 张东初:《我国普通高等学校继续教育的缺失及对策》,《郑州轻工业学院学报(社会科学版)》2008年第3期。

② 丁克勇、王春、吴东贵:《新形势下普通高校发展继续教育的思考》,《华中农业大学学报(社会科学版)》2007年第1期。

和普通高等教育一样,明显缺乏针对性。

4. 考试评价方面的缺失:考试的严格性明显不足

考试是保证继续教育效果和质量的重要措施,也是全面检查教学情况和发现教学中薄弱环节的重要途径,更是评价学生掌握知识情况和创新素质高低的重要依据。然而,有些高校的继续教育部门,由于陷入重眼前利益、图急功近利的误区,对考试的严格性不太重视:有的考试出题虽说是闭卷,但监考老师都是睁一只眼闭一只眼,实质上是开卷的现象;还有的考试时考生相互抄袭;甚至有考生在考场内外互发手机短信传送答案[①]等。考试的严格性明显不足。

5. 教学管理方面的缺失:未形成稳定的教师与管理队伍

在部分高校,继续教育的教师队伍一直处在动态变化之中,学校往往要在安排了全日制普通高教课程教学任务之后才分配继续教育课程的教学任务,教师的聘任具有较大的随意性,缺乏相对固定、明确的聘任办法,教师队伍不稳定。同时,很多高校对继续教育管理队伍的建设重视不够,致使一部分管理人员业务素质得不到提高,缺乏信息意识、时效意识和改革意识,继续教育很难从静态的、传统的管理模式转变为动态的、规范的、科学的、高效的管理模式。目前大部分高校还没有形成稳定的专职教师队伍与合理的管理人员队伍,致使违背继续教育教学规律和管理规律的现象很常见,自然不利于对学生创新素质的培养。

三、我国高等学校继续教育在加强创新素质培养方面的若干对策思路

在当前建设"创新型国家"的发展战略下,高等学校的继续教育必须在教育理念、办学形式、教学内容、考试评价和教学管理等方面重新审视、重新规划,以更好地适应经济社会的发展,满足广大受教育者的需求,紧跟时代的步伐。

1. 教育理念方面:要真正认识到高等学校继续教育在劳动者创新素质培养方面的重要性

高等学校继续教育是建设"创新型国家"的重要基础和保障。当前,随着义

---

① 王华丽、何鹏:《浅谈普通高校继续教育学院的教务管理》,《科教文汇》2007年第10期。

务教育的普及化和高等教育的大众化,传统学校教育以后的继续教育也被提升到更加重要的地位,并且已经和正在对我国的教育改革和发展发挥巨大的作用。因此,高等学校继续教育在办学理念方面必须经历两个重要的转变:一是继续教育要从原先教育体系中的补充角色转变为现代终身教育体系中的重要组成部分;二是继续教育的重点要从原先的侧重学历补偿教育转变为现代的多种形式的非学历教育和培训。教育对象的覆盖面要大大扩展,教育形式要更为多样,教育需求的广度和深度要不断延伸。

2. 办学形式方面:要加强高校和社会的联系与合作,扩大继续教育的外延

继续教育是学校与社会、生产相联系的窗口和纽带,是学校主动、直接、有效地为经济和社会发展服务的重要形式。企业和用人单位是继续教育的主战场,他们对继续教育的需求最有发言权。近年来,高等学校和企业加强合作、开展继续教育已成为一种国际潮流,1994年,欧洲继续工程教育年会指出:"欧洲的成功在于校企合作。"[1]在我国,建设"创新型国家"的发展战略也对高等学校的继续教育提出了新的要求。主要体现在:首先,技术应用型、复合型人才需求增大。这就需要除了要有一批研究和设计开发人才外,还须拥有一大批掌握多种技术的应用型人才。其次,新的产业和岗位不断出现。技术应用型人才的规格呈现多样性,因此,学历教育要多规格,技术培训要多样化。再次,我国经济的国际化水平日益提高。我国企业正在努力开拓海外市场,与国外的经济、文化、科技等方面的合作与交流大大增加。因此,与之相适应的外语、计算机、金融、财会、商贸、国际贸易、国际法等涉外专业的人才需求将会急剧增长。[2]

因此,高等学校的继续教育要主动转变观念,搞好市场调研,重视教育产品的开发,采取配套措施,按照产业化规律进行运作,把办学机构推向社会、推向市场,以迎接"消费教育"时代的挑战。[3]要促进教育、科技、经济的紧密结合,高等学校的继续教育必须面向社会,面向企业,急企业之所急,为企业之所需,紧密结

---

[1] 易宣、丁艳玲、尹跃妮:《21世纪高等学校继续教育的新趋势》,《湖南农业大学学报(社会科学版)》2003年第1期。
[2] 王红:《论继续教育当前的现状与发展趋势》,《中国成人教育》2005年第8期。
[3] 李德福、雷智仕、宋凌霄:《继续教育未来发展的前瞻性研究》,《兰州交通大学学报(社会科学版)》2007年第5期。

合企业发展的需要来展开继续教育。教育的内容要与企业改革、产业结构、产品结构的调整相结合;要与企业技术进步、加速对引进技术的消化吸收和再创新相结合;要与企业经营管理水平的提高相结合;要与企业的科研项目、技术攻关的重点和难点相结合;要与企业的市场开拓相结合。总之,高等学校要成功地开展继续教育,就一定要与政府部门、行业主管部门以及企业加强沟通与联系,建立相对稳定的合作关系,做到优势互补、互惠互利。

3. 教学内容方面:要深化课程体系改革,推动教学模式创新

教学内容改革在高等学校继续教育诸项改革中处于核心地位。深化教学内容改革,关键是在培养目标、教学模式和课程体系等方面进行创新。首先,要根据创新型社会对人才知识、能力、素质结构的要求,确定继续教育的培养目标,使培养对象既具有较高的思想道德素质和职业道德素质,又具有合理的知识结构和能力结构以及较强的创新意识、创新能力,使其成为能够适应现代创新型社会要求的创新型人才。

其次,在教学模式上要有一个根本性的转变:由应试教育向素质教育方向转变;由注重知识传授向注重素质培养、智力开发的方向转变;由以学科为本位的理论型、学术型向以能力为本位的应用型、职业型方向转变。也就是说,高等学校继续教育不仅要教给受教育者新理论、新知识、新技能,更要突出创造能力的开发,培养创造性的思维方法。

再次,课程体系要追踪学科发展的前沿水平,要充分反映现代社会、经济、科技、文化发展的新趋势、新成果和新要求,要按照人的全面发展和终身发展应具有的知识结构、智能结构和素质结构来调整、改革。高等学校的继续教育要培养具备创新、复合、国际化素质的高层次创新人才,因而其课程体系应具有先进性、国际性、综合性的特点。

4. 考试评价方面:要增强考试的严格性和科学性

高等学校的继续教育部门应该严格考试的管理工作。应要求授课教师按照有关考试命题大纲、AB 试卷格式、监考、阅卷、报送成绩以及试卷袋装卷的一系列规定来做。还要积极推行课程考核方式改革,如:基础课实行考、教分离,以试题库统考为主;专业课可根据课程内容、性质,采取闭卷、开卷、案例分析、课程论文、课程设计等多种形式,要改革考试制度,严肃考试纪律。另外,根据创

新素质培养的需要,也根据成人学员的生理和心理特点,继续教育考试在试题中要适当减少机械记忆内容的比例,增加理解、运用操作、案例分析等方面的内容,在考核形式上逐步加大开卷考试的比重,并提高开卷试题的题量,强调考查学员学以致用、创新思考的能力。

5. 教学管理方面:以管理创新为基础,大力发展继续教育的远程网络教育

拥有一支高质量的继续教育方面的教学和管理队伍是高等学校发展继续教育的重要保证。实践证明,简单借用大学本科或研究生课程作为继续教育的课程,学员并不欢迎,效果也不好。因此,现在急需一批继续教育课程教学方面的专家。这些专家应有自己的业务专长,熟悉学科的科技应用与发展动态,既要与社会、生产保持广泛密切联系,了解经济和社会的需求,又要熟悉校内外教师及其业务情况,懂得教育规律。同时,管理人员也是继续教育大军的重要组成部分。通过教学管理,可以把各个系统、层次、部门的要素组织起来,使高等学校继续教育部门有限的人力、物力、财力发挥出最大的作用,使人尽其才、财尽其力、物尽其用,实现"管理出质量,管理出效益"的管理目标。[1]因此,教学管理人员自身素质的提高是高等学校发展继续教育的重要因素。教学管理人员必须既懂教育又懂管理,并不断了解高等继续教育的发展现状,掌握现代高等继续教育管理的基本知识和规律,熟悉各个教学环节及相互间的关系。同时,还要不断提高自身的知识面,将理论运用到教学管理的实践之中,以改革意识和创新思维开展工作,不断探索教学管理的新思路、新方法,提高教学管理的水平。

另外,当前要重点考虑利用现代计算机网络技术来进一步发展我国高等学校的继续教育。现代网络信息技术改变着继续教育的内容和结构,提供新的知识传授的过程和形式,使得继续教育参加者有可能进行自己负责、自己组织的个体学习,以适应不同的、快速变化的职业要求。[2]同时,现代网络技术也改变着继续教育机构的组织和运作方式,使继续教育的组织活动简单化。另外,利用现代网络技术发展继续教育还可以避免传统的继续教育受教学、师资、试验条件、住房、时间的严格限制而缺乏灵活性的不足,能最大限度地使高校的教育资源得以

---

[1] 谷朝勇:《改革成人继续教育,培养创新型人才》,《继续教育研究》2008年第2期。
[2] 张译文:《中美成人教育比较及对我国成人教育发展新认识》,《成人教育》2007年第11期。

共享。最后,利用现代网络技术发展继续教育还可以克服因地域和学习时间给学员带来的困难,学员可以在任意时间、地点通过网络自由地学习,完全符合现代人快节奏的生活方式。

20世纪90年代以来我国生态文明理论研究述评

孙亚忠　张杰华

摘　要：生态文明建设的提出，是新时期中国共产党建设中国特色社会主义理论与实践的重要发展。在此前后理论界从不同的学科角度和侧面，对生态文明进行研究并形成了一系列成果。对生态文明提出的背景、生态文明内涵的界定及特征、基本依据，以及生态文明建设的路径进行评述可以发现，结合我国生态现状，借鉴国外生态理论进行生态现代化、生态政治、生态伦理学等领域的深入研究和生态启蒙，是实现以生态治理模式为核心的生态文明的理论基础。

关键词：生态文明；研究述评；路径选择

在中国共产党第十七次全国代表大会的开幕式上，中共中央总书记胡锦涛提出将"建设生态文明"作为中国实现全面建设小康社会奋斗目标的新要求之一。生态文明建设思想的提出，为我们描绘了新时期中国特色社会主义事业的理论与实践中又一重要的蓝图。20世纪90年代以来理论界从不同的学科角度和侧面，对生态文明进行研究并形成了一系列成果，本文主要围绕生态文明建设提出的背景、生态文明内涵的界定及特征、基本依据及生态文明建设的路径进行相关评述。

一、研究背景：生态环境"超载"

对于生态问题的成因，国内学者各有观点。李万古认为近代生态问题成因于科技革命的生态负效应。他认为以"征服、利用"自然作为本质特征和价值目标的近代科学，帮助人们从自然界的压迫下解放出来，并取得了人类文明的巨大发展，尤其是第二次世界大战后，伴随科技革命的飞速发展，"科技革命的生态效应"被强烈地凸现出来。高德明则认为人类从农业文明演化到工业文明，人类社会的生产方式和生活方式的变化导致了生态问题的出现。他认为,以开发廉价化石能源和工业技术装备为特征的工业文明,给人类带来了前所未有的物质财富的增长,但同时也给人类自身的生存和发展带来了巨大的威胁。薛纪恬则于1992年就撰文指出:即便是人类对自然资源的合理开发利用,也在客观上打破了自然界原有的生态平衡。人类一经出现,就作为自然界的对立物,与自然生态环境发生物质、能量和信息的交换关系,从而诱发生态环境问题:人类活动与生态环境的矛盾、人类物质需求的无限性与资源更新的有限性的矛盾。

我国学界对于生态危机的成因看法总结起来可以归纳到两个层面:从纵向上看,自进入工业社会以来,近代科技革命的发展使人类社会过度地征服了自然,工业文明的进步与生态的恶化成因果关系;横向上,局部生态问题向全局扩散,资源短缺、环境污染、生态平衡的破坏已成为全球性的问题,严重威胁着人类社会的存在和可持续发展。不难看出,关于生态问题的成因,学界多数归咎于科技革命与工业化的负效应,专注于人与自然关系整体层面的解读,而缺乏文化甚至文明意义上的阐释。然而,正是对生态问题的普遍关注和认同,与对人类社会自身发展模式的反省,构成了生态文明理论研究的背景。

二、生态文明的内涵界定及特征

生态文明是人类社会的重要文明形态,①自步入文明时代以来,人类文明的发展历史经历了农业文明和工业文明的阶段,现正处于从工业文明向生态文明的转型。② 研究生态文明,首先要弄清楚生态文明的内涵。对此,不少学者提出了自己的看法。

李良美把生态文明列入社会结构的重要组成部分,在经济、政治、文化"三领域"框架中加上"生态环境",首次提出了"四领域"的总体框架。对于生态文明的内涵,他认为:生态文明或称绿色文明、环境文明,是依赖人类自身智力和信息资源,在生态自然平衡基础上,经济社会和生态环境全球化协调发展的文明。他进一步指出:生态文明的革命在本质上是价值观的革命,保护生态环境是伦理道德

---

① 朱智文:《生态文明三题》,《甘肃社会科学》2008年第1期。
② 毛勒堂:《分配正义:建设生态文明不可或缺的伦理之维》,《云南师范大学学报(哲学社会科学版)》2008年第3期。

的首要准则,是生态伦理道德的主题。

白光润从人与自然关系的发展阶段入手,进而提出了生态文明的内涵。他认为,生态文明主要体现在两个方面:其一是人对人与自然关系的觉悟所产生的新理念,如人与自然共生的思想,环境容量、土地承载力、生态平衡的思想,可持续发展理论等;其二是这种新理念所派生的人类在人与自然关系方面的价值观和行为修养,即生态伦理、生态善恶观、生态正义、生态良心、生态责任等新的价值体系。

俞可平站在上层建筑和文明更替的视角对生态文明进行了界定,认为生态文明就是人类在改造自然以造福自身过程中,为实现人与自然之间的和谐所做的全部努力和所取得的全部成果,它表征着人与自然相互关系的进步状态。生态文明既包含人类保护自然环境和生态安全的意识、法律、制度、政策,也包括维护生态平衡和可持续发展的科学技术、组织机构和实际行动。他指出,如果从原始文明、农业文明、工业文明这一视角观察人类文明形态的演变,可以说,生态文明作为一种后工业文明,是人类迄今最高的文明形态。

丁开杰等赞同俞可平对生态文明内涵的论述,并总结了生态文明的特征:(1)独立性。生态文明是独立于物质文明、精神文明和政治文明的,是一个独立的更高一级的文明形态。(2)整体性。人们在处理人与自然关系时要把人置于整个自然系统中来认识问题,从自然的整体性出发,把握人与自然、人与人的关系。(3)相对性。生态文明是相对于物质文明、精神文明和政治文明的文明形态。(4)反思性。生态文明是人类在工业文明时代的生态危机后对人与自然关系的反思而形成发展的文明形态。(5)过程性。生态文明建设是生态治理的持续不断的过程。

总之,任何一种文明的"禀赋"是相通的,是传承的,无论是原始文明、农业文明、工业文明还是生态文明,都以其内在规律推动着社会进步的历程,且生态文明是高于工业文明的社会经济形态。① 当生态文明逐渐发展壮大并成为人类文明的主导因子时,人类文明就实现了从工业文明向生态文明的过渡。② 我们对

---

① 刘宗碧:《生态文明建设是马克思主义中国化的当代科学实践》,《贵州社会科学》2008年第8期。
② 杜超:《生态文明与中国传统文化中的生态智慧》,《江西社会科学》2008年第5期。

生态文明内涵及特征的探究,有助于重新定位人类与自然的关系。

三、生态文明的理论依据

关于生态文明思想的理论依据,国内学界也各有论述。潘岳认为,中华文明精神是解决生态危机、超越工业文明、建设生态文明的文化基础,中华文明的基本精神与生态文明的内在要求基本一致:儒家主张以仁爱之心对待自然,体现了以人为本的价值取向和人文精神;道家提出"道法自然",强调人要以尊重自然规律为最高准则,这与现代环境友好意识相通,与现代生态伦理学相合;佛家认为万物是佛性的统一,众生平等,万物皆有生存的权利。佛教正是从善待万物的立场出发,把"勿杀生"奉为"五戒"之首,生态伦理成为佛家慈悲向善的修炼内容。

张青兰、刘秦民提出应当贯彻马克思主义的生态文明思想,确立当代中国生态文明的指导思想,认为马克思主义生态文明观的核心问题是人与自然的关系,人与自然的和谐发展也是生态文明建设的基本问题。马克思主义生态文明思想的基本内涵是:(1)从本体论的高度揭示了人与自然的统一;(2)揭示了人与自然统一的实现形式;(3)揭示了人与自然统一的社会历史形式。从人类文明发展规律的高度,揭示了人与自然统一、和解的内在途径。

廖才茂的论点比较全面,他认为生态文明是一种文明理念,一种社会形态,一种文明制度,有其深厚的理论根据:(1)马克思主义关于人与自然的世界观和方法论;(2)"以人为本"与全面、协调、可持续的发展理论;(3)人地系统理论和生态经济系统的生态阈限理论;(4)物质长链利用和循环再生原理;(5)产业结构演进的客观规律。他认为,世界各国产业结构正在向高技术含量、低消耗、无公害、无污染的高度化方向演进,产业的绿色组合、绿色管理、绿色设计、绿色生产、绿色产品,甚至市场的绿色准入和人们的绿色消费,都构成了产业结构演进的巨大合力。绿色经济将成为21世纪产业经济的主流。认清产业结构演进规律,适应产业结构演进大趋势,无疑是构筑生态文明的必然选择。

综合上面的观点,文明的本质在于实践累积的物质的、精神的和生态的积极成果及其实践本身,在于人对于自然所发生行为的良性循环,我们不能盲目地从意识形态的角度寻求生态文明的理论依据,否则生态文明仅限于一种理论上的文明。

四、我国生态文明建设的路径选择

良好的自然生态、社会生态是人类赖以生存的环境,生态文明建设是社会主义和谐社会建设的基础。① 中国经济的跨越式发展导致的生态现实,预示粗放式发展已经达到极限:中国已经进入高消耗、高污染的风险社会,迫切需要寻找合理有效的路径化解生态风险,从而迈入生态文明时代。而这一路径可以从个体和政府两个层面去考虑。

1. 生态文明主体生态意识及其培养

刘湘溶在国内学术界首次提出生态意识的内涵与特征,他把生态意识界定为:人类以对包括自己在内的自然中的一切生物与环境之关系的认识成果为基础而形成的特定的思维方式和行为取向,主要包括:(1) 生态意识是一种忧患意识,是人类面对日益严重的生态危机而萌生的对自己前途命运的忧患意识。(2) 生态意识是一种科学意识,即生态科学意识,它要求我们以生态科学的眼光审视自然、指导实践。(3) 生态意识是一种价值意识,它表明人类对自然界价值的全面肯定,并确认生态价值是自然界对人类的最高价值。他认为生态意识作为一种价值意识具有五大特征,即整体性、未来性、和谐性、回归意识与责任意识。

沈新平等更专注于生态意识的培养过程和条件,他总结了生态意识培养的三个基本过程:一是环境意识的教育,二是人类在自然中地位的教育,三是人与自然理性关系的引导。他还列举了生态意识培养的各种条件,包括:生态学知识的普及和生态危机的紧迫感是生态意识培养的前提;舆论的导向和政府的决策行为是生态意识培养的重要环境;经济的发展、科技的进步及人们文化素质的提高是生态意识培养的基本保障。

赵玲从可持续发展视角解读生态意识及培养,认为生态意识的建立是实现可持续发展的一个必要条件,可持续发展是生态意识不断付诸实践的必然结果,是人类生存的最佳途径。可持续发展赖以确立的重要前提之一,就是对于人类生存环境与自然的全新理解,即生态意识的建立。生态意识着重强调在人类的

---

① 冯广艺:《生态文明建设中的语言生态问题》,《贵州社会科学》2008 年第 4 期。

实践活动中,以生态价值观念取代传统的人类价值观念,运用人类的智慧和创造力对整个地球施加定向的影响,使其更有利于生态平衡。关于培养生态意识,赵玲指出:可持续发展要求人们的观念发生三个根本的转变,一是从传统的工业文明发展观念转向新的生态文明的发展观念;二是从以人为中心的伦理观念向生态伦理观念转变;三是从个体和局部发展的观念向整个人类整体发展的观念转变。

2. 生态文明建设的政策选择

党的十七大报告明确指出:"建设生态文明,基本形成节约能源资源和保护生态环境的产业结构、增长方式、消费模式。"这是我们党在深入探索和全面把握我国发展规律基础上确定的重要战略任务,也是从我国实际出发提出的生态文明建设的正确路径。

赵冬初在十七大报告基础上,结合我国发展现状,对报告中关于生态文明建设路径进行了文本的阐述。第一,转变经济增长方式。坚持走原始创新、集成创新、引进消化吸收再创新的中国特色自主创新道路,把增强自主创新能力作为科学技术发展的战略基点和转变经济增长方式的中心环节。第二,推动产业结构优化升级,发展现代产业体系。一是加强农业基础地位,注重农业服务体系建设,着力增强农业综合生产能力。二是提高工业技术水平,大力推进信息化与工业化融合,促进工业由大变强。三是加速发展现代服务业,加大对物流、信息、技术服务等生产性服务业的投入,提高服务业比重和水平。第三,建立可持续的消费模式。不可持续的消费模式将物质的无限消费看成经济成就和个人地位的象征,因而对消费没有任何理性的约束,造成对地球资源的过度索取,对地球的可持续发展带来严重威胁。摒弃这种不利于促进地球长远发展的消费模式,倡导一种可持续的消费模式是人类走向生态文明的必然抉择。一是物质生活以最低限度消耗资源为准则。二是生活废弃物以最小排放和对环境造成危害最小为准则。

薛晓源从生态产业的视角考察了生态文明建设的路径,认为生态产业是可持续发展战略的产业基石。包括:(1) 产业转化:从传统产业到生态产业。基于对工业文明的理性反思,生态文明建设内在的要求是实现从传统产业到生态产业的转型。在我国工业化尚未完成,人口资源环境和经济社会发展的矛盾日益突出的状态下,只能走新型工业化道路。(2)生态产业的形式:循环经济。循环经济倡导的是一种建立在物质不断循环利用基础上的经济发展模式,它要求经济活动按照自然生态系统的模式,使整个经济系统以及生产和消费的过程基本上不产生或只产生很少的废弃物,从而根本上消解环境与发展之间的尖锐冲突。它是实施可持续发展战略的必然选择与重要保证。(3)生态产业评价体系:绿色 GDP 体系。绿色 GDP 是指用以衡量各国扣除自然资产损失后新创造的真实国民财富的总量核算指标。它不仅能反映经济增长水平,而且体现经济增长与自然保护的和谐统一程度,很好地表达和反映可持续发展观的思想与要求,矫正各级政府长期以来形成的单纯追求经济增长而忽略环境与资源承载力的倾向,使其合理利用资源。

如上所述,生态主体生态意识的培养是被动传播和自我觉醒的双重过程,而政策选择是一种强制性启蒙和被动启蒙,无论是生态意识的培养还是生态文明建设的政策选择,实质上都是生态主体生态意识的培养和生态启蒙的过程,这个过程伴随着生态主体生态价值观及伦理观的养成与矫正。生态启蒙不仅要求人们有更高的环境意识,而且要求人们始终持有对科学及其使用的领域与范围的警惕意识。

五、小结:存在的不足及研究趋势

生态文明理论带来生态治理的话题。所谓生态治理,是全球化话语下善政与善治的新体现,是个体、社会组织与政府之间的多向互动。它追求一种更具现代意义的社会公正,其前提与基础是储备丰厚社会资本的公民社会。它是一种多元治理,强调公民参与、对话、协商、共识与公共利益,目的是追求生态与社会的动态和谐。

20 世纪 90 年代以来学界对生态文明的研究与探索,对我们应对与化解生态风险提供了有益的帮助,但如何增强研究的广度与深度以及使这种研究转化为生态治理,需要解决诸多问题。如在论及生态文明的内涵与生态文明建设意义时过多集中在人与自然关系问题上的哲学思考和过于强调价值理性;从学科背景看,大部分研究局限于单一学科,如环境科学、哲学、伦理学等,缺少社会学与文明层面的解读与阐述;在对生态文明建设的路径选择上,早期的学者注重生态意识与可持续发展关系研究,近期学界偏重于政府宏观政策的文本解读,缺乏可操作性,甚至带有意识形态色彩等。以上表明生态文明研究要突破人与自然关系的研究到达生态治理层面的文化解读,还尚需时日。

可以说,我国经济发展以及伴随的生态危机使公民刚刚步入生态启蒙阶段,无论是政府的生态政策还是公民的生态意识都不足以消解生态危机。所以,结合我国生态现状借鉴国外生态理论进行生态现代化、生态政治、生态伦理学和生态社会主义等诸多领域的深入研究和生态启蒙,是实现以生态治理模式为核心的生态文明的理论基础,也是今后进一步研究的可能趋势。

建构与反思:生态生产力与当代中国

王学荣

摘　要:生态生产力在当代中国的发展具有其鲜明的"个性",构建中国式的生态生产力势在必行,这不仅是马克思生产力理论发展的内在要求,亦是时代的呼唤。建构中国式生态生产力具有国际国内两大层面的背景,因此我们既要放眼全球,又要反思中国。中国式生态生产力作为当代中国的新型生产力形态,呈现出一些基本的向度,概而言之:生态文明理念是其理论先导;生态文明制度建设是其制度保障;生态科技的推广及运用是其技术支撑;循环经济与低碳经济是其现实运行模式。探讨中国式生态生产力的建构问题对我国建设生态文明的实践亦具有重要意义。

关键词:中国式生态生产力;生态文明;生态科技;循环经济;低碳经济

一、时代的呼唤:中国式生态生产力"释义"

近年来,随着可持续发展战略的提出,"生态生产力"逐渐成为学界关注的"热点"。特别是随着我国对生态文明的重视,生态生产力问题持续升温,学者们围绕这一"热点"进行了广泛而深入的讨论,也取得了一大批富有创见的研究成果。不过,笔者同时也注意到一个现象,即截至目前,学者们对生态生产力的研究往往集中在对生态生产力的内涵、特征、现实模式、发展路径等问题的探讨上。一句话,大多数学者往往将"重心"(或曰"着力点")放在生态生产力的"共性"上。生态生产力的诸多"共性"对当代中国来讲当然也是适用的。可是,当代中国的生态生产力毕竟还具有其鲜明的"个性"。因此,泛泛谈生态生产力的一些"共性"还是远远不够的,这就涉及生态生产力在当代中国的回应问题。基于此,笔者尝试着对"中国式生态生产力"做出界定,呼唤在当代中国建构"中国式的生态生产力"。这既是马克思生产力理论发展的内在要求,亦是时代的呼唤。一句话,这是马克思主义生产力理论从传统向生态转换的现实意义之所在。

笔者认为,所谓"中国式的生态生产力"是在我国长时期传统经济增长方式作用下所造成的资源约束趋紧、环境污染严重、生态系统退化的严峻形势下,以生态文明理念为理论先导、以生态文明制度建设为现实保障、以科学技术生态化转向为重要支撑、以循环经济和绿色经济为现实发展模式的一种新型的生产力形态。通过笔者对"中国式的生态生产力"给出的定义不难看出,"中国式的生态生产力"首先是一种新型的生产力形态。具体来说,包含以下五个层面:第一,传统经济增长方式作用造成的资源能源枯竭、生态环境恶化、环境承载能力下降是建构中国式生态生产力的背景;第二,生态文明的理念是构建中国式生态生产力的理论先导;第三,生态文明的制度建设是发展中国式生态生产力的制度保障;第四,生态科技的广泛运用是培育中国式生态生产力的重要支撑;第五,循环经济和绿色经济是生态生产力在当代中国发展的现实模式。笔者将第一个层面概括为"放眼全球与反思中国":建构中国式生态生产力的国际国内背景;将第二、三、四、五层面概括为"中国式生态生产力的四个向度"。这是笔者的基本思路,下文便依次而展开。

二、"放眼全球与反思中国":建构中国式生态生产力的国际国内背景

(一)放眼全球:建构中国式生态生产力的国际背景

工业革命以来,人类翻开了工业文明的历史新篇章。自人类步入工业时代以来,便开始了对自然界的大规模开采甚至"疯狂式"的"掠夺",带来了社会生产力空前提高、物质财富急剧增长的"盛况",这在客观上确实极大地满足了人类生产、生活的消费需求。然而这并不是没有代价的,这种代价最主要地体现在两个方面:第一,这是建立在对资源能源巨大消耗的基础之上的。据有关资料统计,仅仅在20世纪,人类就消耗了大约1420亿吨石油、2650亿吨煤、380亿吨铁、7.6亿吨铝、4.8亿吨铜。其中,占世界人口15%的工业发达国家,消费了世界56%的石油和超过60%的天然气以及50%以上的重要矿产资源。① 第二,工业文明的取得也是建立在生态代价的基础之上的。自工业文明以来,聪明的"现代

---

① 祝黄河、吴瑾青:《生态文明建设:十七大以来科学发展观新发展的重要内容》,《中国特色社会主义研究》2012年第2期。

文明人"对生态环境造成了极大的破坏,远远超出了生态环境的承载能力。换句话说,生态系统自身的修复力远远小于人类对它的破坏力。为此,人类也付出了巨大的甚至是惨痛的生态代价。其实早在一百多年前,伟大的革命导师恩格斯就在《自然辩证法》一文中向我们发出了著名的"生态警告"。果如其然,随着人们对自然界进行大肆"掠夺"和破坏,人类果然遭到了自然界的严厉"惩罚"。譬如,水土流失、土地沙化、湿地锐减、森林草原面积急剧退化、洪涝灾害愈演愈烈等,都是自然界对人类进行"报复"的种种表现。此外,生态危机、粮食危机、能源危机等各种危机正向人类席卷而来,严重阻碍了人类的可持续发展。在这种背景下,人类不得不重新审视和反思自己的行为。自20世纪60年代开始,国际上一批环境学家、社会学家、未来学家甚至自然科学领域的专家着手研究生态危机问题,并在联合国及世界各国政府的共同努力下,最终达成了可持续发展的共识,从此,人类开始走上了保护生态环境、改善环境的可持续发展之路。这是构建中国式生态生产力的"大背景",亦即国际背景。

(二)反思中国:建构中国式生态生产力的国内背景

构建中国式生态生产力除了"国际"这一大背景之外,亦有中国的国内背景。因此,我们既要"放眼全球",又要"反思中国"。在笔者看来,国际背景与国内背景的统一是建构中国式生态生产力的完整背景。笔者将国内背景概括为两个层面:一是"资源大国"与"资源小国"相并存的特殊国情;二是传统经济增长方式所带来的现实生态问题。下面笔者分别从这两个层面来展开论述。

1."资源大国"与"资源小国"并存的特殊国情

如果单单从总体上说"中国地大物博、资源富饶",这完全是合乎实际的。然而,我们同时也应该注意到另外一个事实,即中国既是一个"资源大国",同时也是一个"资源小国"。如果说中国是"资源大国",那当然是就总量而言的,中国的耕地、森林、草原、淡水以及许多矿藏和可开发能源的总量均位居世界前列,有些甚至还是名列世界首位;如果说中国是一个"资源小国",则是从人均拥有量来说的。中国不仅是世界上最大的发展中国家,同时也是世界上人口最多的国家,正是基于"人口基数大、人口增长快"这一特殊国情,如果就人均而言,无论哪一种资源抑或是能源,人均拥有量都是非常低的。不仅如此,中国的地理环境还非常复杂,生态状况更是不容乐观。且让我们来看一组权威数据,2012年6月1日发布的《中华人民共和国可持续发展国家报告》这样写道:"中国地理地质环境复杂,不适宜人类居住的国土比例较高,占52%的国土面积是干旱、半干旱地区,90%的可利用草原存在不同程度的退化,沙化、盐碱化等中度以上明显退化的草原面积约占50%。中国人均耕地面积、水资源面积、森林面积分别仅为世界平均水平的40%、28%和25%。石油、铁矿石、铜等重要矿产资源的人均可采储量,分别为世界人均水平的7.7%、17%、17%,其中大部分集中分布在自然环境脆弱的西部内陆地区。"①就目前的实际状况而言,中国的人口压力远远超出了自然资源的承载能力,正如有学者所指出的那样,"整个中国的自然资源承载力仅仅能够满足9.5亿人,而现实是现实是13亿之众生活在这片土地,其中有2000多万人口仍未脱贫,如果按照联合国提出的人均每天1美元的标准,还有1亿人口没有达标"②。可见,"资源大国"与"资源小国"的并存是中国的特殊国情,而构建中国式生态生产力恰恰就是在这样复杂的背景中进行的。

2. 传统经济增长方式所带来的现实生态问题

改革开放以来,中国经济社会发展所取得的成就是有目共睹的。但我们也应该正视一项基本的事实,即我国经济的高速增长基本上是建立在"高消耗、高污染"的传统发展模式之上的,长期积累的粗放型增长方式至今为止尚未得到根本性改观。在这样的背景下,中国在短短的几十年里出现了异常严重的生态环境问题,这也就不足为怪了。近年来中国对自然的过度开发利用严重超出了环境的承载能力和生态的自我修复能力,经济社会发展与生态环境之间的矛盾已经成为阻碍当代中国进一步发展的"绊脚石"。现在已经到了正视这一问题的时候,党的十八大报告将我国现阶段所面临的现实生态问题简要概括为"资源约束趋紧""环境污染严重""生态系统退化"三个方面。③在笔者看来,改变传统的经济增长模式,加大环境保护的力度,把节约资源与保护环境的方针政策真正落到

---

① 联合国可持续发展大会中国筹委会:《中华人民共和国可持续发展国家报告》,北京:人民出版社,2012年,第5—6页。
② 张宿堂、张旭东等:《时代思考:国情与使命——党的十六大以来经验与启示述评之五》,《光明日报》2012年11月2日第2期。
③ 胡锦涛:《坚定不移沿着中国特色社会主义道路前进　为全面建成小康社会而奋斗——在中国共产党第十八次全国代表大会上的报告》,《人民日报》2012年11月18日第4期。

实处,此乃解决中国现实生态问题的必由之路。"先污染后治理""边治理边破坏"是传统经济增长的"痼疾",这一"痼疾"倘若没有得到彻底"根治",中国的现实生态问题便得不到根本性好转。因此,加快转变经济发展方式、努力构建中国式生态生产力势在必行。正如党的十八大报告所指出的那样,要"坚持节约资源和保护环境的基本国策,坚持节约优先、保护优先、自然恢复为主的方针,着力推进绿色发展、循环发展、低碳发展,形成节约资源和保护环境的空间格局、产业结构、生产方式、生活方式,从源头上扭转生态环境恶化趋势,为人民创造良好生产生活环境"[①]。

三、中国式生态生产力的四个基本向度

中国式生态生产力作为当代中国的一种新型生产力形态,亦呈现出一些基本的向度,笔者将其概括为四个方面:生态文明的理念是中国式生态生产力的理论先导;生态文明制度建设是构建中国式生态生产力的制度保障;生态科技的推广及运用是中国式生态生产力的技术支撑;循环经济和低碳经济是中国式生态生产力的现实运行模式。下面笔者将分别展开论述这四个基本向度。

(一) 理论先导:生态文明理念

我们都知道,理论是实践的先导。构建中国式生态生产力当然也有其理论先导,那就是生态文明理念的确立。所谓生态文明,当然是相对于传统文明而言的,它不仅包括人类对传统文明形态(特别是工业文明形态)进行深刻反思和探索的认识成果,而且还包括人类在发展物质文明过程中保护和改善生态环境的实践成果,具体表现为人与自然和谐程度的提高以及人类生态环境观念的增强。

党的十七大首次将生态文明建设纳入"实现全面建设小康社会奋斗目标的新要求"加以论述。十七大报告这样指出,"建设生态文明,基本形成节约资源能源和保护生态环境的产业结构、增长方式、消费模式。循环经济形成较大规模,可再生能源比重显著上升。主要污染物排放得到有效控制,生态环境质量明显

---

① 胡锦涛:《坚定不移沿着中国特色社会主义道路前进 为全面建成小康社会而奋斗——在中国共产党第十八次全国代表大会上的报告》,《人民日报》2012年11月18日第4期。

改善。生态文明观念在全社会牢固树立"[1]。生态文明的战略地位在党的十八大体现得尤为显著,十八大报告指出,"建设生态文明,是关系人民福祉、关乎民族未来的长远大计",[2]并将生态文明建设提升到与经济建设、政治建设、文化建设、社会建设"五位一体"的战略新高度。至此,中国特色社会主义事业的总体布局便由"四位一体"发展到"五位一体"。从"四位一体"到"五位一体"不能不说是一次的巨大"飞跃"。当然,这场"飞跃"并不是突然之间完成的,而是有一个较长时期的积累过程。早在1995年中国共产党的第十四届五中全会就首次明确地提出了"可持续发展"这一概念。2003年又提出了"科学发展观"的重大战略思想。其后,中国又相继提出了"建设资源节约型、环境友好型社会"(2004年)、"构建社会主义和谐社会"(2005年)、"建设创新性国家"(2006年)、"建设社会主义生态文明"(2007年)、"发展绿色经济和低碳经济"(2009年)、"加快转变经济发展方式"(2010年)、"绿色低碳发展"(2011年)等一系列具体化的理念。笔者认为,正是这些具体化理念的积累和铺垫,才促成了这场伟大的"飞跃"。这次"飞跃"标志着我们党对经济社会可持续发展规律的认识进入了一个新的境界,也标志着生态文明作为一种理念日益深入人心,而生态文明的理念恰恰就是构建中国式生态生产力的理论先导。

(二)制度保障:生态文明制度建设

如上文所述,生态生产力作为一种先进的"理念"尽管已经基本确立起来,但能否真正从"理念"转变为"现实",或者在多大程度上转变为"现实",这与相应的制度保障当然也有密切的关系。生态生产力的发展和"培育"在很大程度上离不开生态文明制度建设。

当前,生态危机是我国乃至全球面临的非常严峻的一个问题,但笔者认为这并不能仅仅归因于传统生产模式,因为在笔者看来,它与生态领域的"制度缺失"也不无关系。可喜的是,当前党和国家也逐渐意识到了这一点。为此,党的十八

---

[1] 胡锦涛:《高举中国特色社会主义伟大旗帜 为夺取全面建设小康社会新胜利而奋斗——在中国共产党第十七次全国代表大会上的报告》,《中国共产党第十七次全国代表大会文件汇编》,北京:人民出版社,2007年,第20页。

[2] 胡锦涛:《坚定不移沿着中国特色社会主义道路前进 为全面建成小康社会而奋斗——在中国共产党第十八次全国代表大会上的报告》,《人民日报》2012年11月18日第4期。

大报告特别强调生态文明制度建设的重要性。十八大报告这样指出:"要把资源消耗、环境损害、生态效益纳入经济社会发展评价体系,建立体现生态文明要求的目标体系、考核办法、奖惩机制。建立国土空间开发保护制度,完善最严格的耕地保护制度、水资源管理制度、环境保护制度。深化资源性产品价格和税费改革,建立反映市场供求和资源稀缺程度、体现生态价值和代际补偿的资源有偿使用制度和生态补偿制度。加强环境监管,健全生态环境保护责任追究制度和环境损害赔偿制度。加强生态文明宣传教育,增强全民节约意识、环保意识、生态意识,形成合理消费的社会风尚,营造爱护生态环境的良好风气。"① 如此足以看出当前党和国家对生态文明制度建设的重视程度。只有生态文明作为一种"制度"真正确立起来,构建中国式的生态生产力才有了可靠的制度保障。

(三)技术支撑:生态科技的推广与运用

构建中国式的生态生产力当然离不开科学技术的强有力的支撑,因为科学技术作为生产力系统的"软件要素",在生产力的发展中起着不可替代的功能。然而,科学技术毕竟是一把"双刃剑"。我们当然不能仅仅强调科学技术的经济效益,其生态效应同样值得我们重视。就我国的科技发展战略来说,把生态科技放在显著位置应该说是一个明智的选择。那么,究竟什么样的科技才是生态科技呢?笔者认为,生态科技之为生态科技,乃是科学技术生态化转向的结果。换言之,现代科学技术只有在成功实现了"生态化转向"之后才称得上是真正的生态科技,这是一种新型的科技形态。这种科技形态不仅能够带来积极的生态效应,同时也能产生显著的经济效益,能够顺利实现经济效益与生态效应的"双丰收"。当然,笔者还需要特别指出的是,经济效益的实现必须是建立在生态效应的基础之上的。倘若没有生态科技的广泛运用,构建中国式生态生产力的实践便失去了技术支撑,那将无异于釜底抽薪。可见,科学技术生态化转向以及由此带来的结果——生态科技在构建中国式生态生产力中所起的作用亦是举足轻重的。

(四)现实模式:循环经济与低碳经济

进入改革开放新时期,中国的经济社会发展迎来了一个崭新的"春天"。经

---

① 胡锦涛:《坚定不移沿着中国特色社会主义道路前进 为全面建成小康社会而奋斗——在中国共产党第十八次全国代表大会上的报告》,《人民日报》2012年11月18日第4期。

济上的"腾飞"举世瞩目,但我国经济的腾飞却是基本上建立在"高消耗"这一传统发展模式上的。正如中国科学院可持续发展战略研究组编写的《2012年中国可持续发展战略报告——全球视野下的中国可持续发展》一书所写的那样,"从1978年到2010年,中国的GDP增长了近20倍,能源消耗增长了近6倍,单位产值能耗远超西方发达国家"[①]。可见,中国的确是一个典型的高能耗大国。然而绝大多数的资源能源均为非可再生资源,即便是可再生的,其"再生"的周期也特别漫长。正是基于这样的事实,"生态警钟"已经敲响,当代中国需要从节能减排、低碳环保这一新要求出发,找到能源资源浪费和环境污染的根源,逐步向循环经济和低碳经济转变。这是构建中国式生态生产力的必由之路,循环经济和低碳经济也是生态生产力在当代中国发展的两种现实模式。

循环经济以减量化、再利用和资源化为原则,以提高资源利用率为核心,以资源节约、资源综合利用、清洁生产为重点,通过调整结构、技术进步和加强管理等措施,大幅度减少资源消耗、降低废物排放、提高劳动生产率。事实上,马克思早在一百多年前就已经提出了"物质循环利用"的思想,这为我们今天发展循环经济的实践提供了可贵的"源头活水"。低碳经济则是以低能耗、低污染、低排放(简称"三低")为基本特征的一种新型的经济模式,它通过能源技术和减排技术创新、产业结构和制度创新,形成能源资源节约型的经济发展方式和消费方式,促进经济社会可持续发展。不管是循环经济也好,低碳经济也罢,节约资源能源、减少废物排放、保护生态环境是它们的共同追求,这是中国式生态生产力的两种典型的现实运行模式。

四、结论及余论

在生态危机、粮食危机、能源危机等各种危机日益凸显的现时代,世界各国都在积极寻求可持续发展之路。仅就我国而言,"资源大国"与"资源小国"的长时期并存,是中国的特殊国情;而传统经济增长方式的长期"富集"亦带来了一系列的现实生态问题。经济社会发展与生态环境之间的矛盾已经成为阻碍中国进

---

① 中国科学院可持续发展战略研究组:《2012年中国可持续发展战略报告——全球视野下的中国可持续发展》,北京:科学出版社,2012年,第4页。

一步发展的"绊脚石",恩格斯一百多年前的"生态预言"已经凸显。基于以上国际国内背景,无论是"放眼全球"还是"反思中国",构建中国式生态生产力势在必行,这是时代的呼唤,也是马克思生产力理论自身发展的内在要求。在建设中国特色社会主义生态文明的语境下,构建中国式生态生产力亦是实现马克思生产力理论从传统到生态转换的现实意义之所在。

当然,在"资源大国"与"资源小国"长期并存的中国,尤其是在"资源约束趋紧""环境污染严重""生态系统退化"的当代中国,构建中国式生态生产力任重而道远。中国式生态生产力的本质特征究竟是什么,其基本向度究竟有哪些,构建中国式生态生产力的具体路径究竟何在,等等,这些理论问题都还有待进一步深化;而建构中国式生态生产力的实践更是还有一段漫长的路要走。

中国传统文化畛域下的"美丽中国"思想元素探源

王学荣

摘 要：尽管作为一个命题而言，"美丽中国"是在党的十八大才提出来的。然而，它在中国历代文学作品中的写照却不胜枚举。这表明，"美丽中国"的思想因子早已深深熔铸在中华文化的血脉里。无论是儒家，还是道家，均蕴含着丰硕的生态理念，为"美丽中国"的建构提供了源头活水。探讨"美丽中国"的思想文化元素，对今天建设"美丽中国"的实践具有重要的现实意义。

关键词：中国传统文化；"美丽中国"；生态理念；现实启迪

一、"美丽中国"在历代文学作品中的写照：从《桃花源记》到《清平乐·村居》

"美丽中国"尽管作为一个命题而言是在党的十八大才提出来的，但它却有着非常深厚的文化根基。说到"美丽中国"在历代文学作品中的写照，首先映入眼帘的或许就是陶渊明的《桃花源记》。《桃花源记》为我们描绘了一幕令人心驰神往的场景，"土地平旷，屋舍俨然，有良田、美池、桑竹之属。阡陌交通，鸡犬相闻。其中往来种作，男女衣着，悉如外人。黄发垂髫，并怡然自乐"[1]。读到此处，一幅青山绿水、风景如画、人与自然高度和谐的生动画面便跃然纸上了，令人心旷神怡，这充分体现了陶渊明对自己心目中的"美丽中国"的向往与憧憬。

一代词宗辛弃疾在《清平乐·村居》中亦为我们勾勒出一幅"美丽中国"的生动图景，"茅檐低小，溪上青青草。醉里吴音相媚好，白发谁家翁媪。大儿锄豆溪东，中儿正织鸡笼。最喜小儿亡赖，溪头卧剥莲蓬"[2]。虽寥寥数语，却将百姓生活的温馨场景展现得淋漓尽致，宛若一幅人与自然和谐共生的工笔画，同样彰显

---

[1] 曹融南选注《汉魏六朝散文选注》，上海：上海古籍出版社，1983年，第110页。
[2] 马群选注《辛弃疾词选注》，上海：上海古籍出版社，1984年，第68页。

了辛弃疾对"美丽中国"的无限热爱。

从古到今,中国历代文学作品中对"美丽中国"的描绘不胜枚举,这里不过是列举一二。无论是陶渊明的《桃花源记》,还是辛弃疾的《清平乐·村居》,均给读者展现了一幅"美丽中国"的生动画面,给人以美的享受,同时又给人以无限的启迪和无尽的思考。可见,"美丽中国"的思想因子早已深深熔铸在中华文化的血脉里,历经千百年时间的淘洗,在不断地发酵。

二、"美丽中国"诗意命题的正式提出及其多向度理解

上文提到的《桃花源记》和《清平乐·村居》都仅仅是"美丽中国"的理想在文学作品中的写照。然而,"美丽中国"作为一个命题正式提出则是十八大的事情。十八大报告指出,"建设生态文明,是关系人民福祉、关乎民族未来的长远大计。面对资源约束趋紧、环境污染严重、生态系统退化的严峻形势,必须树立尊重自然、顺应自然、保护自然的生态文明理念,把生态文明建设放在突出地位,融入经济建设、政治建设、文化建设、社会建设各方面和全过程,努力建设美丽中国,实现中华民族永续发展"①。这是中共历届代表大会中首次提出"建设美丽中国"这一富有诗意的战略目标。

这一"诗意命题"一经提出,立马在广大人民群众中引起了强烈反响和共鸣。因为这一命题得民心、顺民意、体民情,深刻反映了社会发展进步的新动向,具有划时代的战略意义。事实上,"美丽中国"不仅仅是一个简简单单的"命题",更是一种全新的理念,彰显了时代对生态的新要求,亦反映出人们对生存环境的新期望。

不过,笔者需要特别指出的是,"美丽中国"并非一个单向度的概念,而是一个蕴含着丰富内容的多维度命题,我们不宜对其作简单化、单一化的理解。如果仅仅从人与自然的关系角度将"美丽中国"理解为自然美、生态美,那就不免失之偏颇。笔者认为,我们在理解这一命题时应该将视域作适度的扩展,不能够局限在人与自然的关系上,而且应当进一步扩展到人与人、人与社会等丰富关系。实

---

① 胡锦涛:《坚定不移沿着中国特色社会主义道路前进 为全面建成小康社会而奋斗——在中国共产党第十八次全国代表大会上的报告》,《人民日报》2012年11月18日第4期。

际上,"美丽中国"这一诗意命题和全新理念包含的韵味是多重的,它不仅包括生态美、自然美,而且蕴含着人文之美、社会之美、生活之美、时代之美等等。在笔者看来,"美丽中国"乃是人与自然、人与人、人与社会的高度和谐,是自然美、人文美、社会美、时代美、生活美等多向度的有机统一。

三、"美丽中国"的源头活水:中国传统文化中的生态理念

有学者在《刍议毛泽东的生态思想及其对生态文明建设的启示》一文中谈道:"博大精深的中华文化蕴含着朴素而丰富的生态思想。中国传统文化以儒家、道家、佛家为主干,尽管它们在具体的观点上不尽相同,但在人与自然的关系问题上都蕴含着丰富的生态元素。"[①]欲研究中国传统文化中的生态理念,显然离不开儒、道、佛这三家。限于篇幅,本文仅以儒、道两家为考察重点,对中国传统文化的生态理念做一些初步的探讨。

(一)从"天人合一"到"与天地参":儒家的生态理念

1."天人合一"

冯友兰提出过著名的"人生境界说",冯友兰认为,人生的境界从低到高依次为:自然境界、功利境界、道德境界、天地境界。冯友兰把"天地境界"作为人生境界的最高层次。可见,天人关系问题的确是中国哲学的元问题,"天人合一"则是传统文化中的大智慧。

《周易》中就开始形成了"天、地、人三才"的最初表述,"《易》之为书也,广大悉备:有天道焉,有人道焉,有地道焉。兼三才而两之,故六;六者非它也,三才之道也"。这充分体现了中华民族古老的生态智慧。汉代大儒董仲舒对此做了进一步的发挥,《春秋繁露·立元神》中有云:"何为本?曰:天、地、人,万物之本也。天生之,地养之,人成之。天生之以孝悌,地养之以衣食,人成之以礼乐,三者相为手足,合以成体,不可一无也。"董仲舒认为,天、地、人相互依存、相互联系,"相为手足,合以成体"。很明显,董仲舒的这一观点是对《周易》"天、地、人三才"思想的继承和创造性发展。宋代大儒张横渠在《正蒙·乾称》中进一步指出:"儒者

---

① 杨圆:《刍议毛泽东的生态思想及其对生态文明建设的启示》,《中共济南市委党校学报》2014年第4期。

则因明至诚,因诚至明,故天人合一。"从而将《周易》关于天人关系的思想发挥到了极致。

2."仁民爱物""民胞物与"

"仁民爱物""民胞物与"亦是儒家生态理念。中国儒家不仅讲"仁者爱人",而且还把"仁"的范畴进一步扩展到人与自然的关系中。《论语·述而》中有云:"子钓而不纲,弋不射宿。"孔子认为,爱护小鱼和巢中的小鸟,不仅是热爱大自然、保持生态平衡的手段,同时也是仁爱精神的鲜活体现。孟子则明确提出"仁民爱物"的观点,《孟子·尽心上》说:"君子之于物也,爱而弗仁;人而弗亲。亲亲而仁民,仁民而爱物。"北宋张载在《西铭》中又进一步提出"民胞物与"的思想,"故天地之塞,吾其体;天地之帅,吾其性。民,吾同胞;物,吾与也"。这无疑是对孔孟"仁民爱物"思想的创造性发挥。

3."德配天地""兼利万物""与天地相参"

中国儒家生态理念除了"天人合一""仁民爱物""民胞物与"之外,还包括"德配天地""兼利万物""与天地参"等等。这主要体现在《礼记》和《中庸》这两部儒家经典中。《礼记·经解》中说:"天子者,与天地参,故德配天地,兼利万物,与日月并明,明照四海而不遗微小。"《中庸》进一步阐释了《礼记·经解》"与天地参"的思想,《中庸》云:"诚者,天之道也。诚之者,人之道也。""唯天下至诚为能尽其性。能尽其性,则能尽人之性。能尽人之性,则能尽物之性。能尽物之性,则可以赞天地之化育。可以赞天地之化育,则可以与天地参矣。"可见,无论是《礼记》也好,《中庸》也罢,都在强调"与天地参",这里的"参"即是说,天、地、人三者相互依存、共生共荣,再次印证了《周易》关于"天、地、人三才"的思想。

(二)从"自然无为"到"相生相养":道家的生态理念

1."自然无为"

道家的生态理念长期以来被人们津津乐道,其中排在首位的当属"自然无为"的思想。但遗憾的是,道家的"无为"思想常常遭到不同程度的误解和曲解,人们往往习惯于将"无为"简单地理解为消极不作为。实际上并非如此,道家所主张的"无为"乃是不妄作为、不乱作为,意在告诫人们遵循事物的内在法则,按规律办事,不轻举妄为。《道德经》六十四章中说:"以辅万物之自然而不敢为。"老子认为,无论是人类的生产也好,生活也罢,都应当符合客观规律,这样才能够保持人与自然的动态平衡,促进人与天地万物的和谐共生。按照道家"自然无为"的生态理念行事,实际上也是要求人们认识自然,呵护自然,遵循自然界的法则,既满足人的需求,同时也应考虑自然的承载能力,努力做到持续发展、科学发展,实现人与自然的和解。

2."道法自然"

道家不仅主张"自然无为",而且还蕴含着"道法自然"的生态理念。《道德经》第四十二章说:"道生一,一生二,二生三,三生万物。"《庄子·渔父》中亦提出"道者万物之由也"的观点。老子和庄子都将"道"视为世界的本源、宇宙万物存在的根据,认为天地万物皆由"道"而生。因此,茫茫宇宙万事万物从根源上讲都是有机统一的。这为人与自然共生共荣奠定了存在论的哲学基础。《道德经》第二十五章还这样说道:"人法地,地法天,天法道,道法自然。"即是说,宇宙万物皆有自己的运动方式和运行规律,人应当顺应天道、尊重自然,而不能与天道相抵触、与自然相抗拒,再次印证了天、地、人相统一这一基本思想。

3."相生相养""知足知止"

除了上面谈到的"自然无为"和"道法自然"思想,"相生相养""知足知止"亦是道家重要的生态理念,认为"凡事无大无小,皆守道而行,故无凶;今日失道,即致大乱"。这里的"道",既是"天道",亦是"人道",是二者的有机统一。一言以蔽之,此道乃是相生相养之道。道家不仅主张"相生相养",而且还提出"知足知止"的观点,强调人的物质享受应当加以节制,《道德经》第四十四章说:"知足不辱,知止不殆,可以长久。"即是说,只有知道满足,才不会受到屈辱;只有懂得适可而止,才不会带来危险;唯其如此,才能够保持长久。类似地,《道德经》第三十二章还有这样的话,"夫亦将知止,知止所以不殆"。意思是说,知道适可而止,才有可能避免祸患。根据道家"相生相养"、"知足知止"的理念,人类在开发和利用自然资源时,理应注意自然界的承受能力,合理利用,开发有度。可见,道家不仅重视人与人之间的伦理,同时也重视人与自然之间的伦理,道家的伦理观是"人际伦理"和"生态伦理"的统一。

四、中国传统生态理念对"美丽中国"构建的现实启迪

改革开放以来,中国经济迎来了一个飞速发展时期。社会生产力大幅度提升,社会面貌日新月异,所取得的成就尤其是经济上的成就有目共睹。根据中国科学院可持续发展战略研究组提供的数据,"从1978年到2010年,中国的GDP增长了近20倍"①。人民日报2013年11月21日发表了《35年,中国经济"一路向上"》一文,该文写道:"这是改革开放35年中国经济发展的几个数字轨迹:国内生产总值由1978年的3645亿元,跃升至2012年的518942亿元;经济总量居世界位次从1978年的第十,到2010年排位第二;人均GDP从1978年的381元,到2012年的38420元;外汇储备从1978年的1.67亿美元、居世界第三十八位,到2012年的33116亿美元、连续7年稳居世界第一位……对改革开放35年中国经济创造的奇迹,国务院参事室特约研究员姚景源这样评价:'我们用35年的时间,摆脱了贫困解决了温饱开始走向全面小康,这是20世纪到21世纪初,中国对人类的最大贡献!'"②然而,我们也不得不正视另外一个事实,中国为经济的高速发展付出了沉重的代价,生态代价尤为严重。因为就在中国经济飞速发展的同时,生态环境也遭到了前所未有的破坏,生态形势日益严峻。党的十八大报告将当前中国面临的严峻生态形势概括为三个方面:资源约束趋紧、环境污染严重、生态系统退化。③

在此背景下,"美丽中国"的建构也就提上了议事日程。党的十八大明确将"美丽中国"作为一个命题提出来,这充分彰显了时代对生态的新要求,也反映了人们对生存环境的新期待。我们知道,"美丽中国"作为一个"命题"而言是在中共十八大才提出来的,然而它在中国历代文学作品中的"写照"却不胜枚举。无论是儒家,还是道家,均蕴含着人与自然万物和谐共生的生态理念,从而为"美丽中国"的建构提供了源头活水。这一切均表明,"美丽中国"的思想因子早已深深

---

① 中国科学院可持续发展战略研究组:《2012年中国可持续发展战略报告——全球视野下的中国可持续发展》,北京:科学出版社,2012年,第4页。
② 朱剑红:《35年,中国经济"一路向上"》,《人民日报》2013年11月21日第4期。
③ 胡锦涛:《坚定不移沿着中国特色社会主义道路前进 为全面建成小康社会而奋斗——在中国共产党第十八次全国代表大会上的报告》,《人民日报》2012年11月18日第4期。

熔铸在中华文化的血脉里,"美丽中国"的建构有着非常深厚的文化根基。探讨"美丽中国"的思想文化元素,对我们今天建设"美丽中国"的实践无疑具有重要的现实意义。

首先,"天人合一"是中国传统生态观的一个核心理念,"人与天地参"是这一理念的具体体现。在今天的语境下,即是说,"天"与"人"是一个有机的整体。因此,现代人首先应当树立这样一种观念:自然界并非人类的对立面,相反,自然乃人类的"衣食父母",正如马克思在《1844年经济学—哲学手稿》中所说的那样,"自然界,就它自身不是人的身体而言,是人的无机的身体。人靠自然界生活。……因为人是自然界的一部分"①。"在实践上,人的普遍性正表现为这样的普遍性,它把整个自然界——首先作为人的直接的生活资料,其次作为人的生命活动的对象(材料)和工具——变成人的无机的身体。"②马克思甚至更直截了当地说过:"人在肉体上只有靠这些自然产品才能生活,不管这些产品是以食物、燃料、衣着的形式还是以住房等等的形式表现出来。"③既然如此,人类当然不能够以一种高高在上的姿态凌驾于自然之上,而应当与自然和谐相处、共生共荣。

第二,中国传统生态观主张"知足知止",用今天的话来说,就是人类不能够贪婪,要把握适度原则、适可而止,这实际上蕴含着可持续发展的理念。可持续发展(sustainable development)这一概念最早是在1972年召开的联合国人类环境研讨会上提出的。此后,世界各国纷纷致力于"可持续发展"的相关研究。1980年国际自然保护同盟的《世界自然资源保护大纲》指出,"必须研究自然的、社会的、生态的、经济的以及利用自然资源过程中的基本关系,以确保全球的可持续发展"。1981年,美国布朗(Lester R. Brown)出版《建设一个可持续发展的社会》,提出以控制人口增长、保护资源基础和开发再生能源来实现可持续发展。1987年,世界环境与发展委员会出版《我们共同的未来》报告,将可持续发展明确界定为"既能满足当代人的需要,又不对后代人满足其需要的能力构成危害的发展"。该定义提出后被世界各国广泛接受和认同。公平性、持续性、共同性是

---

① 《马克思恩格斯选集》第1卷,北京:人民出版社,1995年,第45页。
② 《马克思恩格斯选集》第1卷,北京:人民出版社,1995年,第45页。
③ 《马克思恩格斯选集》第1卷,北京:人民出版社,1995年,第45页。

可持续发展应当遵循的三大原则。① 在一定意义上,可持续发展理念亦可以看作是"知足知止"这一传统生态观在当代的具体体现。

第三,要坚持"两大原则",即"人口资源环境相均衡"的原则和"经济社会生态效益相统一"的原则,控制开发强度,调整空间结构,这样才能够促进生产空间集约高效、生活空间宜居适度、生态空间山清水秀,进而给自然留下更多修复空间,给农业留下更多良田,给子孙后代留下天蓝、地绿、水净的美好家园。"天蓝""地绿""水净"三个词便将"美丽中国"的宏伟蓝图描绘得栩栩如生。其中,"生产空间""生活空间""生态空间"均是"美丽中国"的具体体现,而这三者又分别用了一个形容词来加以刻画,分别是"集约高效""宜居适度""山清水秀",一幅生动图景跃然纸上。

当然,中国传统文化博大精深,其中蕴含的有关"美丽中国"的思想元素可谓灿若星汉、浩如烟海,本文的探讨只是初步的、尝试性的,期待学界同仁做更加深入的研究。

---

① 参见王学荣:《从发展战略到思维方式变革:可持续发展的哲学反省与范式转换》,《中共贵州省委党校学报》2012 年第 6 期。

图书在版编目(CIP)数据

马克思主义中国化理论与实践研究 / 周芳玉等编著. —南京：南京大学出版社，2020.9
 (马克思主义学院教学与研究系列丛书)
 ISBN 978-7-305-23260-2

Ⅰ.①马… Ⅱ.①周… Ⅲ.①马克思主义-发展-研究-中国 Ⅳ.①D61

中国版本图书馆 CIP 数据核字(2020)第 081207 号

出版发行	南京大学出版社
社　　址	南京市汉口路 22 号　　邮　编 210093
出版人	金鑫荣
丛 书 名	马克思主义学院教学与研究系列丛书
书　　名	**马克思主义中国化理论与实践研究**
编　　著	周芳玉 等
责任编辑	郭艳娟
助理编辑	汪思诗
照　　排	南京紫藤制版印务中心
印　　刷	江苏凤凰通达印刷有限公司
开　　本	718×1000　1/16　印张 21.75　字数 343 千
版　　次	2020 年 9 月第 1 版　2020 年 9 月第 1 次印刷
ISBN	978-7-305-23260-2
定　　价	88.00 元
网　　址	http://www.njupco.com
官方微博	http://weibo.com/njupco
官方微信	njupress
销售热线	(025)83594756

* 版权所有，侵权必究
* 凡购买南大版图书，如有印装质量问题，请与所购图书销售部门联系调换